Direito da Criança e do Adolescente

Coleção
Sinopses
para
Concursos
Coordenação
Leonardo Garcia

36

Guilherme Freire de Melo Barros

Direito da Criança e do Adolescente

14ª
Edição
Revista,
atualizada
e ampliada

2025

EDITORA
JusPODIVM
www.editorajuspodivm.com.br

EDITORA *Jus*PODIVM
www.editorajuspodivm.com.br

Rua Canuto Saraiva, 131 – Mooca – CEP: 03113-010 – São Paulo – São Paulo
Tel: (11) 3582.5757
• Contato: https://www.editorajuspodivm.com.br/central-de-relacionamento

Copyright: Edições *Jus*PODIVM

Diagramação: PC Editorial Ltda. *(pceditorial@gmail.com)*

Capa: Ana Caquetti

B277s Barros, Guilherme Freire de Melo
Sinopses para Concursos - v.36 - Direito da Criança e do Adolescente / Guilherme Freire de Melo Barros – 14.ed., rev., atual. e ampl. - São Paulo: Editora JusPodivm, 2025.

400 p.

Inclui bibliografia
ISBN: 978-85-442-5837-8

1. Direito da Criança e do Adolescente. I. Barros, Guilherme Freire de Melo. II. Título.

CDD 341.541

Bibliotecária responsável
Ana Carolina Ribeiro Mois – CRB7 – RJ 007348/0

Dedicatória

Para Pipa, que está sempre ao meu lado (até para ver o MMA, cumprindo fielmente seus votos de casamento!). Obrigado por tanto carinho, amor, paciência e cumplicidade.

Para minhas sobrinhas mais novas, Maria Clara e Maria Fernanda, que, quem sabe no futuro, venham a estudar Direito. Tio Guiu ama vocês!

Para Helena e Maria Alice, palavras não bastam para descrever a alegria de as ter em minha vida.

Coleção Sinopses para Concursos

A *Coleção Sinopses para Concursos* tem por finalidade a preparação para concursos públicos de modo prático, sistematizado e objetivo.

Foram separadas as principais matérias constantes nos editais e chamados professores especializados em preparação de concursos a fim de elaborarem, de forma didática, o material necessário para a aprovação em concursos.

Diferentemente de outras sinopses/resumos, preocupamo-nos em apresentar ao leitor o entendimento do STF e do STJ sobre os principais pontos, além de abordar temas tratados em manuais e livros mais densos. Assim, ao mesmo tempo que o leitor encontrará um livro sistematizado e objetivo, também terá acesso a temas atuais e entendimentos jurisprudenciais.

Dentro da metodologia que entendemos ser a mais apropriada para a preparação nas provas, demos destaques (em outra cor) às palavras-chaves, de modo a facilitar não somente a visualização, mas, sobretudo, a compreensão do que é mais importante dentro de cada matéria.

Quadros sinóticos, tabelas comparativas, esquemas e gráficos são uma constante da coleção, aumentando a compreensão e a memorização do leitor.

Contemplamos também questões das principais organizadoras de concursos do país, como forma de mostrar ao leitor como o assunto foi cobrado em provas. Atualmente, essa "casadinha" é fundamental: conhecimento sistematizado da matéria e como foi a sua abordagem nos concursos.

Esperamos que goste de mais esta inovação que a Editora Juspodivm apresenta.

Nosso objetivo é sempre o mesmo: otimizar o estudo para que você consiga a aprovação desejada.

Bons estudos!

Leonardo Garcia
leonardo@leonardogarcia.com.br
www.leonardogarcia.com.br

Guia de leitura da Coleção

A Coleção foi elaborada com a metodologia que entendemos ser a mais apropriada para a preparação de concursos.

Neste contexto, a Coleção contempla:

- **DOUTRINA OTIMIZADA PARA CONCURSOS**

Além de cada autor abordar, de maneira sistematizada, os assuntos triviais sobre cada matéria, são contemplados temas atuais, de suma importância para uma boa preparação para as provas.

> Muitos dos conceitos do nosso Direito Administrativo foram concebidos ainda no período do **Estado Liberal.** Outra parte desse ramo jurídico foi concebida durante o **Estado Social.** A concepção democrática, hoje pretendida, exige a acomodação dos conceitos e normas tradicionais ao novo paradigma constitucional (**Estado Democrático de Direito**), impondo uma *"outra qualidade de Estado"*.
>
> Perceber essa mutação no direito administrativo é um diferencial que auxilia no estudo da matéria e no desenvolvimento do jurista, sendo importante para a compreensão de algumas questões objetivas, além de essencial para questões suscitadas em prova subjetivas e orais, pelas melhores bancas.

- **ENTENDIMENTOS DO STF E STJ SOBRE OS PRINCIPAIS PONTOS**

> Segundo precedente do STF, é compatível com o princípio da impessoalidade, dispositivo de constituição Estadual que vede ao Estado e aos Municípios atribuir nome de pessoa viva a avenida, praça, rua, logradouro, ponte, reservatório de água, viaduto, praça de esporte, biblioteca, hospital, maternidade, edifício público, auditórios, cidades e salas de aula (STF, ADI 307/CE, rel. Min. Eros Grau, 13.2.2008).

• **PALAVRAS-CHAVES EM OUTRA COR**

As palavras mais importantes (palavras-chaves) são colocadas em outra cor para que o leitor consiga visualizá-las e memorizá-las mais facilmente.

> **Cargo** é o local criado por lei dentro do serviço público que possui atribuições, nomenclatura e remuneração próprias.
>
> O cargo público, por sua vez, subdivide-se em **cargo eletivo** e em **comissão.**

• **QUADROS, TABELAS COMPARATIVAS, ESQUEMAS E DESENHOS**

Com esta técnica, o leitor sintetiza e memoriza mais facilmente os principais assuntos tratados no livro.

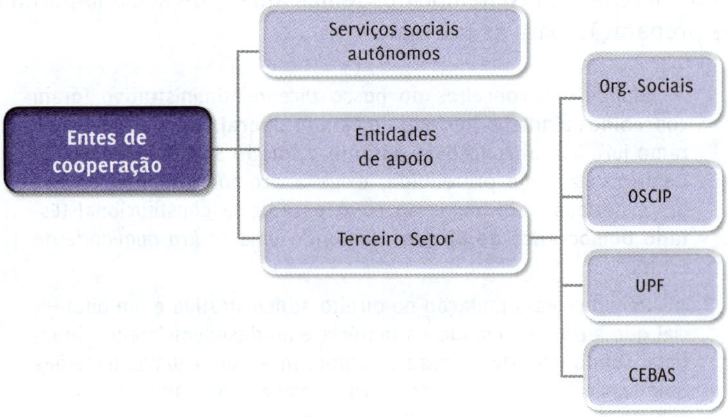

• **QUESTÕES DE CONCURSOS NO DECORRER DO TEXTO**

Por meio da seção *"Como esse assunto foi cobrado em concurso?"* é apresentado ao leitor como as principais organizadoras de concurso do país cobram o assunto nas provas.

> **▸ Como esse assunto foi cobrado em concurso**
>
> No concurso para provimento do cargo de Procurador do Estado do Ceará 2008, foi considerada incorreta a seguinte assertiva. *Ao criar uma autarquia, a administração pública apenas transfere a ela a execução de determinado serviço público, permanecendo com a titularidade desse serviço.*

Nota do Autor à 14ª edição

O Direito da Criança e do Adolescente está em constante transformação. Com isso, a atualização do presente livro é um desafio permanente para este autor, o que gera sempre motivação extra para seguir trabalhando e pesquisando.

A 14ª edição do livro passou por ampla revisão e aperfeiçoamentos. Fizemos a atualização legislativa, em razão das Leis n. 14.826, 14.851, 14.880, 14.950, 14.979, 14.987 e 15.032 – todas de 2024. Os comentários à Lei n. 14.811/2024 já constavam da 13ª edição.

Além disso, passamos em revista a jurisprudência – sempre com o cuidado de descartar os julgados mais antigos e apresentar os novos.

Por fim, trouxemos algumas novas questões de concurso para dentro do livro.

Esperamos que a acolhida do leitor seja, mais uma vez, muito boa. Desejo boa leitura e, como sempre, permaneço aberto para dialogar a respeito do direito da criança e do adolescente.

Curitiba, dezembro de 2024.

Guilherme Freire de Melo Barros
barrosguilherme@yahoo.com.br

Sumário

Capítulo I

Lições preliminares

1. INTRODUÇÃO

Na esteira do movimento constitucionalista moderno, denominado de pós-positivismo, o estudo sobre qualquer tema jurídico deve ter início pela observação de seu regramento a partir da Constituição da República. Em relação ao direito da criança e do adolescente, não é diferente. O artigo 227 da nossa Lei Maior estabelece como *"dever da família, da sociedade e do Estado assegurar à criança, ao adolescente e ao jovem, com absoluta prioridade, o direito à vida, à saúde, à alimentação, à educação, ao lazer, à profissionalização, à cultura, à dignidade, ao respeito, à liberdade e à convivência familiar e comunitária, além de colocá-los a salvo de toda forma de negligência, discriminação, exploração, violência, crueldade e opressão"*.

A expressão-chave da previsão constitucional é a **absoluta prioridade** que deve ser dada à criança e ao adolescente – e também ao jovem. A Lei nº 8.069/90, conhecida como Estatuto da Criança e do Adolescente, materializa o comando constitucional ao disciplinar largamente os direitos e deveres infantojuvenis.

O Estatuto substituiu o antigo Código de Menores, Lei nº 6.697/79, cuja incidência era voltada precipuamente ao *menor em situação de irregular*. Crianças e adolescentes eram vistos como objeto de tutela à luz daquele regramento. *"Durante todo este período a cultura da internação, para carentes ou delinquentes foi a tônica. A segregação era vista, na maioria dos casos, como a única solução"*.[1]

Antes mesmo da promulgação da Constituição cidadã e da promulgação da Lei nº 8.069/90, já se falava na comunidade internacional sobre a necessidade de proteção especial ao ser humano nas primeiras etapas de sua vida, infância e juventude. É o que indica Munir Cury:

> A inspiração de reconhecer proteção especial para a criança e o adolescente não é nova. Já a Declaração de Genebra de 1924 determinava "a necessidade de proporcionar à criança uma proteção especial"; da mesma

1. AMIN, Andréa Rodrigues. *In:* MACIEL, Kátia Regina Ferreira Lobo Andrade. (coord.) *Curso de direito da criança e do adolescente: aspectos teóricos e práticos.* 4ª ed. rev. e atual. Rio de Janeiro: Lumen Juris, 2010, p. 7.

forma que a Declaração Universal dos Direitos Humanos das Nações Unidas (Paris, 1948) apelava ao "direito a cuidados e assistência especiais"; na mesma orientação, a Convenção Americana sobre os Direitos Humanos (Pacto de São José, 1969) alinhavava, em seu art. 19: "Toda criança tem direito às medidas de proteção que na condução de menor requer, por parte da família, da sociedade e do Estado".[2]

Percebe-se que o **Código de Menores** de há muito já estava em **dissonância** com a compreensão jurídica e social sobre a forma de tratamento da peculiar situação de crianças e adolescentes. A Constituição da República claramente trilha novo rumo ao mencionar que a infância e a juventude têm de ser tratadas com absoluta prioridade.

A mudança de paradigma da **nova Constituição** já importava, por si só, a **impossibilidade** de se **recepcionar** boa parte das regras do **Código de Menores**. Nesse contexto moderno, foi necessário editar novo diploma legal no plano infraconstitucional, o Estatuto da Criança e do Adolescente. Com visão mais humana, a Lei nº 8.069/90 estabelece já em seu artigo 1º: *"Esta Lei dispõe sobre a proteção integral à criança e ao adolescente"*.

Assim, sempre com base forte nos princípios constitucionais, o **Estatuto da Criança e do Adolescente** é o **principal diploma legal** no que se refere à tutela dos direitos infantojuvenis. Crianças e adolescente hoje são **sujeitos de direito**.

Sobre a nomeação da Lei nº 8.069/90 como Estatuto da Criança e do Adolescente, Andrea Rodrigues Amin explica:

> O termo "estatuto" foi de todo próprio, porque traduz o conjunto de direitos fundamentais indispensáveis à formação integral de crianças e adolescentes, mas longe está de ser apenas uma lei que se limita a enunciar regras de direito material. Trata-se de um verdadeiro microssistema que cuida de todo o arcabouço necessário para se efetivar o ditame constitucional de ampla tutela do público infanto-juvenil. É norma especial com extenso campo de abrangência, enumerando regras processuais, instituindo tipos penais, estabelecendo normas de direito administrativo, princípios de interpretação, política legislativa, em suma, todo o instrumental necessário e indispensável para efetivar a norma constitucional.[3]

2. PROTEÇÃO INTEGRAL E ABSOLUTA PRIORIDADE

O Estatuto da Criança e do Adolescente é formado por um conjunto de princípios e regras que regem diversos aspectos da vida, desde o nascimento

---

2. CURY, Munir (coord.). *Estatuto da criança e do adolescente comentado: comentários jurídicos e sociais*. 10ª edição. São Paulo: Malheiros, 2010, p. 18.
3. AMIN, Andrea Rodrigues. *In*: MACIEL, Kátia Regina Ferreira Lobo Andrade. op. cit., p. 9.

até a maioridade. Toda sua sistemática se ampara no princípio da proteção integral (art. 1º).

A Lei tem o objetivo de tutelar a criança e o adolescente de forma ampla, não se limitando apenas a tratar de medidas repressivas contra seus atos infracionais. Pelo contrário, o Estatuto dispõe sobre direitos infantojuvenis, formas de auxiliar sua família, tipificação de crimes praticados contra crianças e adolescentes, infrações administrativas, tutela coletiva etc. Enfim, por **proteção integral** deve-se compreender o conjunto amplo de **mecanismos jurídicos voltados à tutela da criança e do adolescente**.

Por isso, o Estatuto deve ser interpretado e aplicado com os olhos voltados para os **fins sociais** a que se dirige, com observância de que crianças e adolescente são **pessoas em desenvolvimento**, a quem deve ser dado tratamento especial (art. 6°).

A doutrina da proteção integral guarda ligação com o **princípio do melhor interesse** da criança e do adolescente. Esse postulado traduz a ideia de que, na análise do caso concreto, os aplicadores do direito - advogado, defensor público, promotor de justiça e juiz - devem buscar a solução que proporcione o maior benefício possível para a criança ou adolescente. No estudo da colocação em família substituta, o princípio do melhor interesse se faz presente de forma marcante.

Proteção integral → conjunto de mecanismos jurídicos voltados à tutela da criança e do adolescente

O *caput* do artigo 4º do Estatuto é cópia da primeira parte do artigo 227 da Constituição da República, em sua redação original, antes das alterações implementadas pela EC nº 65/2010. Tanto lá, como aqui, são enumerados alguns dos direitos que cabem a crianças e adolescentes, de modo meramente exemplificativo. A expressão-chave desse dispositivo é a **absoluta prioridade**. Trata-se de dever que recai sobre a família e o Poder Público de **priorizar o atendimento dos direitos de crianças e adolescentes**.

Inclusive, o parágrafo único do artigo 4º destrincha o conceito de prioridade no âmbito do Estatuto. Confira-se o quadro:

De acordo com esse dispositivo, a garantia de prioridade compreende:

Garantia de prioridade
(i) primazia de receber socorro;
(ii) precedência de atendimento nos serviços públicos ou de relevância pública;
(iii) preferência na formulação e execução de políticas públicas; e
(iv) destinação privilegiada de recursos públicos.

Constituição da República + Estatuto da Criança e do Adolescente = **Absoluta prioridade e proteção integral**

3. CRIANÇAS E ADOLESCENTES SÃO SUJEITOS DE DIREITO

A proteção de direitos infantojuvenis é uma marca importante do Estatuto, cujo artigo 3º indica que crianças e adolescentes gozam de todos os direitos fundamentais inerentes à pessoa humana. Esse dispositivo reflete o amadurecimento do sistema jurídico em relação a crianças e adolescentes. Se à luz do ordenamento anterior havia a percepção de que elas eram objeto de tutela, agora desponta o tratamento jurídico de **sujeitos de direito.** O parágrafo único do artigo 3º dispõe que os direitos previstos no Estatuto são aplicáveis a crianças e adolescentes independentemente de discriminação de qualquer natureza - nascimento, situação familiar, idade, sexo etc.

Além disso, o artigo 5º do Estatuto estabelece que: *"Nenhuma criança ou adolescente será objeto de qualquer forma de negligência, discriminação, exploração, violência, crueldade e opressão, punido na forma da lei qualquer atentado, por ação ou omissão, aos seus direitos fundamentais."*

O dispositivo guarda relação com a parte final do artigo 227 da Constituição da República. Tais comportamentos proibidos não se referem apenas aos pais, mas a quaisquer pessoas que tenham contato com a criança ou o adolescente. A conduta negligente, por exemplo, pode ser praticada por um guardião ou alguém que tenha a criança ou adolescente sob seus cuidados em determinada situação. A discriminação pode ter por alvo motivos de cor, religião, origem etc. O artigo 5º busca enumerar de forma ampla **qualquer conduta que possa violar os direitos da criança e do adolescente**, sendo certo que o Estatuto prevê sanções de natureza civil (ex: suspensão e perda do poder familiar), penal e administrativa - o Título VII, do Livro II dispõe sobre crimes e infrações administrativas relacionadas a crianças e adolescentes.

Além disso, de forma a conscientizar a sociedade acerca dos direitos infantojuvenis, o Estatuto estabelece o dever de o Poder Público promover periodicamente a **divulgação desses direitos** nos meios de comunicação social, inclusive em linguagem acessível a crianças com idade inferior a 6 anos (art. 265-A).

O **Código de Menores** tratava crianças e adolescentes como **objeto de proteção.** A **doutrina moderna** dá outra conotação para a questão e passa a se referir à criança e ao adolescente como **sujeitos de direito.** O objetivo é realmente deixar claro que há direitos a respeitar e que toda a sociedade - pais, responsáveis e Poder Público - deve zelar por eles.

Código de Menores X Estatuto da Criança e do Adolescente	
Tutelava apenas o menor em situação irregular	Dá ampla proteção à criança e ao adolescente
O menor era visto como objeto de tutela	Criança e adolescente são sujeitos de direitos

4. CONCEITO DE CRIANÇA E DE ADOLESCENTE

O Estatuto estabelece no art. 2º uma importante divisão conceitual, com implicações práticas relevantes. Considera-se **criança** a pessoa com **até 12 (doze) anos incompletos**, ou seja, aquele que ainda não completou seus doze anos. Por sua vez, **adolescente** é aquele que conta **12 (doze) anos completos e 18 anos incompletos**. Ao completar 18 anos, a pessoa deixa de ser considerada adolescente e alcança a maioridade civil (art. 5º do Código Civil). O critério adotado pelo legislador é puramente cronológico, sem adentrar em distinções biológicas ou psicológicas acerca do atingimento da puberdade ou do amadurecimento da pessoa.

A distinção entre criança e adolescente tem importância, por exemplo, no que tange às medidas aplicáveis à prática de ato infracional. À criança somente pode ser aplicada medida de proteção (art. 105), e não medida socioeducativa – estas aplicáveis aos adolescentes.

Idade	*Nomen Iuris*
De 0 a 12 anos incompletos	Criança
De 12 completos e 18 anos incompletos	Adolescente
A partir de 18 anos completos	Maior

Além da ampla proteção concedida pelo Estatuto a crianças e adolescentes, a Lei n. 13.257/2016 dá ênfase especial às políticas públicas da primeira infância, que é o período dos primeiros 6 anos de vida.

5. APLICAÇÃO DO ESTATUTO A QUEM JÁ COMPLETOU A MAIORIDADE

Dispõe o parágrafo único do art. 2° que o Estatuto é aplicável **excepcionalmente** às pessoas entre 18 e 21 anos de idade. Isso se verifica tanto no campo infracional, quanto na área cível.

Na apuração de **ato infracional**, por exemplo, ainda que o adolescente tenha alcançado a maioridade, o processo judicial se desenvolve no âmbito da Justiça da Infância e Juventude. Vale dizer, aquele que já completou 18 anos ainda está sujeito à imposição de medidas socioeducativas e de proteção. A aplicação do Estatuto somente cessa quando o jovem completa 21 anos (art.

121, § 5º). No âmbito cível, verifica-se que a **adoção** pode ser pleiteada no âmbito da Justiça da Infância e Juventude, mesmo que o adotando já tenha completado 18 anos, nos casos em que já se encontre sob a guarda ou a tutela dos adotantes (art. 40).

Portanto, deve ficar claro que o Estatuto fixa os conceitos de criança e adolescente e tem por objetivo tutelá-los, mas é possível sua aplicação em situações nas quais o adolescente já tenha atingido a maioridade civil.

O parágrafo único do artigo 2º continua, pois, em vigor.

6. INTERPRETAÇÃO DO ESTATUTO

O artigo 6º estabelece que: *"Na interpretação desta Lei levar-se-ão em conta os fins sociais a que ela se dirige, as exigências do bem comum, os direitos e deveres individuais e coletivos, e a condição peculiar da criança e do adolescente como pessoas em desenvolvimento."* A previsão de que a interpretação do Estatuto deve levar em conta os fins sociais está em perfeita **harmonia** com o artigo 5º da Lei de Introdução às Normas do Direito Brasileiro.

Luís Roberto Barroso explica: *"As normas devem ser aplicadas atendendo, fundamentalmente, ao seu espírito e à sua finalidade. Chama-se teleológico o método interpretativo que procura revelar o fim da norma, o valor ou bem jurídico visado pelo ordenamento com a edição de dado preceito."*[4]

De fato, o aplicador do direito deve sempre se pautar pelo objetivo maior de tutela da norma jurídica. No caso do **Estatuto da Criança e do Adolescente**, por óbvio, quer-se **tutelar os direitos infantojuvenis**, de modo que o juiz, o promotor de justiça, o defensor público, o advogado etc., enfim, todos devem extrair da norma o maior conteúdo protetivo possível para a criança e o adolescente.

A parte final do dispositivo traz uma expressão-chave que é a de que a criança ou o adolescente é **pessoa em desenvolvimento**, o que significa dizer que a aplicação de seu conteúdo deve ser diferente daquela ordinária prevista para adultos. É que a infância e a adolescência são os períodos de maiores transformações do ser humano, é o momento em que se forma seu caráter, se dá a educação básica, a alfabetização; é o período em que a saúde é mais frágil (notadamente a da criança). É dizer, esse período inicial da vida é o que permitirá a formação de um adulto saudável, educado e ético, a permitir a estruturação de uma sociedade mais justa e humana.

Em suma, a diretriz a ser seguida na interpretação do Estatuto deve levar em conta os fins sociais ligados à proteção integral de crianças e adolescentes, que são seres humanos com características especiais, são pessoas em desenvolvimento.

---

4. BARROSO, Luís Roberto. *Interpretação e aplicação da Constituição*. São Paulo: Saraiva, 2003, p. 138.

7. COMPETÊNCIA LEGISLATIVA

Em relação à proteção à infância e juventude, a **competência legislativa é concorrente** e recai sobre a União, os Estados e o Distrito Federal, conforme determina o art. 24, inciso XV, da Constituição da República.

Capítulo II

Direitos fundamentais

1. DIGNIDADE DA PESSOA HUMANA

A Constituição da República estabelece como um dos dogmas de nossa sociedade a **dignidade da pessoa humana** (art. 1º, inc. III). Trata-se de um norte, um objetivo a ser perseguido por toda a sociedade. Cada cidadão deve ter respeitada a sua dignidade, ou seja, seus direitos devem ser observados e atendidos pelos demais membros da sociedade e pelo Poder Público.

Embora de difícil definição, o princípio da dignidade da pessoa humana é composto por um núcleo duro, o mínimo existencial. A esse respeito, Ana Paula de Barcellos explica:

> 5.1) O efeito pretendido pelo princípio da dignidade da pessoa humana consiste, em termos gerais, em que as pessoas tenham uma vida digna. Como é corriqueiro acontecer com os princípios, embora esse efeito seja indeterminado a partir de um ponto (variando em função de opiniões políticas, filosóficas, religiosas etc.), há também um conteúdo básico, sem o qual se poderá afirmar que o princípio foi violado e que assume caráter de regra e não mais de princípio. Esse núcleo, no tocante aos elementos materiais da dignidade, é composto pelo mínimo existencial, que consiste em um conjunto de prestações materiais mínimas sem as quais se poderá afirmar que o indivíduo se encontra em situação de indignidade.
>
> 5.2) Ao mínimo existencial se reconhece a modalidade de eficácia jurídica positiva ou simétrica – isto é, as prestações que compõem o mínimo existencial poderão ser exigidas judicialmente de forma direta –, ao passo que ao restante dos efeitos pretendidos pelo princípio da dignidade da pessoa humana serão reconhecidas apenas as modalidades de eficácia negativa, interpretativa e vedativa do retrocesso, como preservação do pluralismo e do debate democrático.
>
> 5.3) Uma proposta de concretização do mínimo existencial, tendo em conta a ordem constitucional brasileira, deverá incluir os direitos à educação fundamental, à saúde básica, à assistência no caso de necessidade e ao acesso à justiça.[1]

1. BARCELLOS, Ana Paula de. *A eficácia jurídica dos princípios constitucionais: o princípio da dignidade da pessoa humana*. Rio de Janeiro: Renovar, 2002, p. 304-305.

Com crianças e adolescentes, a questão é ainda mais sensível. Sua especial condição de **pessoa em desenvolvimento** indica a necessidade de maior atenção para a tutela de seus direitos fundamentais, a fim de se alcançar a dignidade da pessoa humana de forma mais plena possível. Bem por isso, a Constituição da República determina que seus direitos sejam atendidos com **prioridade absoluta** (art. 227).

O Estatuto da Criança e do Adolescente, com base forte nessa diretriz e na doutrina da proteção integral, elenca de forma minuciosa os direitos fundamentais entre os artigos 7º e 69.

Dignidade da pessoa humana	
- Condição especial de pessoa em desenvolvimento - Proteção integral - Atendimento com prioridade absoluta	ECA: previsão de direitos fundamentais (arts. 7º a 69)

O rol dos direitos fundamentais da criança e do adolescente no Estatuto vai desde os direitos à vida e à saúde, até a disciplina do direito à convivência familiar, seja na família natural ou em família substituta (guarda, tutela e adoção). Conforme será estudado ao longo desta obra, os **direitos fundamentais** contidos no Estatuto são, em sua maioria, de **caráter prestacional**, ou seja, contêm deveres de **fazer** ou de dar impostos ao Poder Público e aos pais e responsáveis. São tipicamente direitos de **segunda geração**, cuja tutela é oponível a quem quer que não os respeite.

Confira-se o quadro esquemático de direitos fundamentais previstos no Estatuto:

Direitos fundamentais no ECA
- Direito à vida e à saúde (arts. 7º a 14) - Direito à liberdade, ao respeito e à dignidade (arts. 15 a 18-B) - Direito à convivência familiar e comunitária (arts. 19 a 52-D) - Direito à educação, à cultura, ao esporte e ao lazer (arts. 53 a 59) - Direito à profissionalização e à proteção no trabalho (arts. 60 a 69)

2. DIREITO À VIDA E À SAÚDE

Não há a menor dúvida em afirmar que o direito à vida é o de maior valor para toda a estruturação do ordenamento jurídico. Não é possível se falar em qualquer outro tipo de tutela de direitos ou em princípios e regras ou em sistema jurídico, sem que haja vida humana. Assim, o **direito à vida** somente poderia estar mesmo elencado como o primeiro do rol dos direitos fundamentais do Estatuto (art. 7º), o que está em **consonância** com a previsão constitucional de inviolabilidade do direito à vida na **Constituição** (art. 5º e art. 227, este relacionado à criança, ao adolescente e ao jovem).

Em doutrina, Andréa Rodrigues Amin analisa:

> Trata-se de direito fundamental homogêneo considerado como o mais elementar e absoluto dos direitos, pois indispensável para o exercício de todos os demais. Não se confunde com sobrevivência, pois no atual estágio evolutivo, implica no reconhecimento do **direito de viver com dignidade**, direito de viver bem, desde o momento da formação do ser humano.[2]

Ao lado do direito à vida, desponta o direito à saúde, que é justamente a qualificação daquele primeiro direito. É dizer, não basta garantir o direito à vida, mas sim o direito à vida com saúde. Nesse contexto, o artigo 7º prevê a necessidade de *"efetivação de políticas sociais públicas que permitam o nascimento e desenvolvimento sadio e harmonioso, em condições dignas de existência"*.

O meio para garantir o direito à vida e à saúde daquele que ainda vem ao mundo perpassa, necessariamente, por cuidados com a gestante, que é o veículo da vida. Por isso, o capítulo do Estatuto que trata do direito à vida e à saúde de crianças e adolescentes traz previsões relativas à gestante e ao seu atendimento hospitalar. O **artigo 8º** garante o acesso aos programas e às políticas de saúde da mulher e de planejamento reprodutivo. Além disso, a gestante tem o direito a uma nutrição adequada e atenção humanizada à sua gravidez, ao parto de forma a englobar o atendimento **pré-natal, perinatal e pós-natal,** através do Sistema Único de Saúde (CR, art. 198).

Confira-se a integralidade do artigo 8º:

> **Art. 8º** É assegurado a todas as mulheres o acesso aos programas e às políticas de saúde da mulher e de planejamento reprodutivo e, às gestantes, nutrição adequada, atenção humanizada à gravidez, ao parto e ao puerpério e atendimento pré-natal, perinatal e pós-natal integral no âmbito do Sistema Único de Saúde.
>
> § 1º O atendimento pré-natal será realizado por profissionais da atenção primária.
>
> § 2º Os profissionais de saúde de referência da gestante garantirão sua vinculação, no último trimestre da gestação, ao estabelecimento em que será realizado o parto, garantido o direito de opção da mulher.
>
> § 3º Os serviços de saúde onde o parto for realizado assegurarão às mulheres e aos seus filhos recém-nascidos alta hospitalar responsável e contrarreferência na atenção primária, bem como o acesso a outros serviços e a grupos de apoio à amamentação.
>
> § 4º Incumbe ao poder público proporcionar assistência psicológica à gestante e à mãe, no período pré e pós-natal, inclusive como forma de prevenir ou minorar as consequências do estado puerperal.

2. AMIN, Andréa Rodrigues. *In:* MACIEL, Kátia Regina Ferreira Lobo Andrade. op. cit., p. 32 (grifos do original).

> § 5º A assistência referida no § 4º deste artigo deverá ser prestada também a gestantes e mães que manifestem interesse em entregar seus filhos para adoção, bem como a gestantes e mães que se encontrem em situação de privação de liberdade.
>
> § 6º A gestante e a parturiente têm direito a 1 (um) acompanhante de sua preferência durante o período do pré-natal, do trabalho de parto e do pós-parto imediato.
>
> § 7º A gestante deverá receber orientação sobre aleitamento materno, alimentação complementar saudável e crescimento e desenvolvimento infantil, bem como sobre formas de favorecer a criação de vínculos afetivos e de estimular o desenvolvimento integral da criança.
>
> § 8º A gestante tem direito a acompanhamento saudável durante toda a gestação e a parto natural cuidadoso, estabelecendo-se a aplicação de cesariana e outras intervenções cirúrgicas por motivos médicos.
>
> § 9º A atenção primária à saúde fará a busca ativa da gestante que não iniciar ou que abandonar as consultas de pré-natal, bem como da puérpera que não comparecer às consultas pós-parto.
>
> § 10. Incumbe ao poder público garantir, à gestante e à mulher com filho na primeira infância que se encontrem sob custódia em unidade de privação de liberdade, ambiência que atenda às normas sanitárias e assistenciais do Sistema Único de Saúde para o acolhimento do filho, em articulação com o sistema de ensino competente, visando ao desenvolvimento integral da criança.
>
> § 11. A assistência psicológica à gestante, à parturiente e à puérpera deve ser indicada após avaliação do profissional de saúde no pré-natal e no puerpério, com encaminhamento de acordo com o prognóstico.

Uma gestação adequada **previne doenças** e permite o desenvolvimento sadio do feto, de maneira que o recém-nascido terá melhores condições de vida.

A gestante possui amplo rol de garantias para uma gestação saudável e para um parto que respeite a dignidade desse momento especial e importante no ciclo da vida. O § 4° do artigo 8° prevê o dever de prestar assistência psicológica durante a gestação e após o parto, com os olhos voltados à **prevenção do estado puerperal**. O objetivo, logicamente, é preservar a vida e a saúde do recém-nascido.

O § 11 do artigo 8º esclarece a necessidade de avaliação do profissional de saúde para encaminhamento mais adequado.

Após dispor sobre aspectos pertinentes ao nascimento com vida e dar atenção especial à gestação e ao parto, o Estatuto impõe ao Poder Público e aos empregadores da iniciativa privada o dever de proporcionar condições adequadas para o aleitamento materno:

> **Art. 9º** O poder público, as instituições e os empregadores propiciarão condições adequadas ao aleitamento materno, inclusive aos filhos de mães submetidas a medida privativa de liberdade.

É dever dos profissionais das unidades primárias de saúde desenvolver ações para promoção e apoio ao aleitamento materno e à alimentação saudável (§ 1º). Por fim, os serviços de unidade de terapia intensiva neonatal devem dispor de banco de leite ou unidade de coleta (§ 2º).

No âmbito do direito do trabalho, a Consolidação das Leis do Trabalho (CLT) também prevê o direito de aleitamento à empregada:

> **Art. 396.** Para amamentar o próprio filho, inclusive se advindo de adoção, até que este complete 6 (seis) meses de idade, a mulher terá direito, durante a jornada de trabalho, a 2 (dois) descansos especiais, de meia hora cada um. §1º Quando o exigir a saúde do filho, o período de 6 (seis) meses poderá ser dilatado, a critério da autoridade competente. § 2º Os horários dos descansos previstos no caput deste artigo deverão ser definidos em acordo individual entre a mulher e o empregador.

A redação do **artigo 396 da CLT** inclui o **direito à amamentação** em caso de filho advindo de **adoção**. É possível que o leitor estranhe a regra à primeira vista, uma vez que a mãe adotiva não produz leite materno, justamente por não ter engravidado. A mensagem do legislador aqui é muito interessante, porque amplia a preocupação para além do ato de nutrição em si. A amamentação do filho adotivo, garantido na CLT, tem como objetivo o desenvolvimento do afeto, do laço mãe-filho. O momento da amamentação, seja de peito ou de 'fórmula', é de grande intimidade e conexão entre ambos; portanto, indispensável tanto para a mãe biológica, quanto para a mãe adotiva.

Como se vê, os diferentes dispositivos caminham na mesma direção, que é a de garantir o **adequado desenvolvimento** do recém-nascido durante os primeiros meses de vida.

O direito alcança, inclusive, mães submetidas a medidas privativas de liberdade, direito fundamental garantido também na Constituição da República (art. 5º, inc. L). O que se está a garantir é o direito à saúde e ao desenvolvimento sadio da criança, ou seja, o direito não é da mãe, mas sim do filho.

A Lei do **Sinase**, Lei nº 12.594/2012, **reforçou tal garantia** ao prever que devem ser proporcionadas condições adequadas à mãe-adolescente para amamentar seu filho. É o que estabelece o § 2º do artigo 63: *"Serão asseguradas as condições necessárias para que a adolescente submetida à execução de medida socioeducativa de privação de liberdade permaneça com o seu filho durante o período de amamentação."*

O artigo 12 do Estatuto impõe a estabelecimentos de atendimento à saúde que proporcionem condições para permanência em tempo integral de um dos pais ou responsável, nos casos de internação de criança ou adolescente. Por sua vez, o parágrafo único, inserido pela Lei n. 14.950/2024, prevê que é direito da criança e do adolescente visitar seus pais quando estes estejam internados em instituição de saúde.

O capítulo do Estatuto sobre o direito à vida e à saúde se encerra com o artigo 14, que trata da assistência médica e odontológica, a ser prestada pelo SUS com foco específico em doenças e enfermidades que afetam a população mais jovem. A atuação é notadamente preventiva, tanto que o § 1º prevê a vacinação como obrigatória. Os parágrafos 2º e 3º se ocupam da atenção odontológica, para prever um amplo cuidado bucal.

O § 5º tem como foco a detecção prematura de possíveis riscos ao desenvolvimento psíquico da criança. O objetivo da norma é trabalhar com precaução para identificar possíveis problemas e estabelecer parâmetros de atuação que minimizem riscos ou, ainda, que sejam desenvolvidos trabalhos específicos para superação de problemas futuros.

2.1. Substituição da prisão preventiva pela domiciliar

Questão marcante e recente no Judiciário brasileiro diz respeito à possibilidade de substituição da prisão preventiva pela prisão domiciliar.

O Código de Processo Penal autoriza a substituição da prisão preventiva pela domiciliar quando a mulher possui filho de 12 anos incompletos, crianças (art. 318, inc. V). A previsão tem origem nas Regras de Bangkok – Regras das Nações Unidas para o tratamento de mulheres presas e medidas não privativas de liberdade para mulheres infratoras, de 2010.

A regra foi introduzida no CPP em 2016 e, desde então, tem suscitado inúmeros *Habeas Corpus*, razão por que há diversos casos julgados pelo STJ a respeito da matéria.

Em um dos casos, a Corte examinou a situação da paciente que, presa por participação em organização criminosa, pleiteou a substituição da prisão preventiva por prisão domiciliar, ao argumento de que tinha filho menor de 12 anos, ou seja, criança. O STJ entende que a **necessidade** de cuidados de crianças é **presumida**, de modo a autorizar a prisão domiciliar.[3]

Para manutenção da prisão cautelar em detrimento da prisão domiciliar é preciso fundamentação específica do juízo.[4]

Em 2021, o Conselho Nacional de Justiça editou a Resolução n. 369/2021, a fim de estabelecer procedimentos e diretrizes para substituição de medidas de privação de liberdade de gestantes, mães, pais e responsáveis por crianças e pessoas com deficiência.

A normativa do CNJ é decorrência do julgamento de dois HC's no STF (143.641-SP; 165.704-DF), que concederam ordens coletivas para substituir prisão

3. HC 605.259/MG, Rel. Min. Sebastião Reis Júnior, 6ª Turma, julgado em 20/10/2020.
4. RHC 101.367/SP, Rel. Min. Nefi Cordeiro, 6ª Turma, julgado em 06/11/2018.

preventiva e cautelar por domiciliar com regra geral – excetuando-se apenas casos pontuais.

Havia uma preocupação significativa com o direito à vida, em razão da pandemia por que passamos. Assim, apenas hipóteses absolutamente excepcionais levavam à manutenção da privação de liberdade – seja por prisão ou por apreensão.

▸ **Como o assunto foi cobrado em concurso?**

(Magistratura – TJ-PE – 2022 – FGV) Maria, mãe de duas crianças de 02 e 05 anos, encontra-se em cumprimento de prisão preventiva, em razão da alegada prática de crime de roubo contra terceiros. Considerando que não há genitor ou família extensa apta a exercer a guarda das crianças, o juiz da Infância e Juventude aplica a estas a medida protetiva de acolhimento institucional. Maria deseja que seus filhos sejam levados para visita na unidade prisional, em razão do grande afeto que nutre pelas crianças, encaminhando carta ao magistrado com tal solicitação. O Ministério Público requer a suspensão do poder familiar de Maria em relação aos seus filhos, com a proibição de visitas das crianças na unidade prisional, em razão da prática de crime por Maria, sendo os autos remetidos à conclusão, para a apreciação do juiz da Infância e Juventude. Considerando os fatos narrados e à luz da Lei nº 8.069/1990 (ECA) e da Lei nº 13.257/2016 (Marco Legal da Primeira Infância), é correto afirmar que:

A) é indispensável a autorização judicial para que Maria seja visitada por seus filhos, tendo em vista a previsão contida no ECA;

B) as crianças não poderão ser levadas à visitação da genitora no presídio, em razão da vedação existente na Lei nº 13.257/2016 e por estarem na faixa etária da primeira infância;

C) a suspensão do poder familiar de Maria, com a proibição de visitas pelas crianças, é cabível, tendo em vista a prática de crime mediante o emprego de violência e grave ameaça;

D) a defesa técnica de Maria poderá requerer o benefício de prisão domiciliar, para assegurar o convívio com os seus filhos, com fundamento no Marco Legal da Primeira Infância;

E) a prática de crime de roubo é causa de perda do poder familiar de Maria em relação aos seus filhos, por ato judicial, razão pela qual não deverá ser autorizada a visitação pelas crianças.

Gabarito: letra D.

3. IDENTIFICAÇÃO ADEQUADA

O artigo 10 do Estatuto possui a seguinte redação:

> **Art. 10.** Os hospitais e demais estabelecimentos de atenção à saúde de gestantes, públicos e particulares, são obrigados a:
>
> I – manter registro das atividades desenvolvidas, através de prontuários individuais, pelo prazo de dezoito anos;

II - identificar o recém-nascido mediante o registro de sua impressão plantar e digital e da impressão digital da mãe, sem prejuízo de outras formas normatizadas pela autoridade administrativa competente;

III - proceder a exames visando ao diagnóstico e terapêutica de anormalidades no metabolismo do recém-nascido, bem como prestar orientação aos pais;

IV - fornecer declaração de nascimento onde constem necessariamente as intercorrências do parto e do desenvolvimento do neonato;

V - manter alojamento conjunto, possibilitando ao neonato a permanência junto à mãe.

VI - acompanhar a prática do processo de amamentação, prestando orientações quanto à técnica adequada, enquanto a mãe permanecer na unidade hospitalar, utilizando o corpo técnico já existente.

VII - desenvolver atividades de educação, de conscientização e de esclarecimentos a respeito da saúde mental da mulher no período da gravidez e do puerpério.

Esse dispositivo regula precipuamente a **adequada identificação** dos recém-nascidos e de suas genitoras, a fim de evitar a troca de identidades. Inclusive, os artigos 228 e 229 do Estatuto preveem como **crime** as condutas omissivas daqueles **deixam de cumprir** esse dispositivo. Os **prontuários** das atividades desenvolvidas devem ser **individuais** e **mantidos pelo prazo de 18 anos** (art. 10, I).

Dentre os documentos referentes à identificação do recém-nascido, destaca-se a declaração de nascido vivo, *DNV* (art. 10, inc. IV), pois possibilita à genitora registrar o recém-nascido no registro civil de pessoas naturais. Além disso, é documento de que sempre se vale o Judiciário no procedimento de regularização de registro civil (art. 102).

De forma pouco sistemática, artigo 10 foi acrescido do inciso VI para destacar um trabalho importante a ser realizado nos hospitais e estabelecimentos de saúde, as orientações acerca da amamentação. A regra estaria melhor colocada no artigo 8º, que trata dos cuidados com a saúde de gestantes e mulheres, tendo como consequência a ampla proteção do direito à vida e à saúde do recém-nascido. De qualquer forma, a regra em si é importante e deve ser observada pelos estabelecimentos de saúde.

Por sua vez, o inciso VII foi inserido para destacar o necessário trabalho educativo a ser desempenhado.

Trata-se do dever de acompanhar a prática do processo de **amamentação** e de prestar **orientações** quanto à técnica adequada. Não há dúvidas quanto à importância do aleitamento materno tanto para a saúde do bebê e seu desenvolvimento sadio, quanto para a criação de laços mais estreitos de afeto entre mãe e filho. Entretanto, as primeiras amamentações não são tão simples, nem sempre o bebê consegue uma 'pega' adequada para sucção. Não se trata aqui de impossibilidade de amamentar pela mãe, mas tão somente de identificar a forma correta de fazê-lo, conhecimento este que os profissionais desses estabelecimentos de saúde dominam amplamente. Daí a importância do dispositivo legal para tornar obrigatório o acompanhamento e as instruções pertinentes.

4. PROGRAMA NACIONAL DE TRIAGEM NEONATAL

A saúde de crianças e adolescentes é tema de constante debate e aperfeiçoamento. Nesse contexto, foi editada em 2021 a Lei n. 14.154, que modifica o Programa Nacional de Triagem Neonatal (PNTN). No Estatuto, o regramento foi inserido como parágrafos do artigo 10.

O objetivo foi estabelecer um rol mais amplo de doenças a serem rastreadas pelo 'teste do pezinho' realizado por meio do Sistema Único de Saúde (SUS). A implementação é gradativa, porque essa ampliação demanda um esforço grande de gestão pública – não apenas financeiro, mas também administrativo.

A Lei prevê 5 etapas para ampliação do rol de doenças a serem rastreadas pelo teste. Confira-se:

- Etapa 1: a) fenilcetonúria e outras hiperfenilalaninemias; b) hipotireoidismo congênito; c) doença falciforme e outras hemoglobinopatias; d) fibrose cística; e) hiperplasia adrenal congênita; f) deficiência de biotinidase; g) toxoplasmose congênita;
- Etapa 2: a) galactosemias; b) aminoacidopatias; c) distúrbios do ciclo da ureia; d) distúrbios da betaoxidação dos ácidos graxos;
- Etapa 3: doenças lisossômicas;
- Etapa 4: imunodeficiências primárias;
- Etapa 5: atrofia muscular espinhal.

Além dessa ampliação significativa do teste, a Lei prevê ainda que devem ser realizadas revisões periódicas acerca do Programa, a fim de identificar benefícios do rastreamento, diagnóstico e tratamento precoce, de modo a tornar a política pública realmente eficiente. O § 2º do artigo 10 deixa claro que devem ser priorizadas as doenças de maior prevalência no País e que a revisão do PNTN deve ser feita com **evidências científicas**. Não deixa de ser curioso que a Lei precise indicar expressamente que a política pública de saúde deve ser formatada com base na ciência – é o sinal dos tempos que vivemos.

Fixada a premissa da ciência e a diretriz voltada para prevalência de doenças no País, o § 3º permite que o rol de doenças rastreáveis possa ser ampliado.

Por fim, o § 4º determina que a gestante e seus acompanhantes sejam informados sobre a importância do teste do pezinho e as diferenças entre o exame realizado pelo SUS e o das redes privadas de saúde.

5. MAUS-TRATOS, CASTIGO FÍSICO E TRATAMENTO CRUEL OU DEGRADANTE – COMUNICAÇÃO AO CONSELHO TUTELAR

A violência contra a criança e o adolescente pode tomar diversas formas. O Estatuto regula a matéria com a previsão de que a criança e o adolescente devem ser protegidos contra casos de suspeita ou confirmação de castigo físico, tratamento cruel ou degradante e maus-tratos (art. 13). Comumente tais formas de violência surgem no âmbito familiar, praticados lamentavelmente por aqueles que exercem o poder familiar – pai, mãe, padrasto e madrasta. Podem ocorrer também em locais frequentados pela criança ou adolescente, como creche, escola, projeto beneficente, instituição religiosa, local de trabalho etc. Qualquer que seja o local ou o agressor, é necessária a comunicação ao **Conselho Tutelar** para **adoção de providências** (art. 13). Inclusive, o Estatuto define como infração administrativa a não comunicação de suspeita ou confirmação de maus-tratos contra criança ou adolescente, quando se tratar de médico, professor ou responsável por estabelecimento de atenção à saúde e de ensino fundamental, pré-escola ou creche (art. 245).

A redação original do artigo 13 se referia apenas a maus-tratos e sua ampliação para a redação atual foi fruto do advento da Lei n. 13.010/2014, que ficou popularmente conhecida como Lei da Palmada ou Lei Menino Bernardo.

Além disso, o artigo 13 possui também uma previsão inserida posteriormente para proteger especificamente crianças na **primeira infância**. Trata-se do § 2º, que prevê máxima prioridade a crianças na primeira infância com suspeita de maus-tratos, mediante a formulação de projeto terapêutico com intervenção em rede e, se necessário, **acompanhamento domiciliar**.

No âmbito federal, a política pública de enfrentamento da violência contra crianças e adolescentes está regulada pelo Decreto n. 11.074/2022. Esse ato normativo instituiu o Programa de Proteção Integral da Criança e do Adolescente.

6. PREOCUPAÇÃO COM ENTREGA DA CRIANÇA À ADOÇÃO

O Estatuto possui como diretriz a preservação da família natural. Ao longo do diploma legal, há diversos dispositivos que materializam esse princípio. Dois deles são o parágrafo 5º do artigo 8º e o parágrafo primeiro do artigo 13.

O parágrafo 5° do artigo 8º estabeleceu a necessidade do **acompanhamento psicológico** à mãe que externa seu desejo de entregar seu filho à adoção: *"A assistência referida no § 4º deste artigo deverá ser prestada também a gestantes e mães que manifestem interesse em entregar seus filhos para adoção, bem como a gestantes e mães que se encontrem em situação de privação de liberdade."*

É possível o encaminhamento da gestante/mãe para atendimento especializado na rede pública de saúde ou via assistente social. Se ainda assim a gestante/mãe não quiser criar seu filho, faz-se o encaminhamento para adoção. O procedimento a ser adotado pelo Juizado da Infância e da Juventude nesses casos está regulado pelo artigo 19-A.

Na mesma linha principiológica, o parágrafo 1º do artigo 13 estabelece que a mulher que demonstrar interesse em entregar seu filho para adoção deve ser encaminhada à Justiça da Infância e da Juventude, para que seja devidamente orientada e auxiliada: *"As gestantes ou mães que manifestem interesse em entregar seus filhos para adoção serão obrigatoriamente encaminhadas, sem constrangimento, à Justiça da Infância e da Juventude."*

O objetivo é buscar a **preservação da família natural**. O não encaminhamento da mulher à autoridade judiciária pelo médico, enfermeiro ou dirigente de estabelecimento de saúde caracteriza infração administrativa, prevista no artigo 258-B.

O objetivo dessas normas é combater o puro e simples abandono de crianças recém-nascidas à própria sorte – na rua, em terreno baldio, na porta de hospital etc. O acompanhamento da gestante e da mãe que acabou de ter o bebê preserva a vida e a saúde da criança, além de preservar, frequentemente, os laços maternos. A doutrina explica:

> Se as dificuldades são de ordem social, o encaminhamento para o SUS pode bastar. Se as dúvidas são em relação à capacidade de criar o filho, não raro sozinha, o acompanhamento e "capacitação" da mãe podem se mostrar suficientes. Mas, se apesar dos esforços das equipes de apoio das unidades de saúde e da rede social a genitora se mantiver firme no propósito de entregar o filho em adoção, todo o processo e as consequências de sua decisão deverão lhe ser passadas, propiciando uma manifestação de vontade consciente.[5]

> **▸ Como esse assunto foi cobrado em concurso?**
>
> **(Agente fiscal – CRESS-AP – 2022 – Quadrix)** Considerando o Estatuto da Criança e do Adolescente, julgue o item.
>
> As gestantes ou mães que manifestarem interesse em entregar seus filhos para adoção serão obrigatoriamente encaminhadas à Justiça da Infância e da Juventude.
>
> *Gabarito: o item está certo.*

7. DIREITO À LIBERDADE, AO RESPEITO E À DIGNIDADE

O segundo rol de direitos fundamentais contém previsões acerca da liberdade, do respeito e da dignidade, e estão previstos nos artigos 15 a 18-B do Estatuto da Criança e do Adolescente. Há nítida relação entre o rol do Estatuto e as garantias fundamentais previstas na Constituição da República (art. 1º, inc.

5. AMIN, Andréa Rodrigues. *In:* MACIEL, Kátia Regina Ferreira Lobo Andrade. op. cit., p. 39.

III, art. 5º, *caput*). Os artigos 16, 17 e 18 abordam separadamente cada um dos direitos enumerados no art. 15. Já os artigos 18-A e 18-B tratam da educação e cuidado sem castigo físico, tratamento cruel ou degradante.

Liberdade, respeito e dignidade da pessoa humana são valores sociais que permeiam todo o sistema jurídico, da Constituição a atos normativos de menor hierarquia.

O direito de liberdade é a faculdade de agir como melhor lhe aprouver, exceto pelas restrições referentes aos direitos dos demais membros da sociedade. A Constituição da República é clara a esse respeito, pois estabelece que *"ninguém será obrigado a fazer ou deixar de fazer alguma coisa senão em virtude de lei"* (art. 5º, inc. II).

O artigo 16, em **rol exemplificativo**, destrincha o conteúdo do direito à liberdade, que compreende os seguintes direitos:

Direito de liberdade
- direito de ir, vir e estar nos logradouros públicos e espaços comunitários, ressalvadas as restrições legais; - direito de opinião e expressão; - direito de crença e culto religioso; - direito de brincar, praticar esportes e divertir-se; - direito de participar da vida familiar e comunitária, sem discriminação; - direito de participar da vida política, na forma da lei; - direito de buscar refúgio, auxílio e orientação.

▸ Como esse assunto foi cobrado em concurso?

(Fundep – Promotor de Justiça – MPE – MG/2023) Em relação ao Estatuto da Criança e do Adolescente (Lei nº 8.069/90), especificamente quanto ao direito à liberdade assegurado a crianças e adolescentes, é INCORRETO afirmar que é garantido:

A) Direito irrestrito de ir, vir e estar nos logradouros públicos e espaços comunitários.

B) Liberdade de opinião e expressão.

C) Participação na vida familiar e comunitária, sem discriminação.

D) Participação na vida política, na forma da lei.

Gabarito: letra A.

As previsões acerca do direito de liberdade não se esgotam no artigo 16 do Estatuto, pois há diversos outros dispositivos que tutelam e restringem aspectos referentes à liberdade, como o ingresso e permanência em shows e casas de espetáculo (arts. 74 a 76), a autorização para viajar (arts. 83 a 85) e, com maior destaque, a privação de liberdade em caso de prática de ato infracional (art. 106).

Por sua vez, o artigo 17 prevê o **direito ao respeito**, que *"consiste na inviolabilidade da integridade física, psíquica e moral da criança e do adolescente,* *abrangendo a preservação da imagem, da identidade, da autonomia, dos valores, ideias e crenças, dos espaços e objetos pessoais."*

Direito ao respeito	
Inviolabilidade da integridade física, psíquica e moral para preservação de	- imagem - identidade - autonomia - valores - ideias e crenças - espaços - objetos pessoais

▸ **Como esse assunto foi cobrado em concurso?**

(Agente fiscal - CRESS-AP - 2022 - Quadrix) Considerando o Estatuto da Criança e do Adolescente, julgue o item.

O direito ao respeito refere-se à inviolabilidade da integridade física, psíquica e moral da criança e do adolescente e abrange a preservação da imagem, da identidade, da autonomia, dos valores, das ideias, das crenças, dos espaços e dos objetos pessoais.

Gabarito: o item está certo.

A partir desse rol, é possível extrair que o direito ao respeito de que trata o Estatuto guarda relação com os direitos da personalidade. A proteção ao direito de imagem de crianças e adolescentes aparece dentro do Estatuto na forma de tipificação de crime e infração administrativa para quem viola essa direito infantojuvenil. A tutela se espraia também para a regulação da aparição de crianças e adolescentes em shows, filmes, desfiles e eventos festivos.

Por fim, o artigo 18 toca à **dignidade da pessoa humana**. Mais do que um princípio – que pode ser objeto de ponderação e de redução ou ampliação de sua aplicação em confronto com outro princípio –, a dignidade da pessoa humana é um **postulado normativo** que deve ser respeitado em qualquer situação, um **valor** que deve ser **perseguido por toda a sociedade**, base de construção de uma sociedade mais justa e solidária.

A dignidade da pessoa humana está prevista no inciso III do artigo 1º da Constituição da República. Uadi Lamêgo Bulos disserta sobre o assunto nos seguintes termos:

> Este valor agrega em torno de si a unanimidade dos direitos e garantias fundamentais do homem, expressos na Constituição de 1988. Quando o Texto Maior proclama a dignidade da pessoa humana, está consagrando um imperativo de justiça social, um *valor constitucional supremo*. Por isso, o primado consubstancia o espaço de integridade moral do ser humano, independentemente de credo, raça, cor, origem ou *status* social. O conteúdo do vetor é amplo e pujante, envolvendo valores *espirituais* (liberdade de ser, pensar e criar etc.) e *materiais* (renda mínima, saúde, alimentação, lazer, moradia, educação etc.). Seu acatamento representa a vitória contra

> a intolerância, o preconceito, a exclusão social, a ignorância e a opressão. A dignidade humana reflete, portanto, um conjunto de valores civilizatórios incorporados ao patrimônio do homem. Seu conteúdo jurídico interliga-se às liberdades públicas, em sentido amplo, abarcando aspectos individuais, coletivos, políticos e sociais do direito à vida, dos direitos pessoais tradicionais, dos direitos metaindividuais (difusos, coletivos e individuais homogêneos), dos direitos econômicos, dos direitos educacionais, dos direitos culturais etc. Abarca uma variedade de bens, sem os quais o homem não subsistiria. A força jurídica do pórtico da dignidade começa a espargir efeitos desde o ventre materno, perdurando até a morte, sendo inata ao homem.[6]

Por sua importância no ordenamento jurídico e na vida em sociedade, a dignidade da pessoa humana está mais uma vez expressa no Estatuto, que lhe buscou traçar o conteúdo ao dispor que se deve pôr a criança e o adolescente a salvo de tratamento desumano, violento, aterrorizante, vexatório ou constrangedor. Trata-se de dever imposto a todos os membros da sociedade e ao Poder Público. Crianças e adolescentes, por gozarem de proteção absoluta, hão de ser protegidos contra atos que violem seus direitos da personalidade e sua dignidade. A imposição desse dever a todos não advém somente do art. 18 do Estatuto, mas da própria Constituição da República, cujo art. 227 estabelece tal imposição.

Nesse contexto de respeito e dignidade, em 2022 foi editada a Lei n. 14.420, que estabeleceu a Semana Nacional de Conscientização sobre o Transtorno do Déficit de Atenção com Hiperatividade (TDAH). O objetivo da norma é estabelecer o período do ano específico (semana de 1º de agosto) para uma atenção especial a essa questão, de modo a a conscientização para diagnóstico e tratamento precoces.

Em 2022, o STJ analisou situação em que os direitos da personalidade de adolescente estavam em risco. O julgado é importante, porque conecta os direitos infantojuvenis com a regulação da internet, prevista na Lei n. 12.965/2014. Na ocasião, o STJ entendeu que há responsabilidade do provedor de internet pela retirada do conteúdo, **independentemente de ordem judicial**.[7]

Em 2024, o STJ voltou tutelar a dignidade de adolescente que fora vítima de estupro de vulnerável, cujos fatos foram noticiados em site de notícias. Embora não tenha havido a divulgação da identidade, o conteúdo das manchetes fez menções injuriosas à honra da vítima. Confira-se:

> Hipótese: Discussão quanto à responsabilidade civil de órgão de imprensa que, posto divulgue matéria jornalística relatando a ocorrência de fato verídico e sem identificar os envolvidos, intitula a respectiva manchete com termos que permitem atribuir à própria vítima conduta ativa, quando, em verdade, fora agente passiva do crime de estupro de vulnerável.

---

6. BULOS, Uadi Lamêgo. *Curso de direito constitucional*. São Paulo: Saraiva, 2007, p. 389.
7. REsp n. 1.783.269/MG, relator Ministro Antonio Carlos Ferreira, Quarta Turma, julgado em 14/12/2021, DJe de 18/2/2022.

1. Não se conhece de recurso especial no que tange à tese de afronta a dispositivos Constitucionais, por se tratar de competência privativa do Supremo Tribunal Federal, em sede de recurso extraordinário (art. 102, III, da CF.

2. É deficiente a fundamentação do recurso interposto com base na alínea "c", do art. 105, III, da CF, quando suas razões deixam de indicar os dispositivos de lei federal supostamente violados, bem como no caso em que são apresentados precedentes paradigma, que tratam de casos com natureza e peculiaridades diversas da hipótese retratada no aresto combatido.

3. Consoante esta Corte Superior tem reiteradamente assentado, "a liberdade de expressão, compreendendo a informação, opinião e crítica jornalística, por não ser absoluta, encontra algumas limitações ao seu exercício, compatíveis com o regime democrático, quais sejam: (I) o compromisso ético com a informação verossímil;

(II) a preservação dos chamados direitos da personalidade, entre os quais incluem-se os direitos à honra, à imagem, à privacidade e à intimidade; e (III) a vedação de veiculação de crítica jornalística com intuito de difamar, injuriar ou caluniar a pessoa (animus injuriandi vel diffamandi)" (REsp n. 801.109/DF, Relator Ministro Raul Araújo, Quarta Turma, julgado em 12/6/2012, DJe de 12/3/2013).

4. Comete ato ilícito, por abuso de direito, o órgão de imprensa que, apesar de divulgar fato verídico, relaciona a notícia à manchete de caráter manifestamente ofensivo à honra da vítima de crime de estupro de vulnerável, atribuindo à adolescente conduta ativa ante o fato ocorrido, trazendo menções injuriosas a sua honra.

5. Os cuidados a serem dispensados pelos órgãos de imprensa, quando da divulgação de notícias envolvendo menores de idade, devem ser redobrados, face ao dever imposto à toda sociedade de zelar pelos direitos e o bem-estar da pessoa em desenvolvimento (arts. 16 e 17 do ECA).

6. Ainda que a notícia não contenha dados objetivos que possam identificar a vítima ao público em geral, é evidente, contudo, que ela própria e aqueles que circundam seus relacionamentos mais próximos têm conhecimento de que os fatos ofensivos lhe foram atribuídos, ressaindo daí dano psíquico-psicológico decorrente dos termos infamantes contidos na chamada da matéria, sobretudo por se cuidar a ofendida de menor de idade e por ter a manchete denotado a ideia de que esta fora a responsável pelo episódio.

7. Irrelevância de posterior retratação do órgão de imprensa, porquanto já consumado, àquela altura, o dano moral à vítima da veiculação da notícia.

8. Responsabilidade civil reconhecida, face à junção de todos os seus elementos: ato ilícito cometido por abuso de direito, aliado ao nexo de causalidade entre o agir e o dano moral impingido.

Indenização fixada dentro dos parâmetros de razoabilidade, em patamar que não traduz enriquecimento sem causa à vítima.

9. Recurso especial parcialmente conhecido e, nesta parte, provido.

(REsp n. 1.875.402/SP, relator Ministro Marco Buzzi, Quarta Turma, julgado em 23/4/2024, DJe de 9/5/2024.)

8. DIREITO À EDUCAÇÃO SEM CASTIGO FÍSICO, TRATAMENTO CRUEL OU DEGRADANTE

O artigo 18-A estabelece que criança e o adolescente têm o direito de ser educados e cuidados sem o uso de castigo físico ou de tratamento cruel ou degradante, como formas de correção, disciplina, educação ou qualquer outro pretexto, pelos pais, pelos integrantes da família ampliada, pelos responsáveis, pelos agentes públicos executores de medidas socioeducativas ou por qualquer pessoa encarregada de cuidar deles, tratá-los, educá-los ou protegê-los.

O parágrafo único do artigo 18-A traz o conteúdo do que se deve entender por castigo físico e tratamento cruel ou degradante:

a) **Castigo físico:** ação de natureza disciplinar ou punitiva aplicada com o uso da força física sobre a criança ou o adolescente que resulte em sofrimento físico ou lesão;

b) **Tratamento cruel ou degradante:** conduta ou forma cruel de tratamento em relação à criança ou ao adolescente que humilhe, ameace gravemente ou ridicularize.

Para evitar tais formas de violência, o artigo 18-B possibilita a aplicação das seguintes medidas pelo Conselho Tutelar:

(i) encaminhamento a programa oficial ou comunitário de proteção à família;

(ii) encaminhamento a tratamento psicológico ou psiquiátrico;

(iii) encaminhamento a cursos ou programas de orientação;

(iv) obrigação de encaminhar a criança a tratamento especializado;

(v) advertência; e

(vi) garantia de tratamento de saúde especializado à vítima.

Além dessas providências tomadas pelo Conselho Tutelar, o castigo físico e o tratamento cruel ou degradante podem dar ensejo a outras providências com o agente responsável. No caso dos pais, por exemplo, a **violência** pode levar à **perda do poder familiar** no âmbito civil ou caracterizar crime no âmbito penal.

▸ **Como esse assunto foi cobrado em concurso?**

(Cespe - Analista do CNMP - Apoio Jurídico - CNMP/2023) No que se refere ao catálogo de direitos humanos e à sua efetivação, julgue o item a seguir, à luz da legislação aplicável e da jurisprudência do Supremo Tribunal Federal.

Como forma de proteger a maternidade e garantir o direito à vida e à saúde da criança, a gestante e a lactante não podem ser submetidas a atividades insalubres de qualquer nível em seu ambiente de trabalho.

Gabarito: o item está errado.

9. MARCO LEGAL DA PRIMEIRA INFÂNCIA

O rol de direitos fundamentais do direito infantojuvenil naturalmente não se limita ao quanto previsto no Estatuto da Criança e do Adolescente. A **proteção constitucional** (art. 227) de crianças e adolescentes toma por base a **prioridade absoluta**. Em geral, associa-se esse princípio ao Poder Executivo, que é o responsável pela formulação de políticas públicas. Entretanto, é preciso entender que o Executivo não atua de forma completamente independente, pois é preciso estabelecer marcos legais e diretrizes para sua atuação, papel este que cabe ao Legislativo. Portanto, a prioridade absoluta deve ser lida como imposição de um dever também ao Congresso Nacional, que deve ter sempre como pauta o aperfeiçoamento da esfera de proteção de direitos infantojuvenis.

E para se desincumbir de seu ofício, o Legislativo deve não só aperfeiçoar o Estatuto, mas também elaborar outras leis que ampliem a tutela de crianças e adolescente. É nesse contexto que foi editada a **Lei n. 13.257/2016**, que estabelece **políticas públicas para a primeira infância**. Além de modificar regras do Estatuto – cujos comentários foram inseridos nos locais pertinentes ao longo deste livro –, há uma disciplina específica que deve ser estudada e compreendida. É do que trata este tópico.

A **primeira infância** é o período que abrange os **primeiros 6 anos de vida** (art. 2º). Assim, a Lei se ocupa de trabalhar na formulação e implementação de políticas públicas para crianças nessa idade. Logicamente, a formulação de políticas públicas infantojuvenis não pode ser una, idênticas para qualquer pessoa entre 0 e 18 anos. É preciso trabalhar a montagem de programas a partir das necessidades de cada faixa etária, cada peculiaridade social, cada região do País.

> ▸ **Como o assunto foi cobrado em concurso?**
>
> **(Cespe – Promotor de Justiça – MPE – AP/2021)** Para efeitos do Estatuto da Primeira Infância (Lei n.° 13.257/2016), considera-se primeira infância o período que abrange os primeiros
>
> A) cinco anos completos ou sessenta meses de vida da criança.
>
> B) dez anos completos ou cento e vinte meses de vida da criança.
>
> C) sete anos completos ou oitenta e quatro meses de vida da criança.
>
> D) doze anos completos ou cento e quarenta e quatro meses de vida da criança.
>
> E) seis anos completos ou setenta e dois meses de vida da criança.
>
> *Gabarito: letra E.*

O artigo 3º reforça o regramento constitucional, ao afirmar que direitos da criança, adolescente e jovem devem ser assegurados com absoluta prioridade. Em 2024, o Marco Legal foi modificado pela Lei n. 14.880, que incluiu alguns novos dispositivos em seu texto.

O §§ 1º e 2º do artigo 3º tratam da atenção precoce, conjunto de ações e políticas voltadas para crianças de 0 a 3 anos de idade. A Lei n. 14.880/2024 tem por objetivo alinhar as atuações dos entes políticos na implementação de medidas para esse público-alvo. Há inclusive um cuidado mais específico no § 2º com o atendimento de crianças que tenham nascido em condição de risco (prematuros e com asfixia perinatal) ou que apresentem problemas neurológicos, malformações congênitas, síndromes etc.

O artigo 4º lista nove **diretrizes** a serem seguidas no atendimento a crianças em sua **primeira infância**, a saber:

Diretrizes para atendimento a criança na primeira infância (art. 4º)
I – atender ao interesse superior da criança e à sua condição de sujeito de direitos e de cidadã; II – incluir a participação da criança na definição das ações que lhe digam respeito, em conformidade com suas características etárias e de desenvolvimento; III – respeitar a individualidade e os ritmos de desenvolvimento das crianças e valorizar a diversidade da infância brasileira, assim como as diferenças entre as crianças em seus contextos sociais e culturais; IV – reduzir as desigualdades no acesso aos bens e serviços que atendam aos direitos da criança na primeira infância, priorizando o investimento público na promoção da justiça social, da equidade e da inclusão sem discriminação da criança; V – articular as dimensões ética, humanista e política da criança cidadã com as evidências científicas e a prática profissional no atendimento da primeira infância; VI – adotar abordagem participativa, envolvendo a sociedade, por meio de suas organizações representativas, os profissionais, os pais e as crianças, no aprimoramento da qualidade das ações e na garantia da oferta dos serviços; VII – articular as ações setoriais com vistas ao atendimento integral e integrado; VIII – descentralizar as ações entre os entes da Federação; IX – promover a formação da cultura de proteção e promoção da criança, com apoio dos meios de comunicação social; X – promover o desenvolvimento das potencialidades das crianças de 0 (zero) a 3 (três) anos com deficiência, transtornos globais do desenvolvimento, altas habilidades ou superdotação e dos bebês que nasceram em condição de risco, no que se refere aos aspectos físico, cognitivo, psicoafetivo, social e cultural, de forma a priorizar o processo de interação e comunicação mediante atividades significativas e lúdicas; XI – garantir o conjunto de serviços, apoios e recursos necessários para atender às necessidades das crianças de 0 (zero) a 3 (três) anos e às necessidades de suas famílias, com vistas à promoção do desenvolvimento infantil pleno e inclusivo, em colaboração interfederativa.

A formulação de políticas públicas deve ser colaborativa, a envolver tanto o Poder Público, quanto a sociedade civil. Isso fica claro pelo artigo 12, que convoca a família e a sociedade a participarem da proteção e da promoção da criança na primeira infância. O legislador pecou um pouco na sistemática pela distância das regras, mas os artigos 4º e 12 devem ser lidos em conjunto.

O artigo 5º lista as áreas prioritárias de atenção à primeira infância para formulação de políticas públicas. A Lei n. 14.880/2024 incluiu o parágrafo único ao artigo 5º para tratar como prioridade o atendimento das crianças de 0 a 3 anos. Elencar prioridades é realmente tarefa do legislador, por se tratar de uma opção política; são escolhas trágicas, na medida em que os recursos são finitos e não há como atender plenamente a tudo e todos. É absolutamente relevante para o desenvolvimento do País que se façam efetivamente essas escolhas difíceis que alocam recursos e elegem prioridades e este debate deve mesmo ser travado na casa do povo, que é o Legislativo, composto por membros eleitos pelo voto popular.

Ocorre que o artigo 5º não elege prioridade alguma, na medida em que lista tantas prioridades que não dá efetivamente diretriz segura ao Executivo. De acordo com esse dispositivo, as áreas prioritárias são 15, a saber: a saúde, a alimentação e a nutrição, a educação infantil, a convivência familiar e comunitária, a assistência social à família da criança, a cultura, o brincar e o lazer, o espaço e o meio ambiente, bem como a proteção contra toda forma de violência e de pressão consumista, a prevenção de acidentes e a adoção de medidas que evitem a exposição precoce à comunicação mercadológica.

Repare como isso não é dar diretriz alguma: o Executivo pode aplicar mais recursos para construir um parquinho na praça da cidade do que para melhorar a qualidade da alimentação da creche. E o faz com amparo no dispositivo que afirma que o lazer é tão prioritário quanto a saúde. O lazer na área pública é importante, sim, mas não tão importante quanto a alimentação de nossas crianças na creche e na pré-escola. Essa é uma valoração filosófica pessoal, mas não legal; do ponto de vista do direito positivo, ambos (lazer e saúde) valem o mesmo.

Em seguida, a Lei n. 13.257/2016 estabelece a possibilidade de criação de comitês intersetoriais de políticas públicas para a primeira infância (arts. 6º e 7º). A regra é relevante, porque efetivamente a atuação pública deve ser articulada. Há na estrutura do Poder Executivo divisões de atribuições em diferentes pastas (ministérios e secretarias da saúde, educação, segurança, cultura etc.), o que promove eficiência e permite a especialização da atuação. Entretanto, essa divisão pode gerar também dificuldade de diálogo e atuação concertada, já que cada pasta tem suas pautas e prioridades. A existência de comitê intersetoriais cria vasos comunicantes entre as pastas, o que é extremamente salutar.

> **▸ Como o assunto foi cobrado em concurso?**
>
> **Instituto Consulplan - 2024 - MP/SC - Promotor**
>
> Tendo como base a Lei nº 13.257/2016, tem-se que a criação de comitês intersetoriais de políticas públicas para a primeira infância nos níveis federal, estadual, distrital e municipal é obrigatória, com a finalidade de assegurar a articulação das ações voltadas à proteção e à promoção dos direitos da criança, sendo garantida a participação social por meio dos conselhos de direitos.
>
> *Gabarito: o item está errado.*

Outra premissa importante da Lei é a formação profissional de pessoas que atuam com primeira infância. Os artigos 9º e 10 tratam do assunto para prever a formação de profissionais com capacidade adequada para tratar dos diferentes aspectos da primeira infância. Isso significa, por exemplo, criar ou ampliar cursos e especializações nas áreas de educação, psicologia, nutrição e medicina, sempre com foco na primeira infância.

Questão fundamental e ainda deixada em segundo plano na atuação do Poder Público é quantificação de trabalho, da atuação, do resultado. E nesse ponto a Lei da primeira infância contribui, pois torna obrigatório o monitoramento e a coleta sistemática de dados sobre a oferta dos serviços e os resultados (art. 11).

O artigo 14 dá especial relevo à família. Como reiteramos constantemente, o sistema jurídico tem a família como um grande pilar do desenvolvimento social e individual. O conceito de família aqui é o jurídico-constitucional, não o fruto de dogmas religiosos, ou seja, pode ser formada por casais heterossexuais ou homoafetivos, bem como famílias formadas apenas um dos genitores e seus filhos e ainda parentes próximos unidos por laços de afinidade e afetividade (Estatuto, artigo 25). Em suma, a união de pessoas que se amam e se protegem e se ajudam é ponto fundamental de desenvolvimento para o indivíduo e para a sociedade.

Diante disso, a Lei de Políticas Públicas para a primeira infância estabelece a necessidade de apoio amplo às famílias, a partir de uma série de intervenções e ações, como visitas domiciliares e programas de promoção de paternidade e maternidade responsáveis. O atendimento deve ser prioritário para famílias em situação de vulnerabilidade e de risco (§ 1º) - aqui o Legislador efetivamente fez a opção política de definir uma prioridade, ao contrário do artigo 5º, acima tratado. A Lei n. 14.880/2024 acrescentou mais uma prioridade no artigo 14, com a inclusão do § 6º, cuja redação demanda que os programas de visita domiciliar deem prioridade ao atendimento de crianças de 0 a 3 anos.

Por fim, há dispositivos voltados à promoção da cultura e do lazer e bem-estar (arts. 15 a 17), cujo objetivo é permitir que crianças de até 6 anos de idade tenham acesso a esses direitos. Houve modificação do artigo 16 pela Lei n. 14.880/2024, com a inclusão dos §§ 2º e 3º. O objetivo dos novos dispositivos é prever que os serviços de atenção precoce sejam realizados em espaços físicos com infraestru-tura e recursos pedagógicos adequados. Além disso, os serviços devem ter como norte uma perspectiva inclusiva e global da aprendizagem das crianças.

▸ Como esse assunto foi cobrado em concurso?

(Vunesp – Promotor de Justiça – MPE – SP/2023) A respeito do Marco Legal da Primeira Infância (Lei nº 13.257/2016), assinale a alternativa INCORRETA.

(A) As políticas públicas voltadas ao atendimento dos direitos da criança na primeira infância serão elaboradas e executadas de forma a descentralizar as ações entre os entes da Federação.

(B) São áreas prioritárias para as políticas públicas a adoção de medidas de proteção contra toda forma de violência e de pressão consumista e a adoção de medidas que evitem a exposição precoce à comunicação mercadológica.

(C) É papel das políticas para a primeira infância criar condições e meios para que a criança tenha acesso à produção cultural e seja reconhecida como produtora de cultura.

(D) A sociedade participa solidariamente com a família e o Estado da proteção e da promoção da criança na primeira infância, integrando conselhos, de forma paritária, com representantes governamentais.

(E) Para os efeitos da Lei nº 13.257/16, em atenção à especificidade e à relevância dos primeiros anos de vida no desenvolvimento infantil, considera-se primeira infância o período que abrange os primeiros 60 (sessenta) meses de vida da criança.

Gabarito: letra E.

10. DEPOIMENTO SEM DANO

Outro importante tema afeto aos direitos infantojuvenis tratado fora do Estatuto é o do chamado depoimento sem dano, previsto na Lei n. 13.431/2017. Trata-se de lei que **resguarda** os direitos de crianças e adolescentes que foram **vítimas ou testemunhas de violência**.

A Lei em questão é um natural desdobramento do princípio da proteção integral de crianças e adolescentes. Se por um lado é preciso impedir que sofram qualquer forma de violência, de outro deve haver mecanismos jurídicos para preservar ou minorar os efeitos de violências já sofridas e testemunhadas.

Crianças e adolescente possuem um rol de direitos e garantias previsto nos artigos 5º e 6º da Lei. Logicamente, não se trata de rol exaustivo; a ele se somam regras do Estatuto e de outros diplomas jurídicos. Vejamos o rol:

Direitos e garantias (arts. 5º e 6º)
II – receber prioridade absoluta e ter considerada a condição peculiar de pessoa em desenvolvimento; II – receber tratamento digno e abrangente; III – ter a intimidade e as condições pessoais protegidas quando vítima ou testemunha de violência; IV – ser protegido contra qualquer tipo de discriminação, independentemente de classe, sexo, raça, etnia, renda, cultura, nível educacional, idade, religião, nacionalidade, procedência regional, regularidade migratória, deficiência ou qualquer outra condição sua, de seus pais ou de seus representantes legais; V – receber informação adequada à sua etapa de desenvolvimento sobre direitos, inclusive sociais, serviços disponíveis, representação jurídica, medidas de proteção, reparação de danos e qualquer procedimento a que seja submetido; VI – ser ouvido e expressar seus desejos e opiniões, assim como permanecer em silêncio; VI – ser ouvido e expressar seus desejos e opiniões, assim como permanecer em silêncio; VII – receber assistência qualificada jurídica e psicossocial especializada, que facilite a sua participação e o resguarde contra comportamento inadequado adotado pelos demais órgãos atuantes no processo; VIII – ser resguardado e protegido de sofrimento, com direito a apoio, planejamento de sua participação, prioridade na tramitação do processo, celeridade processual, idoneidade do atendimento e limitação das intervenções; IX – ser ouvido em horário que lhe for mais adequado e conveniente, sempre que possível; X – ter segurança, com avaliação contínua sobre possibilidades de intimidação, ameaça e outras formas de violência; XI – ser assistido por profissional capacitado e conhecer os profissionais que participam dos procedimentos de escuta especializada e depoimento especial; XII – ser reparado quando seus direitos forem violados; XIII – conviver em família e em comunidade; XIV – ter as informações prestadas tratadas confidencialmente, sendo vedada a utilização ou o repasse a terceiro das declarações feitas pela criança e pelo adolescente vítima, salvo para os fins de assistência à saúde e de persecução penal; XV – prestar declarações em formato adaptado à criança e ao adolescente com deficiência ou em idioma diverso do português. **Art. 6º** A criança e o adolescente vítima ou testemunha de violência têm direito a pleitear, por meio de seu representante legal, medidas protetivas contra o autor da violência.

No caso do inciso VIII, o **depoimento especial** será realizado entre **profissionais especializados** e o juízo (art. 5º, p.ú.).

A Lei trata da violência sob 5 aspectos distintos (art. 4º):

Física	ação que afeta a integridade ou a saúde corporal ou o sofrimento físico
Psicológica	afeta o desenvolvimento psíquico ou emocional, como o *bullying*
Sexual	prática forçada de conjunção carnal ou ato libidinoso, bem como forçar a presenciar tais atos; abarca também a exposição do corpo em foto ou vídeo
Institucional	praticada por instituição pública ou conveniada, inclusive no que toca à revitimização
Patrimonial	qualquer conduta que configure retenção, subtração, destruição parcial ou total de seus documentos pessoais, bens, valores e direitos ou recursos econômicos, incluídos os destinados a satisfazer suas necessidades, desde que a medida não se enquadre como educacional

▸ Como o assunto foi cobrado em concurso?

FUNDATEC – 2024 – DPE/PR – Defensor

São formas de violência praticadas contra a criança e o adolescente segundo a Lei nº 13.431/2017, que estabelece o sistema de garantia de direitos da criança e do adolescente vítima ou testemunha de violência, EXCETO:

A – Violência física.

B – Violência sexual.

C – Violência institucional.

D – Violência por negligência.

E – Violência patrimonial.

Gabarito: letra D.

É importante atentar para essa última forma de **violência**, a **institucional**, pois a metodologia proposta na Lei n. 13.431/2017 objetiva justamente **evitar** sua **ocorrência**. Quando a criança ou adolescente sofre uma violência, as autoridades públicas atuam para reverter ou minorar a violação de seus direitos, bem como para instaurar a persecução penal adequada contra o seu causador. Ocorre que tratar de casos de violência, especialmente sexual, requer cuidado especial, pois a vítima está extremamente fragilizada, desemparada, desnorteada pelo ocorrido. Assim, a abordagem deve ser cuidadosa para não lhe causar ainda mais sofrimento ao relatar o ocorrido, já que a vítima precisa reviver aqueles momentos. Se não são adotadas as devidas técnicas e cuidados adequados, a vítima acaba por sofrer novamente aquela dor; é isso que se chama revitimização. Ao invés de receber o amparo do Poder Público, a vítima passa por nova violência, agora perpetrada por quem deveria protegê-la.

Para evitar a ocorrência da violência institucional, a Lei prevê a adoção de **escuta especializada** e depoimento especial para crianças e adolescentes (art. 4º, § 1º). É o que a doutrina chama de depoimento sem dano. Tais práticas - e todo o rol de garantias da Lei - podem ser aplicadas a pessoas que tenham entre 18 e 21 anos (art. 3º, p.ú.). Inclusive, a Lei n. 14.321/2022 tipificou como crime a violência institucional, ao inserir o artigo 15-A na Lei n. 13.869/2019 - Lei do Abuso de Autoridade. O crime pode naturalmente ter como vítimas crianças e adolescentes.

O regramento do depoimento sem dano vai dos artigos 7º a 12 da Lei n. 13.431/2017. De início, a Lei estabelece a seguinte distinção conceitual:

Escuta especializada	Entrevista sobre a situação de violência com criança ou adolescente perante órgão da rede de proteção, limitado o relato estritamente ao necessário para o cumprimento de sua finalidade
Depoimento especial	Oitiva de criança ou adolescente vítima ou testemunha de violência perante autoridade policial ou judiciária

A escuta ou o depoimento deve ser realizado em local que garanta privacidade para a criança ou adolescente vítima ou testemunha de violência (art. 10). Inclusive, devem ser tomadas providências para que não haja contato algum, nem visual, com o suposto autor ou acusado, nem com qualquer pessoa que lhe represente ameaça, coação ou constrangimento (art. 9º). Inclusive, a esse respeito, o CNJ emitiu a Recomendação n. 157/2024, que recomenda a escuta especializada para os casos que envolvam alienação parental.

▸ **Como o assunto foi cobrado em concurso?**

Instituto Consulplan - 2024 - MP/SC - Promotor

Considerando as disposições da Lei nº 13.431/2017, se a criança ou o adolescente é vítima ou testemunha de violência, deverá ser ouvido, sobre o fato, em local apropriado e acolhedor, com infraestrutura e espaço físico que garantam a sua privacidade, quando de sua escuta especializada ou de seu depoimento especial, devendo ser resguardado de qualquer contato, ainda que visual, com o suposto autor ou acusado, ou com outra pessoa que represente ameaça, coação ou constrangimento.

Gabarito: o item está certo.

FGV - 2024 - TJ/SC - Juiz

Laura, criança de 10 anos, é vítima de crime de estupro de vulnerável praticado pelo companheiro de sua avó, Jeremias. Durante audiência criminal para a coleta de seu depoimento especial, em rito cautelar de antecipação de prova, Laura demonstra grande temor ao ter ciência de que Jeremias encontra-se na sala de audiências, assistindo ao seu depoimento em tempo real, por transmissão de áudio e vídeo. Margareth, psicóloga do Tribunal de Justiça que se encontra na sala de depoimento especial com a criança, comunica ao juiz que se faz necessário o afastamento do imputado da sala de audiências, diante da reação da criança, contando tal manifestação da profissional especializada com a anuência do membro do Ministério Público. O advogado constituído por Jeremias se opõe ao pedido, invocando violação ao princípio do contraditório e da ampla defesa, caso seja autorizado o afastamento de seu cliente da sala de audiências.

Considerando o disposto na Lei nº 13.431/2017, é correto afirmar que:

A – Margareth não pode se manifestar acerca do afastamento do imputado da sala de audiências, na medida em que não é parte processual, sendo a comunicação ao magistrado incabível;

B – a previsão legal para o afastamento do imputado da sala de audiências inexiste, considerando que ele não se encontra no mesmo ambiente físico que Laura, in casu, a sala de depoimento especial;

C – o depoimento especial de Laura é incabível pelo rito cautelar de antecipação de prova, na hipótese narrada, uma vez que a criança tem mais de 7 anos de idade;

D – Jeremias poderá ser afastado da sala de audiências, na medida em que a sua presença pode preju-dicar o depoimento especial da criança;

E – o procedimento narrado consiste na escuta especializada, cujo escopo é a proteção social da criança e a produção de provas para a instrução criminal.

Gabarito: letra D.

Ponto importante e inovador da Lei é o que promove o depoimento especial como forma de coleta antecipada de prova. O objetivo é justamente evitar a revitimização, acima mencionada, ou seja, evita-se que a vítima tenha de reviver diversas vezes, perante diferentes instâncias públicas aqueles momentos de violência. Esse rito cautelar deve ser adotado quando se tratar de criança ou adolescente com **menos de 7 anos de idade** e em **todos** os casos de **violência sexual** (art. 11, § 1º). Como regra geral, não se admite novo depoimento especial, salvo em casos imprescindíveis e com concordância da vítima ou testemunha ou de seu representante legal (art. 11, § 2º).

O artigo 12 estabelece o procedimento de colheita do **depoimento especial**. Os profissionais especializados explicam à criança ou ao adolescente sobre a tomada do depoimento e seus direitos, mas não fazem a leitura da denúncia, nem de outras peças processuais. A tomada do depoimento deve permitir à criança ou adolescente a livre narrativa sobre a violência. Se a tomada se der no curso de processo judicial, o depoimento deve ser transmitido para a sala de audiência em tempo real. Trata-se aqui de grande ganho para a efetiva proteção da vítima ou testemunha, que permanece em ambiente normalmente lúdico e acompanhado de especialistas. Isso é menos traumático do que se sentar em uma sala de audiência repleta de computadores e pessoas engravatadas.

Se houver necessidade de elaboração de perguntas pelos atores processuais (MP, defesa e juiz), estas devem ser organizadas em bloco e repassadas aos especialistas. A formulação de perguntas de forma individual poderia tirar a espontaneidade do depoimento e, ao mesmo tempo, desgastar a vítima ou testemunha. Inclusive, a Lei autoriza o profissional especializado a adaptar as perguntas a uma linguagem mais acessível e adequada à criança ou adolescente (inc. V). O depoimento deve ser gravado em áudio e vídeo (inc. VI).

O STJ analisou caso em que o agente pleiteava a nulidade do depoimento, porque a genitora da vítima entrara na sala durante o depoimento, o que contraria o art. 12, inc. II. No entender do **STJ**, essa situação **não gera nulidade**.[8]

Inclusive, em 2023, o STJ examinou situação em que o juízo de direito estava intimando de ofício a Defensoria Pública para acompanhar os depoimentos especiais. A Corte considerou a conduta adequada e compatível com as funções institucionais da Defensoria Pública[9].

Outra questão julgada, em 2023, pelo STJ a esse respeito se refere à produção antecipada de prova no caso de depoimento especial. O STJ considerou legal e adequada a conduta. "É justificável a antecipação de prova no caso de depoimento especial de adolescente vítima de possível crime sexual – na forma da Lei n. 13.431/2017 – pela relevância da palavra da vítima em crimes dessa natureza e na sua urgência pela falibilidade da memória de crianças e adolescentes."[10]

▸ Como o assunto foi cobrado em concurso?

CEBRASPE – 2024 – DPE/AC – Defensor

De acordo com o sistema de garantia de direitos da criança e do adolescente vítima ou testemunha de violência, o depoimento pessoal seguirá o rito cautelar de antecipação de prova, se houver

A – ameaça grave.

B – castigo físico.

C – violência sexual.

D – lesão.

E – humilhação.

Gabarito: letra C.

---

8. AgRg no AREsp 1612036/RS, Rel. Min. Ribeiro Dantas, 5ª Turma, julgado em 05/03/2020.
9. RMS n. 70.679/MG, relatora Ministra Laurita Vaz, Sexta Turma, julgado em 26/9/2023, DJe de 7/11/2023.
10. STJ, Informativo 767/2023.

Esse depoimento é modulado para proteger e amparar crianças e adolescentes vítimas ou testemunhas, sendo, portanto, opcional. Por estrita opção da vítima ou testemunha, é possível que o depoimento seja prestado diretamente ao juiz (art. 12, § 1º).

Por fim, o processo com o depoimento especial deve tramitar em **segredo de justiça**. Os cuidados adotados para preservação da intimidade da vítima ou testemunha culminam com a previsão do artigo 24, que considera crime a violação do sigilo processual que permita o vazamento do depoimento a pessoas estranhas. A pena prevista é de 1 a 4 anos de reclusão e multa.

Após tratar especificamente do depoimento sem dano, a Lei n. 13.431/2017 regula a integração de políticas de atendimento para promover ações que garantam a proteção de vítimas de violência (arts. 13 a 23). São medidas que envolvem, dentre outros:

- comunicação de casos de violência às autoridades públicas responsáveis (art. 13);
- campanhas de conscientização para identificação das violações dos direitos infantojuvenis e divulgação de serviços de proteção e fluxos de atendimento para evitar a violência institucional (art. 13, p.ú.);
- ações articuladas ao atendimento integral às vítimas (art. 14);
- criação de serviços de atendimento e ouvidoria para receber denúncias (art. 15);
- criação de serviços de atenção integral à saúde no âmbito do SUS, inclusive com a coleta de material com vestígios da violência (arts. 17 e 18);
- elaboração de planos de atendimento individual e familiar no âmbito do Sistema Único de Assistência Social (art. 19);
- criação de delegacias especializadas em violência contra crianças e adolescentes (art. 20);
- providências requisitadas pela autoridade policial à autoridade judicial quando identificar que a criança ou adolescente está em risco, tais como evitar o contato direto com o suposto autor da violência, prisão preventiva do investigado, requisição a órgão socioassistenciais a inclusão da vítima e de sua família em atendimentos específicos a que tem direito etc. (art. 21);
- criação de varas e juizados especializados em crimes contra a criança e do adolescente (art. 23).

▸ Como esse assunto foi cobrado em concurso?

(FCC - Juiz de Direito - TJ - GO/2021) A Lei n. 13.431, 04 de abril de 2017, ao instituir o sistema de garantia de direitos da criança e do adolescente vítima ou testemunha de violência, denomina e define

(A) a escuta especializada como a oitiva da criança vítima realizada em local separado, por profissional especializado, preservando a imagem e a intimidade da criança.

(B) a entrevista forense como o procedimento, orientado por protocolos, de inquirição de criança ou adolescente vítima ou testemunha de violência ou negligência.

(C) o depoimento sem dano como a oitiva de crianças e adolescentes vítimas de violência sexual com observância de procedimentos que preservem sua integridade psicológica e previnam a revitimização.

(D) a escuta protegida como o procedimento humanizado de inquirição de crianças vítimas de violência ou negligência, mediada por profissionais especializados, em âmbito judicial ou extrajudicial.

(E) o depoimento especial como o procedimento de oitiva de criança ou adolescente vítima ou testemunha de violência perante autoridade policial ou judiciária.

Gabarito: letra E.

11. PREVENÇÃO E ENFRENTAMENTO À VIOLÊNCIA DOMÉSTICA E FAMILIAR

A Lei n. 14.344/2022 disciplina o tema da violência doméstica. Além de modificar dispositivos do Estatuto da Criança e do Adolescente, a Lei n. 14.344/2022 traz longa disciplina inclusive com a previsão de crimes. Vamos ao estudo dos principais pontos dessa Lei.

11.1. Caracterização da violência doméstica e familiar

O ponto de partida de qualquer análise adequada sobre a legislação brasileira deve começar pela Constituição. É nela que encontramos diretrizes importantes acerca do tema da violência doméstica e familiar. O § 8º do artigo 226 estabelece que o *"Estado assegurará a assistência à família na pessoa de cada um dos que a integram, criando mecanismos para coibir a violência no âmbito de suas relações."* Além disso, o § 4º do artigo 227 indica que a lei deve punir severamente o abuso, a violência e a exploração sexual de crianças e adolescentes.

A partir desses dispositivos, vê-se que o sistema jurídico brasileiro possui especial preocupação com a violência no âmbito familiar. No plano infraconstitucional, a Lei n. 14.344/2022 dá concretude a essas normas constitucionais.

A violência doméstica e familiar é caracterizada pela ação ou omissão que causa em crianças e adolescentes morte, lesão, sofrimento físico, sexual, psicológico ou até mesmo dano patrimonial (art. 2º). Há conexão direta entre a Lei n. 14.344/2022 e a Lei n. 13.431/2017, que regulou o depoimento sem dano. A Lei de 2022 faz referência à Lei mais antiga para a caracterização da violência. De fato, na Lei n. 13.431/2017 há uma extensa definição sobre o que são violência física, sexual, institucional e patrimonial. Confira-se o quadro:

Conceitos de violência	
Violência física	Ação infligida à criança ou ao adolescente que ofenda sua integridade ou saúde corporal ou que lhe cause sofrimento físico
Violência psicológica	Qualquer conduta de discriminação, depreciação ou desrespeito em relação à criança ou ao adolescente mediante ameaça, constrangimento, humilhação, manipulação, isolamento, agressão verbal e xingamento, ridicularização, indiferença, exploração ou intimidação sistemática (bullying) que possa comprometer seu desenvolvimento psíquico ou emocional; O ato de alienação parental, assim entendido como a interferência na formação psicológica da criança ou do adolescente, promovida ou induzida por um dos genitores, pelos avós ou por quem os tenha sob sua autoridade, guarda ou vigilância, que leve ao repúdio de genitor ou que cause prejuízo ao estabelecimento ou à manutenção de vínculo com este; Qualquer conduta que exponha a criança ou o adolescente, direta ou indiretamente, a crime violento contra membro de sua família ou de sua rede de apoio, independentemente do ambiente em que cometido, particularmente quando isto a torna testemunha.
Violência sexual	Qualquer conduta que constranja a criança ou o adolescente a praticar ou presenciar conjunção carnal ou qualquer outro ato libidinoso, inclusive exposição do corpo em foto ou vídeo por meio eletrônico ou não, que compreenda: Abuso sexual, entendido como toda ação que se utiliza da criança ou do adolescente para fins sexuais, seja conjunção carnal ou outro ato libidinoso, realizado de modo presencial ou por meio eletrônico, para estimulação sexual do agente ou de terceiro; Exploração sexual comercial, entendida como o uso da criança ou do adolescente em atividade sexual em troca de remuneração ou qualquer outra forma de compensação, de forma independente ou sob patrocínio, apoio ou incentivo de terceiro, seja de modo presencial ou por meio eletrônico;

Conceitos de violência	
Violência sexual	Tráfico de pessoas, entendido como o recrutamento, o transporte, a transferência, o alojamento ou o acolhimento da criança ou do adolescente, dentro do território nacional ou para o estrangeiro, com o fim de exploração sexual, mediante ameaça, uso de força ou outra forma de coação, rapto, fraude, engano, abuso de autoridade, aproveitamento de situação de vulnerabilidade ou entrega ou aceitação de pagamento, entre os casos previstos na legislação.
Violência institucional	Praticada por instituição pública ou conveniada, inclusive quando gerar revitimização.
Violência patrimonial	Qualquer conduta que configure retenção, subtração, destruição parcial ou total de seus documentos pessoais, bens, valores e direitos ou recursos econômicos, incluídos os destinados a satisfazer suas necessidades, desde que a medida não se enquadre como educacional.

A Lei trata da violência em ambiente 'doméstico' e 'familiar', o que significa dizer que muitas das agressões estão relacionadas ao que ocorre dentro dos lares – juridicamente, tanto faz ser domicílio ou residência, se há coabitação do agressor ou apenas convivência esporádica.

A Lei n. 14.344/2022 estabelece que a violência doméstica e familiar constitui violação de direitos humanos (art. 3º).

Há um preceito que se aprende nas faculdades de Administração que diz '*você não controla aquilo que não consegue medir*', ou seja, é preciso ter dados sobre o que se quer analisar. Nesse contexto, a Lei n. 14.344/2022 trata da necessidade de se trabalhar com estatísticas sobre violência doméstica e familiar. O artigo 4º prevê que tais dados devem ser incluídos na base de dados do Sistema de Garantia dos Direitos da Criança e do Adolescente do SUS. A medida é muito salutar justamente para permitir a modelagem mais efetiva de programas e políticas públicas de atendimento.

Os efeitos de alimentar adequadamente as bases de dados do Sistema de Garantia são significativos. De certa forma, a própria trata deles no artigo 5º, ao prever que o Sistema poderá com as seguintes finalidades:

FINALIDADES DO SISTEMA DE GARANTIA DOS DIREITOS DA CRIANÇA E DO ADOLESCENTE (art. 5º)
I – mapear as ocorrências das formas de violência e suas particularidades no território nacional; II – prevenir os atos de violência contra a criança e o adolescente; III – fazer cessar a violência quando esta ocorrer;

> IV - prevenir a reiteração da violência já ocorrida;
>
> V - promover o atendimento da criança e do adolescente para minimizar as sequelas da violência sofrida; e
>
> VI - promover a reparação integral dos direitos da criança e do adolescente;
>
> VII - promover a parentalidade positiva e o direito ao brincar como estratégias de prevenção à violência doméstica contra a criança e o adolescente.

Vale chamar a atenção para o inciso I, que trata da identificação das particularidades da violência no território nacional. Política pública eficiente é aquela que alcança o público-alvo a que se destina. Sem dados precisos, o gestor público vai sempre modelar projetos de forma enviesada, pasteurizada à realidade que consegue enxergar. A partir de números regionais, é possível perceber quais ações públicas precisam ser ajustadas, aprimoradas ou abandonadas, porque não atendem às peculiaridades locais.

11.2. Atendimento

Os artigos 6º a 14 da Lei n. 14.344/2022 tratam da assistência a crianças e adolescentes em situação e violência e do atendimento pela autoridade policial.

A assistência é prestada tendo por pilares (i) o Estatuto da Criança e do Adolescente; e (ii) o Sistema Único de Saúde - o SUS.

O artigo 7º faz uma ponte com o artigo 88 do Estatuto da Criança e do Adolescente, que trata das políticas de atendimento. Como se verá lá adiante, a política de atendimento tem como diretriz a municipalização - o que faz todo sentido, porque se trata do ente político que está mais próximo das pessoas que devem ser protegidas. A despeito dessa diretriz, sabe-se que a capacidade financeira desses entes é quase sempre muito pequena. Portanto, o artigo 7º da Lei n. 14.344/2022 indica que todos os entes podem, dentro de suas competências, criar ou promover estruturas adequadas de assistência infantojuvenil, tais como: **(i)** centros de atendimento; **(ii)** espaços de acolhimento e programas de apadrinhamento; **(iii)** delegacias, núcleos da defensoria públicas e serviços de saúde especializados; **(iv)** campanhas de enfrentamento da violência doméstica e familiar; e **(v)** centros de educação e reabilitação para agressores.

Já o artigo 9º da Lei trata de um dever, a de que Estados e DF devem dar prioridade à criação de delegacias especializadas de proteção à criança e ao adolescente. A regra dialoga com o preceito constitucional da absoluta prioridade (CF, art. 227).

Ao tratar do atendimento policial, a Lei n. 14.344/2022 prevê a adoção de medidas imediatas, inclusive para a hipótese de descumprimento de medida protetiva de urgência (art. 11, p.ú.). Aqui se tem, por exemplo, a hipótese em que o agressor teve contra si imposta uma medida para se afastar do lar e desobedeceu. A atuação policial deve ser pronta e imediata.

A criança ou o adolescente vítima de violência deve ser tratado com todo cuidado pela autoridade policial. Nesse sentido, o artigo 13 indica a necessidade de encaminhamento ao SUS e ao IML, bem como ao Conselho Tutelar para providências, além de garantir proteção policial e transporte da vítima e seu responsável para local seguro quando houver risco à vida.

O afastamento do lar pelo agressor é providência que pode ser adotada pela autoridade judicial; pelo delegado de polícia nos casos em que o município não for sede de comarca; e até mesmo pelo policial que atender à ocorrência, quando não houver delegado disponível no momento da denúncia. Nesses dois últimos casos, o Ministério Público e o Judiciário devem ser comunicados no prazo de 24 horas – cabendo ao juízo decidir sobre a manutenção ou revogação da medida. Havendo risco à integridade da vítima ou à efetividade da medida protetiva de urgência, não será concedida liberdade provisória ao preso (art. 14, § 3º).

11.3. Procedimentos

O procedimento para concessão de medidas urgentes pode chegar ao Judiciário por provocação da autoridade policial, ao realizar um atendimento em flagrante ou por provação do Conselho Tutelar (art. 14, § 1º).

O juízo da Infância e da Juventude pode adotar diferentes providências, conforme previsto no artigo 15. Como dito anteriormente, em caso de medida protetiva concedida pela autoridade policial, caberá inicialmente decidir sobre sua manutenção ou revogação (inc. I). É possível também encaminhar o responsável pela criança ou adolescente a órgão de assistência judiciária – notadamente a Defensoria Pública (inc. II); comunicar ao MP para adoção de providências (inc. III); e determinar a apreensão da arma de fogo do agressor (inc. IV).

A Lei n. 14.344/2022 trata de forma pormenorizada da concessão de medidas protetivas de urgência. Sua concessão compete ao juízo de direito, a partir de provocação do MP, da autoridade policial, do Conselho Tutelar ou de qualquer pessoa que atue em favor de crianças e adolescentes (art. 16) – pense-se, por exemplo, no caso de uma assistente social ou de profissional de saúde de unidade especializada de atendimento.

As medidas de urgências podem ser modificadas, incrementadas ou reduzidas a qualquer tempo para atender às circunstâncias do caso concreto. Especificamente para o caso de prisão preventiva do agressor, o pedido deve ser formulado pelo MP ou pela autoridade policial (art. 17).

Ponto importante previsto na Lei n. 14.344/2022 está relacionado à informação prestada ao responsável legal da criança ou adolescente (que não seja o autor das agressões) e à testemunha da violência. O artigo 18 prevê que essas pessoas devem ser comunicadas dos atos processuais que envolvem o agressor, especificamente no que se refere a ingresso e saída da prisão. Tal comunicação não fica suprida pela intimação da Defensoria Pública em atuação no caso ou do advogado constituído. Trata-se de dever de comunicação diretamente dirigido ao responsável ou à testemunha.

Além da medida mais drástica de prisão, o agressor também está sujeito a uma série de obrigações que deem efetiva proteção às suas vítimas. Confira-se:

FINALIDADES DO SISTEMA DE GARANTIA DOS DIREITOS DA CRIANÇA E DO ADOLESCENTE (art. 5º)
I - a suspensão da posse ou a restrição do porte de armas, com comunicação ao órgão competente, nos termos da Lei nº 10.826/2003 (Estatuto do Desarmamento); II - o afastamento do lar, do domicílio ou do local de convivência com a vítima; III - a proibição de aproximação da vítima, de seus familiares, das testemunhas e de noticiantes ou denunciantes, com a fixação do limite mínimo de distância entre estes e o agressor; IV - a vedação de contato com a vítima, com seus familiares, com testemunhas e com noticiantes ou denunciantes, por qualquer meio de comunicação; V - a proibição de frequentação de determinados lugares a fim de preservar a integridade física e psicológica da criança ou do adolescente, respeitadas as disposições da Lei nº 8.069/ 1990 (Estatuto da Criança e do Adolescente); VI - a restrição ou a suspensão de visitas à criança ou ao adolescente; VII - a prestação de alimentos provisionais ou provisórios; VIII - o comparecimento a programas de recuperação e reeducação; IX - o acompanhamento psicossocial, por meio de atendimento individual e/ou em grupo de apoio.

O rol aqui transcrito é meramente exemplificativo, sendo possível a concessão de outras medidas adequadas ao caso concreto (art. 20, § 1º).

Logo à frente, o artigo 21 trata de medidas protetivas à vítima. Nesse ponto, a redação da Lei ficou um pouco repetitiva com algumas superposições de situações, como o afastamento do agressor da residência ou local de convivência. De qualquer forma, é comum provas objetivas de concurso cobrarem conteúdo legal específico, pelo que nos parece relevante trazer o quadro dessas medidas:

MEDIDAS DE PROTEÇÃO À VÍTIMA (art. 21)
I - a proibição do contato, por qualquer meio, entre a criança ou o adolescente vítima ou testemunha de violência e o agressor; II - o afastamento do agressor da residência ou do local de convivência ou de coabitação; III - a prisão preventiva do agressor, quando houver suficientes indícios de ameaça à criança ou ao adolescente vítima ou testemunha de violência; IV - a inclusão da vítima e de sua família natural, ampliada ou substituta nos atendimentos a que têm direito nos órgãos de assistência social; V - a inclusão da criança ou do adolescente, de familiar ou de noticiante ou denunciante em programa de proteção a vítimas ou a testemunhas;

> VI – no caso da impossibilidade de afastamento do lar do agressor ou de prisão, a remessa do caso para o juízo competente, a fim de avaliar a necessidade de acolhimento familiar, institucional ou colação em família substituta;
> VII – a realização da matrícula da criança ou do adolescente em instituição de educação mais próxima de seu domicílio ou do local de trabalho de seu responsável legal, ou sua transferência para instituição congênere, independentemente da existência de vaga.

As testemunhas são peça chave na persecução penal do agressor, pois muitas vezes a violência não é física ou não deixa marcas visíveis no corpo. Por isso, a proteção daqueles que denunciam ou presenciam a violência recebeu tratamento específico na Lei n. 14.344/2022. É dever do Poder Público garantir meios e estabelecer medidas e ações para proteção e compensação de pessoas que noticiam a prática de violência, tratamento cruel ou degradante e formas violentas de educação (art. 24).

O denunciante pode, inclusive, condicionar a sua revelação à tomada prévia de medidas para sua própria proteção (art. 24, § 3º). Aquele que denuncia não pode ser submetido à retaliação, represália ou punição (§ 4º). Essa é uma proteção importante principalmente para os casos de violência ocorrida dentro de órgãos públicos, como escola ou entidade de acolhimento. A Lei dá proteção àquele funcionário que denuncia, por exemplo, um colega de trabalho.

O denunciante pode, inclusive, se valer de programa de proteção à testemunha, regulado pela Lei n. 9.807/1999.

11.4. Crimes

A Lei n. 14.344/2022 cria dois tipos penais nos artigos 25 e 26.

O artigo 25 considera crime o descumprimento de decisão judicial que defere a medida protetiva. Já o artigo 26 trata do dever geral que compete a qualquer pessoa de comunicar à autoridade pública a prática de violência, tratamento cruel ou degradante ou formas violentas de educação. O sujeito do crime é qualquer pessoa, crime comum, mas o § 2º traz uma causa de aumento de pena (em dobro) se o sujeito ativo é ascendente, parente consanguíneo até terceiro grau, responsável legal, tutor, guardião, padrasto ou madrasta da vítima.

12. POLÍTICA NACIONAL DE PREVENÇÃO E COMBATE AO ABUSO E EXPLORAÇÃO SEXUAL

O ano de 2024 se iniciou com a edição da Lei n. 14.811, que estabeleceu uma política pública voltada ao combate à exploração sexual de crianças e adolescentes.

As medidas de prevenção e combate à violência devem alcançar estabelecimentos educacionais e similares, públicos e privados (art. 2º).

A diretriz é que as medidas sejam implementadas em âmbito municipal (e no DF), pois se trata do ente político mais próximo do cidadão, das crianças e adolescentes, dos problemas e peculiaridades locais. Estados e União funcionam como forças de cooperação federativa.

Cabe aos municípios desenvolver protocolos para atuação contra qualquer forma de violência no âmbito escolar, com ações específicas para cada situação (art. 3º). Aqui vale o registro de um ponto de atenção. A grande maioria dos municípios brasileiros não possui estrutura técnica de pessoal para elaborar esses protocolos. Executar deve caber aos municípios por estarem mais próximos do problema, mas a modelagem normativa – a meu ver – deveria caber aos estados.

Os protocolos devem estabelecer a capacitação continuada do corpo docente, bem como a prestação de informações à comunidade escolar e à vizinhança no em torno do estabelecimento (art. 3º, p.ú.).

Por sua vez, o artigo 4º trata da conferência nacional a ser organizada pela União para elaboração da Política Nacional de Prevenção e Combate ao Abuso e Exploração Sexual da Criança e do Adolescente. Há uma lista de objetivos, a saber:

OBJETIVOS DA POLÍTICA NACIONAL DE PREVENÇÃO E COMBATE AO ABUSO E À EXPLORAÇÃO SEXUAL INFANTOJUVENIL
I – aprimorar a gestão das ações de prevenção e de combate ao abuso e à exploração sexual da criança e do adolescente; II – contribuir para fortalecer as redes de proteção e de combate ao abuso e à exploração sexual da criança e do adolescente; III – promover a produção de conhecimento, a pesquisa e a avaliação dos resultados das políticas de prevenção e de combate ao abuso e à exploração sexual da criança e do adolescente; IV – garantir o atendimento especializado, e em rede, da criança e do adolescente em situação de exploração sexual, bem como de suas famílias; V – estabelecer espaços democráticos para participação e controle social, priorizando os conselhos de direitos da criança e do adolescente.

Além dos objetivos listados nos incisos do artigo 4º, os parágrafos trazem maior definição do desenho a ser seguido pela Política Nacional. A prevenção não se limita às vítimas, senão que deve abranger famílias e comunidade (§ 1º). Deve haver a capacitação de agentes público que atuam com crianças e adolescentes em situação de violência sexual (§ 2º).

O plano nacional deve ser reavaliado a cada 10 anos, com indicação de ações estratégicas, metas, prioridades e indicadores, além das formas de financiamento e gestão (§ 3º).

Os Conselhos de Direitos da criança e do adolescente, sociedade civil, representantes do MP devem realizar com o Poder Público avaliações periódicas (3 anos) da implementação dos planos (§ 4º).

Por fim, o § 5º do artigo 4º destaca a necessidade de ampla divulgação do Plano Nacional de Prevenção e Combate ao Abuso e Exploração Sexual da Criança e do Adolescente.

Além dessas previsões acerca da política pública, a Lei n. 14.811/2024 também modificou dispositivos do Estatuto, cujos comentários estão feitos ao longo do livro nos pontos pertinentes.

Complementando as modificações legislativas, o Código Penal e a Lei de Crimes Hediondos (Lei n. 8.072/1990) também foram modificados.

Dentre as modificações, destaca-se a criação de dois novos tipos penais no Código Penal – o *bullying* e o *cyberbullying*. Confira-se a redação:

> Art. 146-A. Intimidar sistematicamente, individualmente ou em grupo, mediante violência física ou psicológica, uma ou mais pessoas, de modo intencional e repetitivo, sem motivação evidente, por meio de atos de intimidação, de humilhação ou de discriminação ou de ações verbais, morais, sexuais, sociais, psicológicas, físicas, materiais ou virtuais:
>
> Pena – multa, se a conduta não constituir crime mais grave.
>
> Intimidação sistemática virtual (cyberbullying)
>
> Parágrafo único. Se a conduta é realizada por meio da rede de computadores, de rede social, de aplicativos, de jogos on-line ou por qualquer outro meio ou ambiente digital, ou transmitida em tempo real:
>
> Pena – reclusão, de 2 (dois) anos a 4 (quatro) anos, e multa, se a conduta não constituir crime mais grave.

Esses dois dispositivos ampliam significativamente a proteção infantojuvenil, porque ainda hoje o *bullying* é encarado por algumas pessoas como brincadeira inocente, 'coisa de jovens', 'frescura da vítima' etc. Não se pode menosprezar o poder que as palavras têm na formação de nossas crianças e adolescentes.

A intimidação sistemática e reiterada é grave e há casos noticiados de suicídios de vítimas dessas condutas – agora definitivamente consideradas condutas criminosas. O mesmo vale para o *cyberbullying*, que é a conduta extrapolada para o ambiente virtual, cuja proporção é ainda maior. Tanto assim que a pena é maior, com previsão de reclusão.

Por fim, a Lei n. 8.072/1990 foi modificada no artigo 1º para incluir como hediondo três novas condutas:

> X – induzimento, instigação ou auxílio a suicídio ou a automutilação realizados por meio da rede de computadores, de rede social ou transmitidos em tempo real (art. 122, caput e § 4º);
>
> XI – sequestro e cárcere privado cometido contra menor de 18 (dezoito) anos (art. 148, § 1º, inciso IV);
>
> XII – tráfico de pessoas cometido contra criança ou adolescente (art. 149-A, caput, incisos I a V, e § 1º, inciso II).

Além disso, o parágrafo único do artigo 1º foi alterado para prever que os crimes dos artigos 240, § 1º, e 241-B do Estatuto são equiparados a hediondo. Trata-se de modificação que aumenta o rigor da pena. A preocupação do legislador com o combate à violência sexual se espraia por diversos pontos do ordenamento jurídico nacional. Veja-se mais um exemplo na Lei n. 15.032/2024, que alterou a Lei Geral do Esporte (Lei n. 14.597/2023).

O artigo 36 da Lei Geral do Esporte estabelece regras para o repasse de recursos públicos federais às organizações do Sistema Nacional do Esporte – Sinesp. A Lei n. 15.032/2024 incluiu um novo requisito do artigo 36, consistente no compromisso de adoção de medidas de proteção contra abusos e violência sexual de crianças e adolescentes.

Capítulo III

Direito à convivência familiar

1. INTRODUÇÃO

Dentre os direitos fundamentais da criança e do adolescente, o que recebe tratamento mais minucioso é o do direito à convivência familiar e comunitária, disciplinado nos artigos 19 a 52-D. Esse tema abrange direitos e deveres relacionados à família natural e à família substituta, em suas três modalidades – guarda, tutela e adoção.

Em razão da extensão da matéria, o assunto foi divido em diferentes capítulos para tratarmos primeiro da convivência familiar e da família natural e, em seguida, das formas de colocação em família substituta.

2. CONVIVÊNCIA FAMILIAR

A criança e o adolescente têm direito a ser criado por uma **família**, pois esta é o pilar de construção de todas as sociedades de que temos notícia na História humana. É através da família que o indivíduo nasce, cresce e se desenvolve, é a família que lhe presta assistência, que preserva a estrutura social que temos hoje. O direito à família é, pois, um direito natural, inato à própria existência humana.

A esse respeito, é importante notar que a Constituição de 1988 deu menos importância ao casamento, e mais às relações familiares em si – prova disso é a previsão do artigo 226:

> **Art. 226.** A **família, base da sociedade**, tem especial proteção do Estado.
>
> § 1º – O casamento é civil e gratuita a celebração.
>
> § 2º – O casamento religioso tem efeito civil, nos termos da lei.
>
> § 3º – Para efeito da proteção do Estado, é **reconhecida a união estável** entre o homem e a mulher como **entidade familiar**, devendo a lei facilitar sua conversão em casamento. (Regulamento)
>
> **§ 4º – Entende-se, também, como entidade familiar a comunidade formada por qualquer dos pais e seus descendentes.**

> § 5º - Os direitos e deveres referentes à sociedade conjugal são exercidos igualmente pelo homem e pela mulher.
>
> § 6º O casamento civil pode ser dissolvido pelo divórcio. (Redação dada Pela Emenda Constitucional nº 66, de 2010)
>
> § 7º - Fundado nos princípios da **dignidade da pessoa humana e da paternidade responsável**, o **planejamento familiar é livre decisão do casal**, competindo ao Estado propiciar recursos educacionais e científicos para o exercício desse direito, vedada qualquer forma coercitiva por parte de instituições oficiais ou privadas.
>
> § 8º - O Estado assegurará a **assistência à família** na pessoa de cada um dos que a integram, criando mecanismos para coibir a violência no âmbito de suas relações.

Os trechos grifados deixam claro que o **mais relevante** para a sociedade atual é a **família**, a união de seus membros, sejam casados ou não.

Em doutrina, Kátia Regina Ferreira Lobo Andrade Maciel destaca:

> A partir do momento em que a Constituição Federal Brasileira de 1988 descolou o enfoque principal da família do instituto do casamento e passou a olhar com mais atenção para as relações entre pessoas unidas por laços de sangue ou de afeto, todos os institutos relacionados aos direitos dos membros de uma entidade familiar tiveram que se amoldar aos novos tempos.[1]

Nesse contexto, o Estatuto estabelece, em seu artigo 19, que é "**direito** *da criança e do adolescente* **ser criado e educado no seio de sua família** e, **excepcionalmente**, *em* **família substituta**, *assegurada a convivência familiar e comunitária, em ambiente que garanta seu desenvolvimento integral."*

A diretriz do Estatuto é a de que se deve dar sempre preferência à família natural, ou seja, a criança ou adolescente deve ser criada por aqueles com quem tem laços de sangue. Entretanto, se essa convivência for perniciosa, prejudicial a ela, é possível sua colocação em família substituta, através de guarda, tutela ou adoção.

O que não se pode admitir é que a criança ou o adolescente fique impedida de conviver dentro do seio de sua família natural em virtude de obstáculos de terceiros. Nesse contexto, a regra do artigo 1.611 do Código Civil se afigura inconstitucional. Sua redação é a seguinte: "*Art. 1.611. O filho havido fora do casamento, reconhecido por um dos cônjuges, não poderá residir no lar conjugal sem o consentimento do outro.*"

Segundo a norma, um homem que tenha um filho de relacionamento anterior e se case novamente (ou estabeleça união estável) pode ser impedido de levar este filho para morar consigo por sua cônjuge (ou companheira). A norma sequer faz menção a real existência de motivos legítimos para tal recusa.

---

1. MACIEL, Katia Regina Ferreira Lobo Andrade. op. cit., p. 68.

A nosso ver, o dispositivo não subsiste diante de um exame de sua constitucionalidade, uma vez que a tutela dos direitos da criança e do adolescente deve ser buscada com absoluta prioridade (CR, art.227). Assim, o direito inatacável de ser criado ao lado de seu genitor não pode ser obstaculizado em razão de um capricho (ciúme ou implicância) do companheiro.[2]

O **critério** fundamental para verificação dessa questão é o do **melhor interesse da criança ou do adolescente**, ou seja, deve-se analisar no caso concreto qual família, a natural ou a substituta, tem condições de proporcionar o ambiente mais adequado para o desenvolvimento sadio e completo da criança ou adolescente. A **prioridade** legal é da **família natural**, pois a criança tem oportunidade de conviver com seus genitores, irmãos e avós. Por isso, **antes** de se optar por uma **família substituta**, é preciso **esgotar as possibilidades** de manutenção da criança em sua família natural. Daí se falar na prática forense na necessidade de ***trabalhar a família***, através de apoio psicológico, médico e profissional aos familiares naturais da criança ou do adolescente.

Por exemplo, a criança pode estar em ambiente familiar adequado, com boa convivência entre genitores, irmãos e avós, mas pontualmente um membro da família está começando a apresentar problemas de drogas ou álcool. Ao invés da solução drástica de colocação em família substituta, deve-se buscar o apoio àquele familiar. Nesse contexto, o artigo 130 do Estatuto prevê a possibilidade de afastamento cautelar do pai ou responsável por maus-tratos, opressão ou abuso sexual da moradia comum, com a preservação da convivência entre a criança e os demais membros da família. Assim, preserva-se o **vínculo natural** e a harmonia familiar. Isso é concretizar o princípio vetor do Estatuto, que é o da **proteção integral**.

O Estatuto da Criança e do Adolescente destaca reiteradamente ao longo de seu texto que se deve dar preferência pela manutenção da criança ou do adolescente em sua família natural. Além da redação de o artigo 19 **priorizar a família natural**, em detrimento da colocação em família substituta, o parágrafo 3º estabelece: *"A manutenção ou a reintegração de criança ou adolescente à sua família terá preferência em relação a qualquer outra providência, caso em que será esta incluída em serviços e programas de proteção, apoio e promoção, nos termos do § 1º do art. 23, dos incisos I e IV do caput do art. 101 e dos incisos I a IV do caput do art. 129 desta Lei."*

DIREITO À CONVIVÊNCIA FAMILIAR	
Preferência	Família natural
Exceção	Família substituta
Programa de acolhimento	Excepcional e pelo mínimo tempo necessário

2. Nesse sentido: MACIEL, Katia Regina Ferreira Lobo Andrade. op. cit., p. 85. Segundo indica a autora, essa posição é minoritária na doutrina, que tem defendido a validade da norma.

A prioridade da família natural não cessa nem nas hipóteses em que os pais estejam privados de sua liberdade em razão de crime. Para explicitar tal questão, o § 4º do artigo 19 destaca que a criança ou o adolescente cujo genitor esteja privado de liberdade tem o **direito de visitá-lo, independentemente de autorização judicial**. O § 5º segue a mesma lógica do § 4º, que trata de genitores privados de liberdade. O § 5º explicita a **garantia da convivência** integral da criança com a **mãe** adolescente que esteja **em acolhimento institucional**.

Com isso, o círculo do sistema se fecha. O **artigo 19** e seus parágrafos **contemplam** um valor no **direito** infantojuvenil, a **convivência familiar**.

Por fim, o § 6º não tem maior relevância para esse sistema; afirma-se apenas que a mãe adolescente tem direito à assistência de equipe multidisciplinar. Não poderia mesmo ser diferente.

Aliás, é possível notar maior preocupação do Estatuto com a situação da gravidez na adolescência. O artigo 8º-A estabelece a **Semana Nacional de Prevenção da Gravidez na Adolescência – marcada para a semana que inclui o dia 1º de fevereiro**. O objetivo é informar adolescentes acerca das dificuldades inerentes a uma gravidez ainda na adolescência, período que deve ser voltado aos estudos e à profissionalização. A nosso sentir, as políticas públicas ligadas a essa Semana devem alcançar adolescentes de ambos os sexos, rapazes e moças. Embora a gestação seja da adolescente, o namorado é igualmente responsável, é pai, deve atender aos deveres inerentes ao poder familiar. Não acho que seria necessária uma Lei para estabelecer tal política de conscientização, mas de qualquer forma promover informação é sempre válido.

> **▸ Como esse assunto foi cobrado em concurso?**
>
> **(MPE – RS – Promotor de Justiça – MPE – RS/2021 – adaptada)** Considerando o direito à Convivência Familiar, assinale com V (verdadeiro) ou com F (falso) as seguintes afirmações.
>
> ( ) Será garantida a convivência da criança e do adolescente com a mãe ou o pai privado de liberdade, por meio de visitas periódicas promovidas pelo responsável ou, nas hipóteses de acolhimento institucional, pela entidade responsável, independentemente de autorização judicial.
>
> *Gabarito: o item está certo.*

3. PERMANÊNCIA FORA DO CONVÍVIO FAMILIAR – LIMITES

Os parágrafos do artigo 19 tratam especificamente da permanência da criança e do adolescente fora do convívio de sua família, em programa de acolhimento institucional ou familiar. O objetivo dessa nova normativa é não prolongar indefinidamente o afastamento da criança ou do adolescente de sua família.

A situação da criança ou adolescente **afastada do convívio familiar** deve ser **reavaliada**, no **máximo**, a cada **três meses** (§ 1º), sendo de **dezoito meses** o **prazo limite** para permanência de criança ou adolescente em programa de acolhimento – somente dilatável em caráter excepcional, no interesse exclusivo daquele que foi afastado (§ 2º). Na realidade, o que dita o tempo fora do convívio não é a regra legal, mas sim as circunstâncias fáticas que rodeiam o caso, não somente aquelas ligadas à família, mas também as relacionadas à estrutura de atendimento – Judiciário, MP e Executivo. Se a equipe interdisciplinar é insuficiente ou inexistente, se a Justiça da Infância está sem juiz titular em exercício ou se o juiz está acumulando outras varas, se falta promotor, se não há entidades adequadas para o tratamento psicológico, de álcool ou drogas dos pais etc. A lista de problemas e percalços é enorme. São esses os verdadeiros fatores que vão determinar, na prática, se o afastamento será curto ou longo.

▸ **Como esse assunto foi cobrado em concurso?**

(Cespe – Analista do CNMP – Apoio Jurídico – CNMP/2023) Com base no Estatuto da Criança e do Adolescente (Lei n.º 8.069/1990), julgue o item a seguir.

A permanência da criança e do adolescente em programa de acolhimento institucional não se prolongará por mais de doze meses, salvo comprovada necessidade que atenda ao seu superior interesse, devidamente fundamentada pelo juiz.

Gabarito o item está errado.

Em 2023, o STJ analisou situação em que a criança estava há mais de 3 anos em abrigo institucional, tendo a Corte considerado a situação ilegal, sendo certo que se deve dar primazia ao acolhimento familiar, bem como que fosse buscada solução urgente via destituição do poder familiar dadas as circunstâncias do caso.[3]

Em 2024, o STJ destacou a primazia do acolhimento familiar em detrimento do acolhimento institucional:

> 1. Habeas corpus impetrado em 16/5/2024, com liminar concedida em 17/5/2024 e concluso para julgamento em 6/6/2024.
>
> 2. O propósito do presente habeas corpus é decidir se deve ser mantida a ordem de acolhimento institucional de criança de dois anos acolhida doze dias após seu nascimento e que, há oito meses, está sob a guarda provisória de família substituta, com a qual iniciou estágio de convivência para adoção.
>
> 3. Esta Corte consolidou entendimento no sentido de mitigar, excepcionalmente, a aplicação da Súmula 691/STF quando se verificar o risco à

3. HC n. 790.283/SP, relator Ministro Moura Ribeiro, Terceira Turma, julgado em 21/3/2023, DJe de 23/3/2023.

liberdade de locomoção de determinado indivíduo em razão de decisão teratológica ou manifestamente ilegal, concedendo-se, nestas específicas hipóteses, a ordem de ofício. Precedentes.

4. Como diretriz para a resolução de conflitos envolvendo criança e adolescente, deve-se observar o melhor interesse do infante, consoante estabelecem o art. 227 da Constituição Federal, arts. 3º e 4º do Estatuto da Criança e do Adolescente e art. 3º, item 1, da Convenção sobre os Direitos da Criança.

5. Em atenção ao princípio do melhor interesse da criança, esta Corte tem decidido pela ?primazia do acolhimento familiar em detrimento da colocação de menor em abrigo institucional, salvo quando houver evidente risco concreto à sua integridade física e psíquica, de modo a se preservar os laços afetivos eventualmente configurados com a família substituta? (HC n. 901.927/SC, Terceira Turma, julgado em 21/5/2024, DJe de 23/5/2024).

6. No particular, os órgãos da rede de proteção aos direitos da criança e do adolescente e o juízo sentenciante enfatizaram o comportamento negligente da mãe biológica, bem como o rompimento dos vínculos afetivos com o infante de dois anos, o qual foi acolhido doze dias após seu nascimento e se encontra, há oito meses, sob a guarda provisória de família substituta, com registros de afeto e sem qualquer indício de risco à sua integridade. Logo, revela-se prejudicial à criança a determinação de novo acolhimento institucional, ante a ausência de elementos concretos que evidenciem a probabilidade e o benefício de eventual retorno à família natural.

7. Habeas corpus não conhecido; ordem concedida de ofício, confirmando a liminar anteriormente deferida, a fim de impedir novo acolhimento institucional do paciente, mantendo-o sob a guarda provisória deferida aos pretensos adotantes.

(HC n. 914.559/PR, relatora Ministra Nancy Andrighi, Terceira Turma, julgado em 20/8/2024, DJe de 22/8/2024.)

Programa de acolhimento
– reavaliação a cada 3 meses, no máximo; – prazo limite de 18 meses, dilatável excepcionalmente no interesse da criança ou adolescente.

▸ Como esse assunto foi cobrado em concurso?

(Agente fiscal – CRESS-RJ – 2022 – Quadrix) As legislações sociais são importantes instrumentos no exercício profissional do assistente social. A respeito do Estatuto da Criança e do Adolescente, da Lei Maria da Penha e do Estatuto da Pessoa Idosa, julgue o item.

A medida socioeducativa de semiliberdade pode ser determinada pelo prazo máximo de até doze meses, prorrogável por igual período, sendo obrigatória a escolarização e a profissionalização do adolescente.

Gabarito: o item está errado.

4. ENTREGA DO FILHO PARA ADOÇÃO

O artigo 19-A foi introduzido pela Lei n. 13.509/2017. O Estatuto já possuía algumas regras que indicavam a necessidade de encaminhar à Justiça da Infância e da Juventude mães e gestantes que manifestassem interesse em entregar seu filho a adoção (arts. 8º, § 5º e 13, § 1º). Não havia, porém, maior detalhamento do procedimento a ser adotado nesses casos. A maior parte do artigo 19-A trata do encaminhamento para adoção. No entanto, é necessário interpretá-lo à luz dos demais dispositivos do Estatuto, notadamente do artigo 19, que estabelece o direito fundamental da criança e do adolescente de ser criado no seio de sua família natural. A **exceção é a colocação em família substituta**, e a leitura apressada do artigo 19-A não deve levar a conclusão em contrário.

Os dois primeiros parágrafos do artigo 19-A tratam justamente da **preservação da família natural**. A gestante/mãe será ouvida pela equipe interprofissional para traçar um diagnóstico sobre o caso. Essa análise, conforme prescreve a parte final do § 1º, deve levar em conta os efeitos decorrentes do estado gestacional e do estado puerperal. É dizer, a gestante/mãe pode estar em momento de fragilidade, abalada emocionalmente. A rejeição à criança pode decorrer de uma gestação difícil ou não programada ou de um parto longo e doloroso.

Conforme prevê o § 2º, o juízo recebe o relatório da equipe interprofissional e pode encaminhar a gestante/mãe à rede pública de saúde e assistência social. O atendimento de saúde é **voluntário**, não compulsório, ou seja, a gestante/mãe não é obrigada a se submeter ao atendimento especializado.

Sendo efetivamente o desejo da gestante ou mãe a entrega para adoção, segue-se o quanto previsto nos parágrafos 3º a 9º. A procura por família substituta começa pela família extensa. No prazo de até 180 dias (90 dias prorrogáveis por igual período), parentes próximos devem ser procurados para verificar a viabilidade de assumir a guarda da criança (§ 3º).

Segundo prevê o § 4º, se não houver indicação de genitor e nem de membros da família extensa, o juízo decreta a extinção do poder familiar e encaminha para guarda provisória de quem estiver na lista de habilitados à adoção; alternativamente, encaminha-se a entidade de acolhimento institucional ou familiar.

O dispositivo é de constitucionalidade duvidosa na parte que permite a decretação imediata de extinção do poder familiar. No afã de agilizar processos de adoção, a Lei n. 13.509/2017 estabelece a extinção do poder familiar sem a propositura de uma ação judicial por ente legitimado, como o Ministério Público ou o adotante, tampouco prevê contraditório, pois a prolação de decisão parte de atividade iniciada no próprio judiciário – o que parece violar também a inércia da Jurisdição.

Além disso, o § 4º é inconsistente com outros dispositivos do próprio artigo 19-A, como o § 5º, que prevê a necessidade de colher o consentimento dos genitores em audiência, na forma do artigo 166, § 1º. Além disso, em caso de não comparecimento do genitor ou de membro da família extensa à audiência, o juízo suspende o poder familiar da mãe para colocar a criança sob guarda provisória (§ 6º). De igual modo, o § 8º também prevê a possibilidade de desistência quanto à entrega da criança para adoção. De duas uma:

> – se o poder familiar já foi extinto (§ 4º), não faz sentido colher consentimento posterior em audiência, tampouco suspender o poder familiar por falta em audiência (§ 6º);
>
> – se há necessidade de colher consentimento em audiência, é por que o poder familiar ainda existe.

Como se vê, a previsão de extinção do poder familiar no § 4º não dialoga com o sistema do Estatuto. Assim, a melhor interpretação do artigo 19-A é a que afasta a decretação de extinção do poder familiar prevista no § 4º. Identificada a vontade de entregar a criança para adoção, faz-se o encaminhamento para guarda provisória de quem esteja na lista de habilitados à adoção para que este adotante proponha ação de adoção no prazo de 15 dias após o término do estágio de convivência (§ 7º). O pedido de adoção segue o procedimento da destituição do poder familiar, que é seu pressuposto lógico, conforme prevê o artigo 169.

O § 9º estabelece o **direito da mãe ao sigilo** sobre o nascimento, direito este que a ampara frente a terceiro, mas que **cede** diante do **direito à origem biológica do filho**, previsto no artigo 48.

A esse respeito, o STJ examinou a questão pertinente aos limites do direito ao sigilo judicial do procedimento de entrega do filho à adoção. A Corte examinou a questão sob o ponto de vista do genitor e sua família extensa, nos termos da Resolução n. 485/2023 do CNJ. Confira-se:

> 1. Cuida-se de agravo de instrumento interposto pelo Ministério Público de Minas Gerais contra decisão que nos autos do procedimento de medidas específicas de proteção promovida em benefício de menor, homologou renúncia ao poder familiar materno, encaminhou o infante garantindo o sigilo sobre o seu nascimento e entrega para sua adoção.
>
> 1.1. O Tribunal estadual deu provimento ao agravo, o que ensejou o presente recurso especial, no qual se discute se é possível, na vigência da Lei nº 13.509/2017 que acrescentou o art. 19-A ao Estatuto da Criança e do Adolescente (ECA), a ampliação do sigilo do nascimento e da entrega voluntária para adoção de criança pela genitora também em relação ao suposto pai e à família extensa.
>
> 2. A gestante ou parturiente que manifeste o seu interesse, tem direito ao sigilo judicial em torno do nascimento e da entrega de criança para adoção à Justiça Infantojuvenil, inclusive em relação ao suposto genitor e à família ampla, ressalvado o direito da criança ao conhecimento de sua origem biológica, nos termos do § 9º do art. 19-A e 48 do Estatuto da Criança e do Adolescente.

2.1. Nenhuma mãe, salvo se casada ou vivendo em regime de companheirismo, é obrigada a revelar o nome do pai do seu filho.

3. O direito ao sigilo previsto nos §§ 5º e 9º do art. 19-A do Estatuto da Criança e do Adolescente é de suma importância, pois resguarda e protege a mulher gestante ou parturiente de pré-julgamentos, preconceitos, constrangimentos e cobranças por parte de quem quer seja em nível familiar ou social, bem como garante que o procedimento de entrega voluntária do filho à adoção ocorra de forma tranquila e humanizada, preservando-se até mesmo os superiores interesses da criança.

3. O procedimento de entrega voluntária de recém-nascido para adoção tem como escopo principal a proteção da genitora e do bebê, afastando ou coibindo a possibilidade de aborto clandestino, adoção irregular e abandono em vias públicas, não a responsabilizando civil ou criminalmente pelo ato.

4. Nos termos da Resolução nº 458, de 18 de Janeiro de 2023, do Conselho Nacional de Justiça (CNJ), a gestante ou parturiente deve ser informada, pela equipe técnica ou por servidor designado pelo Judiciário, sobre o direito ao sigilo do nascimento, inclusive em relação aos membros da família extensa ou pai indicado, observando-se enventuais justificativas apresentadas, respeitada sempre sua manifestação de vontade e esclarecendo-se sobre o direito da criança ao conhecimento da origem biológica (ECA, art. 48).

5. Recurso especial provido para reformar o acórdão recorrido e restabelecer a decisão de primeiro grau.

(REsp n. 2.086.404/MG, relator Ministro Moura Ribeiro, Terceira Turma, julgado em 24/9/2024, DJe de 7/10/2024.)

Por fim, o § 10 do artigo 19-A prevê que recém-nascidos e crianças acolhidas serão inseridos no cadastro de adoção se a família não os procurar no prazo de 30 dias. A redação contém uma zona de incerteza muito grande com a expressão "não procuradas por suas famílias". Procurar é andar pelas ruas, visitar hospitais, informar à autoridade policial ou efetivamente ir à instituição de acolhimento? Haverá, muito provavelmente, casos em que a criança será encaminhada para adoção, a despeito dos esforços da família natural para encontrá-la.

5. APADRINHAMENTO

O artigo 19-B traz para dentro do Estatuto prática que ganhou corpo nos últimos anos no País, o apadrinhamento. Trata-se de criar laços de convivência entre crianças e adolescentes em programas de acolhimento institucional e pessoas da comunidade local. Diante das limitações das instituições de acolhimento, o **apadrinhamento** surge como uma **ferramenta importante** para engajar a sociedade nos cuidados com crianças e adolescentes. Os padrinhos têm a responsabilidade de auxiliar e contribuir para a **promoção da criança**

ou adolescente. Isso se dá pelo convívio, pelo tempo que a criança ou adolescente convive com o padrinho, em finais de semana ou com visitas regulares à entidade de acolhimento. A criança ou adolescente apadrinhado recebe apoio moral, físico, cognitivo, educacional ou financeiro (§ 1º). Podem ser padrinhos quaisquer pessoas maiores de 18 anos, que não estejam inscritas no cadastro de postulantes à adoção (art. 19-B, § 2º). A restrição é negativa. De fato, a maioria das pessoas e casais que se inscrevem para adoção tem como foco adotar criança de pouca idade e bebês. O apadrinhamento é um vínculo muito mais tênue, de modo que a pessoa ou casal habilitado pode iniciar um engajamento que posteriormente se desenvolva em grande laço de afeto até culminar na adoção. Logo, permitir o apadrinhamento por habilitados a adoção parece trazer mais benefícios.

O § 3º autoriza que **pessoas jurídicas também** possam apadrinhar. Nesse ponto, o apadrinhamento mais se assemelha a um patrocínio, pois a pessoa jurídica não dá carinho, afeto ou apoio moral. Isso não diminui, porém, a importância dessa forma de auxílio. O apoio financeiro de uma pessoa jurídica pode proporcionar melhorias importantes nas condições de vida das crianças e adolescentes apadrinhados.

A prioridade do programa de apadrinhamento é a criança ou adolescente com menores chances de colocação em família substituta. Em geral, os adotantes têm preferência por criança mais novas, de modo que o programa de apadrinhamento deve-se voltar precipuamente para crianças mais velhas e adolescentes (§ 4º).

O programa de apadrinhamento pode ser realizado como política pública de Estado – via Executivo estadual, por exemplo – ou por meio da sociedade civil. Em rápida pesquisa na internet, encontram-se com facilidade organizações não governamentais que desenvolvem programas de apadrinhamento.

▸ Como esse assunto foi cobrado em concurso?

FGV – 2024 – TJ/SC – Juiz

Em razão de violações de direitos causadas pelos genitores, o juiz da Infância e da Juventude aplica a Samantha, criança de 8 anos, medida protetiva de acolhimento familiar. Após a realização de estudos social e psicológico pela equipe do juízo e do serviço de acolhimento, as referidas equipes técnicas entendem que Samantha deve ser reintegrada a sua tia paterna, que se disponibiliza a exercer a guarda da sobrinha e com quem a criança mantém fortes vínculos afetivos. O magistrado determina a reintegração familiar e concede a guarda provisória de Samantha à tia, além de determinar a inclusão da criança em programa de apadrinhamento afetivo desenvolvido por organização da sociedade civil que presta atendimento a criança e adolescente existente no município. Considerando o disposto na Lei nº 8.069/1990 (ECA), é correto afirmar que:

A – é vedado a pessoas jurídicas o apadrinhamento de criança ou adolescente a fim de colaborar para o seu desenvolvimento;

B – os programas ou serviços de apadrinhamento de crianças e adolescentes somente podem ser executados pelo Poder Judiciário;

C – a criança não se adequa ao perfil prioritário de inserção em programa de apadrinhamento afetivo, em razão da reintegração à família extensa;

D – pessoas maiores de 18 anos podem ser padrinhos ou madrinhas, desde que estejam inscritas nos cadastros de adoção e cumpram os requisitos exigidos pelo programa de apadrinhamento de que fazem parte;

E – a criança e o adolescente que se encontram em serviço de acolhimento familiar não poderão participar de programa de apadrinhamento, em razão da incompatibilidade do apadrinhamento com essa modalidade de acolhimento.

Gabarito: letra C.

6. IGUALDADE DE DIREITOS ENTRE OS FILHOS

O artigo 20 prevê que "*os filhos, havidos ou não da relação do casamento, ou por adoção, terão os mesmos direitos e qualificações, proibidas quaisquer designações discriminatórias relativas à filiação.*" O dispositivo tem sua razão de ser ligada ao regime jurídico anterior à Constituição de 1988. O Código Civil de 1916 e outros diplomas legais previam distinções entre filhos biológicos e adotivos ou frutos de relação de casamento ou de concubinato, notadamente em relação ao regime sucessório.

A atual **Constituição da República**, em seu art. 227, § 6º, **proíbe** qualquer tipo de distinção ou **tratamento discriminatório entre filhos**. A redação do art. 20 é reprodução do dispositivo constitucional. O Código Civil também apresenta a mesma redação em seu art. 1.596.

Em 2022, o STJ analisou questão importante referente ao tema. Tratava-se de ação em que a genitora pretendia a inclusão de seu sobrenome em filho que originalmente havia sido registrado com o agnome "Filho". A justificativa do pedido estava relacionada à criação de mais vínculos com os irmãos e a mãe, após o divórcio do casal.

No entender do STJ, não há motivação idônea para o pedido de mudança do sobrenome nesse caso.[4]

7. PODER FAMILIAR

Desde seu advento, o Estatuto da Criança e do Adolescente, em seu artigo 21, continha o termo jurídico "pátrio poder" para se referir ao vínculo jurídico

4. REsp n. 1.731.091/SC, relator Ministro Luis Felipe Salomão, Quarta Turma, julgado em 14/12/2021, DJe de 17/2/2022.

que une pais e filhos. O Código Civil de 2002 optou pelo *nomen iuris* "poder familiar" (arts. 1.630 a 1.638, CC/2002), para designar o complexo de direitos e deveres que compete aos pais frente a seus filhos menores. A expressão "**poder familiar**" deixa mais claro que a criação e a educação dos filhos competem ao **pai e à mãe em igualdade de condições** – assim determina a Constituição (art. 226, § 5º, e art. 229, primeira parte) –, ao passo em que *pátrio* se refere etimologicamente a pai. Ainda assim, o novo termo recebe crítica da doutrina de vanguarda, que tem preferido o termo autoridade parental, utilizado por legislações estrangeiras.

O artigo 3° da Lei n° 12.010/2009 extirpou, definitivamente, de nosso ordenamento jurídico, a expressão "pátrio poder" e a substituiu por "poder familiar".

Nas palavras de Paulo Luiz Netto Lôbo:

> *Poder familiar* é a denominação que adotou o Código Civil de 2002 para o antigo pátrio poder. Ao longo do século XX, mudou substancialmente o instituto, acompanhando a evolução das relações familiares, distanciando-se de sua função originária – voltada ao exercício de poder dos pais sobre os filhos – para constituir um múnus, em que ressaltam os deveres.
>
> [...], o poder familiar é um 'conjunto de direitos e deveres tendo por finalidade o interesse da criança' (inclui o adolescente), para proteção de sua segurança, saúde, moralidade, para assegurar sua educação e permitir seu desenvolvimento, em respeito a sua pessoa; os pais devem associar o filho nas decisões que lhe digam respeito.[5]

A questão de exercício do poder familiar em igualdade de condições de pai e mãe aparece de diferentes formas na jurisprudência do STJ. Em 2021, a Corte analisou caso interessante a respeito da escolha do nome da criança. O genitor indicou no registro nome diverso do que havia sido combinado com a mãe, que posteriormente ingressou com pedido de retificação do registro civil. O STJ autorizou a mudança.[6]

Dentro do conteúdo de poder familiar, encontram-se diversos deveres, alguns deles elencados no artigo 22, como sustento, guarda e educação. O Código Civil apresenta rol mais extenso – e igualmente exemplificativo – de deveres dos pais no exercício do poder familiar, conforme art. 1.634:

> **Art. 1.634.** Compete a ambos os pais, qualquer que seja a sua situação conjugal, o pleno exercício do poder familiar, que consiste em, quanto aos filhos:
>
> I – dirigir-lhes a criação e a educação;

5. LÔBO, Paulo Luiz Netto. Do Poder Familiar. In: DIAS, Maria Berenice; PEREIRA, Rodrigo da Cunha (coord.). *Direito de Família e o Novo Código Civil*. Belo Horizonte: Del Rey, 2005, p. 147 e 149.
6. REsp 1905614/SP, Rel. Min. Nancy Andrighi, 3ª Turma, julgado em 04/05/2021, DJe 06/05/2021.

II – exercer a guarda unilateral ou compartilhada nos termos do art. 1.584;
III – conceder-lhes ou negar-lhes consentimento para casarem;
IV – conceder-lhes ou negar-lhes consentimento para viajarem ao exterior;
V – conceder-lhes ou negar-lhes consentimento para mudarem sua residência permanente para outro Município;
VI – nomear-lhes tutor por testamento ou documento autêntico, se o outro dos pais não lhe sobreviver, ou o sobrevivo não puder exercer o poder familiar;
VII – representá-los judicial e extrajudicialmente até os 16 (dezesseis) anos, nos atos da vida civil, e assisti-los, após essa idade, nos atos em que forem partes, suprindo-lhes o consentimento;
VIII – reclamá-los de quem ilegalmente os detenha;
IX – exigir que lhes prestem obediência, respeito e os serviços próprios de sua idade e condição.

De volta ao Estatuto, o parágrafo único do artigo 22 reforça o ideal de paridade no exercício dos deveres inerentes ao poder familiar ao estabelecer o compartilhamento de responsabilidades por pai e mãe ou responsáveis, sendo-lhes possível transmitir aos filhos suas **crenças e culturas**.

▸ Como esse assunto foi cobrado em concurso?

(Cespe – Promotor de Justiça – MPE – BA/2023) Um integrante do conselho tutelar procurou o MP/BA para denunciar os pais de uma adolescente por maus tratos em razão da participação desta em ritos cerimoniais do candomblé, que consistiam em raspar a cabeça, manter restrições alimentares e andar com roupas brancas e colares com contas coloridas, além de adereços de cabeça e outros símbolos sagrados. Em sua denúncia, o integrante do conselho tutelar solicitou que o MP instaurasse inquérito para averiguar a responsabilidade dos pais da adolescente pela iniciação desta no candomblé. Nessa situação hipotética, conforme o disposto no Estatuto da Criança e do Adolescente,

A) o MP/BA deve solicitar ao juiz da respectiva vara da infância e juventude o recolhimento da adolescente em um abrigo municipal, bem como o impedimento imediato da convivência dela com os pais e suscitar o argumento de que estes violaram o direito da filha à liberdade religiosa ao iniciá-la no candomblé.

B) a adolescente pode ser iniciada no candomblé, religião tradicional de matriz africana, dado o direito de transmissão familiar de crenças e culturas, desde que mediante o consentimento dos pais ou responsáveis legais e respeitados os aspectos éticos, culturais e legais envolvidos, levando-se em consideração o bem-estar da adolescente.

C) os pais da adolescente devem responder por iniciação ilegal a culto religioso e por lesão corporal por permitir que a filha raspasse a cabeça, devendo o MP solicitar ao juiz da vara da infância e adolescência o afastamento da adolescente do convívio familiar.

D) a adolescente pode ser iniciada no candomblé ou em qualquer religião tradicional de matriz africana, dado o direito conferido a crianças e adolescente de optar por suas crenças e culturas, independentemente de autorização por escrito dos pais ou responsáveis legais, desde que a autoridade religiosa do terreiro respeite o bem-estar da adolescente, após o ritual sagrado.

E) a adolescente pode participar dos rituais sagrados livremente, sem a necessidade de consentimento escrito dos pais ou responsáveis legais, pois os ritos cerimoniais descritos não oferecem nenhum risco físico que afete o bem-estar da adolescente.

Gabarito: letra B.

Os pais que descumprem suas obrigações para com seus filhos podem sofrer **sanções** de natureza **civil e penal.**

Pelo ângulo civil, a negligência no exercício do poder familiar traz diversas consequências. Uma delas é o **afastamento** liminar do agressor do ambiente familiar, inclusive com a fixação de alimentos, conforme prevê o artigo 130: "*Verificada a hipótese de maus-tratos, opressão ou abuso sexual impostos pelos pais ou responsável, a autoridade judiciária poderá determinar, como medida cautelar, o afastamento do agressor da moradia comum. Parágrafo único. Da medida cautelar constará, ainda, a fixação provisória dos alimentos de que necessitem a criança ou o adolescente dependente do agressor.*"

Outra consequência de natureza civil é o **acolhimento** institucional ou familiar, consistente na retirada da criança ou do adolescente daquele ambiente familiar nocivo ao seu desenvolvimento sadio (art. 101).

Em decorrência de negligência no trato do poder familiar, tem-se ainda a colocação em família substituta. Nos casos extremos, o descaso dos pais pode levar à **destituição do poder familiar** com a colocação da criança ou adolescente para adoção.

O cumprimento de determinações judiciais está inserido nos deveres inerentes ao poder familiar (parte final do art. 22: "*aos pais incumbe o* **dever de sustento, guarda e educação** *dos filhos menores, cabendo-lhes ainda, no interesse destes, a obrigação de cumprir e fazer cumprir as determinações judiciais.*")

Essa previsão alcança tanto as obrigações impostas aos pais quantos aquelas determinadas aos filhos. Em relação aos pais, a autoridade judiciária pode determinar questões referentes ao exercício da guarda quando o casal se separa, direito de visitação etc., de modo que a inobservância dessas regras pode levar à perda ou suspensão do poder familiar.

As **ordens judiciais** podem também ser impostas a crianças e adolescentes e, nesse caso, é **dever dos pais fazer cumprir** tais determinações. Como exemplo, pense-se na imposição de medida de proteção (art. 101) ao adolescente consistente na frequência à escola e a programa ambulatorial de desintoxicação de drogas, mas os pais proíbem o filho de sair de casa ou de atender à obrigação judicial, não por impossibilidade financeira, mas por outra razão injustificada. Tal situação também pode levar à perda ou suspensão do poder familiar.

Do ponto de vista **penal**, o descumprimento do poder familiar pode caracterizar diferentes crimes, tais como abandono de incapaz, exposição ou abandono de recém-nascido, omissão de socorro e maus-tratos (arts. 133 a 136, do Código Penal), o de submeter criança ou adolescente a vexame ou constrangimento (art. 232) e sua submissão à prostituição e exploração sexual (art. 244-A).

A negligência dos pais é causa de perda do poder familiar, conforme destacou o STJ em 2024:

INFORMATIVO 800/2024

Destaque

A negligência ou omissão dos genitores ante o grave abuso sexual configura hipótese excepcional de destituição do poder familiar.

Informações do Inteiro Teor

De início, rememora-se que "a proteção integral está intimamente ligada ao princípio do melhor interesse da criança e do adolescente, pelo qual, no caso concreto, devem os aplicadores do direito buscar a solução que proporcione o maior benefício possível para o menor. Trata-se de princípio constitucional estabelecido pelo art. 227 da CF, com previsão nos arts. 4° e 100, parágrafo único, II, da Lei n. 8.069/1990, no qual se determina a hermenêutica que deve guiar a interpretação do exegeta. O norte nessa seara deve buscar a máxima efetividade aos direitos fundamentais da criança e do adolescente, especificamente criando condições que possibilitem, de maneira concreta, a obtenção dos alimentos para a sobrevivência" (REsp 1.533.206/MG, Rel. Ministro Luis Felipe Salomão, Quarta Turma, julgado em 17/11/2015, DJe de 1º/2/2016).

No caso, sobejam provas acerca de abuso sexual cometido contra o menor, enquanto ambos os pais, de forma insólita, recusam a evidência científica colhida em exame médico-hospitalar. Somado a esse fato, o comportamento da criança revela preocupante temor em relação ao genitor, conforme atestam os serviços de atendimento especializados.

Com base no microssistema do ECA, à luz do Princípio da Integral Proteção à Criança e ao Adolescente, concluiu o Tribunal de origem que a ação e a omissão dos genitores em face do abuso sofrido pelo menor e a negação deliberada dos graves fatos demonstram, claramente, a total incapacidade de exercício do poder parental, além da submissão do infante ao constante risco de violação da sua integridade física e psicológica. Consignou, ainda, a ausência de ente da família extensa em condições de cuidar da criança.

Com efeito, o entendimento do tribunal *a quo* está em consonância ao desta Corte, tendo em vista que "em demandas envolvendo interesse de criança, como no caso, a solução da controvérsia deve sempre observar o princípio do melhor interesse do menor, introduzido em nosso sistema jurídico como corolário da doutrina da proteção integral, consagrada pelo art. 227 da Constituição Federal, o qual deve orientar a atuação tanto do legislador quanto do aplicador da norma jurídica, vinculando-se o ordenamento infraconstitucional aos seus contornos" (HC 776.461/SC, relator Ministro Marco Aurélio Bellizze, Terceira Turma, julgado em 29/11/2022, DJe de 1º/12/2022).

7.1. Repercussões jurídicas do abandono afetivo

Questão que gera polêmica se refere ao abandono afetivo. O ponto está em saber se o afeto é um dos deveres decorrentes do exercício do poder familiar. É questionar: o sistema jurídico exige que os genitores sejam afetuosos com seus filhos?

A análise minuciosa da jurisprudência do STJ permite identificar diferentes pontos importantes acerca do assunto.

Primeiro, a questão do **prazo prescricional**. A Corte fixou o entendimento de que o prazo para pleitear indenização é de **3 anos**, com base no art. 206, § 3º, inc. V do Código Civil: pretensão de reparação civil. A contagem desse prazo se inicia com a maioridade do filho que pleiteia a indenização.

Segundo, a reparação deve ter como ponto de partida a caracterização de um **ato ilícito**. Os deveres inerentes ao poder familiar são o de sustento, guarda e educação. É possível identificar divergência jurisprudencial no STJ. A **4ª Turma** entende não haver obrigação de dar afeto, pelo que inviável a condenação em pleito indenizatório.[7]

Como se vê, não dar afeto ao filho não enseja indenização por dano moral. É diferente a conclusão quando há prova de que o genitor deixou de prestar assistência material. Aí a hipótese é de condenação em danos morais.[8]

Ao analisar julgados da **3ª Turma**, é possível identificar casos em que houve condenação do genitor em danos materiais e morais por se considerar que o abandono afetivo se caracterizou como mais do que o mero dissabor.[9]

Terceiro, não há que se falar em condenação quando a pessoa não tinha conhecimento de que era genitor daquele que pleiteia indenização.[10]

Em resumo, tem-se o seguinte quadro:

7. REsp 1579021/RS, Rel. Min. Maria Isabel Gallotti, 4ª Turma, julgado em 19/10/2017.
8. REsp 1087561/RS, Rel. Min. Raul Araújo, 4ª Turma, julgado em 13/06/2017.
9. REsp 1493125/SP, Rel. Min. Ricardo Villas Bôas Cueva, 3ª Turma, julgado em 23/02/2016.
10. AgInt no AREsp 492.243/SP, Rel. Min. Marco Buzzi, 4ª Turma, julgado em 05/06/2018, DJe 12/06/2018.

Jurisprudência sobre abandono afetivo
– o prazo prescricional é de 3 anos, contados da maioridade; – a 4ª Turma não admite indenização por abandono afetivo, porque os deveres do poder familiar são sustento, guarda e educação; – a 4ª Turma admite indenização se ficar comprovado abandono material, que é caracterizável como ato ilícito; – a 3ª Turma admite indenização por abandono afetivo se ficar demonstrado que houve mais do que o mero dissabor; – não há dever de indenizar quando o genitor não tinha conhecimento do estado de filiação.

7.2. Alienação parental

O tema da alienação parental é regulado pela Lei n. 12.318/2010.

Trata-se de ato normativo voltado à proteção da criança e do adolescente no seio familiar. A Lei descreve e prevê mecanismos de repressão à conduta de parentes (pais e avós, principalmente) que conturbam o desenvolvimento psicológico sadio da criança ou adolescente. Dito em outros termos, a Lei quer combater a conduta – infelizmente comum – daquele genitor que joga o filho contra o outro genitor ou que impede o desenvolvimento adequado das relações familiares.

O parágrafo único do artigo 2º indica, em rol exemplificativo, algumas dessas condutas:

> I – realizar campanha de desqualificação da conduta do genitor no exercício da paternidade ou maternidade;
>
> II – dificultar o exercício da autoridade parental;
>
> III – dificultar contato de criança ou adolescente com genitor;
>
> IV – dificultar o exercício do direito regulamentado de convivência familiar;
>
> V – omitir deliberadamente a genitor informações pessoais relevantes sobre a criança ou adolescente, inclusive escolares, médicas e alterações de endereço;
>
> VI – apresentar falsa denúncia contra genitor, contra familiares deste ou contra avós, para obstar ou dificultar a convivência deles com a criança ou adolescente;
>
> VII – mudar o domicílio para local distante, sem justificativa, visando a dificultar a convivência da criança ou adolescente com o outro genitor, com familiares deste ou com avós.

Cabe ao Judiciário, com participação do Ministério Público, adotar medidas para preservar a integridade psicológica da criança ou adolescente, bem como garantir sua convivência com seu genitor alvo da alienação (art. 4º).

A alienação parental pode ser conhecida tanto em ação autônoma como incidentalmente no curso de outro procedimento (art. 5º).

Dentre as possíveis providências a serem adotadas, o artigo 6º prevê exemplificativamente:

> I – declarar a ocorrência de alienação parental e advertir o alienador;
>
> II – ampliar o regime de convivência familiar em favor do genitor alienado;
>
> III – estipular multa ao alienador;
>
> IV – determinar acompanhamento psicológico e/ou biopsicossocial;
>
> V – determinar a alteração da guarda para guarda compartilhada ou sua inversão;
>
> VI – determinar a fixação cautelar do domicílio da criança ou adolescente;

Em 2022, a Lei n. 14.340 modificou algumas regras da Lei de Alienação Parental, dentre elas a revogação do inciso VII do artigo 6º, que previa a possibilidade de decretação da suspensão da autoridade parental.

Além disso, o artigo 8º-A prevê que a oitiva de crianças e adolescente, sempre que possível, deve seguir as diretrizes do depoimento sem dano, regulado pela Lei n. 13.431/2017.

7.3. Parentalidade Positiva

Em 2024, foi editada a Lei n. 14.826, que instituiu a parentalidade positiva e o direito ao brincar como estratégias de prevenção à violência contra crianças. O artigo 2º estabelece que ambos constituem políticas de Estado, pelo que devem ser observadas e implementadas pelos entes políticos.

O artigo 5º traça os contornos do que se considera parentalidade positiva, indicando-a como "o processo desenvolvido pelas famílias na educação das crianças na condição de sujeitos de direitos no desenvolvimento de um relacionamento fundamentado no respeito, no acolhimento e na não violência."

Por sua vez, o artigo 7º lista um rol de direitos associados ao desenvolvimento sadio e pleno de crianças e adolescentes.

DIREITOS E GARANTIAS ASSOCIADOS À PARENTALIDADE POSITIVA E AO DIREITO AO BRINCAR (art. 7º)
I – brincar livre de intimidação ou discriminação;
II – relacionar-se com a natureza;
III – viver em seus territórios originários;
IV – receber estímulos parentais lúdicos adequados à sua condição peculiar de pessoa em desenvolvimento.

7.4. Direito de visita parental transfronteiriço

Em 2024 o STJ enfrentou questão interessante acerca do direito à visitação de pais divorciados a seus filhos. O caso examinou a regulação do assunto no caso de pais com domicílios em países estrangeiros – o direito transfronteiriço à visitação. Foram dois os julgados que trataram do tema, ambos noticiados no Informativo n. 835. O primeiro destaca que a Convenção de Haia permite a regulamentação do direito de visita. Confira-se:

INFORMATIVO 835/2024

Destaque

A Convenção da Haia sobre os Aspectos Civis do Sequestro Internacional de Criança permite a regulamentação do direito de visita transfronteiriça independentemente de subtração ou retenção ilícita da criança envolvida.

Informações do Inteiro Teor

Versa a controvérsia jurídica em definir se a Autoridade Central do país pode ser acionada para agir, administrativamente ou judicialmente, a fim de intermediar a regulamentação do direito de visita transfronteiriça a um dos genitores, mesmo fora do contexto da repatriação da criança ao Estado de seu domicílio, nos termos da Convenção da Haia sobre os Aspectos Civis do Sequestro Internacional de Crianças.

A Convenção sobre os Aspectos Civis do Sequestro Internacional de Crianças tem o propósito de proteger a criança, no plano internacional, dos efeitos prejudiciais resultantes de mudança de domicílio ou de retenção ilícitas e estabelecer procedimentos que garantam o retorno imediato da criança ao Estado de sua residência habitual, bem como assegurar a proteção do direito de visita.

No Brasil, após sua promulgação pelo Decreto n. 3.413, de 14 de abril de 2000, a Convenção da Haia foi regulamentada pelo Decreto n. 3.951, de 4 de outubro de 2001. Este último decreto designou a Secretaria de Direitos Humanos da Presidência da República (SDH/PR) como a Autoridade Central responsável por cumprir as obrigações estabelecidas pela Convenção.

Ressalte-se que a Convenção atribui especial importância ao direito de visita parental, o que se deve ao reconhecimento de que não se trata de direito exclusivo dos pais, senão inerente à criança, a ser protegido pelo Estado. Sob esse enfoque, tem-se a compreensão abrangente e holística da superioridade dos interesses das crianças, reconhecendo que elas possuem o direito fundamental de desenvolver laços afetivos com ambos os pais, independentemente do término do relacionamento destes.

A Convenção, ao assegurar o respeito ao direito de visita, está reafirmando o compromisso do Estado de proteger os interesses da criança e garantir que possa manter contato direto com ambos os pais, promovendo assim seu desenvolvimento saudável e seu bem-estar emocional.

Para garantir o cumprimento das finalidades da Convenção, cada Estado contratante deverá designar a Autoridade Central encarregada de dar cumprimento às obrigações que lhe são impostas (art. 6º). As Autoridades Centrais dos Estados signatários devem colaborar reciprocamente e promover a colaboração entre as autoridades competentes de seus respectivos Estados, a fim de facilitar a implementação efetiva de suas disposições e garantir a proteção dos direitos das crianças envolvidas (art. 7º).

Especificamente quanto ao direito de visita, o art. 21 dispõe que o pedido que tenha por objetivo a organização ou a proteção do efetivo exercício do direito de visita poderá ser dirigido à Autoridade Central de um Estado Contratante nas mesmas condições do pedido que vise o retorno da criança.

Ademais, às Autoridades Centrais, incumbe promover o exercício pacífico do direito de visita, o preenchimento de todas as condições indispensáveis ao exercício deste direito, bem como tomar providências no sentido de remover, tanto quanto possível, todos os obstáculos ao exercício desse mesmo direito.

Da análise dos artigos da Convenção que abordam o direito de visita parental, não se observa a exigência de que exista concomitantemente a situação ilícita de mudança de domicílio ou de retenção da criança para que a norma seja aplicável. Em nenhum momento se estabelece que a intervenção da Autoridade Central para facilitar a organização ou o efetivo exercício do direito de visita depende de que ocorra um prévio "sequestro" internacional.

Muito pelo contrário, o artigo 21 demonstra a autonomia do requerimento de regularização de visitas, ao dispor que "o pedido que tenha por objetivo a organização ou a proteção do efetivo exercício do direito de visita poderá ser dirigido à Autoridade Central de um Estado Contratante nas mesmas condições do pedido que vise o retorno da criança".

Em outras palavras, mesmo que não haja situação de subtração ou detenção ilegal, o procedimento para as Autoridades Centrais lidarem com a organização ou proteção do direito de visita é semelhante ao processo adotado em casos com pedido de retorno da criança, garantindo que o direito de visita seja tratado com a mesma seriedade e urgência, inclusive quando não há uma situação de sequestro ou detenção ilegal da criança envolvida.

Por conseguinte, não há subsidiariedade, para aplicação das normas da Convenção, da pretensão à regulamentação da visita parental à hipótese de ilicitude em subtrair ou reter criança ou adolescente. Logo, a Autoridade Central tem a prerrogativa de intervir, administrativa ou judicialmente, mesmo que seja apenas para regularizar as visitas a um dos genitores, observando sempre os interesses do menor.

O segundo julgado noticiado sobre o tema no mesmo Informativo se referiu à legitimidade da União para ajuizar demanda sobre o tema, tendo-se firmado a posição de que a competência cabe à Justiça Federal. Confira-se:

INFORMATIVO 835/2024

Destaque

A União possui legitimidade ativa para ajuizar ação de regulamentação de visitas com base na Convenção da Haia sobre os Aspectos Civis do Sequestro Internacional de Crianças, sendo a Justiça Federal competente para julgamento.

Informações do Inteiro Teor

A controvérsia jurídica consiste em analisar a legitimidade da União para ajuizamento de ação de regulamentação do direito de visitas e o órgão judiciário competente, com base na Convenção da Haia sobre os Aspectos Civis do Sequestro Internacional de Criança.

A Convenção sobre os Aspectos Civis do Sequestro Internacional de Crianças tem o propósito de proteger a criança, no plano internacional, dos efeitos prejudiciais resultantes de mudança de domicílio ou de retenção ilícitas e estabelecer procedimentos que garantam o retorno imediato da criança ao Estado de sua residência habitual, bem como assegurar a proteção do direito de visita.

No Brasil, após sua promulgação pelo Decreto n. 3.413, de 14 de abril de 2000, a Convenção da Haia foi regulamentada pelo Decreto n. 3.951, de 4 de outubro de 2001. Este último decreto designou a Secretaria de Direitos Humanos da Presidência da República (SDH/PR) como a Autoridade Central responsável por cumprir as obrigações estabelecidas pela Convenção.

Depreende-se do art. 7º, "f", da Convenção que compete às Autoridades Centrais, diretamente ou por intermediário, tomar as medidas apropriadas para iniciar ou promover processo judicial ou administrativo com o objetivo de facilitar a organização ou o exercício efetivo do direito de visita, tais como: "dar início ou favorecer a abertura de processo judicial ou administrativo que vise o retomo da criança ou, quando for o caso, que permita a organização ou o exercício efetivo do direito de visita;"

Quando não solucionada administrativamente a situação de regulamentação de visitas, a Autoridade Central Administrativa Federal encaminha a questão à Advocacia-Geral da União (AGU) para análise da via judicial (art. 131 da CF). Desse modo, cabe à AGU avaliar a necessidade de ajuizamento da ação para assegurar o direito de visita parental, a fim de dar efetividade à cooperação jurídica internacional entre os Estados Partes da Convenção.

O procedimento está em absoluta consonância com o comando inserido no art. 227 da CF, o qual, ao consagrar o princípio da prioridade absoluta da criança e do adolescente, impõe ao Estado o dever de assegurar-lhes o direito à convivência familiar. A intervenção do Estado resulta da condição peculiar e vulnerável da criança, que é diretamente afetada pelas consequências de uma separação imposta de um de seus genitores.

Com efeito, é da própria Constituição Federal que se depreende o dever que transcende a pessoa do familiar envolvido, evidenciando que não apenas a família, mas também o Estado possui a responsabilidade de garantir a convivência familiar ao menor. Sobressai, assim, a indisponibilidade do interesse público envolvido nas ações voltadas para a proteção dos direitos das crianças e dos adolescentes.

Por sua vez, a intermediação estatal, seja por mecanismos administrativos ou judiciais, possui especial relevância em razão da complexidade da situação enfrentada pelo(a) genitor(a) que reside em um país diferente do de seu filho. De fato, tem-se circunstância particularmente desafiadora devido à falta de familiaridade com a legislação estrangeira e os procedimentos legais pertinentes à regulamentação de visitas.

Ademais, a dificuldade de acesso à Justiça estrangeira representa um obstáculo significativo, especialmente considerando as barreiras burocráticas, linguísticas e culturais. A distância física e as disparidades nos sistemas judiciais entre os países envolvidos podem complicar ainda mais o processo. Insta consignar que a Convenção da Haia, em seu art. 21, determina expressamente que as autoridades centrais tomem providências para remover, na medida do possível, todos os obstáculos ao exercício do direito de visita.

Assim, a União é parte legítima para ajuizar ação de regulamentação de visitas quando um dos genitores residir em país diverso do de domicílio do filho menor de 16 (dezesseis anos), nos termos do previsto nos artigos 4º e 7º, "f", da Convenção sobre os Aspectos Civis do Sequestro Internacional de Crianças. Destaque-se que a União atua em nome próprio, como pessoa jurídica de direito internacional, ao cumprir os compromissos assumidos ao aderir à Convenção de 1980.

> Por conseguinte, por se tratar de ação na qual a União é considerada parte interessada na condição de autora, a competência para seu processamento e julgamento é atribuída à Justiça Federal, conforme estabelecido art. 109, I, da CF.
> No caso em questão, a ação de regulamentação de visitas decorreu de pedido de colaboração internacional, formulado pela autoridade central da Argentina, visando à atuação do estado brasileiro na solução da celeuma existente entre os pais dos menores em favor dos quais se pretende ver regulamentado o direito de visitas do genitor argentino, residente em solo estrangeiro, em observância do procedimento previsto na Convenção da Haia.
> Logo, trata-se de causa fundada em convenção internacional, o que, por si, atrai a competência da Justiça Federal, nos termos do art. 109, III, da CF, o qual define a competência dos juízes federais para processar e julgar "as causas fundadas em tratado ou contrato da União com Estado estrangeiro ou organismo internacional".
> Em suma, proposta ação de regulamentação de visitas pela União, em cumprimento do disposto na Convenção da Haia, a Justiça competente é a federal. Por sua vez, se apenas for ajuizada ação por um dos genitores, com fundamento nas normas do direito civil brasileiro, a Justiça competente é a estadual.

Por fim, outra questão julgada pelo STJ com contornos internacionais se referiu a ação de modificação de guarda proposta no Brasil, em cotejo com decisão estrangeira. Confira-se:

> **INFORMATIVO 805/2024**
>
> **Destaque**
> A homologação de sentença estrangeira pelo Superior Tribunal de Justiça não é, por si só, óbice à propositura de ação de modificação de guarda em território nacional quando aqui estabelecidos os menores cujo interesse se discute em juízo.
>
> **Informações do Inteiro Teor**
> No caso, os pais australiano-brasileiros acordaram a guarda compartilhada das menores, nascidas na Austrália, com residência junto à genitora em território australiano. Todavia, posteriormente, houve o deslocamento da genitora e das menores para o território nacional, com autorização paterna, para aqui permanecerem por mais de um ano, período em que se alega ter havido modificação da situação fática, com efetiva inserção das menores no contexto social e familiar e desejo de aqui permanecerem definitivamente.
> A paciente propôs ação de divórcio cumulada com guarda, regulamentação de visitas e fixação de alimentos. A ação foi processada com a participação do genitor. Após a comunicação da homologação de sentença estrangeira por esta Corte, bem como da propositura do cumprimento de sentença estrangeira perante o juízo Federal, o referido processo foi extinto sem resolução de mérito. Em seguida, a paciente protocolou ação revisional de acordo de guarda com pedido de tutela antecipada. Paralelamente, no cumprimento de sentença estrangeira homologada, o casal litiga para fixar a residência das filhas no país das respectivas residências.

> Quanto ao ponto, o STJ entende que homologação de sentença estrangeira não é, por si só, óbice à propositura de ação de modificação de guarda em território nacional quando aqui estabelecidos os menores cujo interesse se discute em juízo. De outra banda, também o fato de uma possível repatriação das crianças, fundamentada na Convenção de Haia, não é suficiente para se sobrepor à jurisdição nacional. A respeito dessa questão, a Quarta Turma já teve oportunidade de firmar o entendimento de que é competente o foro de residência dos menores para apreciação de ações relativas a guarda, em casos de modificação de país de residência para o Brasil.
>
> A ordem deve ser concedida, a fim de obstar, provisória e transitoriamente, o cumprimento de ordem de busca e apreensão das crianças, bem como de retorno ao país de origem, até que seja designada e realizada a audiência presencial das menores perante a autoridade judicial competente para apreciação da ação de modificação de guarda, cabendo a decisão à instância ordinária, em juízo exauriente, conforme entender de direito.

8. CARÊNCIA DE RECURSOS MATERIAIS

À luz do regramento anterior, Código de Menores, a falta de recursos materiais para prover as necessidades da criança ou do adolescente era motivo para caracterização da situação irregular, que poderia levar, inclusive, à destituição do poder familiar dos pais para sua colocação em família substituta. A regra era objeto de severas críticas, pois não se pode agravar mais a situação de penúria de uma família com a retirada de um filho. Nesse contexto, o Estatuto previu expressamente em seu artigo 23 que a *"falta ou a carência de recursos materiais não constitui motivo suficiente para a perda ou a suspensão do poder familiar"*. E ainda, para deixar mais claro o rumo a ser seguido pelo aplicador da norma, o § 1º complementa: *"Não existindo outro motivo que por si só autorize a decretação da medida, a criança ou o adolescente será mantido em sua família de origem, a qual deverá obrigatoriamente ser incluída em serviços e programas oficiais de proteção, apoio e promoção."*

Disso resulta que a situação de **carência de recursos não é motivo idôneo para perda ou suspensão do poder familiar**. O legislador determina a manutenção da criança ou adolescente em sua família natural, sendo excepcional a hipótese de sua colocação em família substituta. Se o problema é meramente econômico, compete ao Poder Público tutelar toda a família, e não simplesmente retirar a criança de sua família natural.

Essa regra não estava prevista no diploma legislativo anterior, o Código de Menores, sendo uma conquista da nova visão sobre os direitos infantojuvenis e sobre a importância da família natural no desenvolvimento humano.

Munir Cury destaca:

> Dos maiores avanços trazidos pelo bem-vindo Estatuto da Criança e do Adolescente, a regra do art. 23 enterrou de vez nos escombros da recente história deste País, o entulho autoritário representado pela combinação do

> art. 45, I, com o art. 2º, I, "b", do revogado Código de Menores – Lei 6.697, de 10.10.79 – que permitia – e disso se fez uso e abuso, a título de proteção aos interesses do menor – a decretação da perda ou suspensão do poder familiar na hipótese de os pais ou responsáveis estarem impossibilitados de prover as condições essenciais à subsistência, saúde e instrução obrigatória dos filhos menores. Era o desumano e reprovável regime da penalização da pobreza, de triste memória.[11]

Diversa é a situação em que, além de falta de recursos materiais, os pais demonstram um comportamento que viola deveres inerentes a seu poder familiar, como o abandono, o uso de drogas e a exploração da criança ou do adolescente. Diante desse quadro fático, somado à situação financeira de penúria, é possível a colocação em família substituta.

> **IMPORTANTE**
>
> Carência de recursos materiais **não** é motivo suficiente para a perda ou suspensão do poder familiar.

9. CONDENAÇÃO CRIMINAL

No item 2 deste capítulo, frisou-se a importância da convivência familiar, tendo-se destacado o direito de visitação de filhos aos pais privados de sua liberdade independentemente de autorização judicial (art. 19, § 4º). Dentro desse contexto, o Estatuto continha regra que impedia a destituição familiar em qualquer caso – artigo 23, § 2º. Esse dispositivo sofreu **modificação em 2018**. Confira-se o quadro abaixo com a redação anterior e a redação atual:

Art. 23, § 2º	
Redação anterior (Lei n. 12.962/2014)	**Redação atual (Lei n. 13.715/2018)**
§ 2º A condenação criminal do pai ou da mãe não implicará a destituição do poder familiar, exceto na hipótese de condenação por crime doloso, sujeito à pena de reclusão, contra o próprio filho ou filha.	§ 2º A condenação criminal do pai ou da mãe não implicará a destituição do poder familiar, exceto na hipótese de condenação por crime doloso sujeito à pena de reclusão contra outrem igualmente titular do mesmo poder familiar ou contra filho, filha ou outro descendente.

Na redação anterior, o objetivo era deixar claro que a perda do poder familiar não é decorrência automática da condenação criminal. Isso só ocorreria se o agente praticasse o crime contra o próprio filho e se se tratasse de conduta dolosa sujeita à pena de reclusão.

11. CURY, Munir. op. cit., p. 122.

A modificação trazida em **2018 ampliou as hipóteses** em que pode haver a **destituição do poder familiar**. Pela redação atual, ocorre a perda do poder familiar também se o crime é praticado contra quem também possui o **mesmo poder familiar**. É o caso do homem que tenta matar a mãe de seus filhos.

Fora dessas exceções, a regra geral é a de que a condenação criminal não gera destituição do poder familiar – o pai que pratica um furto não perde o poder familiar. Quem comete um crime tem como punição máxima a privação de sua liberdade. O encarceramento já é, por si só, uma medida bastante grave – ainda mais nos estabelecimentos penitenciários brasileiros. Por outro lado, o objetivo constitucional da pena é a ressocialização, é a reinserção do agente no convívio social. Para que esse objetivo seja alcançado, a família desempenha papel fundamental, pois dá apoio ao apenado, mostra-lhe o que terá de volta quando cumprir sua pena, dá-lhe a esperança de uma vida estruturada do lado de fora. Do ponto de vista dos filhos, a convivência com genitores privados de liberdade deve desenvolver um senso de responsabilidade, solidariedade e afeto.

Se o Estatuto garantisse tão somente o direito à visita, muito provavelmente veríamos o MP propor diversas ações de perda do poder familiar contra aqueles que foram condenados a penas privativas de liberdade. Daí a inteligência do legislador ao dar o direito de visitação e vedar a perda do poder familiar – com duas exceções, (i) a prática do crime doloso contra quem também possui o mesmo poder familiar e (ii) contra o próprio filho ou descendente.

Há quem argumente que nossos presídios não seriam locais adequados para frequência de crianças e adolescentes. Talvez – muito provavelmente – isso seja verdade, mas então cabe indagar se esses mesmos locais inadequados a crianças e adolescentes poderiam ser considerados adequados a pessoa maiores. Em outras palavras, do ponto de vista da garantia de direitos humanos, os estabelecimentos penitenciários brasileiros, em sua maioria, são inadequados para qualquer pessoa, sejam adultos, crianças ou adolescentes.

Proibir a frequência de crianças e adolescentes é **tergiversar sobre o real problema**, que são os estabelecimentos em si. Uma sociedade mais humana, justa e igualitária não soluciona esse problema vedando o convívio de pais e filhos, mas sim dando o mínimo de dignidade aos locais de cumprimento de penas privativas de liberdade.

10. PROCESSO JUDICIAL CONTRADITÓRIO PARA PERDA OU SUSPENSÃO DO PODER FAMILIAR

O artigo 24 exige que a perda ou suspensão do poder familiar somente decorra de um processo judicial em contraditório, com as devidas **garantias constitucionais** do processo, como a ampla defesa e o contraditório (CR, art. 5º, incisos LIV e LV). A redação do dispositivo é a seguinte: "*A perda e a suspensão do poder familiar serão decretadas judicialmente, em procedimento contraditório,* *nos casos previstos na legislação civil, bem como na hipótese de descumprimento injustificado dos deveres e obrigações a que alude o art. 22."*

Em geral, a demanda de perda ou suspensão do poder familiar é proposta pelo Ministério Público. Como muitas das famílias envolvidas são extremamente pobres, cabe à Defensoria Pública a defesa dos pais hipossuficientes. Decretada a perda do poder familiar, a criança ou adolescente é colocada para adoção.

Situação um pouco diversa é aquela em que a perda e a suspensão do poder familiar surgem no bojo de uma ação de adoção ou de tutela, proposta por particulares (art. 155), patrocinados pela Defensoria Pública ou por advogado particular. Nesse caso, o Ministério Público atua como *custos legis*.

Inclusive, vale destacar que o pedido de adoção deve ser expressamente cumulado com o pedido de destituição do poder familiar. Esse é o entendimento consolidado no STJ há bastante tempo.[12]

Nas demandas em que se discute a perda ou suspensão do poder familiar, todos os envolvidos devem pautar suas atuações e decisões pelos **princípios da proteção integral e do melhor interesse da criança**. Ainda que haja descumprimento de algum dever do poder familiar, o caso concreto pode revelar que é melhor para a criança ou adolescente continuar ao lado dos pais, apenas corrigindo-se a conduta inadequada. Como já se destacou anteriormente, a diretriz do Estatuto é a preservação da família natural.

11. FAMÍLIA NATURAL

O conceito de família natural está previsto no artigo 25 do Estatuto: *"Entende-se por família natural a comunidade formada pelos pais ou qualquer deles e seus descendentes"*. Deve-se reparar que o dispositivo não faz qualquer menção expressa ao casamento, mas apenas à existência de uma comunidade formada por pais, ambos ou um só, e filhos. Com isso, a previsão do Estatuto abarca também a família monoparental, formada por apenas um dos pais e seus descendentes.

Além disso, o parágrafo único do artigo 25 fixa o conceito de **família extensa** ou família ampliada, que é aquela formada por **parentes próximos** que compõem o círculo de convivência da criança ou adolescente, cuja a**finidade e afetividade são marcantes** (ex.: crianças e adolescentes criados por irmãos mais velhos, tios, avós ou primos). Essa congregação é considerada família, motivo por que tal vínculo deve ser mantido e preservado. Inclusive, esse círculo de afinidade e afetividade da família extensa **permite** que a criança seja **adotada por membro de sua família** (logicamente, excluídos os legalmente impedidos do art. 42, § 1º, ascendentes e irmãos) ainda que não cadastrado previamente dentre os postulantes à adoção (art. 50, § 13, inciso II).

12. Nesse sentido, confiram-se: AgRg no Ag 1269899/MG, Rel. Min. Massami Uyeda, 3ª Turma, julgado em 03/02/2011, DJe 17/02/2011; REsp 476.382-SP, Rel. Min. Castro Filho, julgado em 8/3/2007.

▸ **Como esse assunto foi cobrado em concurso?**

(Cespe – Analista do CNMP – Apoio Jurídico – CNMP/2023) Com base no Estatuto da Criança e do Adolescente (Lei n.° 8.069/1990), julgue o item a seguir.

Família extensa ou ampliada é aquela formada por parentes próximos com os quais a criança ou adolescente convive e mantém vínculos de afinidade e afetividade.

Gabarito: o item está certo.

Por fim, embora não mencionado expressamente em um diploma normativo, a doutrina tem tratado também da família recomposta, caracterizada por homens e mulheres, com filhos de relacionamentos anteriores, que se juntam, em casamento ou em relação de união estável.

Em doutrina, Kátia Regina Ferreira Lobo Andrade Maciel explica a origem desse novo conceito:

> Define-se como família recomposta ou reconstituída aquela "estrutura familiar originada do casamento ou da união estável de um casal, na qual um ou ambos de seus membros têm filho ou filhos de um vínculo anterior". O crescente aumento da quantidade de pessoas sozinhas, viúvas, divorciadas e de crianças nascidas fora do casamento ou da união estável dos pais vem alterando a composição da família tradicional nuclear, antes formada pelos genitores casados e sua prole. Com a ampliação dos divórcios e a reconstrução quase sempre ocorrente de novos relacionamentos amorosos dos pais descasados é comum encontrar, no dia-a-dia das varas de família e de infância e juventude, diversos tipos de arranjos familiares, nos quais a presença do padrasto, da madrasta e dos enteados deve ser meticulosamente considerada por constituir um personagem novo com função suplementar e, por vezes, substitutiva de um dos genitores, formando famílias plurais ou mosaicos.[13]

Além dessa nova configuração familiar, não se pode deixar de mencionar as famílias formadas por uniões homoafetivas. Afinal, a união de pessoas do mesmo sexo é uma realidade social e que tem recebido cada vez mais o amparo jurídico. Ano após ano, as conquistas de direitos dos casais homossexuais são mais marcantes, como, por exemplo, os direitos previdenciários e sucessórios, além do direito de adotar – como se verá mais à frente.

O cerne de todos esses novos delineamentos é o puro **sentimento de afeto**. A relação de afeto entre as pessoas, seja de cunho amoroso ou parental, é o que basta para buscar a tutela constitucional de receber um tratamento isonômico e digno.

13. MACIEL, Katia Regina Ferreira Lobo Andrade. op. cit., p. 71-72.

Conceitos de famílias	
Família natural	Comunidade formada pelos pais e seus descendentes
Família monoparental	Comunidade formada por um dos pais e seus descendentes. Incluída no Estatuto no conceito de família natural
Família extensa ou ampliada	Comunidade formada por parentes próximos com os quais a criança ou o adolescente convive e mantém vínculos de afinidade e afetividade
Família recomposta	Comunidade formada por pessoas que se unem e já possuem filhos de relacionamentos anteriores

▸ **Como esse assunto foi cobrado em concurso?**

(Fundep – Promotor de Justiça – MPE – MG/2021 – adaptada) A Lei Federal nº 8.069/90, que instituiu o Estatuto da Criança e do Adolescente, estabelece entre seus dispositivos:

III. Considera-se por família extensa ou ampliada aquela que se estende para além da unidade pais e filhos ou da unidade do casal, formada por parentes próximos com os quais a criança ou adolescente convive e mantém vínculos de afinidade e afetividade.

Gabarito: o item está certo.

12. RECONHECIMENTO DE FILHO E DE ESTADO DE FILIAÇÃO

De acordo com o artigo 26 do Estatuto, *"os filhos havidos fora do casamento poderão ser reconhecidos pelos pais, conjunta ou separadamente, no próprio termo de nascimento, por testamento, mediante escritura ou outro documento público, qualquer que seja a origem da filiação."* Quanto ao momento em que se dá o reconhecimento, o parágrafo único estabelece que este pode ser anterior ao nascimento do filho ou mesmo posterior à sua morte, se houver descendentes.

A natureza jurídica do reconhecimento é de **ato jurídico em sentido estrito**, ou seja, quem efetua o reconhecimento não pode modular seus efeitos, como, por exemplo, reconhecer o filho, mas sem lhe outorgar o direito ao sobrenome ou direitos sucessórios (CC, art. 1.613). O ato jurídico de reconhecimento é irrevogável, ainda que feito em testamento (art. 1.610), cabendo ao filho reconhecido os mesmos direitos dos demais.

Ao lado do direito do pai de reconhecer seu filho, há também o direito do filho de conhecer sua filiação e de ver reconhecido seu vínculo familiar. O artigo 27 estabelece que o reconhecimento do estado de filiação é personalíssimo, indisponível e imprescritível.

Direito de reconhecimento do estado de filiação
- personalíssimo - indisponível - imprescritível

É preciso compreender cada uma destas características. Munir Cury as explica de forma sucinta e clara:

> Direito personalíssimo, direito indisponível e direito imprescritível são as três normas essenciais do estado de filiação.
>
> É direito personalíssimo porque inerente ao estado de filho. Não comporta sub-rogados, nem se trata de direito suscetível de ser exercitado por outrem (p. ex., um dos netos), ou mesmo por um espólio.
>
> Só se admite a representação, em caso de procedimento judicial, se o filho, que pede o seu reconhecimento, for civilmente incapaz (CC, art. 84).
>
> É direito indisponível, não comportando, assim, nenhuma negociação, inclusive transação (CC 1916, art. 1.035; CC 2002, art. 841).
>
> E é igualmente imprescritível. Enquanto vivo, assiste ao filho o direito de reclamar o reconhecimento de seu *status familiae*, assim como ao genitor o dever de responder pelo seu dever.[14]

O **direito personalíssimo** é aquele que somente pode ser perseguido pelo próprio titular. Essa previsão é, em parte, mitigada pelo próprio Estatuto, por ocasião da regularização do registro civil, ao prever que, se a paternidade não estiver definida, deve ser deflagrado procedimento de investigação de paternidade (art. 102, § 3º). A legitimidade ativa para propositura da ação foi concedida também ao Ministério Público (Lei n. 8.560/92, art. 2º, § 4º).

No polo passivo, deve figurar o suposto pai, aquele a quem se imputa a paternidade. Se já estiver falecido, a demanda deve ser movida em face de seus herdeiros – e não do espólio, pois a legitimidade deste ente despersonalizado se limita a demandas patrimoniais.

Direito indisponível é aquele do qual não se pode voluntariamente abrir mão. O filho não pode emitir uma declaração de vontade válida e eficaz através da qual renuncie ao seu direito de reconhecimento do estado de filiação.

Por fim, quanto à imprescritibilidade, tem-se que a inércia do filho não afeta sua pretensão.

> **Súmula 149 do STF:** É imprescritível ação de investigação de paternidade, mas não o é a da petição de herança.

14. CURY, Munir. op. cit., p. 133.

Se, por um lado, reconhece-se expressamente no ordenamento jurídico a imprescritibilidade do direito ao reconhecimento do estado de filiação pelo filho, o Superior Tribunal de Justiça entendeu também ser imprescritível o direito do homem de discutir sua condição de pai, através de ação negatória de paternidade.[15]

Acerca do tema, o STJ ressalta que não é a mera divergência entre paternidade biológica e a declaração de registro de nascimento que permite a anulação do registro. Dois são os requisitos jurisprudenciais: (i) prova robusta no sentido de que o pai foi de fato induzido a erro, ou ainda, que tenha sido coagido a tanto e (ii) inexistência de relação socioafetiva entre pai e filho.[16]

Ao lado dessas características previstas no artigo 27 do Estatuto, a doutrina acrescenta ao direito de reconhecimento do estado de filiação outras, tais como irrevogabilidade, perpetuidade, irrenunciabilidade e unilateralidade.[17]

---

15. REsp 576185/SP, Rel. Min. Aldir Passarinho Junior, 4ª Turma, julgado em 07/05/2009, *DJe* 08/06/2009.
16. REsp 1829093/PR, Rel. Min. Nancy Andrighi, 3ª Turma, julgado em 01/06/2021, DJe 10/06/2021.
17. MACIEL, Katia Regina Ferreira Lobo Andrade. op. cit., p. 87.

Capítulo IV

Família substituta

1. INTRODUÇÃO

Como temos reiterado ao longo da obra, o Estatuto determina que a criança ou adolescente deve ser criada preferencialmente por sua família natural. Caso a família esteja em dificuldade, é dever do Poder Público dar o suporte necessário à família, através de programas assistenciais, para que o vínculo entre pais e filhos possa ser mantido. Há casos, porém, em que é inevitável a separação da criança ou adolescente de sua família natural – por exemplo, pais drogados ou que abandonam o lar ou que falecem.

Assim, superada ou impossível a permanência da criança ou do adolescente com sua família natural, busca-se a colocação em família substituta. O Estatuto indica, em seu artigo 28, as três formas de colocação em família substituta: **guarda, tutela e adoção**. Cada uma dessas modalidades é disciplinada ao longo do Estatuto – a adoção, por sua importância social, é a que recebe regramento mais extenso.

Família substituta
– Guarda (arts. 33 a 35) – Tutela (arts. 36 a 38) – Adoção (arts. 39 a 52-D)

2. DIRETRIZES GERAIS SOBRE A COLOCAÇÃO EM FAMÍLIA SUBSTITUTA

Antes de disciplinar especificamente as três formas de colocação em família substituta, o Estatuto apresenta disposições gerais sobre o tema (arts. 28 a 32), com pontos importantes a tratar.

2.1. Oitiva da criança e do adolescente

O § 1° do art. 28 recomenda a oitiva da criança ou do adolescente por **equipe interprofissional** para que suas opiniões sejam levadas em consideração na decisão de colocação em família substituta, respeitado seu **grau de desenvolvimento** e **compreensão do assunto**. Em caso de colação de **adolescente** em família substituta, sua **oitiva** é **obrigatória** em audiência, sendo seu consentimento necessário (§ 2°).

Criança ou adolescente	Será previamente ouvido por equipe interprofissional, sempre que possível.	Art. 28, § 1º
Adolescente	Ouvido obrigatoriamente em audiência, sendo determinante seu consentimento.	Art. 28, § 2º

2.2. Preferência por família substituta com relação de parentesco

O § 3º do art. 28 estabelece que se deve dar preferência a famílias substitutas que tenham alguma relação de **parentesco** ou **afinidade** ou **afetividade** com a criança ou adolescente. O objetivo é aumentar as chances de sua adaptação à nova família, bem como preservar, na medida do possível, laços com a família natural.

2.3. Grupos de irmãos

O § 4° do art. 28 estabelece que os grupos de irmãos devem ser **mantidos juntos**, na mesma família substituta. Essa é a **regra geral**, os irmãos ficam **juntos**; **exceção** é a sua **separação**. Ainda quando não puderem ser mantidos juntos, deve-se estimular algum tipo de contato para evitar a perda do vínculo fraternal. Exemplificativamente, se um grupo de irmãos deve ser colocado em adoção e não há uma família em condições de adotar todos, devem-se buscar famílias que morem no mesmo bairro, na mesma cidade. Dessa forma, as crianças têm maiores chances de conviver.

2.4. Criança ou adolescente indígena ou de origem quilombola

A identidade social e cultural da criança ou adolescente deve ser analisada na escolha da família substituta, em razão das peculiaridades culturais de indígenas ou daqueles provenientes de comunidade remanescente de quilombo (art. 28, § 6º). A **preferência legal** é pela colocação em família substituta da **mesma comunidade ou grupo étnico**.

O Estatuto determina a necessidade de **participação** de representantes dos órgãos federais de política indigenistas e antropólogos no caso dos quilombolas. Há uma imprecisão na referência à situação dos quilombolas. A menção à oitiva de antropólogos só se justificaria se não houvesse órgão federal próprio para tutela dos direitos desse grupo. Mas há. No âmbito federal, há órgãos que tratam da questão do quilombola, dentre os quais se destaca a Fundação Cultural Palmares, ligada ao Ministério da Cultura, cuja função específica é a de tutela de direitos dessas comunidades.

Assim, a menção do parágrafo 6°, inciso III, acerca da oitiva de antropólogos, deve ser entendida como a oitiva de membros de órgãos federais que tratam desse grupo.

2.5. Incompatibilidade e ambiente inadequado

O artigo 29 estabelece que *"não se deferirá colocação em família substituta a pessoa que revele, por qualquer modo, incompatibilidade com a natureza da medida ou não ofereça ambiente familiar adequado."* A incompatibilidade com a natureza da medida é a impossibilidade jurídica do pleito, como, por exemplo, o caso do avô que pretende adotar o neto. Por sua vez, o ambiente familiar inadequado é o lar em que seus habitantes façam uso de entorpecentes, pratiquem crimes, prostituição etc.

2.6. Impossibilidade de transferência para terceiros

O múnus assumido pela pessoa que recebe a criança ou adolescente é de enorme relevância e traz consigo um grande dever de responsabilidade. Por isso, não pode ser transferido a terceiros sem autorização judicial (art. 30).

2.7. Família substituta estrangeira

A criança ou o adolescente somente pode ser colocado em família substituta estrangeira de modo excepcional e somente na modalidade adoção (art. 31). O Estatuto proíbe a concessão de guarda ou tutela à família estrangeira.

Diretrizes gerais da colocação em família substituta		
Oitiva da criança e do adolescente	- sempre que possível por equipe interprofissional; - adolescente ouvido obrigatoriamente em audiência, sendo seu consentimento determinante.	Art. 28, §§ 1º e 2º
Preferência por família substituta com relação de parentesco	- objetiva aumentar as chances de adaptação da criança ou do adolescente; - leva em conta o grau de parentesco e a relação de afinidade e afetividade	Art. 28, § 3º
Grupos de irmãos	- devem ser mantidos juntos; - excepcionalmente, separados, mas se devem buscar meios para evitar o rompimento do vínculo entre eles.	Art. 28, § 4º
Criança ou adolescente indígena ou de origem quilombola	- as particularidades da criança e do adolescente devem ser levadas em consideração; - preferencialmente, colocação em família substituta de mesma identidade cultural ou étnica.	Art. 28, § 6º
Incompatibilidade e inadequação do ambiente	- incompatibilidade jurídica para o pleito (ex: adoção por avós); - ambiente pernicioso para o desenvolvimento sadio e adequado da criança ou adolescente.	Art. 29
Impossibilidade transferência	- o múnus assumido com a colocação em família substituta não pode ser transferido a terceiros sem autorização judicial.	Art. 30
Família substituta estrangeira	- medida excepcional; - somente possível na modalidade adoção.	Art. 31

> ▸ **Como esse assunto foi cobrado em concurso?**
>
> **CEBRASPE - 2024 - DPE/AC - Defensor**
>
> A colocação da criança em família substituta estrangeira, como medida excepcional, será admissível por meio de
>
> A - guarda ou adoção.
>
> B - guarda, somente.
>
> C - adoção ou tutela.
>
> D - tutela, somente.
>
> E - adoção, somente.
>
> *Gabarito: letra E.*

3. GUARDA

A primeira modalidade de colocação da criança ou do adolescente em família substituta é através da guarda. Aquele que tem a criança ou o adolescente sob sua guarda tem o dever de lhe prestar **assistência material, moral e educacional**. Em decorrência de seu dever de atender ao melhor interesse da criança e do adolescente, o guardião pode-se opor a terceiros, inclusive, aos pais (art. 33).

A guarda possibilita a **regularização jurídica** de uma situação já consolidada, que é a **posse de fato** da criança ou do adolescente. Em outras palavras, a criança ou adolescente já vive sob os cuidados daquela pessoa, que lhe presta toda a assistência e lhe guia a criação, mas sem a chancela do Poder Judiciário. Através da guarda, qualifica-se juridicamente esse vínculo de responsabilidade.

Guarda e poder familiar não são institutos excludentes e podem subsistir numa mesma situação. É o que ensina Kátia Regina Ferreira Lobo Andrade Maciel:

> Assim, a guarda é coexistente ao poder familiar, não operando mudanças substanciais na autoridade exercida pelos genitores, mas apenas destacando o *encargo* da guarda e responsabilidade ao(s) detentor(es) de fato da criança ou do adolescente. Não se trata, portanto, de transferência do múnus dentro da família natural ou biológica definida no art. 25 do ECA, mas, sim, para terceiro(s), seja(m) ele(s) parente(s) ou não da criança, que assumirá(ão) com exclusividade o múnus, incluindo o direito de opor-se aos pais (art. 33, *in fine*, do ECA).[1]

A guarda a que se refere o Estatuto não é a mesma do direito de família, que surge quando os pais se separam. Aqui a guarda é concedida a terceiro, como uma das modalidades de colocação em família substituta, que poderá inclusive opor-se à vontade dos pais.

---

1. MACIEL, Katia Regina Ferreira Lobo Andrade. op. cit., p. 155-156.

Ao assumir a guarda, o responsável presta compromisso de bem e fielmente desempenhar o encargo, mediante termo nos autos (art. 32). Esse é o documento hábil a permitir ao responsável tomar providências relativas à criança, notadamente em repartições públicas, como a matrícula escolar e a regularização da carteira de vacinação.

Dentre os atributos inerentes à guarda **não** está a **representação**, que deve ser conferida expressamente pelo juiz para determinados atos (art. 33, § 2º, parte final). Confira-se a explicação de Tânia da Silva Pereira a esse respeito:

> Em segundo lugar reportamo-nos à possibilidade do 'deferimento da representação legal para prática de determinados atos', o que não se aplica nos casos de tutela, pois esta prerrogativa já é inerente à medida. Se concedida, liminarmente, no processo de adoção, poderá o juiz conceder ao adotante, como guardião provisório, a representação para a prática de determinados atos, no interesse da criança ou adolescente. Em situações especiais, como hipótese de os genitores terem de se ausentar temporariamente, é possível a concessão da guarda para familiares ou para terceiros para os atos que exijam representação e que para os quais não são suficientes meras outorgas de poderes.[2]

O princípio que deve nortear o operador do direito acerca da colocação da criança ou adolescente em família substituta é o **princípio do melhor interesse**. Isso significa sempre analisar o caso concreto para identificar qual a solução que melhor atende aos interesses da criança ou do adolescente – independentemente das vontades ou melindres de adultos e familiares que estejam envolvidos na situação.

> **▸ Como esse assunto foi cobrado em concurso?**
>
> **(Assistente administrativo educacional - SEE-PE - 2022 - Cespe)** No que se refere ao Estatuto da Criança e do Adolescente (Lei n.º 8.069/1990), julgue o item a seguir.
>
> Se uma pessoa tiver a guarda de uma criança, será obrigada a prestar assistência educacional a essa criança e terá direito de se opor aos seus pais.
>
> *Gabarito: o item está certo.*

3.1. Classificação

A doutrina especializada apresenta diversas classificações acerca da guarda. Exceto pela guarda de fato, todas as demais possuem ontologicamente o mesmo conteúdo jurídico, variando seus *nomen juris* de acordo com o momento

2. PEREIRA, Tania da Silva. *Direito da criança e do adolescente: uma proposta interdisciplinar*. 2ª ed. Rio de Janeiro: Renovar, 2008, p. 406-407.

da concessão ou com alguma peculiaridade da situação. Vejamos algumas dessas classificações.[3]

A **guarda de fato** é, na verdade, a posse da criança ou adolescente **sem vínculo jurídico** estabelecido pelo Judiciário. É falta de seu amparo jurídico que enseja a concessão da guarda estatutária, concedida à luz do Estatuto da Criança e do Adolescente, como forma de regularização dessa situação.

A concessão da guarda pode ser objeto de um processo autônomo ou pode surgir em decorrência de uma demanda com pedido de adoção ou de tutela (art. 33, §§ 1º e 2º). Nesses casos, a guarda é concedida no início da marcha processual – exceto na adoção por estrangeiro. É a hipótese de **guarda provisória** (art. 33, § 1º; art. 167). Além disso, a guarda também pode ser concedida ao final da marcha processual, conceituando-se como **guarda definitiva**.

A **guarda excepcional** visa a atender situações excepcionais de suprimento da ausência dos pais (art. 33, § 2º).

Fala-se também em **guarda subsidiada** ou por incentivo, em razão da previsão do artigo 34 do Estatuto, que prevê: *"O poder público estimulará, por meio de assistência jurídica, incentivos fiscais e subsídios, o acolhimento, sob a forma de guarda, de criança ou adolescente afastado do convívio familiar."* Nesses casos, a guarda é concedida àqueles que aceitam participar de programas de **acolhimento familiar**. Inclusive, o Estatuto estabelece o dever da União de promover o acolhimento familiar como política pública (§ 3º), inclusive mediante o repasse de recursos diretamente à família acolhedora (§ 4º).

Já a **guarda derivada** é aquela deferida por ocasião da concessão do pedido de tutela (art. 36, p.ú.).

Outra hipótese peculiar de **guarda** é a que recai sobre o **dirigente de entidade de acolhimento institucional**. Conforme previsão expressa do Estatuto, o dirigente é equiparado ao guardião (art. 92, § 1º).

Há, ainda, a guarda decorrente de medida protetiva, também chamada de **estatutária**. É a que decorre da caracterização de situação de risco (art. 98) e da aplicação de medida de proteção, prevista no art. 101, inciso IX.

Fora das disposições do Estatuto, encontra-se também previsão de concessão de guarda. Diante da impossibilidade de permanência da criança ou adolescente com o pai ou a mãe que estão se divorciando, há previsões expressas para que a **guarda** seja concedida a um **terceiro**, sendo a matéria analisada pelas Varas de Família (CC, art. 1.584, § 5º).

---

3. As modalidades apresentadas abaixo estão detalhadamente descritas em: MACIEL, Katia Regina Ferreira Lobo Andrade. op. cit., p. 152-168.

Outra hipótese de guarda fora do Estatuto é a que pode acolher o estrangeiro refugiado, cujos pais estão mortos ou não conseguiram entrar no país. Para que proteção seja efetiva, uma criança ou adolescente nessa situação pode ser colocada sob a guarda de um adulto de sua nacionalidade que viva aqui para lhe ajudar na adaptação. A Lei n. 9.474/97 disciplina a implementação do Estatuto dos Refugiados e, embora não faça menção expressa à guarda, serve de amparo para análise da situação absolutamente peculiar dessas pessoas.

Modalidades de guarda	
Modalidade	**Descrição**
Guarda de fato	não possui vínculo jurídico
Guarda provisória	concedida no início do procedimento de tutela ou adoção (art. 33, § 1º; art. 167)
Guarda definitiva	concedida ao final do processo de guarda
Guarda excepcional	atende a situações excepcionais de ausência dos pais (art. 33, § 2º)
Guarda subsidiada	concedida a pessoas que recebem algum tipo de incentivo do Poder Público, ligada ao acolhimento familiar (art. 34)
Guarda derivada	decorre da concessão de tutela (art. 36, p.ú.)
Guarda do dirigente de entidade de acolhimento institucional	decorre da inserção da criança ou adolescente em programa de acolhimento (art. 92, § 1º)
Guarda como medida protetiva ou estatutária	concedida diante da caracterização de situação de risco (art. 98 c/c art. 101, IX)
Guarda concedida a terceiro na Vara de Família	decorre da verificação de que nem o pai nem a mãe estão em condições de exercer a guarda (CC, art. 1.584, § 5º)
Guarda de estrangeiro refugiado	situação em que os pais da criança ou do adolescente estão mortos ou não conseguiram fugir do país de origem; não há amparo legal expresso. Situação jurídica disciplinada pela Lei n. 9.474/97.

3.2. Direito de visitação dos pais

O § 4º do artigo 33 trata do direito de visitação dos pais à criança ou ao adolescente que foi colocado em família substituta: "*Salvo expressa e fundamentada determinação em contrário, da autoridade judiciária competente, ou quando a medida for aplicada em preparação para adoção, o deferimento da guarda de criança ou adolescente a terceiros não impede o exercício do direito de visitas pelos pais, assim como o dever de prestar alimentos, que serão objeto de regulamentação específica, a pedido do interessado ou do Ministério Público.*"

O que se extrai do dispositivo é que **a regra é o direito de visitação**, a exceção é que os pais não possam visitar seus filhos, nos casos de guarda voltada à adoção ou de vedação expressa da autoridade judiciária.

Por se tratar de um vínculo tênue e transitório, a guarda pode ser revogada a qualquer tempo (art. 35).

3.3. Guarda e dependência econômica

O STJ possui entendimento consolidado de que a dependência econômica dos pais, como único fundamento, não enseja a concessão de guarda a um terceiro. Conforme indicado anteriormente, o princípio que norteia as decisões em matéria de colocação em família substituta é o do melhor interesse.

A tentativa de obter guarda com fins meramente previdenciários caracteriza desvirtuamento do instituto. O STJ já analisou diversos casos em que a criança vivia com os pais, mas a guarda era pleiteada pelos avós apenas para concessão de benefício.[4]

Em suma, **razões econômicas não devem orientar a concessão da guarda**, mas sim o princípio do melhor interesse.

3.4. Guarda e benefícios previdenciários

O artigo 33, § 3º dispõe que a guarda confere a condição de dependente à criança ou ao adolescente inclusive para fins previdenciários. Em contrapartida, a Lei nº 8.213/91 (Lei de Planos de Benefícios da Previdência Social), em seu art. 16, § 2º, determina que "*o enteado e o menor tutelado equiparam-se a filho mediante declaração do segurado e desde que comprovada a dependência econômica na forma estabelecida no Regulamento*". Há um aparente conflito de normas, pois a lei previdenciária inclui entre seus dependentes apenas o tutelado – não se referindo àquele que está sob a guarda do segurado –, ao passo que o Estatuto declara que a guarda tem alcance previdenciário.

No passado, a jurisprudência do STJ oscilou em ambos os sentidos, ora com a afirmação de que prevalece a regra previdenciária em razão do princípio da especialidade,[5] ora indicando a aplicação da regra do Estatuto em razão da doutrina da proteção integral.[6]

Em 2018, o entendimento foi consolidado em julgamento de recurso repetitivo, sendo fixada a tese: **O menor sob guarda tem direito à concessão do benefício de pensão por morte do seu mantenedor**, comprovada a sua dependência econômica, nos termos do art. 33, § 3º, do Estatuto da Criança e do Adolescente, ainda que o óbito do instituidor da pensão seja posterior à vigência da Medida Provisória 1.533/06, reeditada e convertida na Lei 9.528/97.

4. AgRg no REsp 1531830/MG, Rel. Min. João Otávio de Noronha, 3ª Turma, DJe 20/05/2016.
5. AgRg no REsp 1043924/MS.
6. AgRg no REsp 1476567/MG.

Funda-se essa conclusão na qualidade de leis especial do Estatuto da Criança e do Adolescente (8.069/90), frente à legislação previdenciária.[7]

A matéria chegou ao STF na tentativa de pacificar o assunto. A PGR ajuizou a ADI 4878 que objetiva dar interpretação conforme à Constituição para o artigo 16 da Lei n. 8.213/1991. O órgão ministerial argumenta que tanto aqueles sob tutela quanto os que estão sob guarda devem usufruir dos benefícios previdenciários.

Em 2021 a ADI foi finalmente julgada para estender o benefício previdenciário a criança e adolescente em regime de guarda.[8]

Em 2024, o STJ analisou o tema para reafirmar a concessão dos efeitos previdenciários:

> 1. "A jurisprudência desta Corte se consolidou no sentido de que o menor sob guarda é tido como dependente, para todos os fins e efeitos de direito, inclusive previdenciários, consoante estabelece o § 3º do art. 33 do ECA" (REsp 2.026.425/MS, Relatora Ministra NANCY ANDRIGHI, TERCEIRA TURMA, julgado em 23/5/2023, DJe de 25/5/2023).
>
> 2. Em consonância com as diretrizes constitucionais de isonomia e de ampla e prioritária proteção à criança e ao adolescente, o menor sob a guarda judicial deve ser equiparado ao filho natural para todos os efeitos legais, inclusive fins de inclusão no plano de saúde do guardião, impondo-se à operadora a obrigação de inscrevê-lo como seu dependente natural, e não como agregado. Precedentes.
>
> 3. Agravo interno a que se nega provimento.
>
> (AgInt no REsp n. 1.677.584/SP, relator Ministro Raul Araújo, Quarta Turma, julgado em 20/5/2024, DJe de 4/6/2024.)

Principais características da guarda
- regularização jurídica de posse de fato; - implica o dever de assistência material, moral e educacional; - o guardião pode opor-se à vontade de terceiros, inclusive dos pais; - pode ser concedida em processo autônomo ou no bojo de processo de tutela ou adoção (exceto adoção estrangeira); - pode incluir direitos de representação para determinados atos; - concede benefícios previdenciários; - permite a visitação dos pais à criança ou ao adolescente, exceto guarda para adoção e determinação expressa em contrário; - não afasta o dever de prestar alimentos; - é revogável a qualquer tempo.

7. REsp 1411258/RS, Rel. Min. Napoleão Nunes Maia Filho, 1ª Seção, julgado em 11/10/2017.
8. ADI 4878, Relator Gilmar Mendes; rel. para acórdão Min. Edson Fachin, Tribunal Pleno, julgado em 08/06/2021.

> **▸ Como esse assunto foi cobrado em concurso?**
>
> **(Vunesp - Juiz de Direito - TJ - SP/2021)** A respeito do instituto da guarda, é correto afirmar que
>
> A) o detentor da guarda tem o direito de opor-se a terceiros, exceção feita aos pais da criança ou do adolescente.
>
> B) o deferimento da guarda da criança ou do adolescente a terceiros obsta, em qualquer circunstância, o direito de visita dos pais.
>
> C) o deferimento da guarda da criança ou do adolescente a terceiros faz cessar o dever alimentar por parte dos genitores.
>
> D) o detentor da guarda tem o direito de opor-se a terceiros, inclusive aos pais da criança e do adolescente.
>
> *Gabarito: letra D.*

4. TUTELA

A segunda modalidade de colocação da criança ou adolescente em família substituta é a tutela. Através da tutela, uma pessoa maior assume o dever de prestar assistência material, moral e educacional a criança ou adolescente que não esteja sob o poder familiar de seus pais, bem como de lhe administrar os bens. É cabível quando ambos os pais **falecem** ou são declarados **ausentes** ou, ainda, se forem **destituídos** do poder familiar. O Código Civil disciplina longamente o instituto da tutela em seus artigos 1.728 a 1.766.

Por se tratar de um substitutivo do poder familiar, a tutela contém os poderes de assistência e representação da criança ou do adolescente para os atos da vida civil.

Cessa a tutela quando o adolescente alcança a maioridade, aos 18 anos (art. 36), ou se é concedido o poder familiar, seja através de adoção ou do reconhecimento da filiação ou, ainda, com o fim da suspensão do poder familiar.

Conforme esclarece a doutrina de Caio Mario da Silva Pereira:

> A tutela consiste no encargo ou *múnus* conferidos a alguém para que dirija a pessoa e administre os bens de menores de idade que não incide no poder familiar do pai ou da mãe. Este, normalmente, incorre na tutela, quando os pais são falecidos ou ausentes, ou decaíram da *patria potestas* (art. 1.728 - CC). Falecendo um dos pais, o poder parental concentra-se no outro, ainda que este venha a contrair novas núpcias. Falecendo ambos, ou sendo declarados ausentes, os filhos menores são postos em tutela. Igualmente incide na tutela o filho que não atingiu a maioridade, se os pais decaírem do poder familiar.[9]

9. PEREIRA, Caio Mário da Silva. *Instituições de Direito Civil.* Atualizado por Tânia da Silva Pereira. Rio de Janeiro: Forense, 2004, p. 443.

Diferentemente da guarda, é **pressuposto** para a concessão de tutela que seja decretada a **perda ou suspensão do poder familiar** (art. 36, p.ú.). Naturalmente, se os pais já são falecidos, não há necessidade de se cumular o pedido de decretação da perda do poder familiar na demanda em que se objetiva a concessão de tutela.

A indicação do tutor pode decorrer de declaração de vontade manifestada pelos pais, através de testamento ou outro documento idôneo (art. 37; CC, 1.729). No entanto, sua nomeação será apreciada pela autoridade judiciária à luz do melhor interesse da criança ou adolescente. Se houver pessoa em melhores condições de cuidar dos interesses da criança ou adolescente do que aquela indicada pelos pais, fica afastada a disposição de última vontade (art. 37, p.ú.).

Embora o Estatuto não faça previsão expressa, através da tutela, a criança ou adolescente obtém direitos previdenciários ligados a seu tutor, conforme expressamente prevê o art. 16, § 2º, da Lei nº 8.213/91.

Principais características da tutela
- cabível quando o poder familiar dos pais esteja suspenso ou extinto; - inclui os deveres decorrentes da guarda (assistência material, moral e educacional), bem como o de administrar os bens do tutelado; - cessa com a maioridade ou com a formação de novo poder familiar, decorrente de adoção ou reconhecimento do estado de filiação, ou do restabelecimento do poder familiar suspenso; - o tutor pode ser nomeado pelos pais, mas deve atender ao princípio do melhor interesse da criança ou adolescente.

▸ **Como esse assunto foi cobrado em concurso?**

Instituto Consulplan – 2024 – MP/SC – Promotor

Nos termos da Lei nº 8.069/1990 e da jurisprudência do STJ, julgue o item a seguir.

O tutor nomeado por testamento, deverá, no prazo de trinta dias após a abertura da sucessão, ingressar com pedido destinado ao controle judicial do ato, somente sendo deferida a tutela à pessoa indicada na disposição de última vontade, se restar comprovado que a medida é vantajosa ao tutelando e que não existe outra pessoa em melhores condições de assumi-la.

Gabarito: o item está certo.

5. ADOÇÃO

A adoção é a mais nobre das formas de colocação em família substituta. Trata-se de instituto jurídico milenar, através do qual uma pessoa recebe outra como seu filho. É um ato de desprendimento, uma demonstração de carinho e solidariedade, com reflexos sociais monumentais. Aquele que abre seu lar para receber dentro de sua família pessoa com quem não tem laços familiares biológicos demonstra grande altruísmo e amor – ao menos, é assim que deve ser encarada a adoção, como um ato fundado em interesses legítimos do adotante que objetiva proporcionar tudo de melhor que esteja ao seu alcance para o adotado (art. 43).

Nas palavras de Galdino Augusto Coelho Bordallo:

> Através da adoção será exercida a paternidade em sua forma mais ampla, a paternidade do afeto, do amor. A paternidade escolhida, que nas palavras de Rodrigo da Cunha Pereira, é a verdadeira paternidade, pois a paternidade adotiva está ligada à função, escolha, enfim, ao desejo. Só uma pessoa verdadeiramente amadurecida terá condições de adotar, de fazer esta escolha, de ter um filho do coração.
>
> Quando se fala em adoção pensa-se sempre naquelas pessoas que, em busca de um filho escolhem uma criança que preenche suas expectativas e a levam para casa, complementando, assim, a família. Na maioria dos casos, dá-se o contrário, pois a escolha não é realizada pelos adultos, mas pela criança/adolescente. É este quem escolhe a família, em um processo onde não entra nenhum outro ingrediente que não seja o amor e a vontade de ser feliz.[10]

Devido à sua importância social, a disciplina do Estatuto acerca da adoção é mais ampla e minuciosa. Em 2009, foi promulgada a Lei nº 12.010, que deu nova disciplina à adoção, mormente a internacional, nos moldes da Convenção de Haia, da qual o Brasil é signatário. Mais recentemente, a Lei n. 13.509/2017 modificou alguns dispositivos do Estatuto com o objetivo de acelerar o processo e ampliar o número de adoções.

5.1. Classificação

Toda adoção gera os mesmos efeitos, pois se trata de um **ato jurídico em sentido estrito**, cujas consequências estão previstas legalmente – como direito ao nome, à herança, à formação do vínculo irrevogável etc. Entretanto, é possível classificar a adoção, de acordo com as características dos adotantes.

5.1.1. *Adoção conjunta*

É a hipótese em que o **casal** se apresenta como postulante à adoção de uma criança ou adolescente com a qual nenhum deles possui qualquer vínculo – também chamada de **adoção bilateral**. Para tanto, o Estatuto exige que ambos estejam casados ou mantenham união estável, com a devida comprovação

10. BORDALLO, Galdino Augusto Coelho. Adoção. In: MACIEL, Katia Regina Ferreira Lobo Andrade. op. cit., p. 197.

da estabilidade da família (art. 42, § 2º). Excepcionalmente, é possível que o ex-casal, já divorciado ou que já não viva em união estável, realize a adoção conjunta, desde que:

Requisitos para adoção conjunta por casal já divorciado ou que já não vive em união estável
(i) haja prévio acordo sobre a guarda (ou a fixação de guarda compartilhada) e o regime de visitação;
(ii) o estágio de convivência com o adotando tenha-se iniciado no período em que estavam juntos; e
(iii) fique comprovada a existência de vínculos de afinidade e afetividade com quem não detenha a guarda. Em suma, a adoção conjunta por ex-casal deve indicar que essa é a medida que atende plenamente ao melhor interesse do adotando.

Sobre o requisito do Estatuto a respeito do regime de guarda e visitação do ex-casal, vale lembrar que o Código Civil dá maior relevo à utilização da guarda compartilhada para o exercício do poder familiar (art. 1.584, § 2º).

5.1.2. *Adoção unilateral*

Ocorre quando um cônjuge ou companheiro **adota o filho do outro** (art. 41, § 1º). Exemplo: homem, após casar-se com mulher que já tinha filha, adota a criança. Nesse caso, **subsistem os vínculos de filiação** entre a adotada e a cônjuge ou companheira do adotante (no exemplo, o homem adota, mas a criança não perde o vínculo de filiação com sua mãe) e formam-se novos vínculos com o adotante.

5.1.3. *Adoção póstuma*

O Estatuto traz a possibilidade expressa de que a **adoção** seja levada a efeito **ainda que o adotante venha a falecer** no curso do procedimento (art. 42, § 6º). O requisito para o deferimento da adoção póstuma é que tenha havido a manifestação inequívoca da vontade de adotar.

Quanto aos requisitos, o Superior Tribunal de Justiça consolidou o entendimento de que devem estar presentes os **mesmos requisitos da filiação socioafetiva**, ou seja, o tratamento como se filho fosse.[11]

Paulatinamente, o STJ tem alargado a aplicação da adoção póstuma para admitir também a propositura de ações *post mortem*, ou seja, a ação de adoção é proposta mesmo com o **adotante já falecido**.[12] O requisito é o mesmo, a inequívoca vontade de adotar, o tratamento de filho.[13]

---

11. REsp 1500999/RJ, Rel. Min. Ricardo Villas Bôas Cueva, 3ª Turma, DJe 19/04/2016.
12. AgInt no REsp 1520454/RS, Rel. Min. Lázaro Guimarães (Des. convocado do TRF-5), 4ª Turma, DJe 16/04/2018.
13. AgInt no REsp 1667105/RJ, Rel. Min. Ricardo Villas Bôas Cueva, 3ª Turma, julgado em 14/10/2019, DJe 17/10/2019.

▸ Como esse assunto foi cobrado em concurso?

FGV - 2024 - TJ/SC - Juiz

Beatriz e Lauro são habilitados à adoção e iniciam a aproximação com duas crianças destituídas do poder familiar por sentença transitada em julgado que se encontram em acolhimento institucional, Kayla, de 5 anos, e Brayan, de 7 anos. O casal propõe ação de adoção, sendo exitoso o estágio de convivência. Nos estudos técnicos realizados pela equipe do juízo, Beatriz e Lauro reafirmam o desejo de adotar os irmãos, restando comprovado o forte vínculo afetivo estabelecido entre as crianças e os requerentes. O magistrado designa audiência de instrução e julgamento, sendo informado de que Lauro faleceu em razão de um infarto.

Considerando o disposto na Lei nº 8.069/1990 (ECA), é correto afirmar que:

A - em razão do falecimento do requerente antes de prolatada a sentença, o pedido deverá ser julgado procedente apenas em relação à Beatriz;

B - a alteração da situação fática decorrente do falecimento de Lauro exigirá a realização de novos estudos técnicos e a renovação da habilitação à adoção requerida por Beatriz;

C - o falecimento do requerente tem como efeito prático o reinício do estágio de convivência, por expressa previsão legal e pelo prazo de até noventa dias;

D - o pedido poderá ser julgado procedente em relação a ambos os requerentes, diante da inequívoca manifestação da vontade de Lauro de adotar as crianças;

E - verifica-se a ocorrência da impossibilidade jurídica do pedido de adoção formulado por requerente que vem a falecer no curso do processo, sendo nula eventual sentença de procedência.

Gabarito: letra D.

5.1.4. Adoção intuitu personae

É hipótese de adoção em que os pais biológicos influenciam diretamente na escolha da família substituta. A validade dessa modalidade de adoção levanta discussões acaloradas, pois são conhecidos casos em que a família substituta remunera os genitores pela adoção.

Há, porém, posição doutrinária favorável à adoção *intuitu personae*, ao argumento de que os pais biológicos têm o direito-dever de influir sobre o que lhes parece ser melhor para seu filho - ainda que isso signifique para eles a transferência do poder familiar.[14]

14. Nesse sentido: BORDALLO, Galdino Augusto Coelho. Adoção. In: MACIEL, Katia Regina Ferreira Lobo Andrade. op. cit., p. 252.

5.1.5. *Adoção internacional*

É aquela em que os **postulantes são domiciliados fora do Brasil**, independentemente da nacionalidade brasileira ou estrangeira (art. 51). Será estudada mais à frente.

5.1.6. *Adoção à brasileira*

A expressão adoção à brasileira é bem popular e utilizada na linguagem cotidiana fora do meio jurídico. Trata-se daquela situação em que uma pessoa registra filho alheio como próprio. Do ponto de vista jurídico, esta não é uma modalidade legítima de adoção. Pelo contrário, é ato tipificado criminalmente no artigo 242 do Código Penal: *"Dar parto alheio como próprio; registrar como seu o filho de outrem; ocultar recém-nascido ou substituí-lo, suprimindo ou alterando direito inerente ao estado civil: Pena – reclusão, de dois a seis anos."*

Embora teoricamente este registro seja nulo, por decorrer de declaração falsa, a doutrina e jurisprudência mais modernas consideram este vínculo irrevogável, por ser fruto de **paternidade socioafetiva**. Como já dissemos anteriormente, o traço mais forte da formação de uma família é o **afeto**.

Há um importante precedente do Superior Tribunal de Justiça a respeito da matéria.[15] Sugere-se que o leitor busque o inteiro teor desse julgado, pois o voto condutor traz em si uma aula de direito, cidadania e afeto.

De qualquer forma, em provas objetivas, prevalece a letra da lei, no sentido de que há prática de crime.

Por outro lado, o STJ decidiu que não cabe ação civil pública com peido de danos morais coletivos contra casal que pratica a adoção à brasileira:

> 1. A controvérsia está relacionada com a definição da existência de interesse processual do Ministério Público na propositura de ação civil pública com pedido de indenização por dano moral coletivo e dano social contra casal que teria tentado realizar "adoção à brasileira", em detrimento do procedimento previsto no Sistema Nacional de Adoção.
>
> 2. A legitimidade do Ministério Público para a propositura de ação civil pública na defesa de interesses de criança e adolescente está disposta nos arts. 201, V, do Estatuto da Criança e do Adolescente e 5º, I, da Lei nº 7.347/1985. Precedentes.
>
> 3. A adoção direta, "à brasileira" ou "intuitu personae" vai de encontro aos interesses protegidos pelo Sistema Nacional de adoção e não pode ser incentivada, aceita ou convalidada. No entanto, o ajuizamento de ações civis públicas em casos como o presente não preenche os requisitos da utilidade e adequação para a finalidade almejada.

15. REsp 1000356/SP, Rel. Min. Nancy Andrighi, 3ª Turma, julgado em 25/05/2010.

4. O Superior Tribunal de Justiça reconhece danos de natureza social. Na hipótese, no entanto, mesmo em um juízo de cognição voltado à análise da presença das condições da ação, mais especificamente do interesse processual, o objetivo punitivo e preventivo da responsabilidade civil deve receber concretude mínima.

Da mesma forma, para a configuração do dano moral coletivo é preciso reconhecer conduta de razoável significância.

5. Ainda que evidente a necessidade de políticas públicas voltadas à conscientização da população acerca do procedimento para a adoção, diante das circunstâncias fáticas apresentadas no presente caso, em especial a conjuntura de que os recorrentes constavam da lista do cadastro nacional e que a criança não permaneceu sob sua guarda, ausente interesse processual que justifique a ação civil pública.

6. Recurso especial provido para reconhecer a carência de ação por falta de interesse processual, com a consequente extinção do processo sem resolução do mérito.

(REsp n. 2.126.256/SC, relatora Ministra Nancy Andrighi, relator para acórdão Ministro Ricardo Villas Bôas Cueva, Terceira Turma, julgado em 21/5/2024, DJe de 10/6/2024.)

▸ **Como esse assunto foi cobrado em concurso?**

(FGV – Juiz de Direito – TJ – ES/2023) Jennifer e seu companheiro Cristian fazem uso abusivo de substâncias entorpecentes e foram destituídos do poder familiar de seu primeiro filho, tendo em vista graves violações dos deveres inerentes ao poder familiar. Jennifer dá à luz a seu segundo filho e Henrique, seu amigo de infância, não habilitado à adoção, apresenta-se no cartório de RCPN como pai da criança e a registra, juntamente com Jennifer, em seu nome, mesmo ciente de que o genitor biológico da criança é Cristian, que não se opõe ao ato praticado. Jennifer e Cristian vivem em situação de rua e não têm condições de cuidar do filho recém-nascido. Após alta hospitalar, a criança, com 5 dias de vida, é entregue a Henrique, que a leva para a sua casa, onde reside com a sua esposa. Os fatos são noticiados pelo Conselho Tutelar ao Ministério Público. Considerando o disposto na Lei nº 8.069/1990 (ECA), é correto afirmar que:

A) inexiste irregularidade no ato praticado por Henrique, que poderia adotar o filho de Jennifer independentemente de habilitação à adoção, em razão dos vínculos de afinidade e afetividade existentes entre eles;

B) houve adoção consensual da criança por Henrique, tendo em vista a anuência de Jennifer e de Cristian com o registro em cartório da criança;

C) em razão do registro de nascimento realizado por Henrique, caberá a sua habilitação à adoção a posteriori, a fim de regularizar a adoção consensual da criança;

D) Henrique praticou crime e o juiz da Infância e Juventude poderá determinar a busca e apreensão da criança recém-nascida;

E) considerando a boa-fé de Henrique, o juiz da Infância e juventude poderá declarar a paternidade socioafetiva, regularizando a situação do recém-nascido.

Gabarito: letra D.

Em 2022, o STJ analisou situação em que a crise do Covid-19 levou à manutenção de criança em família substituta que aparentava buscar adoção à brasileira. Apesar da irregularidade da situação, o STJ entendeu adequada a permanência da criança fora da institucional de acolhimento, pelo risco à sua saúde. O destaque do julgado foi o seguinte: *"O risco real de contaminação pelo coronavírus (covid-19) em casa de abrigo justifica a manutenção de criança de tenra idade com a família substituta, apesar da suposta irregularidade/ilegalidade dos meios empregados para a obtenção da guarda da infante."*[16]

Classificação de adoção
- adoção conjunta
- adoção unilateral
- adoção póstuma
- adoção *intuitu personae*
- adoção internacional
- adoção à brasileira

5.2. Principais características

5.2.1. Excepcionalidade da medida

Forte na diretriz de que a criança ou adolescente deve ser criada preferencialmente por sua família natural, o Estatuto declara que a adoção é *"medida* **excepcional** *e irrevogável, à qual se deve recorrer apenas quando esgotados os recursos de manutenção da criança ou adolescente na família natural ou extensa"* (art. 39, § 1º). Isso significa que primeiro devem ser envidados esforços para que a família natural ou extensa permaneça unida, para somente depois se cogitar a hipótese de colocação em família substituta.

5.2.2. Vínculos decorrentes da adoção

A adoção é **irrevogável** (art. 39, § 1º), de modo que o pai que adota não pode posteriormente voltar atrás e pretender encerrar o vínculo de filiação. Através da adoção, **extingue-se o vínculo** do adotando com sua **família biológica** e forma-se um novo com a família do adotante. O único resquício que **subsiste** do vínculo anterior é quanto aos **impedimentos matrimoniais**, por

16. STJ, Informativo 732/2022.

razões eugênicas (art. 41). Ainda que os pais adotivos faleçam e estejam vivos os biológicos, **o vínculo da adoção não se desfaz**, nem se restabelece o anterior (art. 49).

O STJ analisou situação bastante marcante em que um dos pretendentes à adoção conjunta quis desistir da ação de adoção. A questão estava em saber se era possível tal desistência no curso do processo. O entendimento do STJ foi de que é possível a desistência, sem prejuízo de eventual reparação por danos morais e materiais decorrentes da desistência.[17]

Em 2021 o STJ voltou a discutir a possibilidade de revogação da adoção, agora sob o prisma do adotado. A discussão girava em torno de ação rescisória da sentença de adoção, ao argumento de que o adotando não desejava verdadeiramente ser adotado. A Corte acolheu a possibilidade de revogação do vínculo de forma excepcional.[18]

Em 2022, a Corte analisou situação muito interessante. Tratou-se de pedido de adoção formulado pela mãe biológica de filha que fora adotada anteriormente. Como o passar dos anos a filha e a mãe biológica se aproximaram e desenvolveram laços fortes, o que levou ao desejo de formação do vínculo, o que contou inclusive com o consentimento dos pais adotivos. O STJ entendeu juridicamente possível o pedido.[19]

> ▸ **Como esse assunto foi cobrado em concurso?**
> **(Promotor de Justiça - MP-AP - 2021 - Cespe - adaptada)** Julgue os itens a seguir, de acordo com a jurisprudência do STJ e com os dispositivos do Estatuto da Criança e Adolescente (ECA) que versam acerca da adoção.
>
> IV. A irrevogabilidade da adoção não é regra absoluta, podendo ser afastada quando a manutenção da medida não apresentar reais vantagens para o adotado, tampouco for apta a satisfazer aos princípios da proteção integral e do melhor interesse da criança e do adolescente.
>
> *Gabarito: o item está certo.*

5.2.3. Natureza jurídica

É **ato jurídico em sentido estrito**. Tal como já afirmado acerca do reconhecimento de filho, a adoção é ato jurídico que não pode ter seus efeitos modulados - não é, pois, negócio jurídico. Aquele que adota não pode negar ao adotado direito ao sobrenome ou direitos sucessórios. À luz do Código Civil de 1916, havia distinção entre adoção simples e adoção plena. Com o advento da

17. REsp 1849530/DF, Rel. Min. Nancy Andrighi, 3ª Turma, julgado em 03/11/2020.
18. REsp 1892782/PR, Rel. Min. Nancy Andrighi, 3ª Turma, julgado em 06/04/2021, DJe 15/04/2021.
19. STJ, Informativo 754/2022.

Constituição da República, ficou proibida qualquer distinção entre filhos, sejam fruto de relação de casamento ou outra forma de relacionamento, sejam por adoção (art. 227, § 6º). Portanto, a adoção é sempre plena, com efeitos jurídicos expressamente previstos.

5.2.4. *Idades do adotante e do adotando*

A pessoa que pretende **adotar** deve contar **18 anos completos** (art. 42). Não importa se é casada, solteira ou vive em união estável. Além disso, é preciso que o adotante seja, pelo menos, 16 anos mais velho do que a criança ou adolescente a ser adotado (art. 42, § 3º).

Por sua vez, o adotando deve contar, no máximo, 18 anos para que a adoção seja feita nos termos do Estatuto, perante a Justiça da Infância e Juventude, salvo se já estiver sob guarda ou tutela dos adotantes (art. 40). Caso o adotando seja maior de idade e não esteja sob guarda ou tutela, a demanda será processada perante o juízo de família para que seja proferida sentença constitutiva do vínculo, com aplicação do Estatuto no que couber (CC, art. 1.619).

O STJ já autorizou a flexibilização da diferença de anos entre adotante e adotado. Em casos examinados em 2019[20] e 2020[21], com base no princípio da socioafetividade, a Corte autorizou a adoção. O tema voltou à pauta em 2021, mais uma vez com manifestação favorável à flexibilidade da diferença de idade.[22]

5.2.5. *Judicialização da adoção*

Pelo regramento do antigo Código Civil de 1916, a adoção de pessoas maiores poderia ser realizada extrajudicialmente, em cartório. O regramento do novo Código Civil judicializou todos os processos de adoção. Em outras palavras, todos os processos de adoção devem passar pelo crivo do Judiciário, mesmo os de maiores de 18 anos (art. 1.619).

5.2.6. *Prioridade de tramitação dos processos de adoção*

De acordo com o § 9º do artigo 47, devem tramitar com prioridade processos de adoção de criança ou adolescente com deficiência ou com doença crônica. O objetivo do legislador é acelerar tais procedimentos em atenção à peculiar situação dessas crianças e adolescentes. A adoção é a criação de um laço jurídico importantíssimo, o de pai/mãe com seu filho. Crianças e adolescentes com deficiência ou com doenças crônicas inegavelmente estão em

---

20. REsp 1785754/RS, Rel. Min. Ricardo Villas Bôas Cueva, 3ª Turma, julgado em 08/10/2019, DJe 11/10/2019.
21. REsp 1717167/DF, Rel. Min. Luis Felipe Salomão, 4ª Turma, julgado em 11/02/2020.
22. REsp 1338616/DF, Rel. Min. Marco Buzzi, 4ª Turma, julgado em 15/06/2021.

situação de maior fragilidade, o que demanda atenção extra. Daí a imposição legal de prioridade de tramitação processual.

5.2.7. *Prevalência dos interesses do adotando*

O § 3º ao artigo 39 explicita uma diretriz que já está subjacente a tudo que envolve crianças e adolescentes. O Estatuto tem como pilar a proteção integral (art. 1º), o que significa que a aplicação de seus institutos e mecanismos deve ser voltada a atender direitos infantojuvenis. Essa lógica aparece no tema da colocação em família substituta a partir do princípio do melhor interesse da criança e do adolescente, que orienta o aplicador da norma a buscar a melhor solução à luz da satisfação dos direitos infantojuvenis. Essa matriz principiológica aparece agora de forma explícita no § 3º, ao prever que os interesses do adotando se sobrepõem aos de outras pessoas. Não poderia mesmo ser diferente.

5.2.8. *Prazo de conclusão do processo de adoção*

Por sua vez, o § 10 do artigo 47 estabelece prazo de duração limite nos processos de adoção. De acordo com o dispositivo, o processo deve ser concluído em **120 dias**, prazo **prorrogável** uma única vez. Embora o objetivo seja o de destacar a importância desse procedimento, o dispositivo é uma exortação ao trabalho célere, mas não é um pressuposto de validade do processo. Vale dizer, se o prazo foi descumprido, se a sentença for proferida após o prazo, ainda assim a adoção será válida

PRINCIPAIS CARACTERÍSTICAS DA ADOÇÃO
– medida excepcional, cabível apenas quando superadas as tentativas de permanência da criança ou do adolescente no seio de sua família natural ou extensa;
– a adoção é irrevogável;
– a adoção faz cessar os vínculos com os pais biológicos, exceto os impedimentos matrimoniais; ainda que ocorra o falecimento dos adotantes, os vínculos com os pais biológicos não se restabelecem;
– natureza jurídica de ato jurídico em sentido estrito;
– o adotante deve ter, no mínimo, 18 anos de idade e ser 16 anos mais velho do que o adotante;
– o adotando deve ter, no máximo, 18 anos de idade, salvo se já estiver sob guarda ou tutela;
– toda adoção deve passar pelo crivo do Judiciário, ainda que o adotando seja maior;
– os processos de adoção que envolvam criança ou adolescente com deficiência ou doença crônica têm prioridade de tramitação;
– os interesses do adotando devem sempre ser priorizados; e
– o processo de adoção deve ser concluído em 120 dias, prorrogável uma única vez.

5.3. Vedações

O Estatuto prevê algumas objeções à realização da adoção.

5.3.1. Vedação à adoção por procuração

Em razão da importância do instituto da adoção, **veda**-se que o ato seja realizado por **procuração** (art. 39, § 2º). É preciso que o juiz receba as partes em audiência e perceba sua verdadeira intenção de adotar, ou seja, os motivos do adotante devem ser legítimos (art. 43), fundados em amor e dedicação, não em interesses econômicos ou escusos.

5.3.2. Vedação à adoção por ascendentes e irmãos

O § 1º do artigo 42 **veda** a adoção por **ascendentes** e **irmãos**. O objetivo é evitar a modificação abrupta nos vínculos familiares. Entendeu o legislador que seria por demais complicado para o desenvolvimento sadio da criança ou adolescente que o irmão se tornasse seu pai, por exemplo.

Há alguns precedentes **absolutamente excepcionais** em que o STJ autorizou a adoção de uma criança por seus avós. A Corte afastou a vedação do Estatuto ao argumento de que a genitora engravidou aos 8 anos de idade vítima de violência sexual, de modo que mãe e filha cresceram como irmãs.[23] A formação de vínculos de paternidade socioafetiva serviu de linha condutora do acórdão do STJ, tendo-se estabelecidos os seguintes requisitos para adoção avoenga[24]:

(i) o pretenso adotando seja menor de idade;

(ii) os avós (pretensos adotantes) exerçam, com exclusividade, as funções de mãe e pai do neto desde o seu nascimento;

(iii) a parentalidade socioafetiva tenha sido devidamente atestada por estudo psicossocial;

(iv) o adotando reconheça os adotantes como seus genitores e seu pai (ou sua mãe) como irmão;

(v) inexista conflito familiar a respeito da adoção;

(vi) não se constate perigo de confusão mental e emocional a ser gerada no adotando;

(vii) não se funde a pretensão de adoção em motivos ilegítimos, a exemplo da predominância de interesses econômicos; e

23. REsp 1448969/SC, Rel. Min. Moura Ribeiro, 3ª Turma, DJe 03/11/2014.
24. REsp 1587477/SC, Rel. Min. Luís Felipe Salomão, 4ª Turma, julgado em 10/03/2020.

(viii) a adoção apresente reais vantagens para o adotando.

Mais recentemente o STJ voltou ao tema para considerar possível a filiação socioafetiva entre avôs e neto, diferenciando-a da adoção. Confira-se:

> 1. Ação declaratória de Filiação Socioafetiva Post Mortem c/c Retificação/Averbação de Registro Civil, da qual foi extraído o recurso especial, interposto em 3/3/2023 e concluso ao gabinete em 30/6/2023.
>
> 2. É indevida a aplicação da vedação contida no §1º do art. 42 do Estatuto da Criança e do Adolescente, considerando que não se trata de hipótese de adoção, mas de retificação de registro civil em razão de filiação socioafetiva que deve ser contemplada no documento público.
>
> 3. Trata-se de literal pedido de reconhecimento de filiação socioafetiva com consequente retificação do registro civil, formulado por neta maior de idade do casal falecido, inexistindo qualquer indício de vivência de situação de risco ou qualquer grau de vulnerabilidade que justifique a aplicação extensiva das regras protetivas do Estatuto da Criança e do Adolescente em matéria de adoção, sentido teleológico da regra do art. 42, §1º do Estatuto.
>
> 4. O cenário probatório dos autos descortina a existência de verdadeira filiação socioafetiva entre a autora e seus avós maternos, que desde tenra idade a criaram e educaram com filha, e não como neta, confirmado pelo depoimento das testemunhas ouvidas em audiência. Também de acordo com o cenário fático delimitado na origem, os filhos biológicos dos de cujus firmaram declarações de próprio punho para reconhecer a procedência da pretensão autoral, o que restou ignorado pelas instâncias inferiores.
>
> 5. O reconhecimento de filiação socioafetiva incide sobre a própria verdade real de um registro civil, retificando-o para que espelhe a fidedigna representação daquela relação de afeto e cuidado. O registro civil da demandante, aqui recorrente, deve espelhar a sua real identidade, expressão do seu próprio direito de personalidade e da dignidade da pessoa humana.
>
> 6. Tratar o reconhecimento jurídico da socioafetividade como sinônimo de "adoção" inviabilizaria toda a plenitude das relações sócio jurídicas daí derivadas, como a possibilidade do reconhecimento de relação de fraternidade/irmandade socioafetiva (REsp 1.674.372/SP).
>
> 7. Recurso especial conhecido e provido.
>
> (REsp n. 2.088.791/GO, relatora Ministra Nancy Andrighi, Terceira Turma, julgado em 17/9/2024, DJe de 20/9/2024.)

É importante destacar que a filiação socioafetiva não rompe os vínculos jurídicos com os pais biológicos, como se dá nos casos de adoção. Assim, a filiação socioafetiva se soma aos vínculos biológicos já existentes.

Quando a pretensão efetivamente é de adoção avoenga, o STJ segue uma linha bastante restritiva, nos termos dos requisitos apresentados acima. Confira-se notícia do Informativo n. 833/2024:

INFORMATIVO 833/2024

Destaque

O simples fato de o neto, concebido por inseminação artificial, coabitar residência com mãe e o avô materno e reconhecê-lo como pai, não é suficiente para afastar a proibição prevista no art. 42, § 1º, do ECA, que veda a adoção por avós.

Informações do Inteiro Teor

A Constituição Federal, em seu art. 226, § 4º, reconhece como entidade familiar a comunidade formada por qualquer um dos pais e seus descendentes, denominada família "monoparental", que deve ser prestigiada, mormente quando da escolha por essa modalidade de família por pessoa que opta pela realização de inseminação artificial.

Conquanto a regra do art. 42, § 1º, do Estatuto da Criança e do Adolescente – ECA, vede expressamente a adoção dos netos pelos avós, fato é que o referido dispositivo legal tem sofrido flexibilizações no STJ, sempre excepcionais, por razões humanitárias e sociais, bem como para preservar situações de fato consolidadas.

A Quarta Turma do STJ no julgamento do REsp 1.587.477/SC, publicado em 27/8/2020, fixou requisitos para a adoção avoenga: que "(i) o pretenso adotando seja menor de idade; (ii) os avós (pretensos adotantes) exerçam, com exclusividade, as funções de mãe e pai do neto desde o seu nascimento; (iii) a parentalidade socioafetiva tenha sido devidamente atestada por estudo psicossocial; (iv) o adotando reconheça os adotantes como seus genitores e seu pai (ou sua mãe) como irmão; (v) inexista conflito familiar a respeito da adoção; (vi) não se constate perigo de confusão mental e emocional a ser gerada no adotando; (vii) não se funde a pretensão de adoção em motivos ilegítimos, a exemplo da predominância de interesses econômicos; e (viii) a adoção apresente reais vantagens para o adotando".

Dessa forma, nos termos da jurisprudência do STJ, não é suficiente que a criança reconheça o avô como pai para superar o expresso óbice legal – em especial quando os demais requisitos para superação do art. 42, §1º no ECA estão ausentes. Ademais, no caso, se verifica que a mãe exerce plenamente a maternidade, sem qualquer óbice ou incapacidade, tendo inclusive desejado e planejado a gestação por técnica de reprodução assistida por inseminação artificial.

▸ Como esse assunto foi cobrado em concurso?

(Promotor de Justiça – MPE-AP – 2021 – Cespe – adaptada) Julgue os itens a seguir, de acordo com a jurisprudência do STJ e com os dispositivos do Estatuto da Criança e Adolescente (ECA) que versam acerca da adoção.

II. A vedação da adoção avoenga poderá ser mitigada, de forma excepcional, desde que, entre outras condições, o pretenso adotando seja menor de idade, os avós exerçam, com exclusividade, as funções de mãe e pai do neto desde o nascimento dele e a parentalidade sociafetiva seja devidamente atestada por estudo psicossocial.

Gabarito: o item está certo. Observação importante: a questão trata no enunciado expressamente da "jurisprudência do STJ"

Destaca-se que essas hipóteses são absolutamente excepcionais. No mais, o STJ é firme no entendimento de proibição por ascendentes.[25]

5.3.3. *Vedação à adoção decorrente de tutela ou curatela*

O Estatuto determina que o curador ou o tutor não pode adotar enquanto não for dada conta de sua administração (art. 44). O impedimento aqui é parcial, temporário. Como esclarece Munir Cury: *"Evidente que a norma em exame visa evitar que aquele, que tem por dever zelar pelo patrimônio de terceiro colocado sob sua tutela ou curatela, dilapide o patrimônio e, por via da adoção, tente legitimar seus atos ilícitos, mesmo porque irá adquirir a condição de pai e terá o direito da administração dos bens do filho (art. 1689 do Código Civil)."*[26]

Vedações à adoção	
É vedada	– Adoção por procuração; – Adoção da criança ou adolescente por seus ascendentes e irmãos; – Adoção do tutor ou curador enquanto não prestar contas de sua administração.

5.4. Peculiaridades

5.4.1. *Adoção por casal homoafetivo*

Muito já se discutiu sobre a possibilidade, ou não, da adoção de crianças e adolescentes por casais homoafetivos. Décadas atrás, por força de ideias preconceituosas e dogmas religiosos, ainda muito presentes em nosso Estado (laico!), proibia-se a adoção nessa hipótese. Argumentava-se que o ambiente de uma família formada por um casal homossexual era inadequado para a criança ou adolescente.

Hoje em dia, a despeito de ainda sofrerem com o preconceito, as conquistas dos direitos dos homossexuais são bastante visíveis. Essa matéria, inclusive, foi objeto de questionamento no Supremo Tribunal Federal em sede de controle de constitucionalidade. Na ADPF nº 132, a Corte decidiu que a **opção sexual não** pode ser **motivo** para qualquer tipo de **discriminação social**.

No que tange aos institutos afetos ao Estatuto da Criança e do Adolescente, percebe-se a consolidação dessas conquistas em relação à adoção. Atualmente, o Superior Tribunal de Justiça admite a adoção por casal homossexual. O que deve **orientar a decisão** do magistrado não é a orientação sexual dos pais, mas sim o **melhor interesse da criança**. Devidamente comprovados os laços afetivos de toda a família, a solução deve ser favorável à adoção.[27]

---

25. REsp 1796733/AM, Rel. Min. Ricardo Villas Bôas Cueva, Rel. p/ Acórdão Min. Paulo de Tarso Sanseverino, 3ª Turma, julgado em 27/08/2019.
26. CURY, Munir. op. cit., p. 207.
27. REsp 889.852-RS, Rel. Min. Luis Felipe Salomão, julgado em 27/4/2010, DJe 10/08/2010.

Na sociedade de hoje, não se pode admitir mais obstáculos oriundos de preconceitos ou de dogmas religiosos. Se o caso concreto demonstra que o princípio do melhor interesse da criança ou do adolescente será atendido com a adoção por casal homossexual, então esta é a solução a ser dada. Essa é a forma de materializar o princípio da isonomia para o casal homossexual, que tem o direito de postular a adoção de uma criança, tal e qual um casal formado por um homem e uma mulher.

Além disso, o princípio da dignidade da pessoa humana se concretiza nessa hipótese, pois não se faz da orientação sexual um obstáculo à realização e à satisfação de outros direitos. E aqui a questão pode ser vista tanto pelo lado dos adultos postulantes, que devem poder adotar, quanto pelo ângulo da criança a ser adotada, que deve ter o direito de crescer com a família com quem teve boa adaptação e desenvolveu fortes laços.

Essa mesma lógica trazida para a adoção por casal homoafetivo **vale para a adoção por uma única pessoa homoafetiva**. A adoção pode ser levada a efeito uma pessoa solteira, que deve passar pelo procedimento de habilitação (arts. 197-A a 197-F) e ser inserida no cadastro (art. 50). **O Estatuto não traz qualquer distinção** quanto a orientação sexual do postulante à adoção, tampouco se limita a adolescentes. A esse respeito, o STJ possui precedente expresso, no sentido de que não é possível qualquer limitação à adoção.[28]

Quanto a aspectos práticos da adoção por casal homoafetivo, o STJ já consolidou que o registro de nascimento pode ser elaborado com o nome de ambos, se essa for a vontade do casal.[29]

Em suma, despindo-se de preconceitos, basta aos operadores do direito (juiz, promotor, defensor público, assistente social) analisar a questão sob o foco do **afeto**, do **melhor interesse** e do **amor**.

> ▸ **Como esse assunto foi cobrado em concurso?**
>
> **(Promotor de Justiça - MP-RS - 2021 - MP-RS - adaptada)** Considerando o direito à Convivência Familiar, assinale com V (verdadeiro) ou com F (falso) as seguintes afirmações.
>
> ( ) As uniões estáveis homoafetivas, consideradas pela jurisprudência do STF como entidade familiar, conduziram à imperiosidade da interpretação reducionista do conceito de família como instituição que também se forma por vias distintas do casamento civil, tornando inviável a adoção por casais homoafetivos.
>
> *Gabarito: o item está errado.*

28. REsp 1540814/PR, Rel. Min. Ricardo Villas Boas Cueva, 3ª Turma, DJe 25/08/2015.
29. REsp 1333086/RO, Rel. Min. Ricardo Villas Bôas Cueva, 3ª Turma, DJe 15/10/2015.

5.4.2. *Adoção do nascituro*

Há divergência doutrinária sobre a possibilidade adoção do nascituro. Parcela da doutrina defende essa possibilidade, ao argumento de que o nascituro é ser humano, incluído no conceito de criança, pelo que pode ser sujeito de direitos.

Em sentido contrário, outros entendem ser absolutamente temerário conceder adoção em tal hipótese. Os primeiros obstáculos decorrem da própria letra normativa, pois o Estatuto exige, para a adoção, que haja estágio de convivência entre adotante e adotado, o que é biologicamente impossível em se tratando do nascituro. Por outro lado, o conceito legal de criança é a de pessoa com zero ano de idade até doze anos incompletos. **O nascituro não se encaixa nesse conceito**.

Por fim, a principiologia do Estatuto é toda voltada para a preservação da família natural. A gestação é justamente o período em que mãe e feto estão construindo seus laços de afeto e amor. Parece-nos de todo inadequado para o desenvolvimento sadio da relação mãe-filho que a gestação seja permeada por estudos sociais e audiências cujo objetivo é despojar a mãe de seu filho, que sequer veio ao mundo.

A melhor solução para o caso da mãe que, durante a gestação, manifesta interesse em entregar seu filho à adoção é dada pelo próprio Estatuto, que determina seu encaminhamento à assistência psicológica (art. 8º, § 5º).

5.4.3. *Dupla paternidade x adoção unilateral*

O STJ enfrentou discussão interessante sobre o tratamento jurídico adequado de caso em que o casal homoafetivo se valeu de reprodução assistida com o apoio da irmã de um deles. A discussão estava em saber se a hipótese era de adoção unilateral daquele que não forneceu o material genético ou se bastava tão somente a busca do registro da dupla paternidade. Prevaleceu o entendimento de que **não se tratava de adoção**, porque a doadora do material genético não chegou sequer a estabelecer vínculo com a criança.[30]

5.4.4. *Multiparenatalidade e efeitos sucessórios*

O STF já havia firmado tese em no sentido de que "a paternidade socioafetiva, declarada ou não em registro público, não impede o reconhecimento do vínculo de filiação concomitante baseado na origem biológica, com os efeitos jurídicos próprios".[31]

---

30. REsp 1608005/SC, Rel. Min. Paulo de Tarso Sanseverino, 3ª Turma, julgado em 14/05/2019.
31. RE 898060, Relator: LUIZ FUX, Tribunal Pleno, julgado em 21/09/2016.

Em 2021, o STJ utilizou essa orientação para reformar julgado do TJ-MG, no qual a paternidade socioafetiva havia sido concedida com duas peculiaridades: (i) a certidão de nascimento indicava 'pai socioafetivo'; (ii) não foram concedidos efeitos patrimoniais e sucessórios.

No entender do STJ, o tratamento deve ser equivalente e pleno, sem restrições.[32]

▸ **Como esse assunto foi cobrado em concurso?**

(Promotor de Justiça - MP-RS - 2021 - MP-RS - adaptada) Considerando o direito à Convivência Familiar, assinale com V (verdadeiro) ou com F (falso) as seguintes afirmações.

( ) De acordo com o STF, a paternidade responsável, enunciada expressamente no art. 226, § 7º, da Constituição Federal, na perspectiva da dignidade humana e da busca pela felicidade, impõe o acolhimento, no espectro legal, tanto dos vínculos de filiação construídos pela relação afetiva entre os envolvidos, quanto daqueles originados da ascendência biológica, sem que seja necessário decidir entre um ou outro vínculo quando o melhor interesse do descendente for o reconhecimento jurídico de ambos.

Gabarito: o item está certo.

5.5. Requisitos

5.5.1. *Consentimento dos pais e do adolescente*

Para que seja realizada a adoção, é preciso que os pais biológicos deem seu consentimento (art. 45), pois o vínculo entre eles e a criança ou o adolescente será extinto. Naturalmente, fica dispensado o consentimento no caso de pais desconhecidos ou que já tenham sido destituídos do poder familiar (§ 1º).

Questão interessante está em observar o que se passa no caso da adoção daquele que já possui mais de 18 anos. Nos termos do artigo 1.630 do Código Civil, o poder familiar se extingue com a maioridade. Isso significa que, na adoção de pessoa maior, não há poder familiar a ser extinto pelo processo de adoção; logo, o consentimento dos pais biológicos fica dispensado. Esse é o entendimento do STJ a respeito do tema.[33]

Além do disposto no artigo 45, é preciso observar o quanto disposto no artigo 166 do Estatuto, que também trata do consentimento dos pais. O § 1º desse dispositivo determina que **os pais devem ser ouvidos** pela autoridade judiciária e pelo representante do Ministério Público, e seu consentimento deve ser precedido de informações claras prestadas pela equipe interprofissional da

32. REsp 1487596/MG, Rel. Min. Antonio Carlos Ferreira, 4ª Turma, julgado em 28/09/2021.
33. REsp 1444747/DF, Rel. Min. Ricardo Villas Bôas Cueva, 3ª Turma, DJe 23/03/2015.

Justiça da Infância e da Juventude, especialmente sobre a irrevogabilidade da adoção (§ 2º).

Por sua vez, caso o adotando seja **adolescente** (12 anos completos), o seu **consentimento** também é exigido para a realização da adoção (art. 45, § 2º).

5.5.2. *Estágio de convivência*

Como forma de preparação para a formação do vínculo definitivo da adoção, o Estatuto prevê que as partes, adotante e adotando, devem passar por um período de convivência (art. 46), que será acompanhado e relatado pela equipe interprofissional do Juizado da Infância e da Juventude (§ 4º). Até a edição da Lei n. 13.509/2017, o período de duração do estágio de convivência era determinado pelo juiz. A nova lei estabeleceu o limite de 90 dias (art. 46, *caput*); esse prazo pode ser prorrogado por igual período por decisão judicial fundamentada (2ª-A).

Caso o adotando já esteja sob guarda (concedida pelo juiz, não guarda de fato) ou tutela dos adotantes por tempo suficiente para se proceder à avaliação da relação familiar, o período do estágio pode ser dispensado (§ 1º). A simples **guarda de fato não dispensa o período de estágio**.

Em caso de adoção internacional, o estágio de convivência é de, no mínimo, 30 e no máximo de 45 dias, prorrogável uma vez por igual período. Ao final do estágio de convivência, a equipe interprofissional emite laudo sobre a adequação ou não do deferimento da adoção (art. 3º-A). O § 5º do artigo 46 estabelece que o estágio de convivência deve ser cumprido obrigatoriamente no território nacional e preferencialmente na comarca de residência do adotando ou em cidade limítrofe, mantida a competência do juízo de residência.

> ▸ **Como esse assunto foi cobrado em concurso?**
>
> **(Promotor de Justiça - MP-SC - 2021 - Cespe)** A respeito da adoção, julgue os itens a seguir, com base no Estatuto da Criança e do Adolescente e na jurisprudência do STJ.
>
> A mera guarda de fato é suficiente para estabelecer a dispensa de estágio de convivência com a criança ou o adolescente.
>
> *Gabarito: o item está errado.*

5.6. Cadastros

Para organizar e sistematizar quem são os postulantes à adoção e as crianças e adolescentes em condições de serem adotados, o Estatuto disciplina a criação de cadastros, ou seja, listagens de pessoas em âmbito local, estadual e nacional.

O primeiro passo é a elaboração de **cadastros** de **crianças e adolescentes em condições de serem adotados** e de **pessoas interessadas em adotar** no âmbito da comarca ou foro regional (art. 50). A partir desses cadastros locais, devem ser implementadas outras listagens em âmbito estadual e nacional, com o objetivo de aumentar as chances de adoção (§ 5°). A Lei n. 14.979/2024 modificou a redação do § 5º do artigo 50 para reforçar que os órgãos do Poder Judiciário devem obrigatoriamente consultar os cadastros em qualquer procedimento de adoções – excetuadas as hipóteses de adoção fora do cadastro, conforme explicitado abaixo, e de crianças indígenas e quilombolas, cujo regramento é próprio (art. 28, § 6º). Para isso, autoridades federais e estaduais que lidam com a matéria terão acesso a esses cadastros regionais, de modo a permitir a troca de informações e a cooperação mútua (§ 7°).

O cadastro nacional de adoção é administrado pelo Conselho Nacional de Justiça, cuja regulação atualmente vigente é a da Resolução n. 289/2019.

Além de buscar aumentar as chances de êxito na localização de pessoas aptas à adoção, os cadastros acarretam também importante efeito moralizador nas "filas" de adoções, como explica Munir Cury:

> As exigências de prévia habilitação, assim como da instituição dos cadastros de pessoas e casais interessados em adoção, visam a *moralizar* o instituto da adoção, tornando *obrigatória* a definição de *critérios* o quanto possível *objetivos* para o chamamento dos interessados, sempre que constatada a existência de crianças ou adolescentes em condições de serem adotados. Os referidos critérios deverão ser informados aos pretendentes à adoção, desde quando de sua habilitação, o mesmo se podendo dizer acerca do *número de pessoas ou casais já habilitados na Comarca*. No mesmo diapasão, sem prejuízo do *sigilo* quanto à identidade das pessoas ou casais cadastrados que são chamados a adotar (cujos nomes podem ser omitidos), é perfeitamente possível – e de todo recomendável, inclusive como forma de dar *transparência* à atuação da Justiça da Infância e da Juventude – que *todos* sejam informados do *número de adoções realizadas num determinado período* (trimestre, semestre ou ano, a depender do número de casos existentes na comarca), com a informação aos interessados, sempre que solicitado – e mediante *certidão* (cf. art. 5º, incs. XXXIII e XXXIV, da CF) – de sua *ordem de colocação no cadastro respectivo*.[34]

No momento de buscar um adotante, verifica-se inicialmente a possibilidade de adoção da criança ou adolescente na comarca de **origem**, através do cadastro local. Caso **frustrada** essa primeira tentativa, a autoridade judiciária deverá inscrever a criança ou adolescente nos **cadastros estadual e nacional**. De igual modo, os postulantes que forem habilitados à adoção serão inscritos nos cadastros da comarca, do estado e nacional. O cadastro de postulantes domiciliados no exterior somente deve ser consultado após esgotadas as possibilidades de busca de postulantes residentes no país (art. 50, §§ 6º e 10).

34. CURY, Munir. op. cit., p. 225 (grifos do original).

É preciso destacar que, embora seja desejável a utilização de critérios objetivos de ingresso nos cadastros de postulantes, o juiz da Infância e da Juventude não se lhes deve obediência cega, ou seja, circunstâncias e peculiaridades do caso concreto podem levar à modificação na ordem cronológica dos postulantes. Mais uma vez, o norte a ser seguido é o do melhor interesse do adotando. Assim, além das hipóteses de adoção fora do cadastro previstas no § 13 do artigo 50, não se pode deixar de admitir, excepcionalmente – repita-se –, eventuais e pontuais modificações na ordem cronológica de adoção.

A correta manutenção e alimentação dos cadastros são de competência da Autoridade Central Estadual, com posterior comunicação à Autoridade Central Federal Brasileira (§ 9º). **Compete ao Ministério Público fiscalizar** a atuação desses órgãos, bem como fiscalizar a convocação dos postulantes à adoção (§ 12). A falta de operacionalização do cadastro caracteriza infração administrativa, prevista no artigo 258-A do Estatuto.

Antes de serem inseridos nos cadastros de **postulantes à adoção**, é necessário que os pretendentes passem por um período de **preparação psicológica e jurídica**, com as devidas orientações acerca da responsabilidade inerente à adoção, inclusive com o contato com crianças e adolescentes que estejam em programas de acolhimento familiar e institucional (art. 50, §§ 1º, 3º e 4º). Tais medidas são tomadas no curso do pedido de habilitação, regulado pelos artigos 197-A a 197-E. Superadas essas etapas de modo satisfatório, os postulantes têm sua habilitação deferida e são inscritos nos cadastros de postulantes.

Na formação do cadastro de postulantes, o primeiro critério é a antiguidade, ou seja, aqueles que estão aguardando há mais tempo são chamados. Entretanto, há ainda uma outra variável ao sistema de adoção. Conforme prevê o § 15 do artigo 50, tem prioridade no cadastro a pessoa que manifesta interesse em adotar criança ou adolescente com deficiência, com doença crônica ou com necessidades específicas de saúde, além de grupo de irmãos.

Pela indicação dos parágrafos que fizemos neste tópico, percebe-se como a Lei foi assistemática no trato dos cadastros – o tema é disciplinado no *caput* e em parágrafos de forma esparsa.

Observe o pequeno resumo abaixo:

Disciplina sistemática dos cadastros	Base legal: art. 50
– cada comarca ou foro regional deve possuir um cadastro de crianças e adolescentes em condições de serem adotados e outro de pessoas interessadas na adoção;	*Caput*
– devem ser criados cadastros estaduais e nacionais dos adotandos e dos postulantes;	§ 5º

Disciplina sistemática dos cadastros	Base legal: art. 50
– o cadastro dos postulantes deve ser dividido entre residentes no Brasil e no estrangeiro;	§ 6º
– deve-se indicar no cadastro que o postulante tem interesse em adotar crianças com deficiência, doença crônica, necessidades específicas de saúde e grupos de irmãos;	§ 15
– ausentes adotantes interessados e com perfil adequado nos cadastros, passa-se à adoção internacional	§ 10
– os cadastros estaduais e nacionais são alimentados pela Autoridade Central Estadual, com posterior comunicação à Autoridade Central Federal Brasileira;	§ 9º
– o Ministério Público fiscaliza o trabalho de alimentação do cadastro feito pela Autoridade Central Estadual e a convocação dos postulantes à adoção.	§ 12

O cadastro nacional de postulantes à adoção e de crianças e adolescentes em condições de serem adotados é controlado pelo Conselho Nacional de Justiça (CNJ).[35]

5.6.1. *Hipóteses de adoção fora do cadastro de postulantes*

Há situações em que a adoção pode ser deferida a pessoa ou casal que não estava já previamente habilitada e inserida nos cadastros de postulantes à adoção (art. 50, § 13). A **condição** fundamental é ser **domiciliado no Brasil**.

Hipóteses de adoção fora do cadastro	
Adoção unilateral	É a situação em que a pessoa adota a criança ou adolescente que já é filha de seu cônjuge ou companheiro (inciso I).
Parente	Se a criança ou adolescente já convive com membros de sua família natural, que a criam e educam, a adoção também pode ser deferida fora do contexto dos cadastros de postulantes – ressalvadas, é claro, as vedações à adoção por ascendentes e irmãos (inciso II).
Guarda legal ou tutela deferida anteriormente	A terceira hipótese em que o cadastro de postulantes à adoção não é obedecido se refere à situação em que a criança maior de 3 anos ou o adolescente já está sob guarda legal ou tutela. O guardião ou o tutor pode pleitear a adoção imediata sem passar pelo cadastro de postulantes (inciso III).

35. No portal do CNJ, há link específico para o cadastro nacional de adoção (CNA) e também um guia do usuário, que pode ser acessado no endereço: http://www.cnj.jus.br/images/programas/cadastro-adocao/guia-usuario-adocao.pdf.

É importante notar o seguinte: essas hipóteses se referem ao deferimento de adoção a postulantes não cadastrados, mas **não significa que a adoção será imediatamente deferida**. O processo de adoção será levado a efeito regularmente para aferir se o melhor interesse da criança está atendido. Deve haver atuação do corpo interprofissional da Justiça da Infância e Juventude. Estudo social, visitas, entrevistas, exames psicológicos das partes envolvidas são ferramentas importantes, que indicarão se a adoção é de fato a melhor solução para o caso concreto. Excepcionalmente, as circunstâncias podem demonstrar que, embora conviva no seio de sua família extensa e haja postulante à adoção, a criança ou adolescente deve ser retirada daquele ambiente.

Portanto, ainda que se esteja diante de situação em que não é preciso estar no cadastro de postulantes, os demais requisitos legais para adoção devem ser demonstrados (art. 50, § 14).

Outro ponto a ser analisado com extrema cautela são os casos de concessão prévia de guarda. Essa questão é bastante sensível, porque é fato bastante conhecido que alguns postulantes à adoção assediam famílias que pretendem entregar seu filho à adoção – é o que se chama em doutrina de *adoção intuitu personae*.

Nos últimos anos, é possível observar que **o STJ tem flexibilizado a ordem cronológica** das listas de postulantes à adoção, tendo por fundamento o melhor interesse da criança ou adolescente.[36]

Além do alargamento das hipóteses de adoção fora do cadastro, chama a atenção também a **utilização de *Habeas Corpus*** para os casos em que a criança está em acolhimento institucional.

Em 2021 o STJ analisou questão interessante que diz respeito à adoção por parentes e à ordem cronológica de adoção. Conforme destacado acima, o artigo 50, § 13, inciso II, autoriza a adoção fora do cadastro quando se trata de "parente com a qual a criança ou adolescente mantenha vínculos de afinidade e afetividade". A discussão que chegou ao STJ se referia ao que se deve entender por parente nesses casos. Seriam apenas os consanguíneos ou também os colaterais por afinidade? A Corte entendeu pela interpretação mais ampliativa do dispositivo, de modo a priorizar o melhor interesse da criança na convivência com pessoas com quem já possui vínculos.[37]

Em 2024, o tema voltou a ser objeto de manifestação do STJ:

> 1. Por meio do presente writ se discute a ocorrência de ilegalidade do acórdão proferido pela Câmara Especial do Tribunal de Justiça de São Paulo, que deu provimento a agravo de instrumento para afastar o acolhimento institucional da paciente e conferir sua guarda à avó materna.

36. HC 574.439/SP, Rel. Min. Moura Ribeiro, 3ª Turma, julgado em 18/08/2020.
37. REsp 1911099/SP, Rel. Min. Marco Buzzi, 4ª Turma, julgado em 29/06/2021.

2. A efetivação da decisão do Tribunal a quo pode ensejar a nítida ofensa ao princípio do melhor interesse do menor, pois, nas disputas pela custódia física de uma criança, sua retirada do lar em que convive há quase 1 (um) ano com os guardiães de fato deve ser admitida apenas de forma excepcional, em situações de evidente risco para a criança ou o adolescente, de maneira que o menor deve ser preservado dos fluxos e refluxos processuais, porquanto a alteração do lar estabelecida provisoriamente pode derruir logo após e ser posteriormente restabelecida, afetando a estabilidade emocional do menor.

3. O princípio da prioridade da família natural busca prestigiar a família natural (assim entendida aquela compreendida pelos filhos com os pais) em detrimento de terceiros ou o vínculo biológico em relação ao de outra natureza, compreendendo a família extensa.

Assim, a criança ou adolescente deve ser criado ao amparo da família natural e apenas excepcionalmente por família substituta (art. 19, ECA), devendo a integração a esta ocorrer somente quando esgotados os recursos de manutenção na família natural ou extensa (art. 92, II, ECA), dando-se prevalência às medidas que o mantenha ou reintegre na sua família natural ou extensa (art. 100, parágrafo único, X, ECA).

4. Contudo, esse princípio sofre flexibilização a depender do caso concreto, sendo chamado de princípio da prioridade relativa da família natural ou extensa, o que, inclusive, vai ao encontro dos termos dispostos na Resolução n. 289 do Conselho Nacional de Justiça, a qual, ao promover a Regulação Técnica do Sistema Nacional de Adoção e Acolhimento.

5. Diante disso, não obstante a família extensa possua uma certa preferência em relação a terceiros, o caso em tela justifica a manutenção da criança sob a guarda dos ora impetrantes, pois os elementos coligidos aos autos demonstram que os avós maternos não possuem estrutura material e emocional para o saudável desenvolvimento da menor, bem como a criança já se encontrar há praticamente 1 (um) ano com os guardiões, não havendo, segundo laudo multiprofissional recentemente elaborado, aspectos que desabonem os pretensos adotantes, avaliando que o estágio de convivência tem sido positivo e aconselhando que a retirada da infante de sua família substituta poderia caracterizar uma forma de violação de direitos, ante o forte vínculo socioafetivo e de pertencimento construído.

6. Ordem de habeas corpus concedida.

(HC n. 926.772/SP, relator Ministro Marco Aurélio Bellizze, Terceira Turma, julgado em 17/9/2024, DJe de 24/9/2024.)

1. A teor da Súmula nº 691 do STF, não se conhece de "habeas corpus" impetrado contra decisão liminar de relator proferida em outro "writ", ou impugnando decisão provisória de Desembargador de Tribunal de Justiça, exceto na hipótese de decisão teratológica ou manifestamente ilegal. Possibilidade, contudo, de concessão da ordem de ofício. Precedentes.

2. Por expressa previsão constitucional e infraconstitucional, as crianças e os adolescentes têm o direito de ver assegurado pelo Estado e pela

> sociedade o atendimento prioritário do seu melhor interesse e garantida suas proteções integrais, devendo tais premissas orientar o seu aplicador, principalmente, nas situações que envolvam abrigamento institucional.
>
> 3. A jurisprudência desta Eg. Corte Superior, em observância a tal princípio, consolidou-se no sentido da primazia do acolhimento familiar em detrimento da colocação de menor em abrigo institucional, salvo quando houver evidente risco concreto à sua integridade física e psíquica, de modo a se preservar os laços afetivos eventualmente configurados com a família substituta.
>
> Precedentes.
>
> 4. Criança já acolhida pelos padrinhos que a receberam da avó materna, com bom desenvolvimento e que não merece os transtornos do abrigamento desnecessário.
>
> 5. A ordem cronológica de preferência das pessoas previamente cadastradas para adoção não tem um caráter absoluto, devendo ceder ao lema do melhor interesse da criança ou do adolescente, razão de ser de todo o sistema de defesa erigido pelo Estatuto da Criança e do Adolescente, que tem na doutrina da proteção integral sua pedra basilar (HC nº 468.691/SC, Rel. Ministro LUIS FELIPE SALOMÃO, Quarta Turma, DJe de 11/3/2019).
>
> 6. Ordem de habeas corpus, excepcionalmente, concedida de ofício, confirmando a liminar já deferida.
>
> (HC n. 901.927/SC, relator Ministro Moura Ribeiro, Terceira Turma, julgado em 21/5/2024, DJe de 23/5/2024.)

▸ Como esse assunto foi cobrado em concurso?

(Promotor de Justiça – MP-AP – 2021 – Cespe – adaptada) Julgue os itens a seguir, de acordo com a jurisprudência do STJ e com os dispositivos do Estatuto da Criança e Adolescente (ECA) que versam acerca da adoção.

I. A ordem cronológica de preferência das pessoas previamente cadastradas para adoção não possui caráter absoluto, devendo ceder ao princípio do melhor interesse da criança e do adolescente, razão de ser de todo o sistema de defesa erigido pelo ECA, que tem na doutrina da proteção integral seu fundamento basilar.

Gabarito: o item está certo.

5.7. Adoção internacional

O regramento da adoção internacional está afinado com o que consta na Convenção de Haia, relativa à proteção de crianças e à cooperação em matéria de adoção internacional, da qual o Brasil é signatário. O texto foi recepcionado em nosso ordenamento jurídico pelo Decreto n° 3.087/1999. Agora, a nova lei incorporou as normas firmadas internacionalmente no corpo do Estatuto da Criança e do Adolescente.

A razão da existência de requisitos específicos e mais rigorosos para adoção internacional reside na **dificuldade de acompanhamento e vigilância** daquela nova família pelas autoridades brasileiras. Na adoção nacional, a Justiça da Infância e da Juventude pode verificar o acerto da medida através do Conselho Tutelar e de seu corpo de profissionais, bem como prestar auxílio psicológico em momentos de dificuldades da nova família. Os países signatários da Convenção firmaram entre si o compromisso de tutelar o melhor interesse da criança ou adolescente de forma efetiva nos casos de adoção internacional.

A esse respeito, Munir Cury explica:

> A Convenção de Haia assegura o respeito à legislação dos Estados envolvidos no processo adotivo, garantindo que, cumpridos os preceitos legais de cada país e o regramento da Convenção, a decisão proferida pela justiça do Estado de Origem (que concedeu a adoção) seja respeitada pelo Estado de Acolhida, tendo como consequência a concessão da cidadania ao adotado. Esse princípio está explicitado nas disposições do art. 52-B do ECA e é fundamental para que se assegure ao adotado os mesmos direitos e garantias que o Estado de Acolhida assegura àqueles de sua nacionalidade.[38]

Inclusive, a adoção é a única forma de colocação de criança ou adolescente em família substituta domiciliada no exterior. Mesmo no curso do processo de adoção, não pode ser concedida a guarda aos adotantes (art. 33, § 1º).

Com base nas premissas fixadas pela Convenção de Haia, os países signatários devem possuir autoridades em suas diversas esferas de governo responsáveis pelos assuntos afetos à adoção e à adoção internacional. No Brasil, a Autoridade Central Administrativa Federal (Acaf) atualmente é regulada pelo Decreto nº 9.360/2018, sendo órgão ligado à estrutura da Secretaria Nacional de Justiça do Ministério da Justiça.

No âmbito estadual, as autoridades centrais estaduais têm sido denominadas, na maioria dos estados, Comissão Estadual Judiciária de Adoção Internacional (Cejai) ou Comissão Estadual Judiciária de Adoção (Ceja).[39] O Estatuto não traz regramento específico sobre a forma de composição das autoridades estaduais. Normalmente, essas estruturas são formadas no âmbito do Poder Judiciário.

5.7.1. Conceito de adoção internacional

O artigo 51 estabelece o conceito de adoção internacional, tendo como traço distintivo o local da residência. Assim, é internacional a adoção na qual o pretendente possui residência habitual em um estado signatário da Convenção de Haia para adoção e pretende adotar criança de outro estado da Convenção.

38. CURY, Munir. op. cit., p. 241.
39. CURY, Munir. op. cit. p. 243.

Em outras palavras, a **adoção é internacional** quando o **postulante** é residente ou **domiciliado fora do Brasil, independentemente da nacionalidade.**

> ▸ **IMPORTANTE**
>
> A adoção se caracteriza como internacional quando o postulante é residente ou domiciliado fora do Brasil, independentemente da nacionalidade (art. 51).

> ▸ **Como o assunto foi cobrado em concurso?**
>
> **FGV - 2024 - TJ/SC - Juiz**
>
> Fabrícia e Márcio são brasileiros e residem na cidade de Paris, na França, há quinze anos, realizando viagens ao Brasil ao final de cada ano, para visitar seus parentes no Natal. Após diversas tentativas não exitosas de filiação biológica, o casal decide se habilitar à adoção de criança brasileira, tendo em vista o forte vínculo existente com o Brasil, apesar de possuírem residência habitual na França. O casal protocoliza procedimento de habilitação à adoção na comarca onde residem os seus parentes no Brasil, tendo como objetivo adotar uma criança com até 10 anos de idade, sem comorbidades. Considerando o disposto na Lei nº 8.069/1990 (ECA), é correto afirmar que a adoção pretendida por Fabrícia e Márcio é:
>
> A - nacional, pois o casal é brasileiro e viaja frequentemente ao país para as festas de final de ano;
>
> B - nacional, com preferência em relação a pessoas ou casais estrangeiros, nos casos de adoção de criança brasileira;
>
> C - internacional, pois o casal, apesar de ser detentor de nacionalidade brasileira, possui residência habitual na França;
>
> D - nacional, pois o critério definidor da natureza da adoção decorre da nacionalidade da criança pretendida, que é brasileira, no caso narrado;
>
> E - internacional, com preferência de Fabrícia e Márcio em relação aos adotantes habilitados residentes no Brasil com perfil compatível com a criança ou adolescente, após consulta ao Sistema Nacional de Adoção e Acolhimento (SNA).
>
> *Gabarito: letra C.*

5.7.2. *Requisitos para concessão da adoção internacional*

O § 1º do artigo 51 do Estatuto estabelece pressupostos para a efetivação da adoção internacional.

Primeiro, a demonstração de que é necessária a colocação em família substituta. O Estatuto reafirma constantemente que a preferência é pela manutenção da criança ou adolescente em sua família natural. Em caráter excepcional, após esgotadas as possibilidades de melhoria das condições de toda a família para permitir a manutenção dos vínculos de sangue, é que se busca a colocação em família substituta.

Segundo, a adoção internacional **só** passa a ser **examinada** como possibilidade de colocação do jovem em família substituta **após esgotadas** as tentativas de localização da **família substituta no Brasil**, para adoção nacional. Inclusive, deve-se certificar nos autos do processo de adoção que foram consultados os cadastros nacionais e que não se identificou postulante com perfil adequado.

Terceiro, o adolescente (aquele com 12 anos completos) deve ser consultado sobre a adoção e demonstrar – dentro de seu grau de discernimento – que está preparado para a medida. Além do parecer da equipe interprofissional, o adolescente deve ser ouvido em audiência (art. 28, §§ 1° e 2°).

Ainda no âmbito dos cadastrados para adoção internacional, o Estatuto estabelece a **preferência** pela adoção por **casais brasileiros** em detrimento de casais estrangeiros (art. 51, § 2º), o que se justifica não em razão dos futuros pais, mas sim pelo melhor interesse da criança ou adolescente. O Estatuto parte do pressuposto que a adaptação será mais fácil em família brasileira, ainda que domiciliada fora do país.

Observe o quadro:

Requisitos para adoção internacional
– demonstração de que é necessária a colocação em família substituta; – exame da adoção internacional somente após superada a possibilidade de adoção nacional; – consulta ao adolescente sobre a adoção e demonstração – dentro de seu grau de discernimento – de que está preparado para a medida; – preferência por postulantes brasileiros em detrimento de estrangeiros.

▸ **Como o assunto foi cobrado em concurso?**

(Promotor de Justiça – MP-AP – 2021 – Cespe – adaptada) Julgue os itens a seguir, de acordo com a jurisprudência do STJ e com os dispositivos do Estatuto da Criança e Adolescente (ECA) que versam acerca da adoção.

III. Em caso de adoção internacional, na qual o pretendente possui residência habitual em país-parte da Convenção de Haia e deseja adotar criança ou adolescente em outro país- parte dessa mesma convenção, os brasileiros residentes no exterior concorrem em igualdade com os estrangeiros para a adoção de brasileiro, sem ter nenhuma preferência.

Gabarito: o item está errado.

5.7.3. *Habilitação para adoção internacional*

A adoção internacional segue o mesmo procedimento da adoção nacional, com determinadas peculiaridades estabelecidas no artigo 52 do Estatuto.

Para adoção internacional, o procedimento se inicia com o pedido de habilitação no país de origem, onde os postulantes residem e, naturalmente, para onde a criança será levada (inciso I). Deferida a habilitação, que demanda estudo psicossocial por profissionais habilitados (inc. IV), a autoridade do país de origem emitirá relatório pormenorizado acerca dos postulantes, devidamente autenticado pelo consulado e traduzido por tradutor juramentado (inc. V), e encaminhará às autoridades estadual e federal (inc. II e III), com cópia da legislação pertinente do país de origem e prova de sua vigência (inc. IV).

A autoridade estadual pode solicitar a **complementação dos estudos psicossociais** já realizados (inc. VI), caso os entenda insuficientes. Verificada a acuidade de toda a documentação apresentada, a autoridade central estadual expede laudo de habilitação à adoção internacional, cuja validade é de, no máximo, um ano, e encaminha o postulante ao Juizado da Infância e da Juventude do local em que se encontra a criança ou adolescente (inc. VII e VIII).

A habilitação do postulante à adoção internacional tem prazo de validade de um ano e pode ser renovada (§ 13).

5.7.4. Organismos internacionais de adoção

A adoção internacional pode ser intermediada por organismo credenciado, nacional ou estrangeiro, desde que a legislação do país de origem admita essas entidades e que haja o devido credenciamento junto à Autoridade Central Federal Brasileira (art. 52, §§ 1° e 2°).

Essas entidades prestam um importante papel na efetividade dos pleitos de adoções internacionais. Diante das dificuldades de idioma, obstáculos inerentes à burocracia administrativa, contar com a expertise de agências e organismos internacionais facilita bastante a realização de adoções internacionais.

É o que explica Munir Cury:

> Como dito anteriormente, o pedido de habilitação de um adotante residente fora do país pode ser feito diretamente por ele, apenas com o envio pela Autoridade Central de sua habilitação no país de acolhimento, ou por meio de organismos credenciados pelo país de acolhida e de acolhimento.
>
> Na prática, o que a experiência tem demonstrado, é que os pedidos formulados diretamente pelos interessados são de difícil processamento e, após a habilitação, a adoção se mostra extremamente complexa.
>
> O idioma e a falta de profissionais especializados em matéria de adoção internacional, que possam exercer o *múnus* de procuradores, são obstáculos muito grandes para que se possa dar celeridade e chegar a bom termo tanto da habilitação como da futura adoção.
>
> Nesse sentido, os organismos de intermediação de adoção internacional exercem fundamental papel para que se possa trabalhar dentro do judiciário de forma rápida e segura.[40]

40. CURY, Munir. op. cit., p. 252.

Os organismos internacionais prestam trabalho relevante de identificação de crianças e adolescentes em condições de serem adotados pelos postulantes estrangeiros. Além disso, fazem a ponte de contato para que as partes se conheçam e auxiliam na superação das dificuldades de idioma e culturais.

Os requisitos para credenciamento e as obrigações dos organismos no Brasil estão previstos nos parágrafos 3°, 4°, 12 e 14 do artigo 52 do Estatuto.

O Estatuto deixa claro que o **organismo não pode ter finalidade lucrativa** (art. 52, § 4º, inc. I). Disso não resulta que o organismo não possa cobrar taxas pelos serviços prestados. A atividade, por envolver custos para sua administração e remuneração de corpo técnico, precisa ter fonte de receita. O que deve ficar demonstrado é que os valores auferidos são aplicados exclusivamente nas atividades fins.

O credenciamento **não é ato jurídico vinculado**, mas sim discricionário, a ser concedido mediante requisitos de conveniência e oportunidade da Administração Pública. Assim, a Autoridade Federal pode limitar ou suspender a concessão de novos credenciamentos quando entender necessário (§ 15). Além disso, a Autoridade Federal pode solicitar, a qualquer tempo, informações dos organismos credenciados sobre a situação de crianças e adolescentes adotados e dos adotantes (§ 10).

A entidade pode ser descredenciada pelas razões previstas nos artigos 52, §§ 5° e 11, e 52-A.

O credenciamento tem **validade de 2 anos** e o pedido de renovação pode ser feito nos **60 dias** anteriores ao término da concessão anterior (§§ 6° e 7°).

Confiram-se os quadros explicativos abaixo:

Requisitos para credenciamento (art. 52, § 3º e § 4º, inc. I a III)
- o organismo deve ser originário de país que ratificou a Convenção de Haia e estar credenciado em seu país sede e no dos postulantes à adoção, local para onde a criança ou adolescente será levada; - deve possuir integridade moral, competência profissional, padrões éticos e experiência na área; - não possuir fins lucrativos; - os diretores e administradores, com qualificação adequada e experiência na área, devem ser cadastrados pela Polícia Federal e aprovados pela Autoridade Central Federal Brasileira; - deve haver supervisão de suas atividades, inclusive financeiras, pelas autoridades de sua sede e do país de acolhida.

Obrigações e deveres dos organismos credenciados (art. 52, § 4º, inc. IV a VI, §§ 12 e 14)
- apresentação de relatório anual de suas atividades à Autoridade Federal e de relatório com o acompanhamento específico das adoções internacionais efetivas no período, este encaminhado também à Polícia Federal;

Obrigações e deveres dos organismos credenciados (art. 52, § 4º, inc. IV a VI, §§ 12 e 14)
– apresentação de relatórios semestrais às Autoridades Estadual e Federal durante o período pós-adotivo, pelo prazo mínimo de 2 anos e até a juntada de cópia do registro civil da criança ou adolescente com a fixação de sua cidadania no país de acolhida; – providenciar junto aos adotantes o envio da certidão de registro de nascimento estrangeira e do certificado de nacionalidade à Autoridade Federal; – o organismo credenciado não pode representar uma pessoa ou seu cônjuge que já estejam representados por outra entidade credenciada, ou seja, não pode haver duas entidades auxiliando uma mesma pessoa ou casal na obtenção da adoção; – os representantes de organismos de adoção não podem manter contato direto com dirigentes de programas de acolhimento institucional ou familiar, nem tampouco com os jovens a serem adotados, ressalvada expressa autorização judicial em contrário.

Causas de descredenciamento do organismo (art. 52, §§ 5º e 11 e art. 52-A)
– não apresentação dos relatórios indicados acima; – cobrança abusiva de valores para prestação dos serviços do organismo; – repasse de recursos de organismos estrangeiros de intermediação a entidades nacionais com essa função ou a pessoas físicas.

Como o assunto foi cobrado em concurso?

VUNESP – 2024 – MP/RJ – Promotor

No que diz respeito à adoção internacional, diante das diretrizes do Estatuto da Criança e do Adolescente e do regramento da Convenção de Haia, relativa à proteção das crianças e à cooperação em matéria de adoção internacional, é correto afirmar:

A – por se tratar de adoção internacional, atribui-se ao adotado a condição de filho para todos os efeitos, desligando-o de qualquer vínculo (jurídico, pessoal ou patrimonial) com os pais biológicos, consoante dispõe o art. 41 do Estatuto da Criança e do Adolescente, inclusive no que diz respeito aos impedimentos para o casamento.

B – a partir do momento em que é constituída pela sentença judicial e é retificado o registro de nascimento, a adoção gera efeitos, e o adotado adquire os mesmos direitos e obrigações como qualquer filho, razão por que, em caso de adoção internacional, perde a nacionalidade brasileira.

C – ainda que internacional, a adoção se caracteriza pelo lugar da residência do adotante, seja o postulante à adoção de nacionalidade brasileira ou estrangeira, em decorrência dos princípios da proteção integral e da absoluta prioridade e da soberania nacional.

D – são requisitos gerais da adoção internacional: 1. a impossibilidade de reintegração do menor em sua família natural ou extensa; 2. o exaurimento de possibilidades de encaixar a criança ou jovem em família substituta brasileira, e 3. a consulta ao maior de 12 anos, para obtenção de consentimento, com observância aos requisitos de compatibilidade com o adotante e o local para onde segue.

E – para a adoção internacional, o postulante deve residir, ainda que temporariamente, em território nacional e pretender adotar em Estado-parte da Convenção de Haia.

Gabarito: letra D.

5.7.5. *Adoção realizada no exterior*

Até aqui examinamos o regramento atinente ao estrangeiro que vem ao Brasil para adotar. É preciso verificar agora a situação jurídica do brasileiro que realiza a adoção internacional. O regramento se divide em duas hipóteses distintas, (i) a do brasileiro residente no exterior; e (ii) a daquele que vive aqui, sendo o Brasil o país de acolhida.

O artigo 52-B trata da hipótese do **brasileiro residente no exterior** que adota criança ou adolescente no exterior. Para que esta adoção seja considerada válida e automaticamente recepcionada no Brasil quando do reingresso ao nosso território, é preciso que o país em que foi realizada a adoção seja signatário da Convenção de Haia. Se não o for, ao regressar ao Brasil, o adotante deverá requerer a homologação da sentença estrangeira pelo Superior Tribunal de Justiça (art. 52-B, § 2º).

Além disso, deve-se observar a legislação sobre adoção do país de residência do brasileiro no exterior, a fim de verificar se o regramento do país da adoção está em consonância com o do local de residência. Por fim, deve-se obter a concordância das autoridades dos dois países. Esse requisito está previsto no § 1º do art. 52-B da Lei 8.069/90, nos seguintes termos: *"Caso não tenha sido atendido o disposto na Alínea "c" do Artigo 17 da Convenção de Haia, deverá a sentença ser homologada pelo Superior Tribunal de Justiça."*

O dispositivo padece de má técnica redacional. Deveria simplesmente ter reproduzido o conteúdo da alínea "c" do art. 17 da Convenção de Haia, cuja redação é a seguinte: *"Artigo 17. Toda decisão de confiar uma criança aos futuros pais adotivos somente poderá ser tomada no Estado de origem se: [...] c) as Autoridades Centrais de ambos os Estados estiverem de acordo em que se prossiga com a adoção."*

A partir da previsão acima, verifica-se que, se as autoridades dos países de origem e de acolhida não estiverem de acordo, será necessária a homologação pelo Superior Tribunal de Justiça, quando do reingresso (art. 52-B, § 1º).

Quer dizer, a adoção poderá ser levada adiante, mas depende de posterior regularização perante a Justiça brasileira.

Veja o quadro:

Requisitos para recepção automática da adoção realizada por brasileiro no exterior
– a adoção deve ser realizada em país ratificante da Convenção de Haia; do contrário, é necessária a homologação pelo STJ; – deve ter sido obedecida a legislação pertinente do país de residência; – as autoridades respectivas de ambos os países devem estar de acordo; do contrário, é necessária a homologação pelo STJ.

Quando é o brasileiro aqui residente que opta pela adoção de criança ou adolescente no exterior, a disciplina é a dos artigos 52-C e 52-D. No país de origem, serão seguidas as regras de procedimento locais, salvo na hipótese em que o país de origem delega o procedimento de adoção ao país de acolhida. Nesse caso, segue-se o procedimento da adoção nacional – assim também quando o país não for signatário da Convenção de Haia.

Concomitantemente, no Brasil, o postulante deve fazer habilitação junto à Autoridade Estadual – da mesma forma como realizada a adoção nacional. Concluída a adoção no país estrangeiro, a autoridade da origem comunica o fato à autoridade estadual brasileira responsável pela habilitação. Esta, por sua vez, comunica a conclusão do processo de adoção à autoridade federal e providencia a documentação pertinente à expedição de certificado de naturalização provisório.

O **Ministério Público pode opor resistência** ao reconhecimento da adoção internacional se for contrária à ordem pública ou não atender ao melhor interesse da criança ou adolescente, bem como tomar providências que resguardem os direitos do adotando (art. 52-C, §§ 1º e 2º).

Requisitos para validade da adoção internacional tendo o Brasil como país de acolhida
– procedimento a ser seguido: o do país de origem; exceções: se o país de origem não é signatário da Convenção de Haia ou se o regramento local delega o procedimento ao país de acolhida, segue-se a disciplina da adoção nacional; – o adotante deve ingressar com pedido de habilitação aqui no Brasil, nos moldes do pedido de habilitação para adoção nacional (art. 197-A e seguintes) – procedente a adoção no país de origem, comunica-se à autoridade central estadual, que deve: (i) comunicar à autoridade federal e (ii) providenciar a expedição de certificado de naturalização provisório.

> **Como o assunto foi cobrado em concurso?**
>
> **(Promotor de Justiça – MP-MG – 2021 – Fundep – adaptada)** A Lei Federal nº 8.069/90, que instituiu o Estatuto da Criança e do Adolescente, estabelece entre seus dispositivos:
>
> II. A adoção de crianças brasileiras por pretendente estrangeiro só será possível se este possuir residência habitual em país-parte da Convenção de Haia.
>
> *Gabarito: o item está errado.*

5.8. Efeitos da adoção

A **sentença** que julga a adoção tem natureza **constitutiva**, ou seja, opera uma modificação no estado jurídico das pessoas envolvidas, criando para as partes um vínculo jurídico antes inexistente – e desfazendo o vínculo anterior da criança ou do adolescente. O adotante passa a possuir o status jurídico de pai; o adotado, o de filho.

Seus **efeitos** operam ***ex nunc*** e, excepcionalmente, no caso da **adoção póstuma**, os efeitos são também ***ex tunc***, pois alcançam a data do óbito.

É preciso atentar para a redação do § 7º do artigo 47: *"A adoção produz seus efeitos a partir do trânsito em julgado da sentença constitutiva, exceto na hipótese prevista no § 6º do art. 42 desta Lei, caso em que terá força retroativa à data do óbito."*

Parece-nos que esse dispositivo está, em sua primeira parte, revogado tacitamente pelo advento do artigo 199-A: *"A sentença que deferir a adoção produz efeito desde logo, embora sujeita a apelação, que será recebida exclusivamente no efeito devolutivo, salvo se se tratar de adoção internacional ou se houver perigo de dano irreparável ou de difícil reparação ao adotando."*

Pelo critério temporal de solução de antinomia de normas, o artigo 199-C prevalece por ter sido inserido no Estatuto pela Lei nº 12.010 de 2009. Diante disso, conclui-se que a **adoção produz efeitos, como regra, desde a prolação da sentença**, e não a partir do trânsito em julgado. Ainda assim, vale o alerta de que § 7º do artigo 47 não foi revogado expressamente e pode ser cobrado em provas objetivas.

No que toca ao nome, a adoção concede à criança ou ao adolescente o sobrenome dos adotantes e pode haver modificação do prenome, tanto a pedido do adotado, quanto a pedido dos adotantes, caso em que o filho será obrigatoriamente ouvido (§§ 5º e 6º).

▸ **Como o assunto foi cobrado em concurso?**

(FGV - Analista - Área Jurídica - DPE - RS/2023) Os pais de Gabriele, de 12 anos, são destituídos do poder familiar por sentença transitada em julgado, tendo em vista graves violações de direitos praticadas contra a adolescente. Nelson e Sofia são habilitados à adoção e contatados pela equipe técnica da Vara da Infância e Juventude para conhecer a adolescente. Após gradativa aproximação e criação de vínculos com a adolescente, o casal propõe ação de adoção. Sofia deseja que Gabriele passe a se chamar Jaqueline, em homenagem à avó da adotante. Em audiência de instrução e julgamento, a adolescente manifesta a sua discordância com a mudança de prenome. Considerando o disposto na Lei nº 8.069/1990 (ECA), é correto afirmar que:

A) a alteração de prenome de criança ou adolescente adotado independe de sua manifestação de vontade, em razão da incapacidade civil;

B) nas hipóteses de adoção, é cabível a averbação sobre a origem do ato na nova certidão de nascimento expedida para a criança ou adolescente adotado;

C) a alteração de prenome do adotado não é autorizada por lei em qualquer hipótese, em observância ao princípio do melhor interesse da criança e direito à identidade;

D) a sentença de adoção produz seus efeitos a partir da data da propositura da ação, visando resguardar os direitos patrimoniais do adotado;

E) caso a modificação de prenome seja requerida pelo adotante, é obrigatória a oitiva do adotando, observado o disposto nos §§ 1o e 2o do Art. 28 do ECA.

Gabarito: letra E.

O novo registro de nascimento pode ser lavrado diretamente no Cartório do Registro Civil do Município de residência dos adotantes (art. 47, § 3º). Para preservar os direitos da personalidade do adotado, **certidões** extraídas do registro **não** podem conter quaisquer **observações sobre a adoção** (§ 4º). Essa prescrição legal tem por objetivo evitar que o adotado sofra quaisquer preconceitos que poderiam advir de uma anotação acerca de seu estado de filiação.

No que se refere à **adoção internacional**, o que ganha importância são as providências tomadas após a prolação da sentença. A **saída** da criança ou do adolescente do **território nacional** somente é permitida **após o trânsito em julgado** da sentença (art. 52, § 8º), momento em que será determinada a expedição de alvará para autorização de viagem e obtenção de passaporte (§ 9º).

Além disso, a autoridade central estadual emite, ao final do processo de adoção internacional, o Atestado de Conformidade (Convenção de Haia, art. 23, inc. I), que é requisito imprescindível para que a adoção seja reconhecida pelo país de acolhida.[41]

Efeitos da adoção
- sentença de natureza constitutiva, com efeitos *ex nunc*, em regra, e *ex tunc*, no caso de adoção póstuma; - o adotado passa a ter o sobrenome dos adotantes; pode haver modificação do prenome, sendo que, se for a pedido dos adotantes, o filho deve ser ouvido a respeito; - registro civil pode ser realizado no município dos adotantes, sendo que as certidões não podem fazer referência à adoção; - na adoção internacional, somente após o trânsito em julgado da sentença é que pode ser expedido o alvará de autorização de viagem e obtenção de passaporte para saída do país.

5.9. Direito de conhecer a origem biológica

Embora a adoção forme vínculos irrevogáveis entre o adotado e os adotantes (art. 39, § 1º), o adolescente, ao alcançar a maioridade (18 anos), tem direito de conhecer sua **origem**, de saber quem são seus **pais biológicos**. É o que prevê o artigo 48 do Estatuto: *"O adotado tem direito de conhecer sua origem biológica, bem como de obter acesso irrestrito ao processo no qual a medida foi aplicada e seus eventuais incidentes, após completar 18 (dezoito) anos."*

De modo a permitir o exercício desse direito por parte do adotado, o Estatuto determina o armazenamento dos dados referentes aos processos (art. 47, § 8º).

6. QUADRO COMPARATIVO ENTRE GUARDA, TUTELA E ADOÇÃO

Apresenta-se abaixo um quadro com resumo das principais características de cada modalidade de colocação da criança ou do adolescente em família substituta.

Guarda	Tutela	Adoção
Obriga a prestar assistência material, moral e educacional (art. 33).	Engloba o **dever de guarda** (ECA, art. 36, p.ú., e CC, art. 1.740) e de **administração de bens** do tutelado (CC, art. 1.741).	Forma o **vínculo** do **poder familiar** (art. 41).

41. CURY, Munir. op. cit., p. 244.

Guarda	Tutela	Adoção
Não implica **perda ou suspensão** do poder familiar, mas o guardião pode-se opor aos pais (art. 33).	Demanda necessariamente a **perda ou suspensão** do poder familiar (art. 36, p.ú.).	É necessária a **perda do poder familiar** dos pais biológicos, cujo pedido deve ser expresso na ação de adoção.
Destinada a **regularizar posse de fato** de criança ou adolescente.	Destinada ao amparo e à administração dos bens da criança ou adolescente em caso de falecimento dos pais, ausência ou perda do poder familiar (CC, art. 1.728).	Objetiva a criação do vínculo de paternidade/maternidade entre pais-adotantes e filho-adotado.
Em regra, é deferida no **curso dos processos** de tutela e adoção, **exceto adoção internacional** (art. 33, § 1º). Cabível também como **pedido autônomo** em caso de falta eventual de pais ou responsável (art. 33, § 2º)	É possível a concessão de guarda no curso do processo de tutela (art. 33,§ 1º).	É possível a concessão de guarda no curso do processo de adoção (art. 33, § 1º). Em processo de **adoção internacional**, **não** se defere pedido de **guarda** (art. 33, § 1º).
Inclui direitos previdenciários, atendidos os requisitos legais (art. 33, § 3º).	Inclui direitos previdenciários, atendidos os requisitos legais (art. 16, § 2º, Lei nº 8.213/91).	Goza de plenos direitos previdenciários, pois é filho tal qual o biológico.
É **revogável** (art. 35).	É **revogável** (CC, art. 1.764, III).	É **irrevogável** (art. 39, §1º).
Não há **mudança de nome** da criança ou do adolescente.	**Não** há **mudança de nome** da criança ou do adolescente.	O adotado recebe o sobrenome do adotante e **pode haver modificação do prenome** (art. 47, §§ 5º e 6º).

Capítulo V

Educação

1. INTRODUÇÃO

Em sequência ao estudo dos direitos fundamentais da criança e do adolescente, o capítulo IV do Estatuto (arts. 53 a 59) traz como título os direitos à educação, à cultura, ao esporte e ao lazer. Na Constituição da República, esses direitos estão disciplinados nos artigos 205 e 217. Os direitos à educação, à cultura, ao esporte e ao lazer não podem ser menosprezados, vistos como supérfluos ou como meramente programáticos.

Pelo contrário, esses direitos devem ser observados e realizados da melhor forma possível, pois estão ligados ao desenvolvimento sadio e pleno de nossas crianças e adolescentes. É através do acesso à educação e à cultura que formaremos adultos mais qualificados para o trabalho, mais conscientes de seus deveres cívicos, mais atentos à criação de seus próprios filhos. De igual modo, o acesso ao esporte e ao lazer afasta o adolescente das drogas, da marginalidade; é o esporte que o ensina a respeitar o adversário, a importância de perseverar em seus objetivos, a consciência de que a derrota serve de aprendizado, de superação, e que a vitória não é motivo para tripudiar sobre o concorrente.

Todos esses componentes hão de formar adultos melhores, mais éticos e honrados. É esse o salto qualitativo de que necessita nossa sociedade, ou seja, é através do investimento público levado a sério em educação, cultura, esporte e lazer que poderemos elevar o desenvolvimento de nossos cidadãos.

A rigor, o que o Estatuto disciplina no capítulo é o direito à educação, objeto dos artigos 53 a 58, ao passo em que os demais direitos recebem menção apenas no artigo 59. Por isso, o tema a ser estudado mais a fundo na presente obra é, especificamente, o direito à educação.

2. GARANTIAS DO DIREITO À EDUCAÇÃO

O artigo 205 da Constituição não poderia ser mais claro ao prever que *"**a educação, direito de todos** e dever do Estado e da família, será promovida e incentivada com a colaboração da sociedade, visando ao pleno desenvolvimento da pessoa, seu preparo para o exercício da cidadania e sua qualificação para o trabalho."*

No âmbito do Estatuto, o artigo 53 elenca o conteúdo do que se deve entender como direito à educação, ou seja, quais são as garantias que crianças e adolescente possuem para plenitude do acesso à educação. Confira-se:

GARANTIAS DO DIREITO À EDUCAÇÃO (art. 53)	
	I – igualdade de condições para o acesso e permanência na escola;
	II – direito de ser respeitado por seus educadores;
	III – direito de contestar critérios avaliativos, podendo recorrer às instâncias escolares superiores;
	IV – direito de organização e participação em entidades estudantis;
	V – acesso à escola pública e gratuita, próxima de sua residência, garantindo-se vagas no mesmo estabelecimento a irmãos que frequentem a mesma etapa ou ciclo de ensino da educação básica.

No campo dos direitos de crianças e adolescentes, vale destacar a alteração promovida em 2019 no inciso V do artigo 53. A redação original previa como direito infantojuvenil o acesso à escola pública e gratuita próxima de sua residência. O dispositivo teve sua incidência ampliada para garantir que **irmãos frequentem o mesmo estabelecimento de ensino**, se estiverem no mesmo ciclo de ensino da educação básica. A mudança é interessante e adequada, porque torna a vida dos pais mais fácil na logística diária de levar e pegar os filhos na escola. Ter um filho em cada escola torna essa rotina mais difícil. Daí a utilidade da modificação do dispositivo.

O artigo 53-A tem como objetivo reforçar o discurso público-político contra as drogas. Trata-se da seguinte previsão: *"É dever da instituição de ensino, clubes e agremiações recreativas e de estabelecimentos congêneres assegurar medidas de conscientização, prevenção e enfrentamento ao uso ou dependência de drogas ilícitas."*

Esse **movimento de conscientização** deve partir não só da família, mas também de escolas, clubes e agremiações recreativas. A difícil luta para afastar nossas crianças e adolescentes das drogas deve mesmo contar com o apoio de toda comunidade. O dispositivo está em linha do uma diretriz fundamental do Estatuto, prevista no artigo 4º, que estabelece que a efetivação dos direitos infantojuvenis é dever de todos – família, comunidade e sociedade em geral.

> ▸ **Como o assunto foi cobrado em concurso?**
>
> **(Agente fiscal – CRESS – 2022 – Quadrix)** Considerando o Estatuto da Criança e do Adolescente, julgue o item.
>
> As instituições de ensino, clubes e agremiações recreativas e de estabelecimentos congêneres possuem o dever de assegurar medidas de conscientização, prevenção e enfrentamento ao uso ou à dependência de drogas ilícitas.
>
> *Gabarito: o item está certo.*

3. DEVERES DO PODER PÚBLICO QUANTO AO DIREITO À EDUCAÇÃO

Por sua vez, o artigo 54 apresenta os deveres do Poder Público no que tange ao direito à educação de crianças e adolescentes, que encontra perfeita correspondência no artigo 208 da Constituição. Veja-se o quadro de deveres do Estado:

DEVERES DO ESTADO RELATIVOS À EDUCAÇÃO (art. 54)	
	I – ensino fundamental, obrigatório e gratuito, inclusive para os que a ele não tiveram acesso na idade própria;
	II – progressiva extensão da obrigatoriedade e gratuidade ao ensino médio;
	III – atendimento educacional especializado aos portadores de deficiência, preferencialmente na rede regular de ensino;
	IV – atendimento em creche e pré-escola às crianças de zero a cinco anos de idade;
	V – acesso aos níveis mais elevados do ensino, da pesquisa e da criação artística, segundo a capacidade de cada um;
	VI – oferta de ensino noturno regular, adequado às condições do adolescente trabalhador;
	VII – atendimento no ensino fundamental, através de programas suplementares de material didático-escolar, transporte, alimentação e assistência à saúde.
	§ 1º O acesso ao ensino obrigatório e gratuito é direito público subjetivo.
	§ 2º O não oferecimento do ensino obrigatório pelo poder público ou sua oferta irregular importa responsabilidade da autoridade competente.
	§ 3º Compete ao poder público recensear os educandos no ensino fundamental, fazer-lhes a chamada e zelar, junto aos pais ou responsável, pela frequência à escola.

Conforme se extrai do artigo 54, o Estado é o grande artífice da educação de crianças e adolescentes, pois lhe compete oferecer o ensino público gratuito. Trata-se de um direito subjetivo a esse **dever prestacional** e é possível recorrer ao Judiciário em busca de sua implementação.

É importante conjugar o direito à educação previsto no Estatuto com a Lei n. 13.005/2014, que trata do Plano Nacional de Educação – PNE, pois é neste documento que se encontrar as diretrizes, metas e estratégias para implementação da educação brasileira.

A exigência legal de ensino fundamental deve alcançar não apenas crianças e adolescentes na idade correta, mas também aqueles que não tiveram a oportunidade de estudar no tempo ideal (art. 54, I). Importante notar a distinção feita pelo Estatuto entre o ensino fundamental e o ensino médio. Ambos são deveres do Estado, mas o primeiro (ensino fundamental) é obrigatório, ao passo em que o segundo (ensino médio) é progressivamente obrigatório. Vale a ponderação de que o Estatuto é de 1990, período em que o Brasil ainda buscava estabilidade financeira e econômica – a maioria dos entes políticos estava endividada e sem condições de investir maciçamente em educação. Nesse contexto, o Estatuto fez a opção política – a nosso ver acertada – de exigir a universalização do ensino na base, ou seja, no ensino fundamental. A expansão da rede no ensino médio deveria ocorrer progressivamente. Isso, contudo, foi a mais de duas décadas atrás. Parece-nos que hoje se deve exigir do Estado a plena prestação dos serviços educacionais também no ensino médio.

Além disso, a prestação de ensino a pessoas com deficiência deve ser realizada preferencialmente na rede regular de ensino como forma de inclusão social (art. 54, III).

Quanto ao inciso IV, que trata da oferta de creche e pré-escola para crianças de 0 a 5 anos de idade, esta entrega cabe precipuamente aos Municípios, mas sempre em regime de cooperação e contando com o apoio de Estados e da União (Lei n. 13.005/2014, art. 7º). Em 2024, foi editada a Lei n. 14.851, cujo objetivo é programar o atendimento à educação infantil. A Lei n. 14.851/2024 prevê a criação de um mecanismo de levantamento anual e divulgação da demanda de vagas para atendimento de crianças de 0 a 3 anos de idade. Cabe aos Municípios e ao Distrito Federal estabelecer normas e procedimentos para fazer o levantamento da demanda, inclusive com busca ativa das crianças de até 3 anos de idade (art. 3º). A atuação do Poder Público em medidas voltadas a essa faixa etária tem sido designada pela expressão atenção precoce – como se vê, por exemplo, na Lei n. 14.880/2024.

Esse mapeamento é importante justamente para permitir a orientação e expansão da oferta de novas vagas, sendo também critério para destinação de verbas públicas advindas da União (art. 5º, inc. I).

A previsão do § 2º do art. 54 demonstra o **compromisso** do Estatuto (e da Constituição da República) **com o ensino**, ao responsabilizar a autoridade competente pelo não oferecimento de ensino público obrigatório. Vale ressaltar a divisão de competências constitucionais relativas ao ensino, mencionadas nos parágrafos do art. 211. Aos municípios compete a atuação prioritária no ensino fundamental e na educação infantil (CR, art. 211, § 2º). Estados e o distrito federal devem voltar-se aos ensinos fundamental e médio (§ 3º). Por fim, à União toca a organização e o financiamento do sistema federal de ensino, bem como a função redistributiva e supletiva em matéria educacional, voltada a se obter um padrão mínimo de qualidade no ensino (§ 1º). Contra as omissões do Poder

Público em relação à educação, é cabível ação civil pública, a ser proposta por seus legitimados, mormente Ministério Público e Defensoria Pública (art. 5º, Lei 7.347/85) com o objetivo de implementar as diretrizes constitucionais e legais - a apuração de responsabilidade compete exclusivamente ao Ministério Público, e não à Defensoria Pública -, pois ensino obrigatório e gratuito é direito público subjetivo da criança e do adolescente (art. 54, § 1º), inclusive no que tange ao ensino noturno para o adolescente trabalhador (art. 54, VI).

Em 2022, o STF julgou em repercussão geral o tema 548, fixando a seguinte tese:

Tema 548

> 1. A educação básica em todas as suas fases - educação infantil, ensino fundamental e ensino médio - constitui direito fundamental de todas as crianças e jovens, assegurado por normas constitucionais de eficácia plena e aplicabilidade direta e imediata.
>
> 2. A educação infantil compreende creche (de zero a 3 anos) e a pré-escola (de 4 a 5 anos). Sua oferta pelo Poder Público pode ser exigida individualmente, como no caso examinado neste processo. 3. O Poder Público tem o dever jurídico de dar efetividade integral às normas constitucionais sobre acesso à educação básica.

▸ Como o assunto foi cobrado em concurso?

(Assistente social - Município de Carmo do Paranaíba-MG - 2022 - Objetiva) Sobre os deveres do Estado em relação à criança e ao adolescente, disposto no Art. 54 da Lei nº 8.069/1990 - Estatuto da Criança e do Adolescente, assinalar a alternativa CORRETA:

A) Atendimento educacional especializado aos portadores de deficiência, preferencialmente em rede especial de ensino.

B) Atendimento em creche e pré-escola às crianças de zero a seis anos de idade.

C) Progressiva extensão da obrigatoriedade e parcial gratuidade ao ensino médio.

D) Ensino fundamental, obrigatório e gratuito, inclusive para os que a ele não tiveram acesso na idade própria.

Gabarito: letra D.

4. PECULIARIDADES E INTERPRETAÇÕES JURISPRUDENCIAIS SOBRE O DIREITO À EDUCAÇÃO

4.1. Ensino domiciliar (*homeschooling*)

O artigo 55 determina que os pais ou responsável têm a obrigação de matricular o filho ou pupilo em rede regular de ensino. Trata-se de dever jurídico, cujo descumprimento pode caracterizar o crime de abandono intelectual, previsto no art. 246 do Código Penal. Para sanar essa grave omissão, pode-se determinar a aplicação de medida proteção aos pais ou responsável (art. 129, inciso V).

Questão que gerou debates é o ensino domiciliar. Trata-se hipótese em que os pais ficam responsáveis por ensinar aos filhos em casa (*homeschooling*) – o que não se confunde a simples omissão de pais que não proporcionam educação a seus filhos.

Essa modalidade de ensino dentro de casa existe em alguns outros países, como nos Estados Unidos.

O Supremo Tribunal Federal recebeu em regime de repercussão geral demanda que analisa a possibilidade de pais optaram pela educação em casa (*homeschooling*). O objetivo era examinar se essa modalidade de ensino encontra respaldo na Constituição, notadamente no que se refere ao artigo 205. A matéria foi indexada como n. 822 do STF, sendo firmada a tese de que não é possível a educação em casa à luz do direito positivo brasileiro.[1]

TEMA 822 – STF
Não existe direito público subjetivo do aluno ou de sua família ao ensino domiciliar, inexistente na legislação brasileira

▸ Como o assunto foi cobrado em concurso?

VUNESP – 2024 – MP/RO – Promotor

Acerca do entendimento jurisprudencial do STF sobre questões que envolvem o Estatuto da Criança e do Adolescente, assinale a alternativa correta.

A – Não existe direito público subjetivo do aluno ou de sua família ao ensino domiciliar, inexistente na legislação brasileira.

B – Compete à Justiça Estadual processar e julgar os crimes consistentes em disponibilizar ou adquirir material pornográfico envolvendo criança ou adolescente, quando praticados por meio virtual.

C – É inconstitucional a obrigatoriedade de imunização por meio de vacina que, registrada em órgão de vigilância sanitária, (i) tenha sido incluída no Programa Nacional de Imunizações, ou (ii) tenha sua aplicação obrigatória determinada em lei, ou (iii) seja objeto de determinação da União, do Estado, do Distrito Federal ou do Município, com base em consenso médico- -científico.

D – O § 10 do artigo 75 da Lei no 6.815/1980 não foi recepcionado pela Constituição Federal de 1988, sendo possível a expulsão de estrangeiro cujo filho brasileiro foi reconhecido ou adotado posteriormente ao fato ensejador do ato expulsório.

E – É dever estatal assegurar o atendimento em creche e pré-escola às crianças de 0 (zero) a 6 (seis) anos de idade.

Gabarito: letra A.

1. RE 888815, Relator Min. Roberto Barroso, Relator p/ Acórdão: Min. Alexandre de Moraes, Tribunal Pleno, julgado em 12/09/2018.

4.2. Princípio da reserva do possível

Quando se estudam os direitos fundamentais prestacionais, ou seja, aqueles cujo dever de proporcionar aos cidadãos recai sobre o Estado, através de obrigação de fazer, vem à tona a discussão acerca do princípio da reserva do possível.

Esse princípio traz para a discussão sobre a realização de direitos fundamentais um dado básico inafastável, que é a **limitação financeira** do ente público.

Nas palavras de Ana Paula de Barcellos:

> A expressão *reserva do possível* procura identificar o fenômeno econômico de limitação dos recursos disponíveis diante das necessidades quase sempre infinitas a serem por eles supridas. No que importa ao estudo aqui empreendido, a reserva do possível significa que, para além das discussões jurídicas sobre o que se pode exigir judicialmente do Estado – e em última análise da sociedade, já que é esta que o sustenta –, é importante lembrar que há um limite de possibilidades materiais para esses direitos. Em suma: pouco adiantará, do ponto de vista prático, a previsão normativa ou a refinada técnica hermenêutica se absolutamente não houver dinheiro para custear a despesa gerada por determinado direito subjetivo.[2]

De acordo com esse princípio, sendo os recursos financeiros do Poder Público naturalmente finitos, a realização de suas missões constitucionais deve ser a melhor possível diante dos recursos disponíveis.

A esse respeito, o Superior Tribunal de Justiça já decidiu que: **"a real insuficiência de recursos deve ser demonstrada pelo Poder Público, não sendo admitido que a tese seja utilizada como uma desculpa genérica para a omissão estatal no campo da efetivação dos direitos fundamentais**, principalmente os de cunho social."[3]

Isso significa que o ente público deve demonstrar com **dados orçamentários e contábeis** a alocação de recursos, **não** sendo suficiente a **mera alegação genérica** de insuficiência de recursos. Além disso, o Supremo Tribunal Federal já se manifestou a respeito da matéria pontuando que a defesa com base na reserva do possível **não pode** ser utilizada para **frustrar** a prestação do **mínimo existencial** do cidadão.[4] Em outras palavras, **diante do mínimo existencial, o argumento da reserva do possível perde força** e, se o ente público não promover adequadamente política pública para atender a população, o STF entende estar legitimada a intervenção do Judiciário.

2. BARCELLOS, Ana Paula de. op. cit., p. 236-237.
3. AgRg no AREsp 790.767/MG, Rel. Min. Humberto Martins, 2ª Turma, julgado em 03/12/2015.
4. ARE 639337 AgR, Relator Min. Celso de Mello, Segunda Turma, julgado em 23/08/2011.

4.3. Escola em período integral

Nos últimos anos, diversos estados-membros têm ampliado a oferta de escolas de período integral na rede pública, mas ainda em número insuficiente para todos os interessados. Surgiu então o questionamento no Judiciário quanto à existência de um direito público subjetivo do estudante a vaga em escola de período integral. Ao examinar a matéria, o STJ entendeu que o estado **não está obrigado a fornecer vaga** em escolas de **período integral** a todos os estudantes da rede pública.[5]

5. COMUNICAÇÃO AO CONSELHO TUTELAR

O artigo 56 traz importante previsão para a efetividade do direito à educação de crianças e adolescentes. Sua redação é a seguinte: *"Os dirigentes de estabelecimentos de ensino fundamental comunicarão ao Conselho Tutelar os casos de: I – maus-tratos envolvendo seus alunos; II – reiteração de faltas injustificadas e de evasão escolar, esgotados os recursos escolares; III – elevados níveis de repetência."*

O objetivo é detectar prontamente o problema e buscar soluções. Assim, compete ao dirigente do estabelecimento de ensino fundamental **comunicar ao Conselho Tutelar** local uma das situações acima descritas: **maus-tratos, reiteração de faltas injustificadas, evasão escolar** e **elevado nível de repetência.**

O Conselho Tutelar, por sua vez, poderá tomar as providências elencadas no Estatuto (art. 136, inc. III).

A omissão da comunicação ao Conselho Tutelar em caso de maus-tratos caracteriza infração administrativa por parte do dirigente do estabelecimento educacional (art. 245).

Comunicação ao Conselho Tutelar	
Hipóteses de comunicação ao Conselho Tutelar (art. 56)	– maus-tratos envolvendo alunos
	– reiteração de faltas injustificadas
	– evasão escolar
	– elevados níveis de repetência
Responsável pela comunicação	Dirigente do estabelecimento de ensino
Consequência da não comunicação	Infração administrativa (art. 245)

5. RMS 59.964/PR, Rel. Min. Herman Benjamin, 2ª Turma, julgado em 26/03/2019.

▸ **Como o assunto foi cobrado em concurso?**

Instituto Consulplan – 2024 – MP/SC – Promotor

De acordo com as disposições da Lei nº 13.819/2019, julgue o item a seguir.

Se Joana, diretora de escola estadual, perceber que um de seus alunos tem várias marcas em ambos os antebraços, aparentemente feitas por instrumento cortante, o que parece configurar automutilação, deverá realizar a oitiva dos pais ou responsáveis e, facultativamente, notificar o caso ao Conselho Tutelar de sua cidade.

Gabarito: o item está errado.

6. EXIGÊNCIA DE CERTIDÃO DE ANTECEDENTES CRIMINAIS PARA TRABALHO COM CRIANÇAS E ADOLESCENTES

Em 2024, foi editada a Lei n. 14.811, cujo foco foi a instituição de medidas de proteção de crianças e adolescentes contra violência em estabelecimentos educacionais e similares.

Nesse contexto, o Estatuto foi alterado para incluir o artigo 59-A. Confira-se a redação:

> Art. 59-A. As instituições sociais públicas ou privadas que desenvolvam atividades com crianças e adolescentes e que recebam recursos públicos deverão exigir e manter certidões de antecedentes criminais de todos os seus colaboradores, as quais deverão ser atualizadas a cada 6 (seis) meses.
>
> Parágrafo único. Os estabelecimentos educacionais e similares, públicos ou privados, que desenvolvem atividades com crianças e adolescentes, independentemente de recebimento de recursos públicos, deverão manter fichas cadastrais e certidões de antecedentes criminais atualizadas de todos os seus colaboradores.

Como se vê, o objetivo é que instituições públicas e privadas, bem como estabelecimentos educacionais e simulares passem a exigir certidão de antecedentes criminais de seus colaboradores. O legislador estabeleceu uma distinção entre o caput e o parágrafo único. O caput trata de instituições sociais que recebem recursos públicos. Para essas, há exigência de certidão de antecedentes criminais a cada seis meses de todos os colaboradores.

Já o parágrafo único foca nos estabelecimentos educacionais e similares. Nesse caso, independente de recebimento de recursos públicos, a exigência é para que mantenham fichas cadastrais e certidões de antecedentes criminais atualizadas.

Sinceramente, a distinção entre ambas as situações não parece fazer sentido – é apenas má técnica legislativa criando incertezas. No caput há clareza:

certidões exigidas a cada 6 meses. No parágrafo único se fala em certidões atualizadas. O que é uma certidão atualizada? A cada ano? A cada seis meses? Há maior espaço de discussão judicial, o que é negativo sob a minha ótica.

Além disso, o dispositivo não traz sanção. Não há indicação quanto ao que fazer com colaboradores que apresentem certidão de antecedentes criminais positiva. A regra não indica se essas pessoas podem ser contratadas ou se precisam ser demitidas.

Embora seja compreensível a preocupação do legislador com a proteção infantojuvenil, o artigo 59-A como um todo não parece gerar maior segurança, mas sim uma grande incerteza. A meu ver, é apresentação de ficha de antecedentes criminais pode ser exigida e a indicação de crimes cometidos com violência, crimes contra crianças, crimes hediondos são razões para não contratação. De outro lado, a existência de crimes leves não pode, a priori, afastar totalmente a possibilidade de contratação da pessoa.

Capítulo VI

Profissionalização e proteção ao trabalho

1. INTRODUÇÃO

O último capítulo referente aos direitos fundamentais no Estatuto da Criança e do Adolescente trata do direito à profissionalização e à proteção ao trabalho (arts. 60 a 69). Trata-se de tópico voltado aos adolescentes, pois a **criança** (aquela pessoa que ainda não completou 12 anos – art. 2º) **não pode trabalhar**. O adolescente, a partir dos **14 anos completos**, pode trabalhar **em determinadas condições**.

O trabalho realizado pelo adolescente não deve possuir meramente o viés de contraprestação pecuniária. As diretrizes que regem o tema são **(i)** o respeito à condição peculiar de pessoa em desenvolvimento, e **(ii)** a capacitação profissional adequada ao mercado de trabalho (art. 69).

> ▸ **IMPORTANTE**
> Criança não pode trabalhar; adolescente, a partir dos 14 anos completos, pode trabalhar em determinadas condições.

2. IDADE MÍNIMA PARA TRABALHO

A Constituição da República estabelece no art. 7º, inciso XXXIII, que é proibido o *"trabalho noturno, perigoso ou insalubre a menores de 18 (dezoito) e de qualquer trabalho a menores de 16 (dezesseis) anos, salvo na condição de aprendiz, a partir de 14 (quatorze) anos."* Trata-se de redação dada Emenda Constitucional n. 20/1998.

Na mesma linha, o inciso I do § 3º do artigo 227, ao tratar do direito à proteção especial, prevê a *"idade mínima de quatorze anos para admissão ao trabalho, observado o disposto no art. 7º, XXXIII"*.

A Constituição não deixa margem para dúvidas. O mesmo não se pode dizer da redação do Estatuto, cujo artigo 60 prevê que *"é proibido qualquer trabalho a menores de quatorze anos de idade, salvo na condição de aprendiz"*. Uma leitura precipitada do Estatuto pode levar à equivocada ideia de que o adolescente com menos de 14 anos de idade pode trabalhar, desde que na condição de aprendiz. A redação original da Constitucional tinha esse mesmo conteúdo.

A expressão "*menores de quatorze anos*" pode ser interpretada de duas formas: **(i)** aquele de idade inferior a 14 anos; ou **(ii)** o **adolescente de 14 anos de idade**. Essa segunda interpretação é a que conta com amparo constitucional.

Por sua vez, na Consolidação das Leis do Trabalho (CLT), o trabalho do adolescente está disciplinado nos artigos 402 a 441. O artigo 402 não deixa dúvidas acerca de quem pode trabalhar: *"Considera-se menor para os efeitos desta Consolidação o trabalhador de quatorze até dezoito anos."*

Assim, tem-se que o trabalho é possível ao adolescente de 14 anos de idade na condição de aprendiz. A partir de 16 anos, o adolescente pode trabalhar como empregado regular, mas não pode executar trabalho noturno, perigoso ou insalubre. A partir de 18 anos, o adolescente atinge a maioridade e pode exercer qualquer tipo de trabalho.

Idade	Trabalho
Criança (até 12 anos incompletos)	Não pode exercer **nenhum trabalho**;
Adolescente de 12 anos completos a 14 anos incompletos	Não pode exercer **nenhum trabalho**;
Adolescente de 14 completos a 16 anos incompletos	Trabalho apenas na condição de **aprendiz**;
Adolescente de 16 completos a 18 incompletos	Pode **trabalhar regularmente**, **exceto** no período **noturno** ou função **perigosa** ou **insalubre**;
A partir de 18 anos	Atinge a maioridade e pode exercer **qualquer** tipo de **trabalho**.

▸ **Como o assunto foi cobrado em concurso?**

CEBRASPE - 2024 - Prefeitura de Cachoeiro de Itapemirim/ES - Procurador

Tendo por base o que dispõem o Código Civil e o Estatuto da Criança e do Adolescente, julgue o item a seguir.

Considera-se criança a pessoa até doze anos de idade incompletos.

Gabarito: o item está certo.

3. PROTEÇÃO AO TRABALHO DO ADOLESCENTE

O artigo 61 do Estatuto remete a proteção ao trabalho do adolescente à legislação especial, ou seja, a Consolidação das Leis do Trabalho (arts. 402 a 441), mas destaca alguns aspectos protetivos em seus artigos 62 a 69. Dentre as previsões do Estatuto, encontram-se normas relacionadas a comandos constitucionais.

Veja-se o quadro a seguir:

Principais características da proteção ao trabalho do adolescente (arts. 62 a 69)
- garantia de acesso e frequência obrigatória ao ensino regular (art. 63, inc. I - CR, art. 227, § 3º, inc. III); - atividade compatível com o desenvolvimento do adolescente (art. 63, inc. II); - horário especial para o exercício das atividades (art. 63, III); - garantia de direitos trabalhistas e previdenciários (art. 65 - CR, art. 227, § 3º, inc. II); - trabalho protegido ao adolescente portador de deficiência (art. 66 - CR, art. 227, § 1º, inc. II); - vedação ao trabalho noturno (entre 22:00 e 5:00 horas), perigoso, insalubre ou penoso (art. 67, inc. I e II - CR, art. 7º, inc. XXXIII); - vedação ao trabalho realizado em locais prejudiciais à sua formação e desenvolvimento físico, psíquico, moral e social (art. 67, inc. III); - vedação ao trabalho realizado em horários e locais que impeçam a frequência escolar (art. 67, inc. IV - CR, art. 227, § 3º, inc. III).

▸ Como o assunto foi cobrado em concurso?

(Promotor de Justiça - MP-AP - 2021 - Cespe) A Constituição Federal de 1988 e o ECA conferem especial proteção ao trabalhador adolescente. Com relação às vedações legais, é correto afirmar que ao adolescente é vedado o trabalho

A) noturno, realizado entre as vinte horas de um dia e as seis horas do dia seguinte.

B) a menores de dezesseis anos de idade, salvo na condição de aprendiz, a partir de doze anos de idade.

C) perigoso, insalubre ou penoso aos maiores de quatorze anos de idade, salvo se assegurado o fornecimento de equipamento de proteção individual (EPI).

D) realizado em locais prejudiciais à formação e ao desenvolvimento físico, psíquico, moral e social.

E) realizado em local distante da escola frequentada pelo adolescente.

Gabarito: letra D.

Para melhor compreensão do tema em estudo, é necessária a leitura também dos dispositivos da CLT que regulam o trabalho do adolescente, mais especificamente os abaixo transcritos:

> **Art. 405.** Ao menor não será permitido o trabalho:
>
> I - nos locais e serviços perigosos ou insalubres, constantes de quadro para esse fim aprovado pelo Diretor Geral do Departamento de Segurança e Higiene do Trabalho;
>
> II - em locais ou serviços prejudiciais à sua moralidade.
>
> § 2º O trabalho exercido nas ruas, praças e outros logradouros dependerá de prévia autorização do Juiz de Menores, ao qual cabe verificar se a

ocupação é indispensável à sua própria subsistência ou à de seus pais, avós ou irmãos e se dessa ocupação não poderá advir prejuízo à sua formação moral.

§ 3º Considera-se prejudicial à moralidade do menor o trabalho:

a) prestado de qualquer modo, em teatros de revista, cinemas, boates, cassinos, cabarés, dancings e estabelecimentos análogos;

b) em empresas circenses, em funções de acróbata, saltimbanco, ginasta e outras semelhantes;

c) de produção, composição, entrega ou venda de escritos, impressos, cartazes, desenhos, gravuras, pinturas, emblemas, imagens e quaisquer outros objetos que possam, a juízo da autoridade competente, prejudicar sua formação moral;

d) consistente na venda, a varejo, de bebidas alcoólicas.

Art. 406. O Juiz de Menores poderá autorizar ao menor o trabalho a que se referem as letras "a" e "b" do § 3º do art. 405:

I – desde que a representação tenha fim educativo ou a peça de que participe não possa ser prejudicial à sua formação moral;

II – desde que se certifique ser a ocupação do menor indispensável à própria subsistência ou à de seus pais, avós ou irmãos e não advir nenhum prejuízo à sua formação moral.

Questão interessante diz respeito à **situação jurídica dos atores mirins**, crianças e adolescentes com idade inferior a 14 anos que atuam em peças de teatro e na televisão. A CLT apresenta certa regulamentação, na medida em que prevê a necessidade de autorização expressa do juízo da Infância e da Juventude e elenca requisitos, a saber: o trabalho não pode ser prejudicial à sua formação moral e deve ser essencial à subsistência do ator infantojuvenil ou de sua família.

Além da previsão da CLT, a matéria está regulada pelo artigo 8 da **Convenção n. 138 da Organização Internacional do Trabalho (OIT)**, que prevê o seguinte:

Artigo 8

1. A autoridade competente poderá conceder, mediante prévia consulta às organizações interessadas de empregadores e de trabalhadores, quando tais organizações existirem, por meio de permissões individuais, exceções à proibição de ser admitido ao emprego ou de trabalhar, que prevê o artigo 2 da presente Convenção, no caso de finalidades tais como as de participar em representações artísticas.

2. As permissões assim concedidas limitarão o número de horas do emprego ou trabalho autorizadas e prescreverão as condições em que esse poderá ser realizado.

Essa Convenção foi recepcionada e promulgada pelo Decreto n. 4.134 de 2002. Com base nesse regramento, o trabalho de criança ou adolescente pode ser autorizado pelo juízo da Infância e da Juventude.

Há, ainda, posição doutrinária que dá outro enquadramento jurídico à questão, ao entender que a hipótese não é trabalho, mas de participação em televisão, teatro ou afim. Nesse sentido, confira-se o entendimento de Andréa Rodrigues Amin:

> O artigo 405, § 3º, da CLT, dispõe sobre locais de trabalho considerados prejudiciais à moralidade do adolescente. À guisa de exemplo, citamos teatros de revista, cinemas, boates, cassinos, cabarés *dancings*, circos, venda de bebidas alcoólicas etc. Contudo o Juiz da Infância e Juventude poderá conceder autorização para o adolescente trabalhar ou apenas participar de espetáculos, circos, cinemas e afins, desde que não se mostre prejudicial à sua formação moral (art. 406 da CLT).
>
> O mesmo tratamento será dado aos "atores-mirins", crianças que participam de novelas e peças teatrais. Não se trata de um contrato de trabalho regido pela CLT, pois o trabalho infantil é proibido constitucionalmente, mas sim de um contrato de participação em obra televisiva, teatral ou cinematográfica, dependente de autorização judicial e sujeito a um regime especial, de acordo com a portaria do juízo da infância e juventude.
>
> Torna-se oportuno registrar que o alvará deverá levar em conta a peculiaridade de cada trabalho a ser realizado adequando-o ao cotidiano dos jovens atores, a fim de não prejudicá-los em seu desenvolvimento. Não podemos deixar de lembrar a especial condição de pessoas em desenvolvimento que demanda uma análise particularizada de cada caso. Caberá, portanto, uma limitação da quantidade de dias e horas de gravação que, caso não respeitada, gerará sanções para o contratante.[1]

1. AMIN, Andrea Rodrigues. *In:* MACIEL, Kátia Regina Ferreira Lobo Andrade. op. cit., p. 63.

Capítulo VII

Prevenção

1. INTRODUÇÃO

O Título III do Estatuto (arts. 70 a 85) trata da prevenção à violação de direitos infantojuvenis. Os dispositivos que tratam da prevenção estão fortemente ligados à doutrina da proteção integral. Afinal, o que se quer evitar é que a criança ou adolescente possa vir a ter problemas, possa colocar-se em situação de risco.

É o que explica Ângela Maria Silveira dos Santos:

> Na esteira da Doutrina da Proteção Integral, o legislador estatutário, partindo do pressuposto de que a criança e o adolescente possuem um espírito maleável suscetível a todo tipo de influências ambientais, outorgou-lhes um cuidado especial, de prevenção e tratamento por parte da família, da sociedade e do poder público, para que possam se desenvolver de forma plena, sem correrem o risco de se transformarem em fardos difíceis de serem suportados pela própria sociedade.[1]

Conforme prescreve o artigo 70 do Estatuto, *"é* **dever de todos** *prevenir a ocorrência de ameaça ou violação dos direitos da criança e do adolescente"*.

Além desse dever geral do artigo 70, há ainda um dever específico de prevenção, focado na questão do uso de castigo físico ou de tratamento cruel ou degradante contra crianças e adolescentes (art. 70-A).

Esse dispositivo foi introduzido inicialmente pela Lei n. 13.010/2014, sendo posteriormente ampliado pela Lei n. 14.344/2022. Vejamos então a redação atual acerca da atuação articulada dos entes políticos no enfrentamento da violência contra crianças e adolescentes:

PRINCIPAIS AÇÕES (art. 70-A)
I – a promoção de campanhas educativas permanentes para a divulgação do direito da criança e do adolescente de serem educados e cuidados sem o uso de castigo físico ou de tratamento cruel ou degradante e dos instrumentos de proteção aos direitos humanos; II – a integração com os órgãos do Poder Judiciário, do Ministério Público e da Defensoria Pública, com o Conselho Tutelar, com os Conselhos de Direitos da Criança e do Adolescente e com as entidades não governamentais que atuam na promoção, proteção e defesa dos direitos da criança e do adolescente;

1. SANTOS, Ângela Maria Silveira dos. Prevenção. In: MACIEL, Kátia Regina Ferreira Lobo Andrade. (coord.). op. cit., p. 267.

PRINCIPAIS AÇÕES (art. 70-A)
III - a formação continuada e a capacitação dos profissionais de saúde, educação e assistência social e dos demais agentes que atuam na promoção, proteção e defesa dos direitos da criança e do adolescente para o desenvolvimento das competências necessárias à prevenção, à identificação de evidências, ao diagnóstico e ao enfrentamento de todas as formas de violência contra a criança e o adolescente; IV - o apoio e o incentivo às práticas de resolução pacífica de conflitos que envolvam violência contra a criança e o adolescente; V - a inclusão, nas políticas públicas, de ações que visem a garantir os direitos da criança e do adolescente, desde a atenção pré-natal, e de atividades junto aos pais e responsáveis com o objetivo de promover a informação, a reflexão, o debate e a orientação sobre alternativas ao uso de castigo físico ou de tratamento cruel ou degradante no processo educativo; VI - a promoção de espaços intersetoriais locais para a articulação de ações e a elaboração de planos de atuação conjunta focados nas famílias em situação de violência, com participação de profissionais de saúde, de assistência social e de educação e de órgãos de promoção, proteção e defesa dos direitos da criança e do adolescente. VII - a promoção de estudos e pesquisas, de estatísticas e de outras informações relevantes às consequências e à frequência das formas de violência contra a criança e o adolescente para a sistematização de dados nacionalmente unificados e a avaliação periódica dos resultados das medidas adotadas; VIII - o respeito aos valores da dignidade da pessoa humana, de forma a coibir a violência, o tratamento cruel ou degradante e as formas violentas de educação, correção ou disciplina; IX - a promoção e a realização de campanhas educativas direcionadas ao público escolar e à sociedade em geral e a difusão desta Lei e dos instrumentos de proteção aos direitos humanos das crianças e dos adolescentes, incluídos os canais de denúncia existentes; X - a celebração de convênios, de protocolos, de ajustes, de termos e de outros instrumentos de promoção de parceria entre órgãos governamentais ou entre estes e entidades não governamentais, com o objetivo de implementar programas de erradicação da violência, de tratamento cruel ou degradante e de formas violentas de educação, correção ou disciplina; XI - a capacitação permanente das Polícias Civil e Militar, da Guarda Municipal, do Corpo de Bombeiros, dos profissionais nas escolas, dos Conselhos Tutelares e dos profissionais pertencentes aos órgãos e às áreas referidos no inciso II deste caput, para que identifiquem situações em que crianças e adolescentes vivenciam violência e agressões no âmbito familiar ou institucional; XII - a promoção de programas educacionais que disseminem valores éticos de irrestrito respeito à dignidade da pessoa humana, bem como de programas de fortalecimento da parentalidade positiva, da educação sem castigos físicos e de ações de prevenção e enfrentamento da violência doméstica e familiar contra a criança e o adolescente; XIII - o destaque, nos currículos escolares de todos os níveis de ensino, dos conteúdos relativos à prevenção, à identificação e à resposta à violência doméstica e familiar.
Observação: famílias com crianças e adolescentes com deficiência terão prioridade de atendimento nas ações e políticas públicas de prevenção e proteção.

Em complemento, o artigo 70-B, cuja redação é a seguinte: "*As entidades, públicas e privadas, que atuem nas áreas da saúde e da educação, além daquelas às quais se refere o art. 71 desta Lei, entre outras, devem contar, em seus quadros, com pessoas capacitadas a reconhecer e a comunicar ao Conselho Tutelar suspeitas ou casos de crimes praticados contra a criança e o adolescente.*"

O artigo 71 referido no dispositivo transcrito indica as áreas sobre as quais atua a prevenção especial do Estatuto, a saber informação, cultura, lazer, esportes, diversões, espetáculos e produtos e serviços para crianças e adolescentes.

Assim, o que pretende o legislador é impor o dever de que as pessoas que trabalham nesses segmentos voltados ao público infantojuvenil sejam capazes para detectar casos ou suspeitas de maus-tratos. Para atender ao comando do Estatuto, o empregador deve capacitar seus funcionários para que identifiquem casos ou suspeitas de maus-tratos e façam a devida comunicação ao Conselho Tutelar. O parágrafo único do artigo 70-B alarga o espectro de pessoas que devem fazer a comunicação ao Conselho Tutelar ao prever tal dever a todos aqueles que estejam de qualquer forma envolvidos com o cuidado, assistência ou guarda de crianças e adolescentes.

Como consequência da violação de normas referentes à prevenção, tem-se a responsabilização de pessoas físicas e jurídicas, seja no âmbito civil ou penal. No âmbito civil, violações ao Estatuto da Criança e do Adolescente podem ser reparadas através de ações individuais ou coletivas, como a ação civil pública, intentada principalmente pelo Ministério Público e pela Defensoria Pública (Lei nº 7.347/85, art. 5º).

No âmbito penal, as responsabilidades são apuradas e punidas através do trabalho desempenhado pelo Ministério Público.

Prevenção à violação de direitos da criança e do adolescente
- informação, cultura, lazer, esportes, diversões e espetáculos (arts. 74 a 80)
- a produtos e serviços (arts. 81 e 82)
- autorização para viajar (arts. 83 a 85)

2. PREVENÇÃO REFERENTE À INFORMAÇÃO, CULTURA, LAZER, ESPORTES, DIVERSÕES E ESPETÁCULOS

Ao longo de seu desenvolvimento, crianças e adolescentes vão alcançando diferentes graus de maturidade. Como já destacado reiteradas vezes ao longo da obra, a doutrina da proteção integral está ligada à condição peculiar da criança e do adolescente como pessoas em desenvolvimento. Nessa ordem de ideias, o Poder Público, como um dos responsáveis pela proteção integral, deve regulamentar o acesso dos jovens a diversões e espetáculos (art. 74). Quer dizer, **compete ao Poder Público** balizar e **qualificar** a natureza dos eventos de entretenimento, bem como a **faixa etária**, os locais e **horários de exibição**.

Não se trata aqui de censurar a liberdade de expressão e o acesso à informação de crianças e adolescentes, mas tão somente de proporcionar a compatibilidade de tais eventos (espetáculos, shows, eventos etc.) com as peculiaridades do desenvolvimento sadio infantojuvenil.

Esse é um dever previsto desde a redação original da Constituição da República, cujo § 3º do artigo 220 prevê:

> **Art. 220.** A manifestação do pensamento, a criação, a expressão e a informação, sob qualquer forma, processo ou veículo não sofrerão qualquer restrição, observado o disposto nesta Constituição.
>
> § 3º Compete à lei federal:
>
> I – regular as diversões e espetáculos públicos, cabendo ao Poder Público informar sobre a natureza deles, as faixas etárias a que não se recomendem, locais e horários em que sua apresentação se mostre inadequada;
>
> II – estabelecer os meios legais que garantam à pessoa e à família a possibilidade de se defenderem de programas ou programações de rádio e televisão que contrariem o disposto no art. 221, bem como da propaganda de produtos, práticas e serviços que possam ser nocivos à saúde e ao meio ambiente.

A disciplina do Estatuto não se afasta da previsão constitucional, sendo a redação do artigo 74 bastante similar ao texto da Carta Maior.

Da mesma forma que o Poder Público tem deveres a cumprir na prevenção dos direitos das crianças e adolescentes, o particular responsável pelo evento assume o papel fundamental de prestar adequadamente seus serviços. Assim, o responsável por evento ou espetáculo deve exibir de forma clara na entrada do local a informação sobre sua natureza e a faixa etária indicada (art. 74, p.ú.). O mesmo vale para:

(i) programas de rádio e televisão, que devem indicar a faixa etária adequada do programa antes do início de sua apresentação (art. 76, p.ú.);

(ii) para aqueles que trabalham com locação e venda de programas de vídeo (art. 77); e

(iii) para revistas e publicações (art. 78). Por fim, o Estatuto não delega ao Poder Público a disciplina sobre a entrada e permanência de crianças e adolescentes em **casas de bilhar e de jogos** com apostas; a opção de política legislativa aqui foi de **proibição taxativa** do acesso (art. 80).

O descumprimento dessas previsões pelos particulares leva à caracterização das infrações administrativas previstas nos artigos 252 a 258-C.

2.1. Classificação indicativa – inconstitucionalidade declarada pelo STF

O Supremo Tribunal Federal analisou a ADI 2404 que pedia a declaração de inconstitucionalidade do art. 254 do Estatuto, cuja redação é a seguinte: *"Transmitir, através de rádio ou televisão, espetáculo em horário* ***diverso do autorizado*** *ou sem aviso de sua classificação: Pena – multa de vinte a cem salários de referência; duplicada em caso de reincidência a autoridade judiciária poderá determinar a suspensão da programação da emissora por até dois dias."*

Por maioria de votos, o STF declarou a inconstitucionalidade da expressão, em julgamento finalizado em agosto de 2016.

3. PREVENÇÃO À VENDA DE PRODUTOS E SERVIÇOS

Os artigos 81 e 82 apresentam um rol de itens, produtos e serviços, que não podem ser vendidos a crianças e adolescentes. Veja-se o quadro:

Venda proibida a crianças e adolescentes (arts. 81)	I – armas, munições e explosivos; II – bebidas alcoólicas; III – produtos cujos componentes possam causar dependência física ou psíquica ainda que por utilização indevida; IV – fogos de estampido e de artifício, exceto aqueles que pelo seu reduzido potencial sejam incapazes de provocar qualquer dano físico em caso de utilização indevida; V – revistas e publicações a que alude o art. 78; VI – bilhetes lotéricos e equivalentes;
Serviço proibido	– hospedagem em hotel, motel, pensão ou congênere, salvo se autorizado ou acompanhado de pais ou responsável (art. 82).

No elenco de itens vedados à venda, uns são por demais óbvios, como armas e bebidas alcoólicas (art. 81, inc. I e II); outros, nem tanto, como a **proibição** de venda de **bilhetes lotéricos** e equivalentes (art. 81, inc. VI), cujo objetivo é afastar o adolescente dos jogos de azar. Se já não é possível seu ingresso e permanência em locais como casas de bilhar e aposta (art. 80), com igual razão não se há de permitir a venda de tais bilhetes.

Dentre os produtos que podem causar **dependência física ou psíquica** (art. 81, inc. III), inclui-se a **cola de sapateiro** e o cigarro. O Estatuto **autoriza** a venda a crianças e adolescentes de fogos de artifício e estampido que não possuam **nenhuma potencialidade lesiva**, como é o caso dos *estalinhos*.

A venda desses produtos a crianças e adolescentes pode caracterizar crime ou infração administrativa, conforme o caso. Por exemplo, a venda de armas e munições caracteriza crime previsto no Estatuto do Desarmamento (Lei nº 10.826/2003, art. 16, p.ú., inc. V) – a previsão do art. 242 do Estatuto foi revogada tacitamente. Em relação a fogos de artifício, o crime é o do artigo 244.

> **Como o assunto foi cobrado em concurso?**
>
> **(Cespe – Procurador do Estado – PGE – RR/2023)** Julgue o seguinte item, com base no disposto nos Estatutos da Criança e do Adolescente, da Pessoa com Deficiência e da Pessoa Idosa.
>
> É proibida a venda de qualquer tipo de fogos de estampido e de artifício a criança ou a adolescente.
>
> *Gabarito: o item está errado.*

O rol do artigo 81 traz em dois incisos separados a bebida alcoólica (inc. II) e os produtos que possam causar dependência (inc. III). Por outro lado, na parte de crimes e infrações administrativas, o artigo 243 do Estatuto fazia menção tão somente aos produtos que possam causar dependência física ou psíquica. Confira-se a redação original:

> **Art. 243.** Vender, fornecer ainda que gratuitamente, ministrar ou entregar, de qualquer forma, a criança ou adolescente, sem justa causa, produtos cujos componentes possam causar dependência física ou psíquica, ainda que por utilização indevida:
>
> Pena – detenção de seis meses a dois anos, e multa, se o fato não constitui crime mais grave.

A partir da distinção do artigo 81 e da menção exclusiva a produtos que causam dependência do artigo 243, a jurisprudência do STJ consolidara o entendimento de que a venda de bebidas alcoólicas a crianças e adolescente não estava inserida como crime no Estatuto. Tal conduta caracterizava tão somente contravenção penal (REsp. nº 942.288-RS).

Sem dúvida, havia uma falha sistêmica no Estatuto, pois a bebida alcoólica também causa dependência e, ainda assim, a consequência jurídica era distinta e mais branda. Isso foi corrigido pela Lei n. 13.106/2015, que incluiu a bebida alcoólica no rol do artigo 243. Veja-se a nova redação:

> **Art. 243.** Vender, fornecer, servir, ministrar ou entregar, ainda que gratuitamente, de qualquer forma, a criança ou a adolescente, **bebida alcoólica** ou, sem justa causa, outros produtos cujos componentes possam causar dependência física ou psíquica:
>
> Pena – detenção de 2 (dois) a 4 (quatro) anos, e multa, se o fato não constitui crime mais grave.

A modificação legal permitiu um tratamento uniforme e mais coerente para a matéria. Houve ainda o enrijecimento da punição, que aumentou para detenção de 2 a 4 anos. Além disso, a Lei n. 13.106/2015 incluiu o artigo 258-C para possibilitar a interdição do estabelecimento que vende bebida alcoólica a crianças e adolescentes:

> **Art. 258-C.** Descumprir a proibição estabelecida no inciso II do art. 81:
>
> Pena – multa de R$ 3.000,00 (três mil reais) a R$ 10.000,00 (dez mil reais);
>
> Medida Administrativa – interdição do estabelecimento comercial até o recolhimento da multa aplicada.

Se antes a venda de bebida alcoólica rendia apenas uma contravenção penal, o Estatuto agora dá tratamento mais rigoroso para prever não só o crime, como possibilitar até o fechamento do estabelecimento empresarial.

Por fim, a proibição à hospedagem de criança ou adolescente em hotel, motel ou congênere (art. 82) pretende combater a prostituição infantil e a exploração sexual, crimes previstos no art. 244-A do Estatuto. Ainda que não haja o fim sexual criminoso, o estabelecimento que permite a hospedagem da criança ou adolescente sem autorização ou desacompanhada incide em infração administrativa, prevista no art. 250.

4. AUTORIZAÇÃO PARA VIAJAR

Importante trabalho desempenhado pela Justiça da Infância e Juventude diz respeito às autorizações para viajar. O Estatuto dá tratamento à matéria nos artigos 83 a 85, com o objetivo de combater o tráfico de crianças e adolescentes, e também o afastamento da convivência com um dos pais ou responsáveis.

Há hipóteses em que a autorização judicial não é necessária, ainda que a viagem seja ao exterior. É o que ocorre quando a criança ou adolescente viaja com um dos pais, autorizado expressamente pelo outro através de documento com firma reconhecida (art. 84, II). Na redação original do Estatuto, as restrições legais eram maiores em relação à criança do que ao adolescente, porque naturalmente este tem mais discernimento do que aquela. No entanto, a Lei n 13.812/2019 modificou o regime de autorização para viajar de modo a ampliar as restrições também para adolescentes com **idade inferior a 16 anos**.

Assim, por exemplo, o artigo 83 exige a **autorização judicial** para viagem de **criança** ou adolescente menor de 16 anos **desacompanhada** para fora da comarca onde reside. Esse dispositivo **não se aplica** a adolescentes com idade **igual ou superior a 16 anos**.

Dispensa-se a autorização judicial para viagem da criança e adolescente menor de 16 anos (§ 1º)
– a comarca contígua à de sua residência no mesmo estado ou dentro da mesma região metropolitana; – acompanhada de ascendente ou colateral maior até terceiro grau (com documentação comprobatória do parentesco) ou pessoa maior, autorizada expressamente pelos pais ou responsável.

▸ **Como o assunto foi cobrado em concurso?**

Instituto Consulplan – 2024 – MP/SC – Promotor

Se Valentina, moradora de Florianópolis, com 15 anos, desejar viajar junto com uma amiga da mesma idade, apenas, para visitar o Jardim Botânico da cidade vizinha, São José, necessitará, obrigatoriamente de autorização para a viagem expressamente autorizado por qualquer de seus genitores ou responsável legal, por meio de escritura pública ou de documento particular com firma reconhecida por semelhança ou autenticidade.

Gabarito: o item está errado.

4.1. Viagem ao exterior

A viagem ao exterior está regulada pelo artigo 84, cuja redação é a seguinte:

> **Art. 84.** Quando se tratar de viagem ao exterior, a autorização é dispensável, se a criança ou adolescente:
>
> I – estiver acompanhado de ambos os pais ou responsável;
>
> II – viajar na companhia de um dos pais, autorizado expressamente pelo outro através de documento com firma reconhecida.

Aqui a disciplina alcança crianças e adolescentes indistintamente. Há hipóteses em que a autorização judicial não é necessária, ainda que a viagem seja ao exterior. É o que ocorre quando a criança ou adolescente viaja com um dos pais, autorizado expressamente pelo outro através de documento com firma reconhecida (art. 84, II).

4.2. Autorização para viagem ao exterior e Resolução nº 131/2011 do CNJ

Além da previsão do Estatuto, a viagem ao exterior de crianças e adolescentes recebe regulamentação do Conselho Nacional de Justiça. Em maio de 2011, o CNJ editou a Resolução nº 131, cujo objetivo é uniformizar as exigências das autoridades públicas para viagens de crianças e adolescentes ao exterior.

A Resolução do CNJ pode ser assim resumida:

<table>
<tr><th colspan="2">Viagem ao exterior – Resolução 131/2011 CNJ</th></tr>
<tr><td>Dispensa autorização judicial para criança e adolescente brasileiro residente no Brasil</td><td>- acompanhada de ambos os pais;
- acompanhada de um dos pais, com autorização escrita do outro, com firma reconhecida;
- acompanhada de terceiros maiores e capazes, com designação e autorização expressa de ambos os pais, com firma reconhecida;
- desacompanhada, com autorização expressa de ambos os pais, com firma reconhecida.</td></tr>
<tr><td>Dispensa autorização judicial para criança e adolescente brasileiro residente no exterior</td><td>- acompanhada de um dos pais, independentemente de qualquer autorização escrita;
- acompanhada de terceiros maiores e capazes, com designação e autorização expressa de ambos os pais, com firma reconhecida;
- desacompanhada, com autorização expressa de ambos os pais, com firma reconhecida.</td></tr>
<tr><td colspan="2">Observações:
- a comprovação de que a criança ou adolescente tem residência no exterior se dá por documento emitido por repartição consular brasileira, há menos de dois anos, sem o que se aplicam as regras dos residentes no Brasil;
- saída do Brasil em companhia de estrangeiro demanda autorização judicial, exceto: (i) se se tratar do pai; (ii) se a criança ou adolescente não for brasileira;
- a autorização, apresentada em duas vias à Polícia federal no momento do embarque, pode ser por instrumento público ou particular, este com firma reconhecida por autenticidade ou semelhança; supre o reconhecimento de firma a autorização emitida na presença da autoridade consular brasileira, que deve também assinar o documento;
- a comprovação de que um dos genitores é falecido se faz pela apresentação da certidão de óbito;
- não se exige autorização de pais cujo poder familiar foi destituído ou suspenso, desde que essa circunstância conste expressamente da certidão de nascimento da criança ou adolescente;
- autorização pode ser dada pelo guardião legal ou pelo tutor nomeado judicialmente;
- as autorizações de viagem não incluem a autorização para fixação de residência no exterior, salvo previsão expressa nesse sentido;
- no momento da expedição do passaporte, pode-se apresentar a autorização a fim de que esta conste do próprio documento.</td></tr>
</table>

A respeito da emissão de passaporte, o STJ examinou situação em 2024 de crianças domiciliadas no exterior no qual havia dúvida sobre a autoridade competente para determinar a emissão de passaportes. Confira-se:

> 1. A autora, brasileira, ajuizou ação contra a União buscando autorização judicial para a emissão de passaportes para seus filhos menores, em razão da negativa do pai, de nacionalidade norueguesa.

Segundo consta dos autos, a família reside na Noruega desde 2015 e, após separação do casal, o genitor não consentiu com a renovação dos passaportes por temer que eles, se viajarem para o Brasil com a mãe, não mais retornem. Os menores, nascidos em 5/11/2014, têm nacionalidade brasileira e norueguesa.

2. O juiz de primeira instância extinguiu o processo sem resolução de mérito, entendendo que a Justiça da Noruega seria a competente para decidir sobre a emissão dos passaportes e as demais questões relacionadas à saída das crianças do país de domicílio. O Tribunal de origem manteve a sentença, destacando que a Convenção da Haia de 1980, da qual Brasil e Noruega são signatários, prioriza as decisões proferidas no país de residência das crianças no tocante à guarda e visitas, razão pela qual a Justiça Norueguesa seria a competente para suprir o consentimento do pai e determinar a emissão dos passaportes pleiteada nesta ação.

3. O parágrafo único do art. 27 do Decreto 5.978/2006 estabelece que, em caso de divergência entre os pais quanto à concessão de passaporte para menores de 18 anos, o documento será concedido mediante decisão judicial brasileira ou estrangeira legalizada.

4. No caso, a Justiça Norueguesa proferiu decisão sobre a guarda dos menores, que tem residência fixa com a mãe em Rogaland, na Noruega, garantindo o direito de visita do pai, sem, contudo, se posicionar sobre a possibilidade de saída dos menores do país de domicílio, de modo que o acolhimento do pedido pleiteado nesta ação poderia facilitar a vinda das crianças ao Brasil sem a expressa anuência do genitor ou da autoridade judicial competente, violando os princípios emanados pela "Convenção sobre os Aspectos Civis do Sequestro Internacional de Crianças", que tem por finalidade proteger a criança dos efeitos prejudiciais resultantes de mudança de domicílio ou de retenção ilícitas, além de garantir a efetiva aplicação dos direitos de guarda e de visita estabelecidos pelo país de domicílio do menor.

6. Devido às peculiaridades do caso, a conclusão adotada nas instâncias ordinárias se mostra a mais adequada ao caso, devendo o pedido ser analisado pela justiça competente para apreciar as questões atinentes à guarda das crianças, garantindo ao genitor o direito de ingressar nos autos para exercer plenamente sua defesa e contribuir para a instrução processual. Além disso, este entendimento prestigia o princípio do juízo imediato, previsto no art. 147, I e II, do Estatuto da Criança e do Adolescente, pois a proximidade do julgador com as partes proporciona uma prestação jurisdicional mais célere e efetiva, visando atender ao melhor interesse dos menores.

7. Recurso especial não provido.

(REsp n. 1.992.735/PE, relator Ministro Afrânio Vilela, Segunda Turma, julgado em 6/8/2024, DJe de 15/8/2024.)

Capítulo VIII

Política de atendimento

1. INTRODUÇÃO

O Estatuto da Criança e do Adolescente está estruturado em dois livros, Livro I, Parte Geral (arts. 1º a 85), e Livro II, Parte Especial (arts. 86 a 267). Neste Título I do Livro II (arts. 86 a 97), o Estatuto trata da política de atendimento e suas linhas de ação e diretrizes, bem como das entidades de atendimento e sua fiscalização.

2. HISTÓRICO SOBRE A POLÍTICA DE ATENDIMENTO

As primeiras referências à política de assistência à infância e à adolescência remontam, no Brasil, ao período colonial. Tais serviços assistenciais consistiam no recolhimento de meninos para serem criados sob o manto da catequese. Outra experiência que remonta a esse período era a *"Roda dos Expostos"*, mecanismo utilizado para que as mães deixassem seus filhos para criação em instituições destinadas ao acolhimento de crianças abandonadas. No período imperial, começaram a surgir instituições voltadas à correção de adolescentes envolvidos na prática de atos ilícitos, as Casas de Correção.[1]

No início do século XX, a sociedade passou a dar maior atenção à necessidade de tutela da criança como forma de garantir o desenvolvimento da nação. Daí decorrem as primeiras políticas de atendimento à população infantojuvenil verdadeiramente públicas, capitaneadas pelo Poder Público – até então o atendimento se limitava a entidade filantrópicas e religiosas.

A primeira legislação específica para questões referentes a crianças e adolescentes foi o Código Mello de Mattos (Decreto nº 17.943-A/1927), que outorgava ao Juízo de Menores a incumbência de organizar a assistência, fiscalizar as instituições e aplicar medidas protetivas ou repressivas.[2]

---

1. TAVARES, Patrícia Silveira. *A política de atendimento*. In: MACIEL, Kátia Regina Ferreira Lobo Andrade. op. cit., p. 297.
2. Tudo conforme: TAVARES, Patrícia Silveira. In: MACIEL, Kátia Regina Ferreira Lobo Andrade. op. cit., p. 300.

Durante o Estado Novo, foram criados órgãos federais responsáveis pelo atendimento infantojuvenil, tais como o Serviço de Assistência aos Menores (SAM), o Departamento Nacional da Criança (DNCR) e a Legião Brasileira de Assistência (LBA).

Posteriormente, na década de 1960, a Lei nº 4.513/64 criou a Fundação Nacional do Bem-Estar do Menor (Funabem), com a atribuição de viabilizar a implantação da Política Nacional do Bem-Estar do Menor (PNBEM). A política de atendimento era centralizada e não se mostrou efetiva.

O arcabouço jurídico dos direitos da criança e do adolescente foi substituído em 1979 pelo Código de Menores (Lei nº 6.697/79), que tinha como marca a fixação da situação irregular do menor. A rede de atendimento nesse diploma era semelhante à anterior.

Finalmente, diante dos novos paradigmas da Constituição de 1988, o Estatuto da Criança e do Adolescente inaugurou uma nova fase na tutela dos direitos infantojuvenis. Inaugurou-se, como se verá, uma nova política de atendimento, com diretrizes inovadoras.

3. POLÍTICA DE ATENDIMENTO ATUAL

As diretrizes da política de atendimento de crianças e adolescente estão delineadas, inicialmente, na própria Constituição da República:

> **Art. 204.** As ações governamentais na área da assistência social serão realizadas com recursos do orçamento da seguridade social, previstos no art. 195, além de outras fontes, e organizadas com base nas seguintes diretrizes:
>
> I – descentralização político-administrativa, cabendo a coordenação e as normas gerais à esfera federal e a coordenação e a execução dos respectivos programas às esferas estadual e municipal, bem como a entidades beneficentes e de assistência social;
>
> II – participação da população, por meio de organizações representativas, na formulação das políticas e no controle das ações em todos os níveis.

Como se vê, a Constituição adota o modelo da descentralização político-administrativa, com participação efetiva e marcante na execução dos programas pelos entes estaduais e municipais. A previsão constitucional está afinada com o entendimento dos estudiosos da matéria, pois são os entes políticos menores, notadamente os municípios, os que têm melhores condições de identificar as necessidades e as ações a serem tomadas para tutelar os direitos infantojuvenis.

Essa importante mudança de paradigma foi sentida pela doutrina. Veja-se o que diz Patrícia Silveira Tavares:

> Por descentralização político-administrativa compreende-se a distribuição do poder por todas as entidades federativas, que, atuando de forma harmônica e complementar, responsabilizam-se pela definição e pela execução da política de atendimento. A participação popular, neste caso, consiste no chamamento da sociedade a colaborar no processo de formulação das políticas públicas, bem como a controlar as ações governamentais em todos os níveis.
>
> A simples leitura das referidas disposições constitucionais já permite concluir que o tratamento conferido às crianças e adolescentes pelo novo ordenamento jurídico fundado pelo Constituição de 1988 gerou verdadeira "mutação" em todas as células integrantes do corpo legislativo até então existente, em especial, na política de atendimento.
>
> A partir de então, não houve mais espaço para a subsistência do modelo de atendimento centralizado, vertical, assistencialista e correicional-repressivo construído sob a égide do Código de menores, sendo a promulgação da Lei nº 8.069/90 – Estatuto da Criança e do Adolescente – o passo subsequente na instituição de uma nova ordem jurídico-social e, consequentemente, de uma nova política de atendimento.[3]

O Estatuto, por sua vez, estabelece no artigo 86 que a *"política de atendimento dos direitos da criança e do adolescente far-se-á através de um conjunto articulado de ações governamentais e não-governamentais, da União, dos estados, do Distrito Federal e dos municípios."*

Como se vê, a consecução de políticas públicas compete primordialmente ao Poder Executivo, em suas esferas federal, estadual, distrital e municipal. Além disso, importante papel é desempenhado pelas entidades do terceiro setor (ONG´s, fundações privadas etc.), com quem o Poder Público pode fazer parcerias para melhorar e ampliar a prestação de seus serviços – o dispositivo legal faz expressa referência a políticas "não governamentais". Por fim, ao Poder Legislativo, ao Ministério Público, à Defensoria Pública e à sociedade civil organizada toca a função de fiscalizar essas atividades, cobrar melhorias, propor soluções. É através da congregação de esforços de diversos setores que se torna possível construir uma estrutura de atendimento adequada para nossas crianças e adolescentes.

> **IMPORTANTE**
>
> Política de atendimento é o conjunto de medidas, ações e programas voltados ao atendimento de crianças e adolescentes, sejam públicas ou privadas.

3.1. Linhas de ação e diretrizes

Os **artigos 87 e 88** do Estatuto prescrevem, respectivamente, as **linhas** de ação da política de atendimento e suas **diretrizes** – ambas **não se confundem**.

3. TAVARES, Patrícia Silveira. In: MACIEL, Kátia Regina Ferreira Lobo Andrade. op. cit., p. 304.

Por linhas de ação, devem-se entender *"as ações indicadas pelo legislador como imprescindíveis, como o mínimo necessário para a construção e desenvolvimento da política de atendimento dos direitos da criança e do adolescente"*.[4]

As diretrizes, por sua vez, são as orientações de que se deve valer o Poder Público para implementar as linhas de ação.

Assim, temos como ações a serem realizadas pelo Poder Público ou por entidades ligadas à filantropia (terceiro setor) em trabalho de parceria:

Linhas de ação da política de atendimento (art. 87)
I – políticas sociais básicas;
II – serviços, programas, projetos e benefícios de assistência social de garantia de proteção social e de prevenção e redução de violações de direitos, seus agravamentos ou reincidências;
III – serviços especiais de prevenção e atendimento médico e psicossocial às vítimas de negligência, maus-tratos, exploração, abuso, crueldade e opressão e às crianças e aos adolescentes que tiverem qualquer dos pais ou responsáveis vitimado por grave violência ou preso em regime fechado;
IV – serviço de identificação e localização de pais, responsável, crianças e adolescentes desaparecidos;
V – proteção jurídico-social por entidades de defesa dos direitos da criança e do adolescente;
VI – políticas e programas destinados a prevenir ou abreviar o período de afastamento do convívio familiar e a garantir o efetivo exercício do direito à convivência familiar de crianças e adolescentes;
VII – campanhas de estímulo ao acolhimento sob forma de guarda de crianças e adolescentes afastados do convívio familiar e à adoção, especificamente inter-racial, de crianças maiores ou de adolescentes, com necessidades específicas de saúde ou com deficiências e de grupos de irmãos.
Parágrafo único. A linha de ação da política de atendimento a que se refere o inciso IV do caput deste artigo será executada em cooperação com o Cadastro Nacional de Pessoas Desaparecidas, criado pela Lei nº 13.812, de 16 de março de 2019, com o Cadastro Nacional de Crianças e Adolescentes Desaparecidos, criado pela Lei nº 12.127, de 17 de dezembro de 2009, e com os demais cadastros, sejam eles nacionais, estaduais ou municipais.

Com relação ao inciso IV do artigo 87, estabelece-se como política de atendimento a implantação de serviços de identificação e localização de pais, responsáveis, crianças e adolescentes desaparecidos. Nesse contexto, a Lei nº 12.127/2009 criou o **Cadastro Nacional de Crianças e Adolescentes Desaparecidos**.

Inclusive, esse aspecto é ressaltado pelo parágrafo único do artigo 87.

Em 2022, o STF analisou a constitucionalidade de Lei do Estado de Santa Catarina, que impunha a noticiários de TV e jornais a divulgação diária de fotos de

4. TAVARES, Patrícia Silveira. In: MACIEL, Kátia Regina Ferreira Lobo Andrade. op. cit., p. 306.

crianças desaparecidas. No entender do STF, a hipótese é inconstitucionalidade por invasão de competência legislativa, que é privativa da União para tratar de radiodifusão (ADI n. 5292, julgada em 28/03/2022).

Por sua vez, as diretrizes são as seguintes:

Diretrizes da política de atendimento (art. 88)
I – municipalização do atendimento; II – criação de conselhos municipais, estaduais e nacional dos direitos da criança e do adolescente, órgãos deliberativos e controladores das ações em todos os níveis, assegurada a participação popular paritária por meio de organizações representativas, segundo leis federal, estaduais e municipais; III – criação e manutenção de programas específicos, observada a descentralização político-administrativa; IV – manutenção de fundos nacional, estaduais e municipais vinculados aos respectivos conselhos dos direitos da criança e do adolescente; V – integração operacional de órgãos do Judiciário, Ministério Público, Defensoria, Segurança Pública e Assistência Social, preferencialmente em um mesmo local, para efeito de agilização do atendimento inicial a adolescente a quem se atribua autoria de ato infracional; VI – integração operacional de órgãos do Judiciário, Ministério Público, Defensoria, Conselho Tutelar e encarregados da execução das políticas sociais básicas e de assistência social, para efeito de agilização do atendimento de crianças e de adolescentes inseridos em programas de acolhimento familiar ou institucional, com vista na sua rápida reintegração à família de origem ou, se tal solução se mostrar comprovadamente inviável, sua colocação em família substituta, em quaisquer das modalidades previstas no art. 28 desta Lei; VII – mobilização da opinião pública para a indispensável participação dos diversos segmentos da sociedade. VIII – especialização e formação continuada dos profissionais que trabalham nas diferentes áreas da atenção à primeira infância, incluindo os conhecimentos sobre direitos da criança e sobre desenvolvimento infantil; IX – formação profissional com abrangência dos diversos direitos da criança e do adolescente que favoreça a intersetorialidade no atendimento da criança e do adolescente e seu desenvolvimento integral; X – realização e divulgação de pesquisas sobre desenvolvimento infantil e sobre prevenção da violência.

Especificamente em relação à municipalização do atendimento (art. 88, inc. I), o objetivo do Estatuto é permitir o contato mais direto do Poder Público com a população, em razão da maior proximidade entre os cidadãos e os órgãos municipais. Em outras palavras, as **entidades** prestadoras de serviços a crianças e adolescentes devem surgir no **âmbito municipal** – logicamente com o auxílio técnico e financeiro do estado-membro e da União.

Ainda dentre as diretrizes, o inciso II estabelece a necessidade de criação de Conselhos dos Direitos da Criança e do Adolescente em âmbito municipal, estadual e nacional, cuja função é atuar como órgão deliberativo e controlador das ações previstas no artigo 87.

Como explica Edson Sêda:

> Os Conselhos dos Direitos, um em cada um dos níveis municipal, estadual e federal, são a instância em que a população, através de organizações representativas, participará, oficialmente, da formulação da política de atendimento dos direitos da criança e do adolescente e do controle das ações em todos os níveis.[5]

Os Conselhos Municipais devem cooperar e atuar lado a lado com o Conselho Tutelar e o Juizado da Infância e da Juventude.

O inciso IV trata dos fundos dos direitos da criança e do adolescente. Tais fundos são compostos por recursos do Poder Público com destinação específica. Através de lei, especifica-se determinada verba e destina-se o produto de sua arrecadação a um fundo, uma conta especial, cujos valores devem ser aplicados somente à finalidade que ensejou sua criação.

Exemplo de fonte de renda desses fundos está no artigo 260 do Estatuto, que permite a pessoas físicas e jurídicas fazer doações de parte do valor devido a título de imposto de renda.

Inclusive, esse regramento foi modificado em 2023 pela Lei n. 14.692 para incluir os §§ 2º-A e 2º-B para destacar que o contribuinte pode fazer a doação com indicação específica do projeto que receberá os recursos. Confira-se:

> Art. 260. [...]
>
> § 2º-A. O contribuinte poderá indicar o projeto que receberá a destinação de recursos, entre os projetos aprovados por conselho dos direitos da criança e do adolescente.
>
> § 2º-B. É facultado aos conselhos chancelar projetos ou banco de projetos, por meio de regulamentação própria, observadas as seguintes regras:
>
> I – a chancela deverá ser entendida como a autorização para captação de recursos por meio dos Fundos dos Direitos da Criança e do Adolescente com a finalidade de viabilizar a execução dos projetos aprovados pelos conselhos;
>
> II – os projetos deverão garantir os direitos fundamentais e humanos das crianças e dos adolescentes;
>
> III – a captação de recursos por meio do Fundo dos Direitos da Criança e do Adolescente deverá ser realizada pela instituição proponente para o financiamento do respectivo projeto;

5. SÊDA, Edson. In: CURY, Munir. (coord.). op. cit., p. 371.

> IV – os recursos captados serão repassados para a instituição proponente mediante formalização de instrumento de repasse de recursos, conforme a legislação vigente;
>
> V – os conselhos deverão fixar percentual de retenção dos recursos captados, em cada chancela, que serão destinados ao Fundo dos Direitos da Criança e do Adolescente;
>
> VI – o tempo de duração entre a aprovação do projeto e a captação dos recursos deverá ser de 2 (dois) anos e poderá ser prorrogado por igual período;
>
> VII – a chancela do projeto não deverá obrigar seu financiamento pelo Fundo dos Direitos da Criança e do Adolescente, caso não tenha sido captado valor suficiente.

De igual modo, o artigo 214 do Estatuto prevê que os valores das multas serão destinados aos fundos geridos pelos Conselhos dos Direitos da Criança e do Adolescente do respectivo município.

Por sua vez, o inciso V do artigo 88 trata da necessidade de integração operacional entre os diferentes atores da tutela infantojuvenil – Judiciário, MP, Defensoria, Segurança Pública e Assistência Social. Para dar concretude a essa determinação legal, o CNJ editou a Recomendação n. 87/2021, pela qual se recomenda a criação dos Núcleos de Atendimento Integrado (NAI) para atendimento eficaz e proteção absoluta dos direitos de crianças e adolescentes.

Os incisos VIII e IX se ocupam de aspectos ligados a treinamento e educação profissionalizante ao prever a necessidade de especialização e formação continuada de profissionais para atenção à primeira infância, até os 6 anos de idade (inc. VIII), com abrangência para diversos aspectos ligados à intersetorialidade no atendimento e desenvolvimento integral de crianças e adolescentes (inc. IX).

Por fim, o inciso X estabelece a necessidade de realização de pesquisas sobre desenvolvimento infantil e prevenção à violência.

4. ENTIDADES DE ATENDIMENTO

A execução das políticas de atendimento relacionadas a programas de proteção e socioeducativos deve ser realizada através de entidades governamentais ou não governamentais. Os **programas de proteção** estão relacionados a crianças e adolescentes que estão em **situação de risco** (art. 98), com seus direitos ameaçados ou violados, enquanto os programas socioeducativos estão voltados ao adolescente que praticou ato infracional.

Tais entidades existem em decorrência das linhas de ação das políticas de atendimento (art. 87), como esclarece a doutrina:

> Tais políticas compõem as linhas de ação indicadas no art. 87 do ECA e são compreendidas, genericamente, como o conjunto de ações destinadas ao amparo de crianças e de adolescente que, em razão de situação específica de vulnerabilidade social, são credores de estratégias de atuação que extrapolam as possibilidades de ação eficaz das políticas básicas.
>
> Suas estratégias consubstanciam-se em programas de atendimento, que têm como público alvo, ora crianças e adolescentes em situação de risco que, em razão desta circunstância, são destinatários de programas de proteção, ora adolescentes envolvidos na prática de atos infracionais, incluídos em programas voltados a execução de medidas socioeducativas determinadas judicialmente, observadas as normas procedimentais apontadas nos arts. 171 a 190 do ECA.[6]

Observe o quadro baseado no artigo 90 do Estatuto:

Campo de atuação das entidades de atendimento (art. 90)	
Programas de proteção e Programas socioeducativos	I – orientação e apoio sócio-familiar; II – apoio sócio-educativo em meio aberto; III – colocação familiar; IV – acolhimento institucional; V – prestação de serviços à comunidade; VI – liberdade assistida; VII – semiliberdade; VIII – internação.

O inciso I do artigo 90 prevê a atuação da entidade de atendimento voltada à orientação e ao apoio sociofamiliar. Nesse caso, a entidade presta auxílio médico, psicológico, terapêutico etc. à família, à criança ou ao adolescente, sem que haja o afastamento do convívio familiar.

O apoio socioeducativo em meio aberto, previsto no inciso II, não se confunde com a medida socioeducativa de liberdade assistida. Em doutrina, Patrícia Silveira Tavares explica: *"As alternativas de atuação da entidade que se propõe ao oferecimento de apoio socioeducativo são, por exemplo, o oferecimento de reforço escolar, a oferta de cursos de profissionalização, assim como a promoção de atividades esportivas e culturais."*[7]

No que tange ao **programa de colocação familiar** (inc. III), este se liga a ações de colocação da criança ou adolescente em família substituta ou a afastamentos transitórios da família natural. Aqui está inserido o programa de acolhimento familiar.

6. TAVARES, Patrícia Silveira. In: MACIEL, Kátia Regina Ferreira Lobo Andrade (coord.). op. cit., p. 331.
7. TAVARES, Patrícia Silveira. In: MACIEL, Kátia Regina Ferreira Lobo Andrade (coord.). op. cit., p. 332.

Por fim, o inciso IV trata do **acolhimento institucional**, que está ligado à aplicação de medida de proteção (art. 101, inc. VII).

Nos incisos I a IV, estão previstas entidades que atuam na política de proteção. Já os incisos V, VI, VII e VIII indicam a atuação de entidades voltadas ao cumprimento de medidas socioeducativas.

Tais entidades devem pautar sua atuação pelos parâmetros definidos pelo Estatuto e também pelo Sistema Nacional de Atendimento Socioeducativo (Sinase), editado pelo Conselho Nacional dos Direitos da Criança e do Adolescente (Conanda).[8] Além disso, a Lei nº 12.594/2012, que institucionaliza o Sinase, regulamenta a execução de medidas socioeducativas por adolescentes.

4.1. Registro das entidades junto ao Conselho Municipal

Os artigos 90 a 94 do Estatuto contêm uma série de regras sobre as entidades de atendimento, mas os dispositivos não estão dispostos com coerência lógica e sua análise deve ser cuidadosa.

As **entidades governamentais**, em virtude de sua origem pública, gozam da **presunção de idoneidade** para a prestação de atividades ligadas a crianças e adolescentes. Em relação às **entidades não governamentais**, antes do início de suas atividades, é preciso realizar seu **registro junto ao Conselho Municipal** de Direitos da Criança e do Adolescente.

Na oportunidade, a entidade deve demonstrar que:

- (i) mantém boas instalações físicas;
- (ii) possui plano de trabalho compatível com os princípios do Estatuto;
- (iii) está regularmente constituída;
- (iv) é composta por pessoas idôneas; e
- (v) atende às orientações dos Conselhos de Direitos da Criança e do Adolescente (art. 91, § 2º).

Preenchidos os requisitos, a entidade recebe autorização para funcionamento pelo prazo de 4 anos, que pode ser renovado, desde que a entidade demonstre que continua a preencher os requisitos legais para sua atuação (art. 91, § 2º).

Além do registro, é **requisito essencial** para o funcionamento de todas as entidades de atendimento, sejam governamentais ou não, a **inscrição** de seus

8. O documento eletrônico do Sinase pode ser encontrado no seguinte endereço eletrônico: http://portal.mj.gov.br/sedh/ct/spdca/sinase/Sinase.pdf.

programas **no Conselho Municipal** dos Direitos da Criança e do Adolescente (art. 90, § 1º).

Compete ao Conselho Municipal reavaliar os programas em execução a cada 2 anos, sendo requisitos para sua aprovação:

(i) respeito às regras e princípios do Estatuto;
(ii) qualidade e eficiência do trabalho desenvolvido;
(iii) índice de sucesso na reintegração familiar ou de adaptação em família substituta para as entidades ligadas ao acolhimento familiar ou institucional (art. 90, § 3º).

> **Como esse assunto foi cobrado em concurso?**
>
> **(Promotor de Justiça – MP-RS – 2021 – MP-RS)** Assinale com V (verdadeiro) ou com F (falso) as seguintes afirmações, relativas ao Sistema de Proteção e Atendimento a Crianças e Adolescentes.
>
> As entidades não governamentais somente poderão funcionar depois de registradas no Conselho Municipal dos Direitos da Criança e do Adolescente, o qual comunicará o registro ao Conselho Tutelar e à autoridade judiciária da respectiva localidade.
>
> *Gabarito: o item está correto.*

4.2. Entidades voltadas ao acolhimento institucional e familiar

Essas entidades atuam nos casos em que a criança ou o adolescente está afastada da família natural, seja em virtude do falecimento ou desaparecimento dos pais, seja em decorrência de abusos ou violação a seus direitos no ambiente familiar.

4.2.1. *Princípios das entidades de acolhimento*

O tratamento do acolhimento é feito de modo esparso no Estatuto. Há normas importantes previstas no artigo 92, que elenca princípios, e outras igualmente relevantes no artigo 101, que trata especificamente das medidas de proteção. Para melhor compreensão do instituto, apresentamos abaixo tão somente o elenco de princípios do artigo 92 com sucintos comentários para analisar mais profundamente o acolhimento no capítulo seguinte.

O artigo 92 lista os princípios a serem seguidos por essas entidades em sua atuação:

Princípios das entidades de acolhimento (art. 92)
I - preservação dos vínculos familiares e promoção da reintegração familiar;
II - integração em família substituta, quando esgotados os recursos de manutenção na família natural ou extensa;
III - atendimento personalizado e em pequenos grupos;
IV - desenvolvimento de atividades em regime de co-educação;
V - não desmembramento de grupos de irmãos;
VI - evitar, sempre que possível, a transferência para outras entidades de crianças e adolescentes abrigados;
VII - participação na vida da comunidade local;
VIII - preparação gradativa para o desligamento;
IX - participação de pessoas da comunidade no processo educativo.

Os princípios acima elencados não podem ser vistos como normas meramente programáticas. É preciso extrair deles o maior conteúdo material possível, a fim de realizar plenamente dos direitos infantojuvenis. Como se verá à frente, ao mesmo tempo em que traça princípios, o próprio Estatuto estabelece também regras específicas para materializá-los.

Os incisos I e II destacam a prioridade de preservação dos vínculos familiares naturais, através do trabalho junto a todos os membros da família. A análise é sequencial, ou seja, primeiro busca-se a aplicação da diretriz do inciso I, que é a preservação da família natural. Inviável o retorno da criança ou adolescente ao convívio dos pais biológicos, busca-se - na forma do inciso II - a colocação em família substituta.

Inclusive, seguindo o objetivo de buscar a reintegração familiar, durante o período de acolhimento, o **contato** entre o acolhido e sua família natural **deve ser estimulado** (art. 92, § 4º).

O inciso III destaca a necessidade de atendimento personalizado e pequenos grupos. Esse princípio está em consonância com a previsão do plano individual de atendimento da criança ou adolescente inserida em programa de acolhimento (art. 101, § 5º). O trabalho em pequenos grupos é sempre mais acolhedor e faz a criança ou o adolescente acolhido se sentir mais bem atendido e respeitado.

Outra **diretriz** importante é a do **inciso V**, que procura **preservar o vínculo entre os irmãos**. É comum - infelizmente - que em hipóteses de acolhimento haja a necessidade de retirar dos pais todos os seus filhos. A separação em si já é traumática para a criança, de modo que a preservação dos demais irmãos na mesma entidade de acolhimento tende a ajudar a adaptação e a reduzir o sofrimento. De igual modo, se houver necessidade de colocação em família substituta, a permanência de grupos de irmãos juntos está expressamente prevista no Estatuto (art. 28, § 4º).

Por fim, é relevante observar o inciso VIII, que faz menção ao desligamento. Embora se espere que as entidades de acolhimento sejam efetivamente acolhedoras e que propiciem ao acolhido um ambiente saudável, o Estatuto não quer a eternização dessa situação de incerteza. O acolhimento deve subsistir pelo tempo mínimo necessário para que se encontre uma solução adequada para o caso – seja a reintegração à família natural, seja a colocação em família substituta.

Dentro dessa diretriz, o Estatuto prevê a obrigação de envio de relatórios à autoridade judiciária sobre a situação de cada criança ou adolescente e de sua família, no máximo, a cada 6 meses (art. 92, § 2º). Essa regra está com consonância com a previsão do artigo 19 do Estatuto, que limita a permanência da criança ou adolescente fora do convívio de sua família.

Em doutrina, Patrícia Silveira Tavares registra com acuidade a lógica que deve informar as entidades de acolhimento:

> Assim, a metodologia de trabalho das entidades que desenvolvem programas de acolhimento institucional ou familiar deve estar pautada na construção de novos paradigmas e na admissão de novas experiências de vida comunitária e familiar à criança e ao adolescente, com vistas ao seu mais breve desligamento; ao mesmo tempo, deverá ser construída de modo a atenuar os efeitos traumáticos da retirada da criança ou do adolescente do convívio familiar e comunitário, o que sempre representará, no mínimo, a ruptura com determinado padrão – ainda que nocivo – com o qual já estará acostumado.[9]

Por fim, no caso de acolhimento institucional de **crianças de 0 a 3 anos**, é preciso dar **atenção especial** e diferenciada, com educadores de referência estáveis e qualitativamente significativos, que atuem prioritariamente com afeto (art. 92, § 7º).

> ▸ **Como esse assunto foi cobrado em concurso?**
>
> **Instituto Consulplan – 2024 – MP/SC – Promotor**
>
> Nos termos da Lei nº 8.069/1990 e da jurisprudência do STJ, julgue o item a seguir.
>
> Quando se tratar de criança de zero a três anos de idade em acolhimento institucional, dar-se-á especial atenção à atuação de educadores de referência estáveis e qualitativamente significativos, às rotinas específicas e ao atendimento das necessidades básicas, incluindo as de afeto como prioritárias.
>
> *Gabarito: o item está certo.*

---

9. TAVARES, Patrícia Silveira. A política de atendimento. In: MACIEL, Kátia Regina Ferreira Lobo Andrade (coord.). op. cit., p. 339.

4.2.2. *Fiscalização das entidades de acolhimento: audiências concentradas*

A fim de regulamentar a fiscalização nas entidades de atendimento, a Corregedoria Nacional de Justiça editou o Provimento n. 118/2021, que disciplina a realização de visitas e audiências, a serem realizadas nas dependências das entidades e serviços de acolhimento sempre que possível.

4.2.3. *Dirigente da entidade: guardião*

Como destacado quando tratamos das modalidades de guarda, o dirigente da entidade de acolhimento é equiparado ao guardião das crianças e adolescentes que estão sob os seus cuidados (art. 92, § 1º). Trata-se de múnus público decorrente do cargo exercido pela pessoa.

4.3. Entidades voltadas à internação

São aquelas que prestam serviços ligados ao adolescente que praticou ato infracional e recebeu a medida socioeducativa de internação. O artigo 94 elenca, em rol exemplificativo, as obrigações a que estão sujeitos tais programas:

Obrigações das entidades de internação (art. 94)
I – observar os direitos e garantias de que são titulares os adolescentes; II – não restringir nenhum direito que não tenha sido objeto de restrição na decisão de internação; III – oferecer atendimento personalizado, em pequenas unidades e grupos reduzidos; IV – preservar a identidade e oferecer ambiente de respeito e dignidade ao adolescente; V – diligenciar no sentido do restabelecimento e da preservação dos vínculos familiares; VI – comunicar à autoridade judiciária, periodicamente, os casos em que se mostre inviável ou impossível o reatamento dos vínculos familiares; VII – oferecer instalações físicas em condições adequadas de habitabilidade, higiene, salubridade e segurança e os objetos necessários à higiene pessoal; VIII – oferecer vestuário e alimentação suficientes e adequados à faixa etária dos adolescentes atendidos; IX – oferecer cuidados médicos, psicológicos, odontológicos e farmacêuticos; X – propiciar escolarização e profissionalização; XI – propiciar atividades culturais, esportivas e de lazer; XII – propiciar assistência religiosa àqueles que desejarem, de acordo com suas crenças; XIII – proceder a estudo social e pessoal de cada caso; XIV – reavaliar periodicamente cada caso, com intervalo máximo de seis meses, dando ciência dos resultados à autoridade competente;

Obrigações das entidades de internação (art. 94)
XV - informar, periodicamente, o adolescente internado sobre sua situação processual;
XVI - comunicar às autoridades competentes todos os casos de adolescentes portadores de moléstias infecto-contagiosas;
XVII - fornecer comprovante de depósito dos pertences dos adolescentes;
XVIII - manter programas destinados ao apoio e acompanhamento de egressos;
XIX - providenciar os documentos necessários ao exercício da cidadania àqueles que não os tiverem;
XX - manter arquivo de anotações onde constem data e circunstâncias do atendimento, nome do adolescente, seus pais ou responsável, parentes, endereços, sexo, idade, acompanhamento da sua formação, relação de seus pertences e demais dados que possibilitem sua identificação e a individualização do atendimento.

Além de observar o cumprimento da previsão acima transcrita, o aplicador do direito - e mais ainda o Administrador Público - devem fazer vale as diretrizes traçadas pela Lei do Sinase, voltado a regulamentar o cumprimento de medidas socioeducativas pelos adolescentes.

Essa lei traz diretrizes e obrigações dirigidas àqueles envolvidos na ressocialização do adolescente, o que inclui juízes, advogados, membros das entidades de atendimento, Poder Público e, ainda, o próprio adolescente.

Em complemento às obrigações elencadas no artigo 94, o artigo 94-A prevê: *"As entidades, públicas ou privadas, que abriguem ou recepcionem crianças e adolescentes, ainda que em caráter temporário, devem ter, em seus quadros, profissionais capacitados a reconhecer e reportar ao Conselho Tutelar suspeitas ou ocorrências de maus-tratos."* O objetivo é exigir a qualificação do quadro profissional das entidades que abrigam crianças e adolescentes.

▸ Como o assunto foi cobrado em concurso?

(Defensor Público - DP-RR - 2021 - FCC) Segundo disposição expressa do Estatuto da Criança e do Adolescente, é obrigação do programa de atendimento em regime de internação

A) evitar, sempre que possível, a transferência do interno para outras unidades.

B) separar os internos por critérios de idade, personalidade e perfil infracional.

C) promover a preparação gradativa do interno para o desligamento.

D) desenvolver suas atividades em regime de coeducação.

E) manter programas destinados ao apoio e acompanhamento de egressos.

Gabarito: letra E.

5. FISCALIZAÇÃO DAS ENTIDADES

O artigo 95 dispõe que a fiscalização das entidades compete ao **Judiciário**, ao **Ministério Público** e aos **Conselhos Tutelares**. A esse rol, deve ser acrescida a **Defensoria Pública**, que é legitimada para a tutela de direitos individuais e coletivos dos hipossuficientes, que são, no mais das vezes, aqueles que são atendidos pelas entidades.

Diante da verificação de irregularidades, o Estatuto elenca as medidas que podem ser aplicadas às entidades:

> **Art. 97.** São medidas aplicáveis às entidades de atendimento que descumprirem obrigação constante do art. 94, sem prejuízo da responsabilidade civil e criminal de seus dirigentes ou prepostos:
>
> I - às entidades governamentais:
>
> a) advertência;
>
> b) afastamento provisório de seus dirigentes;
>
> c) afastamento definitivo de seus dirigentes;
>
> d) fechamento de unidade ou interdição de programa.
>
> II - às entidades não-governamentais:
>
> a) advertência;
>
> b) suspensão total ou parcial do repasse de verbas públicas;
>
> c) interdição de unidades ou suspensão de programa;
>
> d) cassação do registro.
>
> § 1º Em caso de reiteradas infrações cometidas por entidades de atendimento, que coloquem em risco os direitos assegurados nesta Lei, deverá ser o fato comunicado ao Ministério Público ou representado perante autoridade judiciária competente para as providências cabíveis, inclusive suspensão das atividades ou dissolução da entidade.
>
> § 2º As pessoas jurídicas de direito público e as organizações não governamentais responderão pelos danos que seus agentes causarem às crianças e aos adolescentes, caracterizado o descumprimento dos princípios norteadores das atividades de proteção específica.

Além das medidas aplicáveis às entidades, podem ser tomadas duas providências contra os seus dirigentes, a saber: a advertência e a multa (art. 193, § 4º).

Capítulo IX

Medidas de proteção

1. INTRODUÇÃO

O Título II do Livro II do Estatuto da Criança e do Adolescente (arts. 98 a 102) dispõe acerca das medidas de proteção aplicáveis a crianças e adolescentes em situação de risco. A verificação da existência dessa situação é importante por duas razões:

(i) aplicação de medidas específicas de proteção; e

(ii) fixação da competência do Juízo da Infância e Juventude.

Em doutrina, as medidas de proteção são assim definidas por Patrícia Silveira Tavares:

> As medidas de proteção podem ser definidas como providências que visam salvaguardar qualquer criança ou adolescente cujos direitos tenham sido violados ou estejam ameaçados de violação.
>
> São, portanto, instrumentos colocados à disposição dos agentes responsáveis pela proteção das crianças e dos adolescentes, em especial, dos conselheiros tutelares e da autoridade judiciária a fim de garantir, no caso concreto, a efetividade dos direitos da população infanto-juvenil.[1]

> **▸ IMPORTANTE**
> Medidas de proteção são **salvaguardas** aos direitos das crianças e dos adolescentes.

2. SITUAÇÃO DE RISCO

A situação de risco é caracterizada quando os **direitos** da criança ou adolescente estão **ameaçados** ou foram **violados**. Nesses casos, podem ser adotadas medidas de proteção, conforme estabelece o artigo 98 do Estatuto:

> **Art. 98.** As medidas de proteção à criança e ao adolescente são aplicáveis sempre que os direitos reconhecidos nesta Lei forem ameaçados ou violados:
>
> I – por ação ou omissão da sociedade ou do Estado;

---

1. TAVARES, Patrícia Silveira. *As medidas de proteção*. In: MACIEL, Kátia Regina Ferreira Lobo Andrade (coord.). op. cit., p. 522-523.

II – por falta, omissão ou abuso dos pais ou responsável;

III – em razão de sua conduta.

O **objetivo** das medidas de proteção, naturalmente, é **sanar a violação do direito** ou impedir que tal ocorra.

Essa previsão está em perfeita consonância com o princípio da inafastabilidade da jurisdição, previsto no art. 5º, inciso XXXV, da Constituição da República, segundo o qual *"a lei não excluirá da apreciação do Poder Judiciário lesão ou ameaça a direito"*.

Mais do que uma atuação reacionária, reativa, o que se pretende do Judiciário em matéria de tutela efetiva dos direitos de crianças e adolescente é que seus mecanismos funcionem para evitar o dano – de forma preventiva e protetiva. Quer-se uma proteção eficaz já diante da ameaça ao direito, pois dessa forma se efetiva a crianças e adolescentes a **proteção integral**.

3. AGENTES

O artigo 98, acima transcrito, elenca os agentes responsáveis pelas lesões ou ameaças de lesões aos direitos da criança e do adolescente. São eles: a sociedade, o Estado, os pais, o responsável, a própria criança ou adolescente.

A proteção do Estatuto é tão ampla que elenca dentre os agentes o próprio adolescente. Quando sua conduta está em desacordo com os ditames do Estatuto, ainda que terceiros não sejam prejudicados, fica caracterizada a situação de risco para abrir as portas à aplicação de medidas de proteção. O Estatuto dá **proteção** ao adolescente **através das medidas de proteção**.

Em relação a atos lesivos aos direitos infantojuvenis praticados pela sociedade, o Estatuto dá proteção através da previsão de crimes e infrações administrativas (arts. 225 a 258-C). Já quanto ao Poder Público, muitos são os seus deveres e, diante do descumprimento, podem ser propostas ações individuais e coletivas.

Por fim, os pais e responsáveis podem sofrer a perda do poder familiar – além, é claro, de incidir em hipóteses de crimes e infrações administrativas.

4. ROL DE PRINCÍPIOS

O parágrafo único do artigo 100 apresenta um rol de doze princípios pertinentes à aplicação das medidas de proteção. Esse rol transmite valores, mandados de otimização, que devem permear todo o Estatuto, todo o sistema jurídico da criança e do adolescente – não apenas as medidas de proteção.

O artigo 100 dispõe que: *"Na aplicação das medidas levar-se-ão em conta as necessidades pedagógicas, preferindo-se aquelas que visem ao fortalecimento dos vínculos familiares e comunitários."*

O STJ teve oportunidade de aplicar essa regra para destacar que não se faz acolhimento de criança que possui família extensa com interesse e condições de prestar cuidados.[2] O STJ dá clara primazia ao acolhimento familiar, em detrimento do institucional.

Além disso, o parágrafo único lista os princípios e esclarece seu conteúdo. É importante a leitura cuidadosa da descrição legal dos princípios para compreender corretamente o seu significado.

Princípio	Descrição
I - condição da criança e do adolescente como sujeitos de direitos	crianças e adolescentes são os titulares dos direitos previstos nesta e em outras Leis, bem como na Constituição Federal;
II - proteção integral e prioritária	a interpretação e aplicação de toda e qualquer norma contida nesta Lei deve ser voltada à proteção integral e prioritária dos direitos de que crianças e adolescentes são titulares;
III - responsabilidade primária e solidária do poder público	a plena efetivação dos direitos assegurados a crianças e a adolescentes por esta Lei e pela Constituição Federal, salvo nos casos por esta expressamente ressalvados, é de responsabilidade primária e solidária das 3 (três) esferas de governo, sem prejuízo da municipalização do atendimento e da possibilidade da execução de programas por entidades não governamentais;
IV - interesse superior da criança e do adolescente	a intervenção deve atender prioritariamente aos interesses e direitos da criança e do adolescente, sem prejuízo da consideração que for devida a outros interesses legítimos no âmbito da pluralidade dos interesses presentes no caso concreto;
V - privacidade	a promoção dos direitos e proteção da criança e do adolescente deve ser efetuada no respeito pela intimidade, direito à imagem e reserva da sua vida privada;
VI - intervenção precoce	a intervenção das autoridades competentes deve ser efetuada logo que a situação de perigo seja conhecida;
VII - intervenção mínima	a intervenção deve ser exercida exclusivamente pelas autoridades e instituições cuja ação seja indispensável à efetiva promoção dos direitos e à proteção da criança e do adolescente;
VIII - proporcionalidade e atualidade	a intervenção deve ser a necessária e adequada à situação de perigo em que a criança ou o adolescente se encontram no momento em que a decisão é tomada;

2. HC 440.752/PR, Rel. Min. Ricardo Villas Bôas Cueva, 3ª Turma, julgado em 24/04/2018, DJe 27/04/2018.

Princípio	Descrição
IX – responsabilidade parental	a intervenção deve ser efetuada de modo que os pais assumam os seus deveres para com a criança e o adolescente;
X – prevalência da família	na promoção de direitos e na proteção da criança e do adolescente deve ser dada prevalência às medidas que os mantenham ou reintegrem na sua família natural ou extensa ou, se isso não for possível, que promovam a sua integração em família adotiva;
XI – obrigatoriedade da informação	a criança e o adolescente, respeitado seu estágio de desenvolvimento e capacidade de compreensão, seus pais ou responsável devem ser informados dos seus direitos, dos motivos que determinaram a intervenção e da forma como esta se processa;
XII – oitiva obrigatória e participação	a criança e o adolescente, em separado ou na companhia dos pais, de responsável ou de pessoa por si indicada, bem como os seus pais ou responsável, têm direito a ser ouvidos e a participar nos atos e na definição da medida de promoção dos direitos e de proteção, sendo sua opinião devidamente considerada pela autoridade judiciária competente, observado o disposto nos §§ 1º e 2º do art. 28 desta Lei.

▸ **Como esse assunto foi cobrado em concurso?**

FUNDATEC – 2024 – DPE/PR – Defensor

São princípios do Estatuto da Criança e do Adolescente (ECA):

I. Condição da criança e do adolescente como sujeitos de direitos: crianças e adolescentes são os titulares dos direitos previstos nesta e em outras Leis, bem como na Constituição Federal.

II. Interesse superior da criança e do adolescente: a intervenção deve atender prioritariamente aos interesses e direitos da criança e do adolescente, sem prejuízo da consideração que for devida a outros interesses legítimos no âmbito da pluralidade dos interesses presentes no caso concreto.

III. Obrigatoriedade da informação: a criança e o adolescente, respeitado seu estágio de desenvolvimento e capacidade de compreensão, devem ser informados dos seus direitos, dos motivos que determinaram a intervenção e da forma como esta se processa.

IV. Oitiva obrigatória e participação: a criança e o adolescente, em separado ou na companhia dos pais, de responsável ou de pessoa por si indicada, bem como os seus pais ou responsável, têm direito a serem ouvidos e a participar nos atos e na definição da medida de promoção dos direitos e de proteção, sendo sua opinião devidamente considerada pela autoridade judiciária competente, observado o disposto nos §§1º e 2º do art. 28 desta Lei.

Quais estão integralmente corretos?

A - Apenas I, II e III.

B - Apenas I, II e IV.

C - Apenas I, III e IV.

D - Apenas II, III e IV.

E - I, II, III e IV.

Gabarito: letra B.

5. MEDIDAS ESPECÍFICAS DE PROTEÇÃO

O Estatuto traz a previsão de um rol de medidas específicas de proteção no artigo 101. Como deixa clara a redação do *caput* desse dispositivo, trata-se de **elenco** meramente **exemplificativo.**

Medidas específicas de proteção (art. 101)
I - encaminhamento aos pais ou responsável, mediante termo de responsabilidade;
II - orientação, apoio e acompanhamento temporários;
III - matrícula e frequência obrigatórias em estabelecimento oficial de ensino fundamental;
IV - inclusão em serviços e programas oficiais ou comunitários de proteção, apoio e promoção da família, da criança e do adolescente;
V - requisição de tratamento médico, psicológico ou psiquiátrico, em regime hospitalar ou ambulatorial;
VI - inclusão em programa oficial ou comunitário de auxílio, orientação e tratamento a alcoólatras e toxicômanos;
VII - acolhimento institucional;
VIII - inclusão em programa de acolhimento familiar;
IX - colocação em família substituta.

Os incisos I a VI trazem medidas de proteção de caráter autoexplicativo e que não geram maiores dúvidas. A colocação em família substituta, prevista no inciso IX, já foi estudada capítulos atrás. Resta agora o estudo do acolhimento institucional e familiar (incisos VII e VIII).

▸ **Como o assunto foi cobrado em concurso?**

(FCC - Defensor Público - DPE - RR/2021) As medidas de proteção, segundo a lei,

A) estão previstas em rol exemplificativo, ao passo que as medidas socioeducativas estão previstas em rol taxativo.

B) submetem-se ao princípio legal da responsabilidade primária da família, ao passo que as medidas socioeducativas se submetem ao princípio legal da responsabilidade primária do adolescente.

C) podem ser aplicadas pelo juiz, Conselho Tutelar e Ministério Público, ao passo que as medidas socioeducativas são aplicadas somente pelo juiz.

D) poderão ser aplicadas isolada ou cumulativamente, ao passo que as medidas socioeducativas não admitem aplicação cumulativa.

E) podem ser aplicadas a adolescentes cujo direitos foram violados pelos pais ou pelo Estado, ao passo que as medidas socioeducativas destinam-se a adolescentes com direitos violados em razão da própria conduta.

Gabarito: letra A.

6. ACOLHIMENTO

Trata-se uma das modalidades de medidas de proteção elencadas no artigo 101. No capítulo anterior, analisamos as entidades de atendimento que cuidam do acolhimento institucional. As lições apresentadas naquele ponto terão relevância para o estudo deste instituto.

Em doutrina, o acolhimento pode ser assim conceituado:

> Consiste na determinação, pela autoridade competente, do encaminhamento de determinada criança ou adolescente à entidade que desenvolve programa de acolhimento institucional, em razão de abandono ou após a constatação de que a manutenção na família ou no ambiente de origem não é a alternativa mais apropriada ao seu cuidado e à sua proteção.[3]

6.1. Características

No artigo 92 do Estatuto, constam os princípios que norteiam o trabalho das entidades de acolhimento. A característica de preservação da família natural (incisos I e II) reaparece na regra do § 1º do artigo 101, que caracteriza o **acolhimento** institucional e familiar como "*medidas* ***provisórias e excepcionais****, utilizáveis como forma de* ***transição para reintegração familiar*** *ou, não sendo esta possível, para colocação em família substituta,* ***não implicando privação de liberdade****.*"

▸ Como o assunto foi cobrado em concurso?

(Cespe - Analista Judiciário - Comissário de Justiça da Infância e Juventude - TJ - ES/2023) No que tange às medidas de proteção previstas no Estatuto da Criança e do Adolescente (ECA), julgue o próximo item.

O acolhimento institucional e familiar são medidas definitivas que visam à reintegração familiar ou a colocação da criança e do adolescente em família substituta.

Gabarito: o item está errado.

3. TAVARES, Patrícia Silveira. In: MACIEL, Kátia Regina Ferreira Lobo Andrade. op. cit, p. 532.

O § 4º do artigo 92 prevê que o contato entre o acolhido e sua família deve ser estimulado. A fim de dar efetividade a essa previsão, o Estatuto prevê também que o acolhimento deve ser realizado em local **próximo da residência dos pais** ou responsável para permitir e estimular a convivência. Além disso, dentro da ideia de se *trabalhar a família*, pais, responsáveis e irmãos devem ser incluídos em programas oficias de orientação, apoio e promoção social (art. 101, § 7º). Tão logo a família esteja apta a ser reunida novamente, o programa de acolhimento deve comunicar ao Juízo da Infância e da Juventude (art. 101, § 8º).

Somente depois de **esgotadas as possibilidades** de reintegração familiar, o programa de acolhimento deve encaminhar relatório ao Ministério Público para que este tome providências referentes à **destituição do poder familiar**, da tutela ou da guarda (art. 101, § 9º).

Além disso, conforme destacado anteriormente, o período máximo de permanência de criança ou adolescente em programa de acolhimento é de 18 meses, salvo comprovada necessidade que atenda a seu interesse (princípio do melhor interesse), conforme prevê o artigo 19, § 2º.

Por meio do § 2º do artigo 92, foi estabelecida a obrigação de envio de relatórios à autoridade judiciária sobre a situação de cada criança ou adolescente e de sua família, no máximo, a cada 6 meses. Esse dispositivo faz menção ao artigo 19, § 1º, cuja redação foi modificada para reduzir o prazo de afastamento para 3 meses. Assim, a partir de uma interpretação sistemática, parece-me que atualmente as entidades devem enviar os relatórios a cada 3 meses.

6.2. Guia de acolhimento

Em regra, o acolhimento institucional decorre de decisão judicial do juízo da Infância e da Juventude. Diante da comunicação de que criança ou adolescente está em situação de risco, a autoridade judiciária emite ordem para que haja o acolhimento. O encaminhamento é feito com a expedição de **guia de acolhimento**, prevista no § 3º do artigo 101.

Excepcionalmente, as entidades de acolhimento institucional podem receber crianças ou adolescentes **sem determinação judicial**, mas a **comunicação** do ocorrido deve ser feita ao Juizado da Infância e da Juventude no prazo de **24 horas** (art. 93).

▸ **Como o assunto foi cobrado em concurso?**

(Promotor de Justiça – MP-RS – 2021 – MP-RS – adaptada) Assinale com V (verdadeiro) ou com F (falso) as seguintes afirmações, relativas ao Sistema de Proteção e Atendimento a Crianças e Adolescentes.

( ) As entidades que mantenham programa de acolhimento institucional poderão, em caráter excepcional e de urgência, acolher crianças e adolescentes sem prévia determinação da autoridade competente, fazendo comunicação do fato em até 48 (quarenta e oito) horas ao Juiz da Infância e da Juventude, sob pena de responsabilidade.

Gabarito: o item está errado.

6.3. Plano individual de atendimento

Realizado o acolhimento institucional ou familiar, o Estatuto prevê a necessidade de que seja elaborado um **plano individual de atendimento** (art. 101, §§ 4º a 6º). O documento é elaborado pela equipe técnica do programa.

O § 6º do artigo 101 apresenta os elementos que devem constar do plano individual de atendimento:

Elementos do plano individual de atendimento (art. 101, § 6º)
I – os resultados da avaliação interdisciplinar;
II – os compromissos assumidos pelos pais ou responsável; e
III – a previsão das atividades a serem desenvolvidas com a criança ou com o adolescente acolhido e seus pais ou responsável, com vista na reintegração familiar ou, caso seja esta vedada por expressa e fundamentada determinação judicial, as providências a serem tomadas para sua colocação em família substituta, sob direta supervisão da autoridade judiciária.

▸ **Como o assunto foi cobrado em concurso?**

(Cespe – Analista do CNMP – Apoio Jurídico – CNMP/2023) Com base no Estatuto da Criança e do Adolescente (Lei n.º 8.069/1990), julgue o item a seguir.

Em regra, imediatamente após o acolhimento da criança ou do adolescente, a entidade responsável pelo programa de acolhimento institucional ou familiar deverá elaborar um plano individual de atendimento, visando à reintegração familiar.

Gabarito: o item está certo.

6.4. Cadastro de crianças e adolescentes em programas de acolhimento

O Estatuto determina a obrigação de a Justiça da Infância e da Juventude criar e manter um **cadastro** atualizado das **crianças e adolescentes em**

programas de acolhimento institucional e familiar, ao qual terão acesso o Ministério Público, o Conselho Tutelar, o órgão gestor de Assistência Social e os Conselhos Municipais de Direitos da Criança e do Adolescente e da Assistência Social. Não se entende por que não consta a Defensoria Pública neste rol. Afinal, a imensa maioria das famílias de crianças e adolescentes envolvidos com programas de acolhimento é pobre, hipossuficiente. Se a missão constitucional da Defensoria Pública é prestar assistência jurídica ao hipossuficiente, é certo que deve atuar junto aos demais órgãos já citados na promoção e implementação desses programas (art. 101, §§ 11 e 12).

Principais características do acolhimento
- espécie de medida de proteção; - é provisória e excepcional; - utilizável como meio de reintegração à família; - exige, em regra, a expedição de guia de acolhimento previamente ao acolhimento; em casos excepcionais, de risco para a criança ou adolescente, permite-se o acolhimento antes da ordem judicial; - deve ser elaborado plano de atendimento específico para cada acolhido; - deve ocorrer em local próximo da residência dos pais ou responsável; - somente depois de frustrada a tentativa de reintegração familiar, tomam-se providências voltadas à colocação em família substituta. - a Justiça da Infância e da Juventude deve manter cadastro atualizado de crianças e adolescentes inseridos em programas de acolhimento institucional e familiar.

7. PROTEÇÃO À VÍTIMA DE ABUSO SEXUAL

O § 2° do artigo 101 traz disposição específica acerca da situação de criança ou adolescente vítima de violência ou abuso sexual. Sua redação é a seguinte: *"Sem prejuízo da tomada de medidas emergenciais para proteção de vítimas de violência ou abuso sexual e das providências a que alude o art. 130 desta Lei, o afastamento da criança ou adolescente do convívio familiar é de competência exclusiva da autoridade judiciária e importará na deflagração, a pedido do Ministério Público ou de quem tenha legítimo interesse, de procedimento judicial contencioso, no qual se garanta aos pais ou ao responsável legal o exercício do contraditório e da ampla defesa."*

A **competência** para determinar o **afastamento** de criança ou adolescente do seio de sua família natural é da **autoridade judiciária**. O Ministério Público ou um particular que tenha legítimo interesse – como, por exemplo, um parente, assistido pela Defensoria Pública ou por advogado particular – pode iniciar o processo de colocação em família substituta.

8. REGULARIZAÇÃO DO REGISTRO

Quando se verifica violação ou ameaça de violação aos direitos infantojuvenis, podem ser tomadas medidas de proteção em benefício da criança ou adolescente. A prática demonstrou que diversos vitimados – além dos problemas mais diretos relacionados aos seus direitos que o levaram a obter o auxílio da Justiça Infância e da Juventude – não possuíam registro civil regular, seja pela total ausência de certidão de nascimento, seja pela falta de identificação do pai.

Nesse contexto, o artigo 102 do Estatuto determina que *"as medidas de proteção de que trata este Capítulo serão acompanhadas da regularização do registro civil."*

Válter Kenji Ishida explica o problema:

> Assim, trata esse artigo de fato muito comum na prática forense: a vinda de menores sem a competente certidão de nascimento. Há uma gama de crianças e adolescentes sem registro. Nessa hipótese, costuma-se pesquisar previamente nos cartórios de registro civil a existência do referido assento. No caso da Comarca da Capital de São Paulo, expede-se ofício à Vara de Registros Públicos para que a mesma publique edital. Os cartórios de registro civil respondem se existe certidão em nome do menor.
>
> Constatando-se a inexistência do assento do mesmo ou, ao menos, presumindo a mesma, o Juiz menorista ordena a lavratura do mesmo, com base nos dados existentes, quase sempre alicerçado na declaração de nascido vivo (art. 148, parágrafo único, *h*).[4]

Incumbe ao Ministério Público o importante papel de buscar, através da ação de investigação de paternidade, a regularização do registro no que se refere à identificação do genitor (§ 3ª). Inclusive, as modificações nos assentos de nascimento para inclusão do nome do pai ou averbação do reconhecimento de paternidade são isentas de multas, custas ou emolumentos e gozam de prioridade (§§ 5º e 6º). Excepcionalmente, o MP pode deixar de ajuizar a ação quando a criança for encaminhada para adoção (§ 4º).

9. SITUAÇÃO DE RISCO E FIXAÇÃO DE COMPETÊNCIA

A ocorrência de situação de risco serve como **critério de fixação de competência da Justiça da Infância e Juventude**, conforme previsão do parágrafo único do art. 148. O objetivo do dispositivo é maximizar a prestação jurisdicional à criança e ao adolescente. Diante de uma **situação de risco**, podem ser necessárias diferentes medidas de proteção e outras providências que precisem ser adotadas de forma coordenada e, ao **concentrar a competência** em um só juízo, a solução é mais eficaz.

4. ISHIDA, Válter Kenji. *Estatuto da Criança e do Adolescente: doutrina e jurisprudência*. 13ª ed. São Paulo: Atlas, p. 212.

Ao criar esse parâmetro de fixação de competência (art. 148, p.ú.), o Estatuto delimita as hipóteses que serão analisadas pelo Juízo da Infância e Juventude, não obstante algumas serem tipicamente vistas como demandas cuja competência é da vara de família. É o caso, por exemplo, de ações de guarda (alínea "a"), suprimento de consentimento para casamento ("c") e alimentos ("g").

Em outras palavras, tais demandas em geral são de competência da vara de família; se, porém, estiver caracterizada situação de risco (art. 98), então a competência é da Justiça da Infância e Juventude.

10. MEDIDA DE PROTEÇÃO X MEDIDA SOCIOEDUCATIVA

Medida de proteção e medida socioeducativa são dois institutos inconfundíveis, cada qual tem características e incidência próprias.

A **medida de proteção** é aplicável a criança ou adolescente, sempre que verificada hipótese de lesão ou ameaça de lesão a seus direitos. Estão previstas no art. 101, em rol exemplificativo.

Por sua vez, a **medida socioeducativa** é aplicável ao adolescente que pratica ato infracional análogo a crime ou contravenção. Suas modalidades estão previstas nos incisos I a VI, do art. 112, cujo rol é taxativo.

Confira-se o quadro a abaixo:

	Medida de proteção	Medida socioeducativa
A quem é aplicável	Criança e adolescente	Adolescente
Hipóteses de aplicação	Ocorrência de **violação ou ameaça** de violação aos **direitos** da criança ou adolescente.	**Prática de ato infracional** análogo a crime ou contravenção pelo adolescente.
Elenco de medidas	Art. 101	Art. 112, I a VI.
Tipo de rol	Exemplificativo	Taxativo

Capítulo X

Prática de ato infracional: direitos e garantias

1. INTRODUÇÃO

O tema de nosso estudo agora é a prática de ato infracional. A matéria está disciplinada no Título III do Estatuto (arts. 103 a 128). A análise abrange direitos individuais, garantias processuais e as medidas socioeducativas que lhe são aplicáveis.

2. CONCEITO DE CRIME

Crime é o fato típico, antijurídico e culpável.

Crianças e adolescentes não praticam crime. É que a culpabilidade é composta, dentre outros elementos, pela imputabilidade. Nosso sistema jurídico estabelece que o menor de 18 anos é inimputável e está sujeito à legislação especial, precisamente o Estatuto da Criança e do Adolescente (CR, art. 228; CP, art. 27; Estatuto, art. 104). O critério aqui é objetivo, tem relação tão somente com a idade do autor da ação. Por isso, crianças e adolescentes **não praticam crime**, mas sim ato infracional equiparado a crime.

> **IMPORTANTE**
> A criança ou o adolescente **não pratica delito ou crime**, mas sim **ato infracional análogo** (ou equiparado) a crime ou contravenção (art. 103).

3. TEMPO DO ATO INFRACIONAL/CRIME

O Estatuto e o Código Penal adotam o mesmo princípio, o da atividade – também conhecido como teoria da ação. Considera-se praticado o ato infracional/crime no **momento da ação ou da omissão**, ainda que outro seja o do resultado (Estatuto, art. 104, p.ú.; Cód. Penal, art. 4º). Veja-se o seguinte exemplo: se o adolescente, na véspera de completar 18 anos, atira na vítima, que fica agonizando no hospital e falece dias depois, quando o adolescente já completara a maioridade, ser-lhe-á aplicado o Estatuto, pois a conduta (atirar) foi praticada quando era inimputável. Há inúmeros julgados do STJ reiterando essa posição.[1]

4. APLICAÇÃO DE MEDIDA SOCIOEDUCATIVA

Como destacado acima, crianças e adolescentes não praticam crime, mas sim ato infracional. No que tange à consequência da prática do ato, há distinção importante entre crianças e adolescentes. Às crianças não são aplicáveis medidas socioeducativas, apenas medidas de proteção (art. 105). Ao adolescente, podem ser aplicadas medidas socioeducativas ou medidas de proteção (art.112).

Pessoa	Legislação aplicável	Ato praticado	Medida
Criança (até 12 anos incompletos)	Estatuto da Criança e do Adolescente	Ato infracional	Medida de proteção
Adolescente (12 anos completos a 18 incompletos)	Estatuto da Criança e do Adolescente	Ato infracional	Medida de proteção e medida socioeducativa
Maior (18 anos completos)	Código Penal, Código de Processo Penal e Leis penais extravagantes	Crime ou contravenção	Pena privativa de liberdade, restritiva de direitos e multa

▸ **Como o assunto foi cobrado em concurso?**

(Agente fiscal – CRESS-AP – 2022 – Quadrix) Considerando o Estatuto da Criança e do Adolescente, julgue o item.

As medidas socioeducativas são aplicáveis à criança e ao adolescente sempre que os direitos desse público forem ameaçados ou violados pela ação ou omissão da sociedade ou do Estado; por falta, omissão ou abuso dos pais ou responsável; ou em razão de sua conduta.

Gabarito: o item está errado.

1. MC 20.798/RJ, Rel. Min. Laurita Vaz, 5ª Turma, julgado em 07/11/2013, DJe 25/11/2013.

5. DIREITOS INDIVIDUAIS

Estão tratados nos artigos 106 a 109. Alguns desses direitos são reflexo direto de previsões constitucionais para os presos. Em razão da privação de liberdade, a situação de ambos, nesse aspecto, é semelhante e deve receber igual proteção.

Além dos direitos previstos nesses dispositivos, há outros espalhados ao longo do Estatuto, cuja aplicação não encontra paralelo com direitos de adultos, que serão examinados abaixo.

5.1. Privação de liberdade

A liberdade é direito fundamental previsto na Constituição da República (art. 5º, *caput*), mas, como todo direito, não é absoluto. Da mesma forma que a Constituição da República (art. 5º, inc. LXI), o Estatuto, em seu artigo 106, dispõe sobre as hipóteses de supressão da liberdade do adolescente. A **privação da liberdade** somente pode decorrer de:

(i) **flagrante**; e

(ii) **ordem judiciária.**

As hipóteses de flagrante estão previstas no artigo 302 do Código de Processo Penal:

> **Art. 302.** Considera-se em flagrante delito quem:
>
> I – está cometendo a infração penal;
>
> II – acaba de cometê-la;
>
> III – é perseguido, logo após, pela autoridade, pelo ofendido ou por qualquer pessoa, em situação que faça presumir ser autor da infração;
>
> IV – é encontrado, logo depois, com instrumentos, armas, objetos ou papéis que façam presumir ser ele autor da infração.

Em quaisquer dessas circunstâncias, o adolescente pode ser apreendido imediatamente. Seu encaminhamento à autoridade policial está previsto no artigo 172 do Estatuto.

No que se refere à ordem judiciária, Roberto João Elias destaca a importância da fundamentação para tão grave decisão:

> Com respeito à ordem escrita, ela deve partir da autoridade judiciária competente, que é o Juiz da Infância e da Juventude, devendo ser, obrigatoriamente, fundamentada. Na fundamentação, obviamente, há de se dar os motivos relevantes que levaram à medida, como a presença de provas da prática do ato infracional e indícios suficientes de autoria.[2]

---

2. ELIAS, Roberto João. Comentários ao Estatuto da Criança e do Adolescente. 3ª edição. São Paulo: Saraiva, 2009, p. 113.

Vale lembrar que o dever de fundamentação de decisões judiciais decorre diretamente da Constituição da República, cujo artigo 93, inciso IX prevê: *"todos os julgamentos dos órgãos do Poder Judiciário serão públicos, e fundamentadas todas as decisões, sob pena de nulidade, podendo a lei limitar a presença, em determinados atos, às próprias partes e a seus advogados, ou somente a estes, em casos nos quais a preservação do direito à intimidade do interessado no sigilo não prejudique o interesse público à informação"*.

Por fim, destaque-se que a **fundamentação de perigo em abstrato** para a apreensão do adolescente **não é idônea** para embasar a decisão judicial. O STJ possui diversas decisões nesse sentido.[3]

No mesmo sentido, o Supremo Tribunal Federal também tem entendimento consolidado de que a opinião do magistrado sobre a gravidade em abstrato do delito não é apta a fundamentar decisão mais gravosa em desfavor do réu – e, por conseguinte, do adolescente:

> **Súmula 718.** A opinião do julgador sobre a gravidade em abstrato do crime não constitui motivação idônea para a imposição de regime mais severo do que o permitido segundo a pena aplicada.

5.2. Identificação dos responsáveis pela apreensão e informação sobre seus direitos

O adolescente tem direito de saber quem foram as **pessoas responsáveis pela sua apreensão** e de ser **informado sobre seus direitos** (art. 106, p.ú.). Trata-se de direito fundamental previsto igualmente na Constituição da República, cujo artigo 5º, incisos LXIII e LXIV, respectivamente: *"o preso será informado de seus direitos [...]"* e *"o preso tem direito à identificação dos responsáveis por sua prisão [...]"*.

Segundo destaca José de Farias Tavares, a norma evita arbitrariedades:

> O parágrafo único deste art. 106 do Estatuto, destina-se a evitar abusos de autoridade. Por ele, as providências serão tomadas às claras, propiciando-se limpidamente os meios de proteção e o respeito à dignidade humana. Um freio legal à violência injustificável por parte do policial que deve agir como segurança da sociedade, e para isso é pago com o dinheiro do povo.[4]

5.3. Comunicação à família

O artigo 107 garante ao adolescente o direito de que sua **apreensão** seja **comunicada** à autoridade judiciária competente e **à sua família ou a pessoa por ele indicada**. Mais uma vez, tem-se norma de repetição já prevista na

---

3. Como por exemplo: AgRg no RHC 93.649/SP, Rel. Min. Jorge Mussi, 5ª Turma, julgado em 20/09/2018.
4. TAVARES, José de Farias. *Comentários ao Estatuto da Criança e do Adolescente*. 7ª edição. Rio de Janeiro: Forense, 2010, p. 104-105.

Constituição para o preso, no art. 5º, inciso LXII: *"a prisão de qualquer pessoa e o local onde se encontre serão comunicados imediatamente ao juiz competente e à família do preso ou à pessoa por ele indicada"*.

5.4. Liberação imediata

Realizada a apreensão do adolescente, é indispensável que seja verificada imediatamente a possibilidade de sua liberação imediata. Esta é a garantia prevista no parágrafo único do artigo 107 do Estatuto. Na Constituição, há previsão semelhante, os incisos LXV e LXVI, do artigo 5º, dispõem, respectivamente, sobre o relaxamento da prisão ilegal e a concessão de liberdade provisória.

Os conceitos de relaxamento e liberdade provisória auxiliam a análise da apreensão do adolescente. Em caso de a **apreensão** ter sido **ilegal** (exemplo: ordem de autoridade incompetente), deve-se realizar o relaxamento da apreensão. Quando o adolescente apreendido puder ser **reintegrado** prontamente **à família**, deve-se-lhe ser concedida a liberdade (art. 174). O adolescente **não** está submetido ao pagamento de **fiança**.

A manutenção da prisão ilegal dá ensejo à impetração de *habeas corpus*, conforme ensina Péricles Prade:

> Tanto a prisão (abrangendo quaisquer modalidades), no caso de imputáveis, quanto a apreensão, em relação aos inimputáveis, para o efeito do *relaxamento* ou da *liberação*, têm como pressuposto a ocorrência de *ilegalidade*, consistente na desobediência dos requisitos legais autorizadores daquelas constrições à liberdade, constantes do Código de Processo Penal (art. 674) e do Estatuto da Criança e do Adolescente (arts. 103, 106, 112, VI, entre outros). Em ambas as circunstâncias, como se trata de constrangimento ilegal, se inocorrentes relaxamento e/ou liberação caberá *habeas corpus* para fazer cessar a violência/coação à liberdade de locomoção.[5]

5.5. Prazo de internação provisória

A internação provisória do adolescente não pode se alongar indefinidamente. A esse respeito, o Estatuto é peremptório, pois prevê o **prazo máximo de 45 dias** para internação provisória – em dois dispositivos, artigos 108 e 183.

Superado esse prazo sem o encerramento do processo, o adolescente deve ser posto em liberdade. Do contrário, fica caracterizado constrangimento ilegal, passível de impetração de *habeas corpus*.

Tanto o STJ quanto o STF já consolidaram o entendimento de que esse prazo não pode ser prorrogado de modo algum.[6]

---

5. PRADE, Péricles. In: CURY, Munir (coord.). op. cit., p. 513.
6. STJ, HC 306.667/SP, Rel. Min. Rogério Schietti Cruz, 6ª Turma, julgado em 24/02/2015, DJe 02/03/2015.

Esse entendimento dos Tribunais Superiores é firme, **não se aplicando** ao processo de apuração de ato infracional a **súmula 52** do STJ, cuja redação é a seguinte: *"Encerrada a instrução criminal, fica superada a alegação de constrangimento por excesso de prazo."*

Além disso, é importante observar que **a internação é medida excepcional**, pelo que não pode ser aplicada a qualquer hipótese de prática de ato infracional. O STJ já pontuou que a internação provisória é cabível para atos em que o adolescente pode vir a receber a medida extrema de internação ao final do procedimento. Vale dizer, o ato praticado deve, em tese, autorizar a internação ao final do procedimento para que se justifique a internação provisória (art. 122 do Estatuto).[7] Confira-se:

> **IMPORTANTE**
>
> O prazo de internação provisória é de no **máximo 45 dias**. Esse prazo é improrrogável e, diante de sua violação, cabe *habeas corpus*.

> **Como o assunto foi cobrado em concurso?**
>
> **(FGV – Juiz de Direito – TJ – ES/2023)** Jefferson, adolescente de 17 anos, pratica ato infracional análogo ao crime de homicídio. Após apreensão em flagrante e apresentação para oitiva informal, o Ministério Público representa em face do adolescente, requerendo a internação provisória, que é deferida pelo juiz da Infância e Juventude. Após a realização de audiência de apresentação, o magistrado designa audiência em continuação, a se realizar em 30 dias. Tendo em vista a recusa dos funcionários do sistema socioeducativo em transportarem Jefferson à Vara da Infância e Juventude, como forma de protesto contra decisões administrativas exaradas pelo diretor da unidade socioeducativa de internação, o adolescente não é apresentado para a audiência em continuação e permanece internado por mais 25 dias. Considerando o disposto na Lei n° 8.069/1990 (ECA), é correto afirmar que
>
> A) apesar da não realização da audiência na data de sua designação, o prazo legal para internação provisória foi observado e a privação de liberdade é legítima;
>
> B) caso entenda pertinente, o magistrado pode prorrogar o prazo máximo de internação provisória por meio de decisão devidamente fundamentada;
>
> C) o descumprimento injustificado do prazo de internação provisória configura infração administrativa às normas do ECA, com a previsão de multa de três a vinte salários mínimos;
>
> D) resta configurado constrangimento ilegal na hipótese narrada, que poderá ensejara impetração de habeas corpus visando à liberação do adolescente;

7. HC 518.631/SP, Rel. Min. Antonio Saldanha Palheiro, 6ª Turma, julgado em 15/10/2019, DJe 23/10/2019.

E) na hipótese de configuração de excesso de prazo na internação provisória, o prazo excedente é passível de detração penal, conforme previsão do ECA.

Gabarito: letra D.

5.5.1. Prazo de internação provisória e a pandemia de coronavírus

Diante da pandemia do coronavírus, uma questão muito sensível se refere ao distanciamento social no sistema carcerário e socioeducativo. A esse respeito, o Conselho Nacional de Justiça editou a Recomendação n. 62/2020, cujo objetivo é orientar os Tribunais acerca de medidas preventivas de propagação da Covid-19.

Especificamente em relação aos casos apuração de ato infracional, o artigo 2º recomenda a **aplicação preferencial de medidas em meio aberto**. Confira-se:

> Art. 2º Recomendar aos magistrados competentes para a fase de conhecimento na apuração de atos infracionais nas Varas da Infância e da Juventude a adoção de providências com vistas à redução dos riscos epidemiológicos e em observância ao contexto local de disseminação do vírus, a aplicação preferencial de medidas socioeducativas em meio aberto e a revisão das decisões que determinaram a internação provisória, notadamente em relação a adolescentes:
>
> I – gestantes, lactantes, mães ou responsáveis por criança de até doze anos de idade ou por pessoa com deficiência, assim como indígenas, adolescentes com deficiência e demais adolescentes que se enquadrem em grupos de risco;
>
> II – que estejam internados provisoriamente em unidades socioeducativas com ocupação superior à capacidade, considerando os parâmetros das decisões proferidas pelo STF no HC no 143.988/ES;
>
> III – que estejam internados em unidades socioeducativas que não disponham de equipe de saúde lotada no estabelecimento, estejam sob ordem de interdição, com medidas cautelares determinadas por órgão do sistema de jurisdição internacional, ou que disponham de instalações que favoreçam a propagação do novo coronavírus; e
>
> IV – que estejam internados pela prática de atos infracionais praticados sem violência ou grave ameaça à pessoa.
>
> Art. 3º Recomendar aos magistrados com competência para a execução de medidas socioeducativas a adoção de providências com vistas à redução dos riscos epidemiológicos e em observância ao contexto local de disseminação do vírus, especialmente:
>
> I – a reavaliação de medidas socioeducativas de internação e semiliberdade, para fins de eventual substituição por medida em meio aberto, suspensão ou remissão, sobretudo daquelas:

> a) aplicadas a adolescentes gestantes, lactantes, mães ou responsáveis por criança de até 12 anos de idade ou por pessoa com deficiência, assim como indígenas, adolescentes com deficiência e demais adolescentes que se enquadrem em grupo de risco;
>
> b) executadas em unidades socioeducativas com ocupação superior à capacidade, considerando os parâmetros das decisões proferidas pelo Supremo Tribunal Federal no Habeas Corpus no 143.988/ES; e
>
> c) executadas em unidades socioeducativas que não disponham de equipe de saúde lotada no estabelecimento, estejam sob ordem de interdição, com medidas cautelares determinadas por órgão do sistema de jurisdição internacional, ou que disponham de instalações que favoreçam a propagação do novo coronavírus;
>
> II – a reavaliação das decisões que determinaram a aplicação de internação-sanção, prevista no art. 122, III, do Estatuto da Criança e do Adolescente.

É preciso observar que a recomendação do CNJ não é norma cogente, de modo que cabe ao julgador examinar as circunstâncias do caso concreto para decidir sobre a utilização de meios abertos. O STJ já se manifestou nesse sentido.[8]

5.6. Identificação compulsória

O art. 109 apresenta o direito de o **adolescente civilmente identificado não** ser submetido à **identificação compulsória** nos órgãos policiais, salvo em caso de fundada dúvida. Trata-se de direito também previsto na Constituição – art. 5º, inciso LVIII: *"o civilmente identificado não será submetido a identificação criminal, salvo nas hipóteses previstas em lei."* Há lei específica acerca da matéria, que disciplina a identificação criminal: Lei nº 12.037/2009.

5.7. Não ser conduzido em compartimento fechado de veículo policial

Além das disposições previstas nos artigos 106 a 109, há outros direitos individuais do adolescente ao longo do Estatuto. Um deles é o de **não ser conduzido ou transportado** em **compartimento fechado** de veículo policial, previsto no artigo 178: *"O adolescente a quem se atribua autoria de ato infracional não poderá ser conduzido ou transportado em compartimento fechado de veículo policial, em condições atentatórias à sua dignidade, ou que impliquem risco à sua integridade física ou mental, sob pena de responsabilidade."*

5.8. Vedação de cumprimento da internação em estabelecimento prisional

Outro direito individual do adolescente é o de cumprir sua medida socioeducativa em estabelecimento compatível com sua condição de pessoa em

8. AgRg no HC 594.184/SC, Rel. Min. Joel Ilan Paciornik, 5º Turma, julgado em 06/10/2020.

desenvolvimento. Seu período de internação **não** pode ser cumprido em **estabelecimento prisional**, sendo que pode permanecer no máximo por 5 dias na repartição policial. Veja-se a redação do artigo 185 do Estatuto:

> **Art. 185.** A internação, decretada ou mantida pela autoridade judiciária, não poderá ser cumprida em estabelecimento prisional.
>
> § 1º Inexistindo na comarca entidade com as características definidas no art. 123, o adolescente deverá ser imediatamente transferido para a localidade mais próxima.
>
> § 2º Sendo impossível a pronta transferência, o adolescente aguardará sua remoção em repartição policial, desde que em seção isolada dos adultos e com instalações apropriadas, não podendo ultrapassar o prazo máximo de cinco dias, sob pena de responsabilidade.

6. GARANTIAS PROCESSUAIS

Os artigos 110 e 111 estabelecem as garantias processuais de que goza o adolescente no curso do processo de apuração do ato infracional que lhe foi atribuído.

O artigo 110 estabelece de forma expressa que: *"Nenhum adolescente será privado de sua liberdade sem o devido processo legal."* A regra está afinada com a previsão constitucional do art. 5º, inciso LIV: *"ninguém será privado da liberdade ou de seus bens sem o devido processo legal"*.

O conceito de devido processo legal é apresentado por Fredie Didier Jr.: *"[...] o devido processo legal em sentido formal é, basicamente, o direito a ser processado e a processar de acordo com normas previamente estabelecidas para tanto, normas estas cujo processo de produção também deve respeitar aquele princípio. Os demais princípios processuais são, na verdade, decorrência daquele."*[9]

Todos os demais princípios processuais podem ser extraídos princípio do devido processo legal, verdadeiro postulado constitucional.[10] Assim, tem-se que ao adolescente são também garantidos os princípios do contraditório e da ampla defesa (CRFB, art. 5º, inciso LV), como desdobramentos daquele princípio reitor.

O artigo 111 apresenta **rol exemplificativo** de garantias processuais do adolescente.

---

9. DIDIER JR., Fredie. *Curso de Direito Processual Civil, vol. I.* Salvador: Jus Podivm, 2008, p. 39.
10. NERY JR., Nelson. *Princípios do processo civil na Constituição Federal.* 4ª ed. São Paulo: RT, 1997, p. 29.

Garantias processuais (art. 111)
I – pleno e formal conhecimento da atribuição de ato infracional, mediante citação ou meio equivalente;
II – igualdade na relação processual, podendo confrontar-se com vítimas e testemunhas e produzir todas as provas necessárias à sua defesa;
III – defesa técnica por advogado;
IV – assistência judiciária gratuita e integral aos necessitados, na forma da lei;
V – direito de ser ouvido pessoalmente pela autoridade competente;
VI – direito de solicitar a presença de seus pais ou responsável em qualquer fase do procedimento.

O inciso I do artigo 111 garante ao adolescente o **pleno e formal conhecimento** da atribuição do ato infracional, através da citação ou de meio equivalente. A citação é imprescindível para angularizar a relação jurídica processual e permitir o exercício pleno da defesa e do contraditório.

O princípio da ampla defesa estabelece que a parte deve ter oportunidade de provar suas alegações de forma plena – especialmente no âmbito penal e de apuração de ato infracional, pois é o direito de liberdade que está ameaçado de ser suprimido. O inciso II do artigo 111 prevê expressamente que o adolescente tem garantida a **produção de todas as provas necessárias** à sua defesa.

Embora o dispositivo não tenha mencionado expressamente, na confrontação com testemunhas, garante-se ao adolescente o direito de inquiri-las. É o que nos explica Péricles Prade:

> O inc. II do art. 111 não diz, mas é claro que, no confronto, tanto as vítimas quanto as testemunhas poderão ser inquiridas. Caso contrário, restringir-se-iam a defesa e o alcance do preceito probatório quanto à necessidade do uso desse meio. Essa é a *mens legis*, sem sombra de dúvidas, mesmo porque o inc. IV do art. 40 da Convenção sobre os Direitos da Criança assegura a esta "não ser obrigada a testemunhar ou a se declarar culpada e *poder interrogar* ou fazer com que *sejam interrogadas* as testemunhas de acusação bem como poder obter a participação e o interrogatório em sua defesa, em *igualdade de condições*".[11]

No inciso III, está garantida ao adolescente a **defesa técnica** por advogado. Logo em seguida, o inciso IV garante a **assistência judiciária gratuita**. Ambos estão conectados, afinal, a maior parte dos adolescentes que se envolvem na prática de atos infracionais é oriunda das camadas mais pobres da sociedade e não têm condições de arcar com os honorários de um advogado particular. Nesse ponto, pode-se dizer que a garantia processual do Estatuto encontra amparo constitucional nos artigos 5º, LXXIV e 134, que tratam, respectivamente, da assistência jurídica gratuita e da Defensoria Pública. No mais das vezes, é

11. PRADE, Péricles. In: CURY, Munir (coord.). op. cit., p. 527.

o defensor público quem vai acompanhar e diligenciar nos processos de atos infracionais nos Juizados da Infância e da Juventude.

Nesse contexto, como a Constituição garante a prioridade absoluta no tratamento dos direitos infantojuvenis, pode-se afirmar que é dever constitucional das Defensorias Públicas designar defensores para atuação na Justiça da Infância e da Juventude. A ausência de defensor público nesses juízos é violação grave dos direitos infantojuvenis.

Por sua vez, o princípio do contraditório significa a possibilidade de a parte influir na formação da convicção do julgador, ou seja, de atuar para alcançar determinado fim no processo. O adolescente tem garantido o **direito de ser ouvido pessoalmente** pela autoridade judiciária (inciso V), bem como o de confrontar-se com vítimas e testemunhas. No momento em que é ouvido, o adolescente exerce sua autodefesa.

Desdobramento da garantia processual de ser ouvido pelo juiz é a impossibilidade de se decretar regressão da medida socioeducativa sem a oitiva prévia do adolescente (súmula 265 do STJ). Voltaremos ao assunto mais à frente.

Por fim, o inciso VI garante ao adolescente o **direito de solicitar a presença de seus pais** durante o procedimento. Trata-se de previsão que se afina com o princípio de que crianças e adolescentes são pessoas em desenvolvimento. O amparo dos pais no duro momento do processo judicial é muito importante.

Esses são exemplos de que o Estatuto busca dar efetividade aos princípios processuais constitucionais para possibilitar a tutela plena do adolescente - sempre dentro da ideia de que a principal diretriz do Estatuto é a proteção integral da criança e do adolescente.

Ainda como decorrência do princípio do devido processo legal, deve-se ter presente que compete ao Ministério Público demonstrar cabalmente a prática de ato infracional pelo adolescente, sendo certo que sua confissão não pode ser o único elemento de prova constante dos autos.

Inúmeras razões podem levar o adolescente a confessar a prática de um ato infracional, razões essas legítimas e ilegítimas. Portanto, independentemente do que for dito pelo adolescente ao ser ouvido pelo juízo em sua audiência de apresentação, é preciso dar sequência à instrução probatória.

Capítulo

XI

Medidas socioeducativas

1. INTRODUÇÃO

Por ocasião da prática de um ato infracional, o adolescente precisa ser repreendido devidamente, como forma de lhe auxiliar o desenvolvimento e a compreensão acerca do que é certo e do que é errado. A imposição de uma punição tem o objetivo de sinalizar ao adolescente que há responsabilidades e consequências próprias das atitudes que toma.

Nas palavras de Wilson Donizeti Liberati, a medida socioeducativa pode ser assim conceituada:

> A medida socioeducativa é a manifestação do Estado, em resposta ao ato infracional, praticado por menores de 18 anos, de natureza jurídica impositiva, sancionatória e retributiva, cuja aplicação objetiva inibir a reincidência, desenvolvida com finalidade pedagógica-educativa. Tem caráter impositivo, porque a medida é aplicada independente da vontade do infrator – com exceção daquelas aplicadas em sede de remissão, que tem finalidade transacional. Além de impositiva, as medidas socioeducativas têm cunho sancionatório, porque, com sua ação ou omissão, o infrator quebrou a regra de convivência dirigida a todos. E, por fim, ela pode ser considerada uma medida de natureza retributiva, na medida em que é uma resposta do Estado à prática do ato infracional praticado.[1]

As medidas socioeducativas estão disciplinadas nos artigos 112 a 125, sendo que cada uma possui peculiaridades e hipóteses de aplicação que devem ser analisadas com atenção.

2. ROL DE MEDIDAS SOCIOEDUCATIVAS

Está previsto de forma **taxativa** no artigo 112:

Medidas socioeducativas (art. 112)
I – advertência; II – obrigação de reparar o dano;

1. LIBERATI, Wilson Donizeti. *Comentários ao Estatuto da Criança e do Adolescente*. 9ª ed. São Paulo: Malheiros, 2006, p. 102.

Medidas socioeducativas (art. 112)
III - prestação de serviços à comunidade; IV - liberdade assistida; V - inserção em regime de semiliberdade; VI - internação em estabelecimento educacional; VII - qualquer das medidas de proteção (art. 101, I a VI)

A aplicação de medidas de proteção é possível no âmbito do processo de atribuição de ato infracional, conforme destaca o inciso VII do artigo 112. Nesse caso, a medida de proteção passa a ter certo caráter retributivo.

Bem por isso, há posição doutrinária que classifica as medidas socioeducativas em típicas e atípicas ou, ainda, próprias e impróprias; as primeiras (típicas ou próprias) são as elencadas nos incisos I a VI do artigo 112, ao passo em que as atípicas (ou impróprias) seriam as medidas de proteção aplicadas em virtude da prática de ato infracional.

3. OBJETIVOS

As medidas socioeducativas estão previstas no artigo 112 do Estatuto. A Lei do Sinase (Lei nº 12.594/2012), por sua vez, elencou os objetivos a serem alcançados pela imposição de tais medidas, a saber.

Objetivos da aplicação de medidas socioeducativas (art. 1º, § 2º)
I - a responsabilização do adolescente quanto às consequências lesivas do ato infracional, sempre que possível incentivando a sua reparação; II - a integração social do adolescente e a garantia de seus direitos individuais e sociais, por meio do cumprimento de seu plano individual de atendimento; e III - a desaprovação da conduta infracional, efetivando as disposições da sentença como parâmetro máximo de privação de liberdade ou restrição de direitos, observados os limites previstos em lei.

4. PRINCIPAIS CARACTERÍSTICAS

Para aplicação de medidas socioeducativas, o magistrado deve observar uma série de características e requisitos constantes do Estatuto da Criança e do Adolescente.

4.1. Requisitos para escolha da medida socioeducativa

O magistrado, ao decidir pela imposição de medida socioeducativa, deve observar:

(i) a capacidade do adolescente de cumpri-la;
(ii) as circunstâncias; e
(iii) a gravidade do ato praticado (art. 112, § 1º).

▸ **Como o assunto foi cobrado em concurso?**

(Magistratura - TJ-GO - 2021 - FCC - adaptada) No procedimento de apuração de ato infracional, conforme determina a lei, a autoridade judiciária, ao proferir a sentença, convencida da existência de provas suficientes de autoria e materialidade da infração,

(D) levará em conta a capacidade de cumprimento do adolescente, entre outros critérios, ao aplicar-lhe a medida socioeducativa.

Gabarito: o item está certo.

A esse respeito, Olympio Sotto Maior destaca:

> O § 1º do art. 112 estabelece, inicialmente, que a medida aplicada ao adolescente deve levar em conta sua capacidade de cumpri-la, ou seja, que apresente condições de exequibilidade. É que a imposição de medida irrealizável, além do inerente desprestígio à própria Justiça da Infância e da Juventude, acabaria reforçando juízo negativo (e formulado com frequência pelos adolescentes) de incapacidade ou inaptidão para as *coisas da vida*, provocador de inevitável rebaixamento da autoestima. Ao invés de benefícios, a aplicação da medida traria prejuízos à formação da personalidade do adolescente. A parte final do parágrafo em tela, por outro lado, refere-se à necessária *relação* e *proporcionalidade* entre a medida aplicada e as circunstâncias e gravidade da infração. A decisão desproporcionada ou que não guarde qualquer relação com o fato infracional praticada tenderá a perder contato com o processo educativo que lhe dá razão de existir, restando, neste aspecto, inócua ou injusta.[2]

Além disso, a Lei do Sinase apresenta uma garantia importante para informar o juízo no momento de aplicar a medida socioeducativa. Trata-se da previsão do § 2º do artigo 49, cuja redação é a seguinte: *"A oferta irregular de programas de atendimento socioeducativo em meio aberto não poderá ser invocada como motivo para aplicação ou manutenção de medida de privação da liberdade."*

A regra deixa claro que o juízo não pode valer-se das más condições dos programas de atendimento de meio aberto para aplicar medida mais gravosa.

4.2. Vedação de trabalhos forçados

É terminantemente vedada a prestação de trabalhos forçados (art. 112, § 2º). Essa não é uma previsão apenas do Estatuto, mas da própria Constituição da República: *"não haverá penas: c) de trabalhos forçados"* (CR, art. 5º, inc. XLVII, al. "c").

4.3. Tratamento diferenciado para os portadores de deficiência mental

Os portadores de doença ou deficiência mental não têm a mesma capacidade de compreensão dos demais adolescentes; por isso, a medida que se

2. MAIOR, Olympio Sotto. In: CURY, Munir. op. cit., p. 537-538.

lhes deve destinar não pode ser a mesma dos demais. Para eles, deve-se dar tratamento individualizado e especializado em local adequado (art. 112, § 3º).

4.4. Cumulação e substituição de medidas

O Estatuto prevê expressamente a **possibilidade** de cumulação de medidas socioeducativas e de medidas de proteção (art. 113 c/c art. 99). É possível o juiz impor ao adolescente o cumprimento, cumulativamente, das medidas socioeducativas de prestação de serviços à comunidade e liberdade assistida (art. 112, III e IV). Pode haver também a imposição de medida socioeducativa de liberdade assistida cumulada com medida proteção de matrícula e frequência obrigatória à escola (art. 112, VII c/c art. 101, III).

O Estatuto ainda prevê a possibilidade de substituição de medidas a qualquer tempo. Nesse ponto, a análise precisa ser mais cuidadosa, sob pena de malferir o princípio do contraditório. A substituição de medida mais gravosa (ex.: internação) por outra menos gravosa (ex.: liberdade assistida) pode ser realizada sem maiores problemas. Já o contrário não. Para imposição de medida mais gravosa é preciso oportunizar a manifestação do adolescente, na forma da súmula 265 do Superior Tribunal de Justiça:

> **Súmula 265.** É necessária a oitiva do menor infrator antes de decretar-se a regressão da medida socioeducativa.

Assim, diante da inadequação da medida mais branda, pode haver a regressão para a internação, mas o prazo limite de 3 meses (art. 122, § 1º) deve ser respeitado. Esse entendimento é consolidado no STJ.[3]

4.5. Comprovação de autoria e materialidade da infração

De acordo com o artigo 114, a imposição de medida socioeducativa depende da **comprovação** de **autoria** e **materialidade**. Trata-se de norma-regra que dá concretude a uma norma-princípio, o princípio do devido processo legal. É preciso instaurar uma relação jurídica processual em contraditório, com garantia de ampla defesa para que, ao final, diante da comprovação da prática de ato infracional seja imposta medida socioeducativa.

A esse respeito, o Superior Tribunal de Justiça editou súmula importante:

> **Súmula 342.** No procedimento para aplicação de medida socioeducativa, é nula a desistência de outras provas em face da confissão do adolescente.

A partir desse enunciado, é possível concluir que o só fato de o adolescente confessar a prática do ato infracional não ilide o Ministério Público do dever de produzir provas e demonstrar cabalmente a sua responsabilidade.

3. HC 195.451/SP, Rel. Min. Gilson Dipp, 5ª Turma, julgado em 22/11/2011, DJe 01/12/2011.

> ▸ **IMPORTANTE**
>
> **Súmula 342 STJ.** No procedimento para aplicação de medida socioeducativa, é nula a desistência de outras provas em face da confissão do adolescente.

Há, porém, duas **exceções**, a **remissão** e a **advertência**.

A remissão é uma forma de perdão dado ao adolescente que não tem efeito de antecedente, nem implica o reconhecimento ou a comprovação da responsabilidade. Ao invés de buscar a atribuição de responsabilidade do adolescente, perdoa-se aquela suposta conduta. Nesses casos, é possível cumular a remissão com uma medida socioeducativa (diversa da internação e da semiliberdade) sem que haja plena comprovação de autoria e materialidade.

A outra exceção é a aplicação da advertência, que é a medida socioeducativa mais branda, consistente em admoestação verbal. Para a aplicação dessa medida, bastam *"indícios suficientes de autoria"* e a comprovação da materialidade (art. 114, p.ú.).

> ▸ **IMPORTANTE**
>
> A imposição de medida socioeducativa exige a comprovação de autoria e materialidade. Exceções: concessão de remissão e imposição de advertência.

4.6. Idade máxima para cumprimento de medidas socioeducativas

O adolescente deve ser liberado compulsoriamente do cumprimento de quaisquer medidas aos **21 anos** (art. 121, § 5º). Se estiver internado, deve ser colocado em liberdade.

Muito já se discutiu quando do advento do Código Civil de 2002, que reduziu a maioridade para 18 anos, se a previsão do Estatuto estaria revogada.

O Superior Tribunal de Justiça pacificou a questão e consolidou o entendimento de que o cumprimento da medida socioeducativa pode ser exigido até os 21 anos de idade. Confira-se:

> **Súmula 605.** A superveniência da maioridade penal não interfere na apuração de ato infracional nem na aplicabilidade de medida socioeducativa em curso, inclusive na liberdade assistida, enquanto não atingida a idade de 21 anos.

> ▸ **Como esse assunto foi cobrado em concurso?**
>
> **(Promotor de Justiça – MP-SC – 2021 – Cespe)** Quanto às medidas socioeducativas previstas no Estatuto da Criança e do Adolescente, julgue os itens seguintes, considerando, ainda, a jurisprudência do STJ.
>
> A superveniência da maioridade penal encerra as apurações de ato infracional e a aplicação de medidas socioeducativas em curso.
>
> *Gabarito: o item está errado.*

4.7. Prescrição de medidas socioeducativas

As medidas socioeducativas do Estatuto da Criança e do Adolescente possuem viés pedagógico e visam a formar seu caráter e sua cidadania; ainda assim, não se pode deixar de destacar que há também uma conotação punitiva, repressiva de sua conduta, cuja finalidade é demonstrar que aquele seu proceder não é adequado em nossa sociedade.[4] Esse poder-dever do Estado de apurar e impor medidas ao adolescente deve ser exercido em determinado prazo e está sujeito à prescrição, conforme estabelece súmula do Superior Tribunal de Justiça.

Súmula 338. A prescrição penal é aplicável nas medidas socioeducativas.

> **▸ Como o assunto foi cobrado em concurso?**
>
> **(Promotor de Justiça – MP-SC – 2021 – Cespe)** Quanto às medidas socioeducativas previstas no Estatuto da Criança e do Adolescente, julgue os itens seguintes, considerando, ainda, a jurisprudência do STJ.
>
> As normas do Código Penal referentes à prescrição são aplicáveis aos procedimentos de atos infracionais previstos no Estatuto da Criança e do Adolescente.
>
> *Gabarito: o item está certo.*

A forma de calcular a prescrição não está prevista no Estatuto e decorre de construção jurisprudencial do Superior Tribunal de Justiça e do Supremo Tribunal Federal.

Para verificar o prazo prescricional aplicável ao caso concreto, analisa-se o tempo de cumprimento da medida socioeducativa prevista no Estatuto.

O artigo 109 do Código Penal apresenta uma tabela para contagem de prazos prescricionais aplicável tanto para medidas privativas de liberdade (internação e semiliberdade), quanto para as restritivas de direitos (obrigação de reparar o dano, prestação de serviços à comunidade e liberdade assistida):

> **Art. 109.** A prescrição, antes de transitar em julgado a sentença final, salvo o disposto no § 1º do art. 110 deste Código, regula-se pelo máximo da pena privativa de liberdade cominada ao crime, verificando-se:
>
> I – em vinte anos, se o máximo da pena é superior a doze;
>
> II – em dezesseis anos, se o máximo da pena é superior a oito anos e não excede a doze;
>
> III – em doze anos, se o máximo da pena é superior a quatro anos e não excede a oito;
>
> IV – em oito anos, se o máximo da pena é superior a dois anos e não excede a quatro;

---

4. Sobre a prescrição das medidas socioeducativas, confira-se: DEL-CAMPO, Eduardo R. Alcântara. In: CURY, Munir (coord.). op. cit., p. 539-548.

> V – em quatro anos, se o máximo da pena é igual a um ano ou, sendo superior, não excede a dois;
>
> VI – em 3 (três) anos, se o máximo da pena é inferior a 1 (um) ano.
>
> Parágrafo único – Aplicam-se às penas restritivas de direito os mesmos prazos previstos para as privativas de liberdade.

Por exemplo, a medida de internação tem prazo máximo de 3 anos. Nesse caso, o prazo prescricional previsto pelo CP é de 8 anos (art. 109, inc. IV).

Como o adolescente é menor de 21 anos, faz jus à redução pela metade do prazo prescricional, com base no art. 115 do Código Penal: *"São reduzidos de metade os prazos de prescrição quando o criminoso era, ao tempo do crime, menor de 21 (vinte e um) anos, ou, na data da sentença, maior de 70 (setenta) anos."*

Assim, tem-se que o prazo prescricional da medida de internação é de 4 anos.[5]

> **IMPORTANTE**
>
> **Súmula 338 STJ.** A prescrição penal é aplicável nas medidas socioeducativas.

4.8. Princípio da insignificância

O Superior Tribunal de Justiça tem reconhecido a aplicação do princípio da insignificância no âmbito da Justiça infantojuvenil.[6]

A jurisprudência desenvolveu critérios para aplicação do princípio da insignificância, a saber:

Requisitos para aplicação do princípio da insignificância
– pequeno valor do bem; – mínima ofensividade da conduta; – nenhuma periculosidade social da ação; – reduzido grau de reprovabilidade do comportamento.

Se o adolescente possuir outros atos infracionais, tanto o **STF**[7], quanto o **STJ**[8] afastam a aplicação do princípio da insignificância.

> **Como o assunto foi cobrado em concurso?**
>
> **(Promotor de Justiça – MP-SC – 2021 – Cespe)** Quanto às medidas socioeducativas previstas no Estatuto da Criança e do Adolescente, julgue os itens seguintes, considerando, ainda, a jurisprudência do STJ.
>
> O princípio da insignificância pode incidir em processos relativos à prática de atos infracionais por crianças e adolescentes.
>
> *Gabarito: o item está certo.*

---

5. HC 313.610/SP, Rel. Min. Nefi Cordeiro, 6ª Turma, julgado em 06/10/2015.
6. HC 253.769/ES, Rel. Min. Sebastião Reis Júnior, 6ª Turma, DJe 15/10/2013.
7. RHC 112694, Rel. Min. Rosa Weber, 1ª Turma, julgado em 02/10/2012.
8. HC 292.824/SP, Rel. Min. Gurgel de Faria, 5ª Turma, DJe 05/08/2015.

Principais características da aplicação de medidas socioeducativas
- devem-se observar (i) a capacidade do adolescente de cumpri-la; (ii) as circunstâncias e (iii) a gravidade do ato praticado; - é vedada a imposição de trabalhos forçados; - portadores de deficiência ou doença mental devem receber tratamento diferenciado; - é possível a cumulação e substituição de medidas; - é necessária a comprovação de autoria e materialidade, exceto em caso de remissão e de advertência; - a idade limite para cumprimento de medida socioeducativa é 21 anos; - as medidas socioeducativas estão sujeitas à prescrição; - é possível aplicação do princípio da insignificância do ato infracional praticado.

5. ADVERTÊNCIA

A advertência é a medida socioeducativa mais branda prevista no Estatuto. Consiste em uma **admoestação verbal** feita ao adolescente (art. 115). Pode ser aplicada independentemente de prova cabal acerca da autoria, sendo suficientes (i) prova de materialidade e (ii) indícios suficientes de autoria (art. 114, p.ú.).

Embora seja a medida mais branda e singela do Estatuto, Roberto João Elias destaca as formalidades de que se deve revestir o ato:

> A advertência é a mais simples e usual medida socioeducativa aplicada ao menor. Deve, contudo, revestir-se de formalidades. Assim sendo, feita verbalmente pelo Juiz da Infância e da Juventude, deve ser reduzida a termo e assinada. [...]
>
> A admoestação em questão deve ser esclarecedora, ressaltando, com respeito ao adolescente, as consequências que poderão advir se porventura for reincidente na prática de atos infracionais. No que tange aos pais ou responsável, deve-se esclarecê-los quanto à possibilidade de perderem o poder familiar (pátrio poder) ou serem destituídos da tutela ou da guarda.[9]

▸ **Como o assunto foi cobrado em recurso?**

(Promotor de Justiça - MP-RS - 2021 - MP-RS - adaptada) Em vista das medidas socioeducativas destinadas a adolescente por prática de ato infracional, considere as seguintes afirmações.

III - A medida socioeducativa de advertência poderá ser aplicada sempre que houver prova de materialidade e indícios suficientes da autoria.

Gabarito: o item está certo.

9. ELIAS, Roberto João. op. cit., p. 124.

6. OBRIGAÇÃO DE REPARAR O DANO

O artigo 116 estabelece a medida socioeducativa de reparação do dano causado pelo adolescente nos seguintes termos: "*Em se tratando de ato infracional com reflexos patrimoniais, a autoridade poderá determinar, se for o caso, que o adolescente restitua a coisa, promova o ressarcimento do dano, ou, por outra forma, compense o prejuízo da vítima. Parágrafo único. Havendo manifesta impossibilidade, a medida poderá ser substituída por outra adequada.*"

A partir da redação do dispositivo, tem-se claro que **compete ao adolescente ressarcir o prejuízo da vítima**. Na prática, é possível notar que a aplicação dessa medida socioeducativa é pequena, pois poucos adolescentes trabalham e possuem renda própria para ressarcir a vítimas.

7. PRESTAÇÃO DE SERVIÇOS À COMUNIDADE

Essa modalidade de medida socioeducativa não se confunde com a prestação de trabalhos forçados, expressamente proibida pela Constituição da República (art. 5º, inc. XLVII, alínea "c") e pelo Estatuto (art. 112, § 2º). Os **trabalhos forçados** possuem **caráter desumano**, desproporcional à capacidade de prestação daquele que é punido, ao passo em que a **prestação de serviços** à comunidade serve para que o adolescente **desenvolva** em si um **senso cívico**, ou seja, que apure sua percepção de cidadania, pois o serviço é realizado em entidades assistenciais, hospitais, escolas etc.

Em doutrina, muito se elogia a utilidade dessa medida socioeducativa, como demonstram Bianca Mota de Moraes e Helane Vieira Ramos:

> De grande valia tem se apresentado a efetiva utilização desta medida que, se por um lado preenche, com algo útil, o costumeiramente ocioso tempo dos adolescentes em conflito com a lei, por outro traz a nítida sensação à coletividade de resposta social pela conduta infracional praticada.
>
> Em especial nos municípios interioranos, onde os adolescentes geralmente são encaminhados ao Ministério Público tão logo começam a apresentar comportamento ilícito, a aplicação desta medida tem se mostrado muito eficaz, inclusive quando utilizada em sede de remissão pré-processual.
>
> Tem-se observado, por exemplo, que o índice de reincidência dos jovens que cumprem prestação de serviços comunitários é baixíssimo, o que só comprova a importância da sua implementação nas comarcas.[10]

A jornada de trabalho **máxima** que pode ser imposta ao adolescente é de **8 horas semanais** e desde que não interfira na frequência escolar ou em atividades profissionais. Além disso, a medida tem **prazo máximo de 6 meses de duração**.

10. MORAES, Bianca Mota de; RAMOS, Helane Vieira. *A prática de ato infracional*. In: MACIEL, Kátia Regina Ferreira Lobo Andrade (coord.). op. cit., p. 840.

▸ **Como esse assunto foi cobrado em concurso?**

(Vunesp - Juiz de Direito - TJ - SP/2023) Na prestação de serviços comunitários, é garantido ao adolescente

A) realizar tarefas gratuitas de interesse geral, por período não excedente a 12 (doze) meses.

B) que as tarefas serão atribuídas conforme a sua aptidão, em jornada máxima de 10 (dez) horas semanais.

C) realizar tarefas gratuitas de interesse geral.

D) que as tarefas não poderão ser executadas em sábados, domingos e feriados, para não prejudicar a convivência do adolescente com sua família.

Gabarito: letra C.

8. LIBERDADE ASSISTIDA

A medida socioeducativa de liberdade assistida está disciplinada nos artigos 118 e 119 do Estatuto. Essa é a medida **mais rígida** dentre as cumpridas pelo adolescente em **liberdade**. Durante o período de liberdade assistida, o adolescente é acompanhado pela equipe interdisciplinar de uma entidade de atendimento, responsável por promover socialmente o adolescente e sua família, supervisionar sua frequência e aproveitamento escolar, diligenciar acerca de sua profissionalização e inserção no mercado de trabalho (art. 119, incisos I, II e III). A equipe de atendimento deve apresentar relatórios à autoridade judiciária (art. 1119, IV) para que se avalie a necessidade de sua prorrogação, substituição ou mesmo de seu encerramento (art. 118, § 2º).

A liberdade assistida não se confunde com o instituto da liberdade vigiada, presente no Código Mello Mattos. Embora no Código de Menores de 1979 estivesse prevista a liberdade assistida, sua natureza era semelhante à liberdade vigiada, ou seja, estava limitada ao controle da conduta do menor.

A liberdade assistida do Estatuto tem natureza completamente distinta, pois não se limita a vigiar os passos do adolescente, senão promover-lhe a cidadania e a reinserção social.

Sobre o assunto, vale transcrever a lição de Ana Maria Gonçalves Freitas:

> Como se vê, o Estatuto não se limitou a ratificar a liberdade vigiada, velha conhecida da legislação menorista desde o Código de Menores de 1927 (Código Mello Mattos) e que depois trocou de nome para liberdade assistida sem, no entanto, perder a característica principal de "vigiar" (art. 38 do Código de Menores de 1979).
>
> Esta discrepância foi bem flagrada no 1º Seminário Latino-Americano de Capacitação e Investigação sobre os Direitos do Menor e da Criança frente ao Sistema de Administração da Justiça Juvenil (San José da Costa Rica, 1987), em cujas conclusões (entre outras) ficou assentado: "Cabe fazer a

> diferença de objetivos entre a liberdade vigiada (controle sobre a conduta do menor) e a liberdade assistida (criação de condições para reforças vínculos entre o menor, seu grupo de convivência e sua comunidade)... conveniente a aplicação, sempre que possível, da última."
>
> Acompanhar, auxiliar e orientar, como consta do *caput* do art. 118 do Estatuto, devem ser entendidos dentro dessa visão moderna e recomendada pelos órgãos internacionais.
>
> A pessoa que o fará deverá ser capacitada para tanto, com formação na área de Humanidades, podendo pertencer ao quadro de servidores do Juizado (onde a estrutura judiciária o permitir...) ou recrutada através de entidade ou programa de atendimento (§ 1º).[11]

O **prazo mínimo é de 6 meses** de duração para a medida de liberdade assistida. Não há indicação de prazo máximo. Nesse caso, a jurisprudência do Superior Tribunal de Justiça se consolidou no sentido de fixar o limite máximo de 3 anos – em aplicação por analogia da previsão de tempo máximo de internação (art. 121, § 3º) – **súmula 605 STJ**.

Prestação de serviços x Liberdade assistida	
Medida socioeducativa	**Prazo**
Prestação de serviços à comunidade	**Máximo** de 6 meses (art. 117)
Liberdade assistida	**Mínimo** de 6 meses (art. 118, § 2º)

9. SEMILIBERDADE

A medida socioeducativa de semiliberdade priva, em parte, a liberdade do adolescente. Pode ser fixada desde o início ou como forma de transição para o meio aberto (art. 120). O adolescente **trabalha e estuda durante o dia** e, no período **noturno**, fica **recolhido** em entidade especializada. A realização de atividades externas **não depende** de **autorização** judicial. As disposições referentes à internação são aplicáveis, no que couber, ao regime de semiliberdade. Nesse sentido, quanto ao prazo de cumprimento, aplica-se o limite de 3 anos, previsto para a internação (art. 121, § 3º).

> **▸ Como esse assunto foi cobrado em concurso?**
>
> **(FGV – Analista – Área Jurídica – DPE – RS/2023)** Jefferson, adolescente de 16 anos, pratica ato infracional análogo a roubo, sendo-lhe aplicada a medida socioeducativa de semiliberdade, pelo prazo inicial de doze meses. Decorridos seis meses de cumprimento da medida, no Plano Individual de Atendimento (PIA), a equipe técnica da unidade sugere que Jefferson realize curso profissionalizante ofertado por entidade não

11. FREITAS, Ana Maria Gonçalves. In: CURY, Munir (coord.). op. cit., p. 571.

governamental existente no Município, sendo o pedido indeferido pelo juízo, que veda a realização de quaisquer atividades externas pelo adolescente. Considerando o disposto na Lei nº 8.069/1990 (ECA) acerca da medida socioeducativa de semiliberdade, é correto afirmar que:

A) comporta prazo determinado, devendo ser reavaliada a cada seis meses;

B) comporta prazo determinado, porém não pode ser aplicada por período excedente a seis meses:

C) comporta prazo determinado, sendo obrigatórias escolarização e a profissionalização do adolescente;

D) não comporta prazo determinado, estando vedada a sua aplicação como forma de transição para o meio aberto;

E) não comporta prazo determinado, sendo possibilitada a realização de atividades externas, independentemente de autorização judicial.

Gabarito: letra E.

10. INTERNAÇÃO

É a medida socioeducativa **mais gravosa** para o adolescente, pois lhe cerceia amplamente a liberdade. Está prevista no artigo 121 do Estatuto: *"A internação constitui medida privativa da liberdade, sujeita aos princípios de brevidade, excepcionalidade e respeito à condição peculiar de pessoa em desenvolvimento."*

A norma do Estatuto está em consonância com os diplomas internacionais sobre o tema. É o que demonstra Emílio García Mendez:

> O art. 121 (assim como todos os artigos contidos na seção VII, "Da internação") compila, sem dúvida alguma, a doutrina mais avançada na matéria, abrangendo tanto a doutrina da proteção integral das Nações Unidas quanto as ideias mais avançadas dos atuais estudos do controle social. Pela primeira vez no campo da legislação chamada até agora de "menores" renuncia-se aos eufemismos e à hipocrisia, designando a internação como medida de privação de liberdade. O caráter breve e excepcional da medida surge, também, do reconhecimento dos provados efeitos negativos da privação de liberdade, principalmente no caso da pessoa humana em condição peculiar de desenvolvimento. [...]
>
> Os três instrumentos internacionais que se referem explicitamente ao tema da privação das liberdades dos jovens (Convenção Internacional, regras de Beijing e Regras Mínimas das Nações Unidas para os Jovens Privados de Liberdade) são absolutamente claros em caracterizar a medida de privação de liberdade como sendo de: a) última instância; b) caráter excepcional; e c) mínima duração possível. Os instrumentos internacionais são tão categóricos neste ponto que permitem afirmar que "invertem o ônus da prova", no sentido de que praticamente obrigam a demonstrar ao sistema de

> Justiça que todas as alternativas existentes à internação já foram tentadas ou, pelo menos, descartadas racional e equitativamente.[12]

10.1. Princípios pertinentes à internação

O artigo 121 estabelece três princípios reitores da medida socioeducativa de internação: **brevidade**, **excepcionalidade** e **respeito à condição peculiar de pessoa em desenvolvimento**. Os princípios elencados no art. 121 não são meras exortações teóricas, pois estão materializados em dispositivos do próprio Estatuto.

Por **brevidade**, deve-se entender que a medida de internação somente deve ser imposta e cumprida pelo adolescente durante um período curto, o estritamente necessário para que reflita sobre a gravidade de suas ações e comece a ressocializar-se. Tão logo se verifique avanço em sua formação pessoal, melhoria de seu caráter, a medida deve ser substituída por outra menos gravosa (ex: semiliberdade ou liberdade assistida) ou mesmo encerrado seu cumprimento.

O **princípio da excepcionalidade** denota que a medida de internação deve ser aplicada com extrema cautela, em situações peculiares especificamente previstas em lei. A medida de internação somente pode ser aplicada quando outra não se mostrar adequada (art. 122, § 2º). Vale dizer, se o caso concreto demonstra que o adolescente pode ressocializar-se plenamente em meio aberto, através, por exemplo, da liberdade assistida, então afasta-se a aplicação da medida extrema de internação – ainda que se esteja diante de uma situação que autorizaria, em tese, essa medida (art. 122, incisos I, II e III).

Por fim, tem-se o **princípio da condição peculiar de pessoa em desenvolvimento**. Esse princípio guarda relação com o principal postulado do Estatuto da Criança e do Adolescente, a proteção integral. Mesmo com a privação de liberdade decorrente da internação, é preciso tutelar de forma ampla o adolescente, pois a internação não tem o caráter punitivo da pena aplicada a maiores capazes. O **objetivo** da imposição da medida socioeducativa de internação é **ressocializar** o adolescente. Para isso, o Estatuto prevê um rol de direitos garantidos ao adolescente privado de sua liberdade (art. 124), dentre os quais se destacam o direito de entrevistar-se pessoalmente com o representante do MP (inciso I), peticionar diretamente a qualquer autoridade (II) receber escolarização e profissionalização (XI), de realização de atividades culturais, esportivas e de lazer (XII) e de receber os documentos pessoais indispensáveis à vida em sociedade (XVI).

Em doutrina, ao tratar dos princípios informadores da internação, Bianca Mota de Moraes e Helane Vieira Ramos abordam um aspecto sociológico bastante interessante:

12. MENDEZ, Emílio García. In: CURY, Munir (coord.). op. cit., p. 582.

> A adolescência é a menor fase da vida, um verdadeiro rito de passagem. Compreende a idade entre os doze os dezoito, durando apenas seis de todos os anos da existência de uma pessoa. Por isso a preocupação do legislador com a internação, limitando a sua duração a três anos, o que já se constitui em metade deste período de amadurecimento.
>
> [...]
>
> A adolescência é a fase de erupção. Tudo é intenso e contraditoriamente duvidoso no indivíduo. É momento de muitas escolhas e poucas opções. Ímpar como é, a adolescência causa um verdadeiro terremoto interior que não pode ser ignorado pelos que exercem a prática jurídica nesta área, ao analisarem a conduta do jovem em conflito – também – com a lei.[13]

Princípios da internação (art. 121)
– brevidade – excepcionalidade – respeito à condição peculiar de pessoa em desenvolvimento

▸ **Como o assunto foi cobrado em concurso?**

(Agente fiscal – CRESS-AP – 2022 – Quadrix) Considerando o Estatuto da Criança e do Adolescente, julgue o item.

Uma das medidas aplicadas ao adolescente que comete ato infracional é a internação, que é caracterizada pela privação da liberdade e regida pelos princípios da dignidade da pessoa humana, da ressocialização e do respeito à condição peculiar de pessoa em desenvolvimento.

Gabarito: o item está errado.

Ao tratar das medidas de proteção, o Estatuto prevê como **princípio** a proporcionalidade e a **atualidade** (art. 100, p.ú., VIII). Embora o dispositivo se refira a medidas de proteção, a interpretação sistemática do Estatuto pode levar à sua **aplicação nas medidas socioeducativas, conforme entendimento do STJ.**[14]

10.2. Realização de atividades externas

Na internação, a realização de atividades externas é **possível**, a critério da equipe técnica da entidade, mas **pode ser proibida** expressamente pelo juízo de direito, conforme prevê o § 1º do artigo 121: *"Será permitida a realização de atividades externas, a critério da equipe técnica da entidade, salvo expressa determinação judicial em contrário."*

---

13. MORAES, Bianca Mota de; RAMOS, Helane Vieira. *A prática de ato infracional*. In: MACIEL, Kátia Regina Ferreira Lobo Andrade (coord.). op. cit., p. 844-845.
14. AgRg no HC 516.454/SP, Rel. Min. Nefi Cordeiro, 6ª Turma, julgado em 01/10/2019.

Em complemento a essa regra, a Lei do Sinase (Lei nº 12.594/2012) incluiu o § 7º ao artigo 121, com a seguinte redação: *"A determinação judicial mencionada no § 1º poderá ser revista a qualquer tempo pela autoridade judiciária."*

Além de alterar o Estatuto, a Lei trouxe, em seu artigo 50, previsão a respeito de hipótese de saída temporária durante o cumprimento da medida de internação: *"Sem prejuízo do disposto no § 1º do art. 121 da Lei nº 8.069, de 13 de julho de 1990 (Estatuto da Criança e do Adolescente), a direção do programa de execução de medida de privação da liberdade poderá autorizar a saída, monitorada, do adolescente nos casos de tratamento médico, doença grave ou falecimento, devidamente comprovados, de pai, mãe, filho, cônjuge, companheiro ou irmão, com imediata comunicação ao juízo competente."*

Esse é um dos traços distintivos entre a semiliberdade e a internação. Na semiliberdade, a realização de atividades externas não depende de autorização.

▸ **Como o assunto foi cobrado em concurso?**

(Defensor Público - DP-RR - 2021 - FCC - adaptada) Na regulação das medidas socioeducativas, enquanto a Lei do SINASE (Lei nº 12.594/2012) prevê que

A) o plano individual conterá a fixação das metas para o alcance de desenvolvimento de atividades externas na medida de semiliberdade, o Estatuto da Criança e do Adolescente dispõe que no regime de semiliberdade será permitida a realização de atividades externas a critério da autoridade judiciária.

Gabarito: o item está errado.

10.3. Prazo de cumprimento da medida

A medida socioeducativa de internação **não** está sujeita a **prazo certo**. O juízo, em sua sentença, se limita a impor a medida de internação, não há fixação de prazo mínimo, nem máximo. Periodicamente, no máximo a cada seis meses, o adolescente tem o direito de ter reavaliada sua medida (art. 121, § 2º).

Tanto para prolatar a sentença de internação, quanto para decidir sobre a reavaliação da medida, o juízo de direito se vale dos laudos técnicos. No entanto, a palavra final é sua, pois prevalece seu livre convencimento motivado, conforme entendimento consolidado do Superior Tribunal de Justiça.[15]

O dever de motivação decorre diretamente da Constituição da República, que prevê a obrigação de fundamentação das decisões judiciais (art. 93, inc. IX).

O Estatuto fixa **prazos máximos** para o cumprimento da medida de internação através de dois marcos:

15. HC 437.119/RJ, Rel. Min. Nefi Cordeiro, 6ª Turma, julgado em 12/06/2018.

(i) o tempo de cumprimento; e

(ii) a idade do adolescente.

O adolescente pode permanecer internado pelo prazo **máximo de 3 anos** (ar. 121, § 3º), se a internação decorreu de ato infracional cometido com violência ou grave ameaça a pessoa ou por reiteração no cometimento de infrações graves (art. 122, inc. I e II, respectivamente).

Vencido o prazo de 3 anos de cumprimento de internação, o adolescente deve ser liberado, colocado em semiliberdade ou em liberdade assistida (art. 121, § 4º).

Quando a internação decorre do descumprimento reiterado e injustificável de medida anteriormente imposta (art. 122, III), o prazo **máximo** de cumprimento é de **3 meses** (122, § 1º). Trata-se da **regressão** da medida. Para decretação de tal medida, é obrigatória a oitiva do adolescente. Essa diretriz jurisprudencial, constante da Súmula 265 do STJ, acabou consagrada pela Lei nº 12.594/2012, que deu a seguinte redação ao § 1º do artigo 122: *"O prazo de internação na hipótese do inciso III deste artigo não poderá ser superior a 3 (três) meses, devendo ser decretada judicialmente após o* ***devido processo legal****."*

Por fim, independentemente do tempo de cumprimento da medida, o adolescente é colocado em liberdade ao completar 21 anos (art. 121, §5º). A idade fixada pelo Estatuto não foi revogada pela entrada em vigor do Código Civil de 2002. A **liberação compulsória** do adolescente não ocorre aos 18 anos, por ter alcançado a maioridade, mas sim aos **21 anos**. Essa matéria já está consolidada pelo STJ, que mantém a aplicação da regra do Estatuto, mesmo após o advento do Código Civil de 2002, que determinou o alcance da maioridade aos 18 anos (art. 5º).[16]

A desinternação do adolescente deve ser sempre precedida de oitiva do Ministério Público (art. 121, § 6º).

<table>
<tr><th colspan="2">PRAZOS DE CUMPRIMENTO DA MEDIDA DE INTERNAÇÃO</th></tr>
<tr><th>Ato que enseja a internação</th><th>Prazo</th></tr>
<tr><td>- ato infracional praticado com violência ou grave ameaça ou reiteração no cometimento de infrações graves</td><td>3 anos</td></tr>
<tr><td>- descumprimento reiterado de medida anterior (regressão)</td><td>3 meses</td></tr>
<tr><td colspan="2">Observações:
- não há prazo mínimo;
- reavaliação da medida, no máximo, a cada 6 meses;
- liberação compulsória aos 21 anos.</td></tr>
</table>

16. AgRg no REsp 1872380/SC, Rel. Min. Laurita Vaz, 6ª Turma, julgado em 25/08/2020.

> **▸ Como o assunto foi cobrado em concurso?**
>
> **(CEBRASPE – 2024 – DPE/AC – Defensor)**
>
> A respeito da internação do adolescente, assinale a opção correta.
>
> A – Atingida a maioridade, a liberação ocorrerá de forma compulsória.
>
> B – Durante a internação, é vedada a realização de atividades externas.
>
> C – É vedada a estipulação de internação por prazo determinado.
>
> D – Atingido o período máximo de internação, a liberdade assistida é medida que se impõe.
>
> E – A desinternação depende de autorização do Ministério Público.
>
> *Gabarito: letra C.*

Ainda em relação ao **prazo** do cumprimento da medida de internação, é preciso examinar a situação do adolescente que pratica ou praticou **mais de um ato infracional**. A questão está em saber se deve cumprir períodos de internação cumulativos ou se todas são unificadas em único cumprimento. Durante muito tempo, houve divergências doutrinárias e poucos julgados sobre o assunto.

No Superior Tribunal de Justiça, o entendimento era o de que as penas não poderiam ser unificadas, de modo que o adolescente poderia vir a passar mais de três anos internado.[17]

Já em doutrina, em posição distinta e – a nosso ver – mais adequada, Bianca Mota de Moraes e Helane Vieira Ramos traçam a seguinte distinção:

> Da análise dos ensinamentos acima transcritos extrai-se que a melhor interpretação é a de que: 1 – se no momento da prolação da sentença houver julgamento simultâneo do adolescente por vários atos infracionais, deverá ser unificada a execução da internação, que terá o prazo máximo de três anos; 2 – se durante o cumprimento da internação o adolescente é julgado por ato infracional anterior ao início desta, o prazo de três anos também deverá ser unificado; 3 – porém, se no curso do cumprimento da medida de internação o jovem evadir e praticar novo fato, for apreendido por força de mandado de busca e apreensão (em decorrência de evasão da internação) ou cometer ato infracional dentro da instituição, inicia-se nova contagem do prazo de três anos; isto porque, ao contrário da pena, a medida socioeducativa de internação não comporta prazo determinado.[18]

Por esse entender doutrinário, no momento da imposição da medida socioeducativa de internação, todos os atos infracionais pretéritos ficam

---

17. HC 99.565/RJ, Rel. Min. Napoleão Nunes Maia Filho, 5ª Turma, DJe 08/06/2009.
18. MORAES, Bianca Mota de; RAMOS, Helane Vieira. In: MACIEL, Kátia Regina Ferreira Lobo Andrade (coord.). op. cit., p. 856-857.

absorvidos e são unificados. Dessa forma, o adolescente fica, no máximo, 3 anos internados. Por outro lado, se durante o período de internação voltar a praticar ato infracional, o prazo de internação começa a ser contado novamente.

Essa foi a orientação seguida pela Lei do Sinase, Lei nº 12.594/2012, que regulou a matéria no artigo 45, cuja redação é a seguinte:

> **Art. 45.** Se, no transcurso da execução, sobrevier sentença de aplicação de nova medida, a autoridade judiciária procederá à unificação, ouvidos, previamente, o Ministério Público e o defensor, no prazo de 3 (três) dias sucessivos, decidindo-se em igual prazo.
>
> § 1º É vedado à autoridade judiciária determinar reinício de cumprimento de medida socioeducativa, ou deixar de considerar os prazos máximos, e de liberação compulsória previstos na Lei nº 8.069, de 13 de julho de 1990 (Estatuto da Criança e do Adolescente), excetuada a hipótese de medida aplicada por ato infracional praticado durante a execução.
>
> § 2º É vedado à autoridade judiciária aplicar nova medida de internação, por atos infracionais praticados anteriormente, a adolescente que já tenha concluído cumprimento de medida socioeducativa dessa natureza, ou que tenha sido transferido para cumprimento de medida menos rigorosa, sendo tais atos absorvidos por aqueles aos quais se impôs a medida socioeducativa extrema.

A Lei do Sinase é tratada pormenorizadamente mais à frente, oportunidade em que analisamos o dispositivo acima transcrito. Esse tema é cobrado com frequência em concursos.

Nesse momento, o importante é perceber que a **lógica** da imposição de **medidas socioeducativas** é **diversa** das penas do **direito penal**. As medidas socioeducativas não têm viés puramente retributivo, de modo que não é a prática de mais atos infracionais pelo adolescente que deve levar necessariamente ao prolongamento de seu tempo internado. O cumprimento da internação é informado pelo princípio da brevidade – é o mínimo tempo necessário. Pouco importa se o adolescente cometeu três atos infracionais graves – se ficar demonstrada sua ressocialização após um ano, deve-se encerrar o período de internação.

Por fim, vale destacar que o prazo de **internação provisória** deve ser **computado** no **prazo** de internação **total** do adolescente.

Em 2022, o STJ analisou se o período em que a adolescente permaneceu em atendimento médico deveria contabilizado no prazo de 3 anos de internação. O entendimento do STJ foi no sentido de que esse período de tratamento médico deve ser computado.[19]

---

19. REsp n. 1.956.497/PR, relator Ministro Ribeiro Dantas, Quinta Turma, julgado em 5/4/2022, DJe de 8/4/2022.

Quadro comparativo	
Semiliberdade	**Internação**
Imposta desde o início ou como forma de transição para o meio aberto	Imposta desde o início ou diante do descumprimento reiterado e injustificável de medida anterior
Atividades externas não dependem de autorização judicial	Atividades externas **dependem de autorização** da equipe técnica da entidade, mas podem ser vedadas pela autoridade judiciária.
Obriga à escolarização e à profissionalização	Recebe escolarização e profissionalização dentro da entidade
Prazo de cumprimento indeterminado	Prazo de cumprimento indeterminado
Reavaliações periódicas, no máximo, a cada 6 meses	Reavaliações periódicas, no máximo, a cada 6 meses
Reduz o direito de liberdade	Suprime o direito de liberdade

▸ **Como o assunto foi cobrado em concurso?**

Instituto Consulplan – 2024 – MP/SC – Promotor

Nos termos da Lei nº 8.069/1990 e da jurisprudência do STJ, julgue o item a seguir.

Na execução de medida socioeducativa, o período de tratamento médico relativo a transtorno mental superveniente deve ser contabilizado no prazo de três anos para a duração máxima da medida de internação.

Gabarito: o item está certo.

10.4. Sistemática de aplicação da medida de internação

O artigo 122 prevê as hipóteses de aplicação da medida de internação: "*A medida de internação só poderá ser aplicada quando: I – tratar-se de ato infracional cometido mediante grave ameaça ou violência a pessoa; II – por reiteração no cometimento de outras infrações graves; III – por descumprimento reiterado e injustificável da medida anteriormente imposta. § 2º. Em nenhuma hipótese será aplicada a internação, havendo outra medida adequada.*

Hipóteses de aplicação da internação (art. 122)
– ato infracional cometido mediante grave ameaça ou violência à pessoa; – reiteração no cometimento de outras infrações graves; – descumprimento reiterado da medida anteriormente imposta.

O rol de hipóteses que autorizam a imposição da medida de internação é **taxativo**. Se o adolescente não estiver enquadrado em nenhum dos incisos do artigo 122, não pode ser aplicada a medida de internação. Além disso, a imposição da medida socioeducativa de internação não é obrigatória, ainda que presente uma das hipóteses dos incisos do art. 122 (§ 2º). Esse dispositivo não contém um verbo impositivo; tem-se aí uma faculdade.

Portanto, o artigo 122 traz em si dois comandos claros:

(i) para aplicação da internação, somente nas hipóteses expressamente previstas;

(ii) ainda que diante dessas hipóteses, pode ser aplicada medida diversa, menos gravosa.

> **IMPORTANTE**
>
> As hipóteses de aplicação da medida de internação estão taxativamente previstas no artigo 122 do Estatuto; além disso, ainda que se esteja diante de uma dessas, pode ser aplicada medida menos gravosa.

10.4.1. *Ato infracional cometido mediante grave ameaça ou violência à pessoa*

É a hipótese do inciso I do art. 122. O conceito é autoexplicativo. Permite-se a imposição de medida de internação se o ato infracional é praticado mediante grave ameaça ou violência a pessoa. Exemplos: **homicídio, roubo, latrocínio**, extorsão mediante sequestro, estupro etc. Nessa hipótese, ainda que o adolescente não tenha antecedentes infracionais, ou seja, ainda que seja seu primeiro processo por ato infracional, é possível a aplicação da medida de internação.

A internação é possível ainda que a hipótese seja apenas tentada, como destaca o STJ.[20]

> **Como esse assunto foi cobrado em concurso?**
>
> **(Escrivão de Polícia – PC- SE – 2021 – Cespe)** João, 18 anos de idade, estava em um bar quando percebeu a presença de dois desafetos, Diego, de 19 anos de idade, e Pedrinho, de 16 anos de idade. Os dois se aproximaram de João e realizaram disparos de arma de fogo, que o atingiram na cabeça, no pescoço, no tórax e no abdome. João não resistiu e faleceu no local. Diego foi preso e encaminhado à delegacia circunscricional mais próxima; Pedrinho conseguiu fugir. Em seu depoimento, Diego relatou que ambos não tinham intenção de matar a vítima, e que os tiros haviam sido disparados a distância, após verificarem que João havia sacado uma pistola e apontado em direção à dupla. Ao exame necroscópico da vítima, foram observados, na região temporal (cabeça), uma zona de tatuagem, e, na região cervical (pescoço), o sinal de Werkgaertner.
>
> Considerando a situação hipotética relatada, julgue o item a seguir.
>
> Se for encontrado, Pedrinho poderá ser encaminhado para internação em estabelecimento educacional.
>
> *Gabarito: o item está certo.*

20. AgRg no AREsp n. 2.342.349/ES, relator Ministro Sebastião Reis Júnior, Sexta Turma, julgado em 7/11/2023, DJe de 9/11/2023.

Nos casos em que o ato infracional não é praticado com violência ou grave ameaça, não é cabível a medida socioeducativa de internação com base no inciso I do art. 122.

Esse ponto é especialmente relevante em relação ao tráfico de drogas e ao porte de armas, pois são considerados crimes graves, mas que não são praticados mediante grave ameaça ou violência a pessoa, razão por que **não é possível** a aplicação da medida de **internação** com base no inciso I do art. 122 do Estatuto da Criança e do Adolescente.

Por muitos anos, a jurisprudência do STJ esteve mais inclinada nesse sentido – com eventuais julgados em sentido contrário –, mas hoje a questão está sumulada:

> **Súmula 492.** O ato infracional análogo ao tráfico de drogas, por si só, não conduz obrigatoriamente à imposição de medida socioeducativa de internação do adolescente.

Nesse ponto, é sempre importante lembrar o entendimento sumulado pelo Supremo Tribunal Federal acerca da opinião do julgador sobre a gravidade do delito:

> **Súmula 718.** A opinião do julgador sobre a gravidade em abstrato do crime não constitui motivação idônea para a imposição de regime mais severo do que o permitido segundo a pena aplicada.

O só fato de um crime ser considerado grave aos olhos do julgador não é motivação adequada para que seja fixado um regime de cumprimento de pena mais gravoso. Dentro do regime jurídico do Estatuto, pode-se afirmar que a opinião do julgador de que o tráfico de drogas (ou o porte de arma) é um ato grave não serve de fundamento para aplicação da medida extrema de internação, uma vez que não há violência ou grave ameaça em sua prática.

Ainda sobre a impossibilidade de internação quando o assunto é drogas, o Supremo Tribunal Federal consolidou o entendimento de que o adolescente usuário de drogas não pode sofrer a medida extrema da internação, pois nem mesmo a pessoa maior está sujeita à privação de sua liberdade.[21]

A esse respeito, o Conselho Nacional de Políticas sobre Drogas editou a Resolução n. 3/2020, que tem por objetivo regulamentar o Sisnad – Sistema Nacional de Políticas Públicas sobre Drogas. Conforme se verifica na Resolução, o acolhimento do adolescente com problemas de álcool e outras é feito na comunidade terapêutica, sempre de forma voluntária, inclusive com adesão por escrito, em ambiente residencial, propício à formação de vínculos e convivência entre pares.

Trata-se de uma abordagem muito humana, que foge de estigmatizações.

---

21. HC 124682, Relator Min. Celso de Mello, 2ª Turma, julgado em 16/12/2014, DJe-037 Divulg. 25/02/2015 Publ. 26/02/2015.

10.4.2. Reiteração no cometimento de outras infrações graves

A segunda hipótese de aplicação da medida de internação é para a reiteração no cometimento de outras infrações graves. Nesse caso, ainda que o adolescente tenha praticado ato infracional sem grave ameaça ou violência a pessoa, é possível a imposição da medida de internação. O requisito legal é a **reiteração de infrações**.

O conceito de reiteração foi objeto de interpretação jurisprudencial divergente. Originalmente, o STJ entendia que a reiteração era caracterizada apenas após dois atos infracionais anteriores; logo, somente a partir do terceiro era possível a aplicação da medida de internação.[22]

Essa interpretação do STJ estava bem consolidada e transmitia bom grau de segurança jurídica aos juízes de primeiro grau na aplicação das medidas socioeducativas. No entanto, após manifestação do Supremo Tribunal Federal de que o inciso II do art. 122 não estabelece número mínimo de atos infracionais anteriores,[23] o STJ sinalizou com uma **possível mudança** de entendimento.

Era possível identificar dois entendimentos divergentes. A **5ª Turma** aplicava o entendimento do STF de que não havia número mínimo de atos para internação pelo inc. II do art. 122.[24] Já a **6ª Turma** se mantinha atrelada ao requisito de 2 atos anteriores.[25]

Os últimos anos demonstraram a prevalência da posição da 5ª Turma, pois a 6ª Turma modificou seu entendimento. Assim, mais recentemente é possível identificar que prevalece no STJ o entendimento de que é possível a imposição de medida de internação a partir do segundo ato infracional após imposição de medida socioeducativa em processo anterior.[26]

Veja-se julgado de 2024 a respeito do assunto sob o ponto de vista da internação provisória:

> II. QUESTÃO EM DISCUSSÃO
>
> 2. Há duas questões em discussão: (i) verificar a adequação da medida socioeducativa de internação, à luz das hipóteses previstas no art. 122 do ECA; (ii) determinar se há flagrante ilegalidade apta a justificar a concessão de habeas corpus de ofício.
>
> III. RAZÕES DE DECIDIR
>
> 3. O habeas corpus não é a via adequada para substituição de recurso próprio, salvo nos casos de flagrante ilegalidade.

---

22. HC 210.449/SP, Rel. Min. Marco Aurélio Bellizze, 5ª Turma, DJe 27/09/2011.
23. HC n. 84.218/SP, 1ª Turma, Rel. Min. Joaquim Barbosa, DJ de 18/04/08; HC 94447, 1ª Turma, Rel. Min. Luiz Fux, DJ de 05/05/11.
24. HC 332.440/SP, Rel. Min. Reynaldo Soares da Fonseca, 5ª Turma, DJe 01/12/2015.
25. HC 330.573/SP, Rel. Min. Rogério Schietti Cruz, 6ª Turma, DJe 23/11/2015.
26. AgRg no HC 598.030/AL, Rel. Min. Nefi Cordeiro, 6ª Turma, julgado em 17/11/2020.

4. A aplicação da medida socioeducativa de internação foi fundamentada na reiteração de atos infracionais graves cometidos pelo paciente, conforme prevê o art. 122, inciso II, do ECA.

5. A jurisprudência do Superior Tribunal de Justiça (STJ) admite a internação de adolescentes infratores quando há reiteração no cometimento de atos infracionais graves, mesmo sem um número mínimo de infrações.

6. A reanálise de provas e fatos é vedada na via do habeas corpus, que não admite dilação probatória.

7. Não foi constatada qualquer flagrante ilegalidade que justifique a concessão de habeas corpus de ofício, considerando que a medida de internação foi devidamente motivada pelas instâncias ordinárias.

IV. AGRAVO REGIMENTAL DESPROVIDO

(AgRg no HC n. 815.633/SC, relatora Ministra Daniela Teixeira, Quinta Turma, julgado em 16/10/2024, DJe de 23/10/2024.)

O STJ também destaca que o conceito de reiteração não se confunde com o de reincidência da legislação penal, pelo que não há necessidade de decisão anterior com trânsito em julgado para que seja aplicada a internação:

1. A medida socioeducativa de internação impõe-se nas hipóteses taxativamente arroladas no art. 122 do Estatuto da Criança e do Adolescente, assim redigido: "Art. 122. A medida de internação só poderá ser aplicada quando: I – tratar-se de ato infracional cometido mediante grave ameaça ou violência a pessoa; II – por reiteração no cometimento de outras infrações graves; III – por descumprimento reiterado e injustificável da medida anteriormente imposta. § 1º O prazo de internação na hipótese do inciso III deste artigo não poderá ser superior a três meses. § 2º Em nenhuma hipótese será aplicada a internação, havendo outra medida adequada".

2. No caso " as inúmeras oportunidades oferecidas a M. não serviram para produzir qualquer transformação positiva em seu comportamento.

Tudo isso indica que as medidas em meio aberto não surtirão efeito algum por falta de predisposição do adolescente na observância de quaisquer regras. Por conseguinte, a medida socioeducativa de maior rigor, a internação, mostra-se a única adequada ao caso", restando configurada fundamentação concreta que justifica a imposição da medida socioeducativa de internação.

3. Assim, as medidas socioeducativas em meio aberto foram aplicadas em razão do histórico infracional do Paciente, pois já foram aplicadas em anteriores intercorrências, demonstrando a necessidade da medida socioeducativa de internação para protegê-lo da situação de vulnerabilidade social em que ainda se encontra.

4. Depois, não se exige trânsito em julgado de eventual medida socioeducativa anteriormente aplicada para configurar a reiteração de ato infracional previsto no art. 122, inciso II, do Estatuto da Criança e do Adolescente ECA. Isso porque não é possível estender ao âmbito do ECA o conceito de reincidência, tal como previsto na lei penal. (AgRg no HC 661.820/SC,

> Rel. Ministro JOEL ILAN PACIORNIK, QUINTA TURMA, julgado em 8/6/2021, DJe 15/6/2021) 5. Agravo regimental desprovido.
>
> (AgRg no HC n. 871.095/SP, relator Ministro Ribeiro Dantas, Quinta Turma, julgado em 4/3/2024, DJe de 7/3/2024.)

Vejamos então um quadro das características da imposição de internação, com base no inciso II do artigo 122.

Características de internação por reiteração – visão do STJ
– A reiteração se caracteriza a partir do segundo ato infracional – O ato anterior deve ter sido objeto de imposição de medida socioeducativa – Não há reiteração se o ato anterior foi objeto de remissão, ainda que cumulada com medida socioeducativa (remissão imprópria) – Não há reiteração se o ato anterior for muito antigo em relação ao novo ato infracional – Não há reiteração se o ato anterior for de menor relevância

10.4.3. *Descumprimento reiterado e injustificável da medida anteriormente imposta – regressão*

A terceira hipótese que permite a imposição da medida de internação é a do inciso III do art. 122. Trata-se da ocorrência da **regressão**, ou seja, a substituição de uma medida menos gravosa pela internação, devido ao seu **descumprimento reiterado** e **injustificado** pelo adolescente. Por exemplo, ao final do processo de apuração de ato infracional, são impostas ao adolescente as medidas socioeducativas de prestação de serviços à comunidade e liberdade assistida, mas o adolescente deixa de cumpri-las mesmo advertido diversas vezes. Diante de sua **recalcitrância**, é possível a **regressão da medida**.

A internação baseada no inciso III do art. 122 tem o **prazo máximo** de **3 meses** (art. 122, § 1º).

O Superior Tribunal de Justiça já havia consagrado na jurisprudência a necessidade de contraditório para a decretação da regressão da medida socioeducativa. O ponto é objeto de enunciado de súmula:

> **Súmula 265.** É necessária a oitiva do menor infrator antes de decretar-se a regressão da medida sócio-educativa.

O entendimento sumulado foi posteriormente consagrado no direito positivo. O § 1º do artigo 122 foi alterado pela Lei nº 12.594/2012, que passou a prever expressamente a necessidade de observância do devido processo legal para a decretação da regressão da medida socioeducativa. Além disso, a Lei do Sinase determina que a regressão deve ser fundamentada em parecer técnico (art. 43, § 4º, I).

Na jurisprudência, colhe-se o entendimento de que é possível a expedição de mandado de busca e apreensão, se o adolescente não é encontrado para a audiência em que apresentaria sua justificativa para o descumprimento da medida socioeducativa.[27]

Importante notar que o § 1º do art. 122 menciona que o prazo máximo em caso de regressão é de 3 meses, de maneira que o juízo pode determinar o cumprimento da medida de internação por um prazo menor. O critério para sua fixação deve ser pautado pela **proporcionalidade**. Se o adolescente já cumpriu metade do prazo fixado em sua medida socioeducativa, é coerente que a regressão seja imposta por um período aproximado de 45 dias – que é justamente metade do prazo máximo de cumprimento de internação por regressão.

▸ IMPORTANTE

Para decretação da regressão da medida socioeducativa, deve-se observar o devido processo legal, com a necessária elaboração de laudo técnico e realização de audiência prévia com o adolescente e seu defensor (art. 122, § 1º; súm. 265 STJ; Lei do Sinase, art. 43, § 4º).

▸ Como esse assunto foi cobrado em concurso?

(Magistratura – TJ-PE – 2022 – FGV) Michael, adolescente de 17 anos, está em cumprimento de medida socioeducativa de semiliberdade, em razão da prática de ato infracional análogo a tráfico de entorpecentes. Michael descumpre, de forma reiterada e injustificável, a medida mencionada, conforme estudos técnicos e conclusões constantes do Plano Individual de Atendimento (PIA). Após a realização de audiência, com a oitiva e participação do adolescente, de sua genitora e da defesa técnica, o juiz da Infância e Juventude aplica a Michael a medida socioeducativa de internação, com fulcro no Art. 122, III, do ECA. Considerando o disposto na Lei nº 8.069/1990 (ECA) e na Lei nº 12.594/2012 (Sinase), é correto afirmar que:

A) a medida de internação aplicada pelo magistrado na hipótese narrada no enunciado será executada pelo prazo mínimo de um ano;

B) a medida de internação aplicada não poderá ser superior a três meses, devendo ser decretada judicialmente após o devido processo legal;

C) a medida de internação poderá ser cumprida, excepcionalmente, em unidade prisional, desde que o socioeducando possua mais de 18 anos de idade;

D) a internação pelo descumprimento reiterado e injustificável da medida tem a natureza de internação provisória, razão pela qual não pode exceder o prazo de quarenta e cinco dias;

E) a medida de internação aplicada independe da realização de audiência para a oitiva do adolescente, podendo estar baseada apenas no parecer da equipe técnica da unidade socioeducativa.

Gabarito: letra B.

27. HC 327.315/SP, Rel. Min. Nefi Cordeiro, 6ª Turma, DJe 03/09/2015.

Outro ponto que gerou discussão e manifestação jurisprudencial é a conjugação da regressão com o instituto da remissão. Conforme será estudado mais a fundo à frente, a remissão é um perdão dado ao adolescente, que pode conter também o cumprimento de uma medida socioeducativa (exceto semiliberdade ou internação). O ponto examinado se refere à consequência do descumprimento de medida socioeducativa imposta na remissão. No entender do STJ, a consequência deve ser a mesma do descumprimento de medida imposta por sentença que julga procedente a ação socioeducativa, ou seja, deve-se aplicar a regressão.[28]

10.5. Característica do período de cumprimento da internação

O cumprimento da medida de internação não se confunde, nem deve ser assemelhada, à pena de prisão, imposta ao maior. O **local de cumprimento da internação deve ser destinado exclusivamente aos adolescentes**, e estes devem ser separados e agrupados de acordo com a idade, a compleição física e a gravidade do ato praticado (art. 123). As atividades pedagógicas são obrigatórias para todos os internos, inclusive os provisórios (art. 123, p.ú.).

Inclusive, a esse respeito, o STJ entende que, se não houver vaga em estabelecimento próprio, o adolescente deve esperar a vaga cumprindo medida socioeducativa de liberdade assistida.[29]

Em hipótese alguma é admitida a **incomunicabilidade** do adolescente (art. 124, § 1°), mas **excepcionalmente**, diante de situações em que haja prejuízo a seus interesses, a autoridade judiciária pode **suspender seu direito de receber visitas**, inclusive dos pais ou responsáveis (art. 124, § 2°).

Além disso, o artigo 124 do Estatuto elenca, em rol exemplificativo, os direitos dos adolescentes privados de sua liberdade:

Direitos dos adolescentes internados (art. 124)
I - entrevistar-se pessoalmente com o representante do Ministério Público;
II - peticionar diretamente a qualquer autoridade;
III - avistar-se reservadamente com seu defensor;
IV - ser informado de sua situação processual, sempre que solicitada;
V - ser tratado com respeito e dignidade;
VI - permanecer internado na mesma localidade ou naquela mais próxima ao domicílio de seus pais ou responsável;
VII - receber visitas, ao menos, semanalmente;

28. RHC 73.558/MG, Rel. Min. Antonio Saldanha Palheiro, 6ª Turma, DJe 18/11/2016.
29. RHC 92.302/MG, Rel. Min. Joel Ilan Paciornik, 5ª Turma, julgado em 09/10/2018, DJe 24/10/2018.

Direitos dos adolescentes internados (art. 124)
VIII - corresponder-se com seus familiares e amigos;
IX - ter acesso aos objetos necessários à higiene e asseio pessoal;
X - habitar alojamento em condições adequadas de higiene e salubridade;
XI - receber escolarização e profissionalização;
XII - realizar atividades culturais, esportivas e de lazer:
XIII - ter acesso aos meios de comunicação social;
XIV - receber assistência religiosa, segundo a sua crença, e desde que assim o deseje;
XV - manter a posse de seus objetos pessoais e dispor de local seguro para guardá-los, recebendo comprovante daqueles porventura depositados em poder da entidade;
XVI - receber, quando de sua desinternação, os documentos pessoais indispensáveis à vida em sociedade.

Com o fim de proporcionar melhor regramento ao cumprimento de medidas socioeducativas, foi editada a Lei nº 12.594/2012, que instituiu o Sistema Nacional de Atendimento Socioeducativo - Sinase (a ser examinado à frente, em capítulo próprio).

Além disso, especificamente em relação à localização do estabelecimento, o STJ entende que tal direito deve ser relativizado à luz das circunstâncias materiais das unidades de internação.[30]

▸ **Como esse assunto foi cobrado em concurso?**

(Vunesp - Promotor de Justiça - MPE - SP/2023) A respeito das medidas socioeducativas previstas nos artigos 112 e seguintes do Estatuto da Criança e do Adolescente, leia as assertivas a seguir:

I. Em se tratando de ato infracional com reflexos patrimoniais, a autoridade poderá determinar que o adolescente restitua a coisa, promova o ressarcimento do dano, ou, por outra forma, compense o prejuízo da vítima, podendo substituir a coisa por outra adequada.

II. A prestação de serviços comunitários consiste na realização de tarefas gratuitas de interesse geral, por período não excedente a seis meses, junto a entidades assistenciais, hospitais, escolas e outros estabelecimentos congêneres, bem como em programas comunitários ou governamentais.

III. A liberdade assistida será fixada pelo prazo mínimo de doze meses, podendo, a qualquer tempo, ser prorrogada, revogada ou substituída por outra medida, ouvido o Ministério Público e o defensor.

30. HC 373.858/SP, Rel. Min. Maria Thereza de Assis Moura, 6ª Turma, DJe 17/11/2016.

IV. O regime de semi-liberdade pode ser determinado desde o início, ou como forma de transição para o meio aberto, possibilitada a realização de atividades externas, mediante autorização judicial, sendo obrigatórias a escolarização e a profissionalização.

V. A internação constitui medida privativa da liberdade, que só poderá ser aplicada quando se tratar de ato infracional cometido mediante grave ameaça ou violência a pessoa, por reiteração no cometimento de outras infrações graves ou por descumprimento reiterado e injustificável da medida anteriormente imposta, e não poderá exceder a dois anos.

VI. São direitos do adolescente privado de liberdade, entre outros, entrevistar-se pessoalmente com o representante do Ministério Público, peticionar diretamente a qualquer autoridade, corresponder-se com seus familiares e amigos, receber escolarização e profissionalização, realizar atividades culturais, esportivas e de lazer.

É INCORRETO o que se afirma apenas em:

(A) IV, V e VI.

(B) I, IV e V.

(C) II, III e IV.

(D) I, II e III.

(E) III, IV e V.

Gabarito: letra E.

Capítulo XII

Remissão

1. INTRODUÇÃO

A remissão significa perdão do ato infracional praticado pelo adolescente. No Estatuto, está disciplinada nos artigos 126 a 128 e 188.

Sua previsão no ordenamento jurídico pátrio está em consonância com as diretrizes traçadas para direitos infantojuvenis em âmbito internacional. É o que explica Mirabete:

> Prevê o art. 126 o instituto da *remissão* como forma de exclusão, suspensão ou extinção do processo para apuração de ato infracional, em consonância com o item 11.2 das Regras Mínimas das Nações Unidas para a Administração da Justiça de Menores (Res. 40/3, de 29.11.85), que recomenda se conceder a faculdade à Poiícia, ao Ministério Público e outros organismos que se ocupem de menores infratores de subtraí-los da Jurisdição sem necessidade de procedimentos formais. Com tal prática procura-se, em casos especiais, evitar ou atenuar os efeitos negativos da instauração ou continuação do procedimento na administração da Justiça de Menores, como, p. ex., o estigma da sentença.[1]

Trata-se, portanto, de um perdão dado pelo Ministério Público ou pelo Poder Judiciário ao adolescente. Naturalmente, sua aplicação está ligada a atos infracionais de menor gravidade, praticados sem violência ou grave ameaça à pessoa.

2. MOMENTO PARA CONCESSÃO DA REMISSÃO

O artigo 126 estabelece o seguinte: "*Antes de iniciado o procedimento judicial para apuração de ato infracional, o representante do Ministério Público poderá conceder a remissão, como forma de exclusão do processo, atendendo às circunstâncias e consequências do fato, ao contexto social, bem como à personalidade do adolescente e sua maior ou menor participação no ato infracional.*"

O **perdão** concedido pelo **Ministério Público** é dado para **evitar a propositura de ação** judicial de apuração de responsabilidade pelo ato infracional.

1. MIRABETE, Júlio Fabrini. In: CURY, Munir. op. cit., p. 594-595.

Diante do caso concreto, o representante do Ministério Público pode propor a ação infracional, mas opta pelo perdão, em virtude das circunstâncias fáticas, do contexto social, da personalidade do adolescente e de sua participação no ato. Essa modalidade de remissão é forma de **exclusão do processo** (art. 126).

A outra modalidade de remissão está prevista no artigo 188 do Estatuto, nos seguintes termos: "*A remissão, como forma de extinção ou suspensão do processo, poderá ser aplicada em qualquer fase do procedimento, antes da sentença.*"

Essa forma de remissão é concedida pela autoridade judiciária, ouvido o Ministério Público, em demanda já proposta, em qualquer fase do processo **anterior à sentença**. Segundo Mirabete, é "*aconselhável quando se trata de infração de pequena gravidade, de menor participação do adolescente na prática do ato, de confissão e comprovado arrependimento, de primariedade etc.*"[2]

Autor da remissão	Consequência processual
Ministério Público	**Exclusão** do processo
Autoridade judiciária	**Suspensão** ou **extinção** do processo

▸ **Como esse assunto foi cobrado em concurso?**

(Vunesp – Juiz de Direito – TJ – SP/2023) Em relação à remissão,

A) pode ser concedida antes ou depois de iniciado o processo de apuração do ato infracional.

B) sua concessão é privativa do Ministério Público, como forma de exclusão do processo, atendendo às circunstâncias e consequências do fato.

C) implica, necessariamente, no reconhecimento da responsabilidade pelo adolescente.

D) pode ser incluída a aplicação de qualquer das medidas socioeducativas previstas em lei, a ser devidamente cumprida pelo adolescente.

Gabarito: letra A.

3. CARACTERÍSTICAS

Os artigos 127 e 128 do Estatuto dão os contornos do instituto da remissão. Sua concessão não implica reconhecimento ou comprovação de responsabilidade, tampouco serve como fixador de antecedentes. Esse é um ponto sensível e importante, pois gera consequências em caso de prática posterior de novo ato infracional. O artigo 122, inc. II, autoriza a imposição da medida de internação no caso de adolescente que pratica reiteradas infrações. Se no

2. MIRABETE, Júlio Fabrini. In: CURY, Munir. op. cit., p. 596.

processo anterior **foi concedida remissão, não se pode falar em reiteração**, justamente porque a remissão não serve para fixar antecedentes.[3]

A remissão pode ser cumulada com medidas de proteção ou socioeducativas, exceto a semiliberdade e a internação. A remissão concedida com imposição de medida socioeducativa tem recebido o nome de remissão imprópria na doutrina e na jurisprudência.

A esse respeito, é preciso observar a súmula 108 do Superior Tribunal de Justiça, que trata da aplicação de medidas socioeducativas.

> **Súmula 108.** A aplicação de medidas socioeducativas ao adolescente, pela prática de ato infracional, é da competência exclusiva do juiz.

Caso o Ministério Público entenda adequada ao caso concreto a concessão de remissão cumulada com medida socioeducativa, essa medida deve passar pelo crivo do Juizado da Infância e da Juventude, pois somente o Poder Judiciário pode impor tais medidas ao adolescente.

A audiência para concessão da remissão deve **necessariamente contar com a participação do defensor** do adolescente, sob pena de nulidade, conforme posição do STJ.[4]

O **Juízo pode discordar** da concessão da remissão pelo Ministério Público, hipótese em que deverá remeter os autos ao Procurador-Geral de Justiça (art. 181, § 2º). O PGJ poderá insistir na aplicação da remissão ou designar outro representante da Instituição para oferecer a ação infracional.

É importante delimitar os poderes do juiz nesse caso. O titular da ação socioeducativa é o Ministério Público, pelo que cabe ao promotor de justiça decidir pela remissão e sua eventual cumulação com medida socioeducativa em meio aberto. O controle de juridicidade do juiz não lhe permite modificar a pleito de remissão com medida socioeducativa do MP. Se discorda, o máximo que pode fazer é encaminhar a matéria ao PGJ, conforme entendimento consolidado do STJ.[5]

Há distinção importante entre as hipóteses de suspensão e exclusão do processo. Se há suspensão e cumulação de medida socioeducativa, o descumprimento gera a retomada do processo.[6]

O Estatuto prevê ainda que a remissão **pode ser revista** judicialmente a pedido do adolescente, de seu representante legal ou do Ministério Público (art. 128). Contra a decisão que concede ou denega a remissão, cabe apelação.

---

3. HC 602.225/SP, Rel. Min. Reynaldo Soares da Fonseca, 5ª Turma, julgado em 15/09/2020.
4. HC 415.295/DF, Rel. Min. Sebastião Reis Júnior, 6ª Turma, julgado em 14/08/2018, DJe 03/09/2018.
5. REsp 1392888/MS, Rel. Min. Rogério Schietti Cruz, 6ª Turma, DJe 01/08/2016.
6. AgRg no HC 463.879/PR, Rel. Min. Reynaldo Soares da Fonseca, 5ª Turma, julgado em 28/04/2020.

Quadro geral da remissão
– é um perdão concedido ao adolescente que pratica ato infracional; – pode ser concedida pelo Ministério Público (exclusão do processo) ou pelo Poder Judiciário (suspensão ou extinção do processo); – não implica reconhecimento ou comprovação de responsabilidade; – não fixa antecedentes; – pode ser cumulada com medidas de proteção e socioeducativas (exceto semiliberdade e internação); nesse caso de cumulação, a medida deve passar pelo crivo da autoridade judiciária; – o adolescente deve contar com defesa técnica na remissão cumulada com medida socioeducativa, sob pena de nulidade; – o magistrado pode discordar da remissão e encaminhar ao PGJ, a quem cabe a decisão final sobre a remissão; – a decisão sobre a remissão pode ser revista e contra ela cabe o recurso de apelação.

▸ Como esse assunto foi cobrado em concurso?

VUNESP – 2024 – MP/RJ – Promotor

Quanto à remissão pré-processual (ministerial) ou processual (judicial), é correto afirmar que

A – somente exclui o processo se concedida por juiz.

B – não implica, necessariamente, o reconhecimento ou comprovação de responsabilidade pela prática do ato infracional.

C – pode ser fundamento, em qualquer de suas modalidades, para a aplicação futura de medida socioeducativa de internação, com base na reiteração no cometimento de outras infrações graves.

D – é forma de extinção da medida socioeducativa.

E – prevalece para efeito de antecedentes.

Gabarito: letra B.

Capítulo **XIII**

Medidas pertinentes aos pais e responsáveis

1. INTRODUÇÃO

A família é a base forte do desenvolvimento sadio de crianças e adolescentes. Problemas na relação entre os pais e os filhos trazem consequências indesejadas para a formação dos adultos de amanhã. Infelizmente é comum que a violação dos direitos infantojuvenis aconteça em casa, dentro do ambiente familiar.

Para tutelar essas situações, o Estatuto prevê nos artigos 129 e 130 medidas a serem aplicadas aos pais e responsáveis que deixam de cumprir suas obrigações legais e violam os direitos das crianças e adolescentes que estão sob sua responsabilidade.

2. MEDIDAS

Observe-se o rol de medidas do quadro abaixo:

Medidas aplicáveis aos pais e responsáveis (arts. 129 e 130)
- encaminhamento a programa oficial ou comunitário de proteção apoio e promoção da família - inclusão em programa oficial ou comunitário de auxílio, orientação e tratamento a alcoólatras e toxicômanos - encaminhamento a tratamento psicológico ou psiquiátrico - encaminhamento a cursos ou programas de orientação - obrigação de matricular o filho ou pupilo e acompanhar sua frequência e aproveitamento escolar - obrigação de encaminhar a criança ou adolescente a tratamento especializado - advertência - perda da guarda - destituição da tutela - suspensão ou destituição do poder familiar - afastamento do agressor da moradia, com fixação de alimentos

Como se pode ver, o elenco é abrangente e procura dar ferramentas ao aplicador do direito para tutelar de forma ampla a situação de pais e filhos. Inclusive, é importante que tanto as **medidas de proteção** aplicáveis a crianças e adolescentes como as **medidas voltadas aos pais** sejam aplicadas de forma **coordenada**.

O alerta é feito por Patrícia Silveira Tavares:

> Seria, por exemplo, inócuo, encaminhar criança cujos pais são alcoólatras e, por isso, agressivos a programa especial de atendimento a vítimas de violência doméstica, sem que tal medida seja acompanhada daquela indicada no inciso II do art. 129, consistente na inclusão dos pais em programa oficial ou comunitário de auxílio, orientação e tratamento a alcoólatras e toxicômanos, pois, em última instância, restaria inviabilizada a manutenção da criança no seio da família e, consequentemente, violado o seu direito fundamental à convivência familiar.[1]

Na maioria das medidas indicadas acima, a família permanece junta, ou seja, as imposições aos pais para tratamento, obrigação de matricular o filho em escola etc. não demandam o afastamento da criança ou adolescente do convívio familiar.

Há situações, porém, que não podem ser resolvidas apenas com medidas mais brandas, sendo necessário tirar a criança de perto do ambiente hostil. As medidas previstas para tais casos são a perda da guarda, a destituição da tutela, a suspensão ou destituição do poder familiar e o afastamento do agressor da moradia.

O parágrafo único do artigo 129 traz importante alerta para a questão da carência material ao fazer remissão expressa ao artigo 23. Como já frisamos anteriormente, o Estatuto deixou bem claro que a pobreza não deve ser motivo para penalização dos pais com a perda de seus filhos. A solução é prestar adequada assistência a toda a família.

Como o princípio do devido processo legal jamais pode ser deixado de lado em nosso ordenamento jurídico, a aplicação dessas medidas deve seguir o procedimento adequado, previsto nos artigos 152 a 170 do Estatuto. Pode ser que a situação da criança ou do adolescente não possa esperar o desfecho do processo judicial, uma vez que a violação de seus direitos é flagrante. Para contornar o problema e tutelar devidamente os direitos infantojuvenis, o Estatuto autoriza que o **agressor** pode seja cautelarmente **afastado da moradia comum.**

É o que determina o artigo 130: *"Verificada a hipótese de maus-tratos, opressão ou abuso sexual impostos pelos pais ou responsável, a autoridade judiciária poderá determinar, como medida cautelar, o afastamento do agressor da moradia comum."*

Acerca da medida de afastamento do agressor da moradia familiar, é importante perceber que tais medidas somente poderão ser tomadas se as autoridades públicas tiverem conhecimento do que está ocorrendo. Nesse sentido, tem especial importância a previsão do artigo 13 do Estatuto, que impõe o

1. TAVARES, Patrícia Silveira. *As medidas pertinentes aos pais ou responsáveis*. In: MACIEL, Kátia Regina Ferreira Lobo Andrade (coord.). op. cit., p. 545.

dever de comunicar ao Conselho Tutelar os casos de suspeita ou confirmação de maus-tratos, castigo físico e tratamento cruel ou degradante.

Em doutrina, Luciano Alves Rossato, Paulo Eduardo Lépore e Rogério Sanches Cunha esclarecem:

> Note-se que, muitas vezes, o dever de comunicação de maus-tratos acaba sendo o fator desencadeado da descoberta dessas práticas dentro dos lares. Os abusos perpetrados por pais ou responsável são os mais torpes porque além de se realizarem no ambiente em que teoricamente as pessoas em desenvolvimento deveria ter firmados seus laços de afinidade e afetividade, também são os que permanecem velados, diante da multiplicidade de sentimentos que impedem denúncias por parte de familiares, vizinhos e outros membros da comunidade. Ademais, por vezes, a opressão e os maus tratos ganham denotação ainda mais dramática, pois acabam vindo acompanhadas de violência sexual.[2]

O parágrafo único do artigo 130 permite a fixação de **alimentos provisórios**, a serem pagos pelo agressor afastado do lar em favor da criança ou adolescente. Comumente, o agressor é também o único responsável pelo sustento da família. Decretado o afastamento, a família acaba ainda mais prejudicada pela falta de condições financeiras de se sustentar sem os proventos do homem.

O juiz pode determinar o **afastamento cautelar** do agressor da moradia da família, o que garante a cessação da violação dos direitos infantojuvenis, e conjuntamente ainda fixar o pagamento de alimentos provisórios.

A previsão legal é digna de elogios, pois, com ela, o tecido protetivo do ordenamento jurídico está mais firme, mais completo. Naturalmente, resta aos órgãos públicos responsáveis – Judiciário e Executivo – garantir a aplicação material da norma. Quer dizer, é fazer cumprir o **afastamento do lar** e o **pagamento efetivo dos alimentos**.

Vale lembrar que a própria Constituição traz a orientação acerca da seriedade com que devem ser tratados os casos de abuso, violência e exploração sexual de crianças e adolescentes. O § 4º do artigo 227 determina que a *"lei punirá severamente o abuso, a violência e a exploração sexual da criança e do adolescente."*

Inclusive, a Lei n. 14.432/2022 instituiu a campanha Maio Laranja, cujo objetivo é chamar a atenção para ações de combate ao abuso e à exploração sexual de crianças e adolescentes. Antes dessa Lei, o 18 de maio já havia sido institucionalizado como o dia nacional do combate ao abuso e à exploração sexual de crianças e adolescentes (Lei n. 9.970/2000).

Não bastasse a previsão de que crianças e adolescente têm de receber prioridade absoluta na tutela de seus direitos e devem ser colocadas a salvo de toda forma de negligência, discriminação, exploração, violência, crueldade e

2. ROSSATO, Luciano Alves; LÉPORE, Paulo Eduardo; CUNHA, Rogério Sanches. op. cit., p. 375.

opressão, a Constituição foi ainda mais específica nesse ponto para destacar a necessidade de punição severa em caso de abuso, violência e exploração sexual.

O Estatuto procura materializar a diretriz constitucional através da previsão de afastamento cautelar e destituição do poder familiar dos pais ou responsáveis agressores – além das consequências penais dos atos.

Capítulo XIV

Conselho Tutelar

1. INTRODUÇÃO

O Conselho Tutelar está disciplinado nos artigos 131 a 140 do Estatuto. Sua introdução no ordenamento jurídico brasileiro se deu com o Estatuto da Criança e do Adolescente, pois não havia previsão a seu respeito nas legislações anteriores. Recentemente, o instituto passou por alterações pela Lei nº 12.696/2012.

Trata-se de órgão que desenvolve importante papel na realização da proteção integral das crianças e adolescentes, pois atua na linha de frente da defesa dos seus direitos.

Não se deve confundir o Conselho Tutelar com os Conselhos de Direitos da Criança e do Adolescente. Patrícia Silveira Tavares explica a diferença:

> É também importante ressaltar que o Conselho Tutelar, embora semelhante ao Conselho dos Direitos da criança e do Adolescente, como instrumento de participação da sociedade nas questões relacionadas à infância e à juventude, com este não se confunde, na medida em que tem como escopo principal promover – e não deliberar – ações destinadas à proteção dos direitos infanto-juvenis.[1]

2. CARACTERÍSTICAS

Trata-se de órgão integrante do Poder Executivo municipal – **sem natureza jurisdicional** (art. 131), não obstante seu trabalho trazer consequências que serão discutidas no Judiciário. É o que ocorre, por exemplo, quando o Conselho Tutelar representa ao Ministério Público acerca de situações de negligência dos pais que poderão acarretar a perda ou suspensão do poder familiar (art. 136, XI). Sua atuação – embora de cunho administrativo, relacionada ao poder de polícia do Estado – pode ser questionada perante a autoridade judiciária da comarca em que o Conselho Tutelar exerce suas atribuições (art. 137).

O Estatuto determina a existência de, ao menos, **um Conselho Tutelar em cada município** brasileiro – ou em cada região administrativa do Distrito Federal (art. 132). Naturalmente, nos municípios maiores, nas capitais dos estados, é imprescindível a existência de mais Conselhos Tutelares para que sua função possa ser bem desempenhada.

---

1. TAVARES, Patrícia Silveira. O *Conselho Tutelar*. In: MACIEL, Kátia Regina Ferreira Lobo Andrade (coord.). op. cit., p. 376.

3. COMPOSIÇÃO E CARACTERÍSTICAS DOS INTEGRANTES

O Conselho Tutelar é formado por 5 membros, escolhidos pela própria sociedade para **mandato de 4 anos**, permitida sua **recondução**, mediante novo processo de escolha (art. 132). Na redação original do Estatuto, somente era possível uma reeleição para membro do Conselho Tutelar. A Lei n. 13.824/2019 modificou o artigo 132 para autorizar sucessivas reconduções, desde que o conselheiro siga sendo reeleito.

Os requisitos necessários para se candidatar a membro do Conselho Tutelar são: idoneidade moral, idade mínima de 21 anos e residência no município (art. 133). Além disso, o Estatuto fixa impedimentos para elegibilidade e atuação no Conselho Tutelar, pois não podem servir juntos marido e mulher, ascendentes e descendentes, sogro e genro ou nora, irmãos, cunhados, durante o cunhadio, tio e sobrinho, padrasto ou madrasta e enteado (art. 140). O impedimento alcança também o candidato a conselheiro em relação à autoridade judiciária e ao representante do Ministério Público com atuação na Justiça da Infância e da Juventude, em exercício na comarca, foro regional ou distrital (art. 140, p.ú.).

Por se tratar de órgão municipal, a legislação local deve disciplinar diversos aspectos da atuação do Conselho Tutelar. Assim, compete à lei orçamentária municipal (ou distrital) prever recursos para a manutenção do órgão e a remuneração de seus membros, bem como disciplinar dia, hora e local de funcionamento de suas atividades. O artigo 134 elenca **direitos mínimos** aos membros do Conselho Tutelar, a saber:

- cobertura previdenciária;
- férias anuais remuneradas, acrescidas de um terço;
- licença-maternidade; e
- gratificação natalina.

As eleições para membro do Conselho Tutelar ocorrem de forma unificada no Brasil todo em data prevista no próprio Estatuto: primeiro domingo do mês de outubro do ano subsequente ao da eleição presidencial (art. 139, §1º). A posse no cargo ocorre em 10 de janeiro do ano seguinte (§ 2º). No processo de eleição dos membros do Conselho Tutelar, é expressamente vedado ao candidato doar, oferecer, prometer ou entregar ao eleitor bem ou vantagem pessoal de qualquer natureza, ainda que brindes de pequeno valor (§ 3º). O objetivo é coibir a compra de votos na eleição para o Conselho.

O exercício da função de conselheiro caracteriza serviço público relevante e estabelece presunção de idoneidade moral. Com o advento da Lei nº 12.696/2012, foi **revogada** a previsão de **prisão especial** para o conselheiro até a decisão final em processo criminal.

Principais características do Conselho Tutelar
- órgão autônomo e permanente, não jurisdicional; - mínimo de um Conselho por município (ou por região adm. no DF); - composição: 5 membros, com idoneidade moral, mais de 21 anos de idade e residência no município, eleitos pela comunidade local, na forma da lei municipal; - mandato do conselheiro: 4 anos permitidas novas reconduções mediante novo processo eletivo; - eleição unificada em todo o país no primeiro domingo de outubro do ano seguinte à eleição presidencial; posse dos conselheiros em 10 de janeiro do ano seguinte; - remuneração: obrigatória, com pagamento cobertura previdenciária, terço de férias, licenças maternidade e paternidade e gratificação natalina; - lei municipal (ou distrital) deve prever ainda local, dia e horário de funcionamento; - os recursos para seu funcionamento e a remuneração dos membros devem constar de lei orçamentária municipal (ou distrital); - consequências do exercício da função (serviço público relevante): presunção de idoneidade moral; - suas decisões podem ser revistas pela autoridade judiciária, sendo cabível o recurso de apelação.

▸ Como esse assunto foi cobrado em concurso?

(FUNDATEC - 2024 - Prefeitura de Passo Fundo/RS - Procurador)

Conforme disposto no Estatuto da Criança e do Adolescente, o Conselho Tutelar é um órgão:

A - Permanente e autônomo, de natureza jurisdicional.

B - Permanente e autônomo, não jurisdicional.

C - Facultativo aos municípios com menos de cem mil habitantes.

D - Que integra a administração do Estado, composto por membros concursados e com estabilidade.

E - Que integra a administração do Município, composto por membros concursados e com estabilidade.

Gabarito: letra B.

4. ATRIBUIÇÕES

O artigo 136 elenca as atribuições do Conselho Tutelar. É importante conhecê-las:

Atribuições do Conselho Tutelar (art. 136)
I - atender as crianças e adolescentes nas hipóteses previstas nos arts. 98 e 105, aplicando as medidas previstas no art. 101, I a VII; II - atender e aconselhar os pais ou responsável, aplicando as medidas previstas no art. 129, I a VII; III - promover a execução de suas decisões, podendo para tanto:

Atribuições do Conselho Tutelar (art. 136)
a) requisitar serviços públicos nas áreas de saúde, educação, serviço social, previdência, trabalho e segurança; b) representar junto à autoridade judiciária nos casos de descumprimento injustificado de suas deliberações. IV - encaminhar ao Ministério Público notícia de fato que constitua infração administrativa ou penal contra os direitos da criança ou adolescente; V - encaminhar à autoridade judiciária os casos de sua competência; VI - providenciar a medida estabelecida pela autoridade judiciária, dentre as previstas no art. 101, de I a VI, para o adolescente autor de ato infracional; VII - expedir notificações; VIII - requisitar certidões de nascimento e de óbito de criança ou adolescente quando necessário; IX - assessorar o Poder Executivo local na elaboração da proposta orçamentária para planos e programas de atendimento dos direitos da criança e do adolescente; X - representar, em nome da pessoa e da família, contra a violação dos direitos previstos no art. 220, § 3º, inciso II, da Constituição Federal; XI - representar ao Ministério Público para efeito das ações de perda ou suspensão do poder familiar, após esgotadas as possibilidades de manutenção da criança ou do adolescente junto à família natural. XII - promover e incentivar, na comunidade e nos grupos profissionais, ações de divulgação e treinamento para o reconhecimento de sintomas de maus-tratos em crianças e adolescentes. XIII - adotar, na esfera de sua competência, ações articuladas e efetivas direcionadas à identificação da agressão, à agilidade no atendimento da criança e do adolescente vítima de violência doméstica e familiar e à responsabilização do agressor; XIV - atender à criança e ao adolescente vítima ou testemunha de violência doméstica e familiar, ou submetido a tratamento cruel ou degradante ou a formas violentas de educação, correção ou disciplina, a seus familiares e a testemunhas, de forma a prover orientação e aconselhamento acerca de seus direitos e dos encaminhamentos necessários; XV - representar à autoridade judicial ou policial para requerer o afastamento do agressor do lar, do domicílio ou do local de convivência com a vítima nos casos de violência doméstica e familiar contra a criança e o adolescente; XVI - representar à autoridade judicial para requerer a concessão de medida protetiva de urgência à criança ou ao adolescente vítima ou testemunha de violência doméstica e familiar, bem como a revisão daquelas já concedidas; XVII - representar ao Ministério Público para requerer a propositura de ação cautelar de antecipação de produção de prova nas causas que envolvam violência contra a criança e o adolescente; XVIII - tomar as providências cabíveis, na esfera de sua competência, ao receber comunicação da ocorrência de ação ou omissão, praticada em local público ou privado, que constitua violência doméstica e familiar contra a criança e o adolescente; XIX - receber e encaminhar, quando for o caso, as informações reveladas por noticiantes ou denunciantes relativas à prática de violência, ao uso de tratamento cruel ou degradante ou de formas violentas de educação, correção ou disciplina contra a criança e o adolescente;

Atribuições do Conselho Tutelar (art. 136)
XX – representar à autoridade judicial ou ao Ministério Público para requerer a concessão de medidas cautelares direta ou indiretamente relacionada à eficácia da proteção de noticiante ou denunciante de informações de crimes que envolvam violência doméstica e familiar contra a criança e o adolescente. Parágrafo único. Se, no exercício de suas atribuições, o Conselho Tutelar entender necessário o afastamento do convívio familiar, comunicará incontinenti o fato ao Ministério Público, prestando-lhe informações sobre os motivos de tal entendimento e as providências tomadas para a orientação, o apoio e a promoção social da família.

É importante observar que os incisos XIII a XX foram inseridos pela Lei n. 14.3442/2022, cujo objetivo é fazer a prevenção e o enfrentamento à violência doméstica e familiar contra crianças e adolescentes. De fato, todos esses dispositivos estão diretamente relacionados a essa questão.

Capítulo

XV

Justiça da infância e da juventude

1. INTRODUÇÃO

O tema a ser estudado agora é a Justiça da Infância e da Juventude, disciplinado no Estatuto entre os artigos 145 e 151. Esses dispositivos estão inseridos dentro do Título VI – "Do Acesso à Justiça".

2. ASPECTOS GERAIS DO ACESSO À JUSTIÇA

Os artigos 141 a 144 do Estatuto apresentam aspectos gerais a serem observados na tutela dos direitos infantojuvenis perante o Poder Judiciário.

2.1. Acesso à Justiça e direito de petição infantojuvenil

O artigo 141 estabelece a garantia de acesso de toda criança e adolescente à Defensoria Pública, ao Ministério Público e ao Judiciário. Essa previsão está em consonância com duas importantes previsões constitucionais, a do direito de petição (CR, art. 5º, inc. XXXIV, alínea "a") e a da inafastabilidade da Jurisdição (art. 5º, XXXV).

O **direito de petição** é a garantia de todo cidadão de se manifestar e se dirigir aos entes públicos. No âmbito da tutela de direitos de crianças e adolescentes, essa garantia é materializada com a procura da Defensoria Pública e do Ministério Público, responsáveis diretos pela observância dos direitos infantojuvenis.

No mesmo sentido, o princípio da inafastabilidade da Jurisdição garante a todos o acesso ao Judiciário em caso de lesão ou ameaça de lesão a direito.

Essa garantia não se materializa apenas através da forma escrita – como poderia parecer através da expressão direito de "petição". O acesso é amplo, ou seja, a criança e o adolescente têm o direito de serem recebidos e ouvidos e amparados por essas instituições públicas.

▸ **Como esse assunto foi cobrado em concurso?**

(Procurador - Município de Porto Alegre-RS - 2022 - Fundatec) A Lei nº 8.069/1990, conhecida como Estatuto da Criança e do Adolescente, disciplina os direitos e garantias das crianças e adolescentes. Em relação ao acesso à Justiça, é correto afirmar que:

A) É garantido o acesso de toda criança ou adolescente à Defensoria Pública, ao Ministério Público e ao Poder Judiciário, por qualquer de seus órgãos.

B) As ações judiciais da competência da Justiça da Infância e da Juventude são isentas de custas e emolumentos, mesmo na hipótese de litigância de má-fé.

C) A assistência judiciária gratuita será prestada aos que dela necessitarem, somente através de defensor público.

D) É vedada a divulgação de atos judiciais, policiais e administrativos que digam respeito a crianças e adolescentes a que se atribua autoria de ato infracional. Qualquer notícia a respeito do fato não poderá identificar a criança ou adolescente, somente pelas iniciais do nome e sobrenome.

E) A expedição de cópia ou certidão de atos judiciais, policiais e administrativos que digam respeito a crianças e adolescentes a que se atribua autoria de ato infracional será indeferida pela autoridade judiciária competente, ainda que demonstrado o interesse e justificada a finalidade.

Gabarito: letra A.

2.2. Assistência jurídica gratuita

O § 1º do artigo 141 do Estatuto prevê o seguinte: *"A assistência judiciária gratuita será prestada aos que dela necessitarem, através de defensor público ou advogado nomeado."*

Do ponto de vista literal, o Estatuto apresenta uma garantia menor que a efetivamente existente no ordenamento jurídico. É que o Estatuto garante apenas a **assistência judiciária** gratuita, mas todo cidadão hipossuficiente goza de garantia maior, a da **assistência jurídica** gratuita, conforme estabelece o inciso LXXIV da Constituição: *"o Estado prestará assistência jurídica integral e gratuita aos que comprovarem insuficiência de recursos"*.

Esses conceitos não se confundem, conforme esclarecemos em outra oportunidade[1]:

> **4. Justiça gratuita X assistência judiciária X assistência jurídica:** esses três conceitos não são sinônimos. A justiça gratuita se refere à isenção do pagamento das custas, taxas, emolumentos e despesas processuais. Por sua

1. BARROS, Guilherme Freire de Melo. Defensoria Pública: LC 80/1994. Coleção Leis Especiais para Concursos, vol. 9. 4ª ed. Salvador: JusPodivm, 2012, p.31-32.

vez, a assistência judiciária engloba o patrocínio da causa por advogado e pode ser prestada por um órgão estatal ou por entidades não estatais, como os escritórios modelos das faculdades de Direito ou de ONGs. Esse conceito se limita à defesa dos direitos dos necessitados na esfera judicial. Por fim, o conceito mais amplo é o de assistência jurídica, que envolve não somente o patrocínio de demandas perante o Judiciário, mas também toda a assessoria fora do processo judicial – o que engloba desde procedimentos administrativos, até consultas pessoais do necessitado sobre contratos (locação, financiamento, consumo).

A atuação da Defensoria Pública não se limita à assistência judiciária. A previsão constitucional do inciso LXXIV, do art. 5º, estabelece a assistência **jurídica**, e não judiciária: "o Estado prestará assistência jurídica integral e gratuita aos que comprovarem insuficiência de recursos". O conceito de assistência jurídica é mais amplo do que assistência judiciária, pois compreende a assessoria dentro e fora do Poder Judiciário. Atualmente, a atuação da Defensoria Pública inegavelmente transborda os limites dos processos judiciais, o que se justifica pelo aumento da utilização de instrumentos não-judicias de tutela de direitos. Pretensões que antes eram levadas ao Judiciário agora recebem outro tipo de tratamento e solução. É o que ocorre com o inventário e a partilha, bem como a separação e o divórcio consensuais, que podem ser realizados por escritura pública (respectivamente, artigos 982 e 1.124-A do CPC, com redação da Lei nº 11.441/2007). De igual modo, meios alternativos de solução de controvérsias têm aplicação cada vez mais difundida, como a mediação e a arbitragem. Sendo a Defensoria Pública a instituição responsável pela prestação da assistência jurídica ao necessitado e sendo o conceito de assistência jurídica amplo, a conclusão é a de que a atuação da Defensoria Pública na tutela dos direitos deve ser a mais ampla possível. Inclusive, de forma expressa, o artigo 4º, inciso II, estabelece como função institucional a solução prioritariamente extrajudicial dos litígios.

Confira-se o seguinte gráfico.

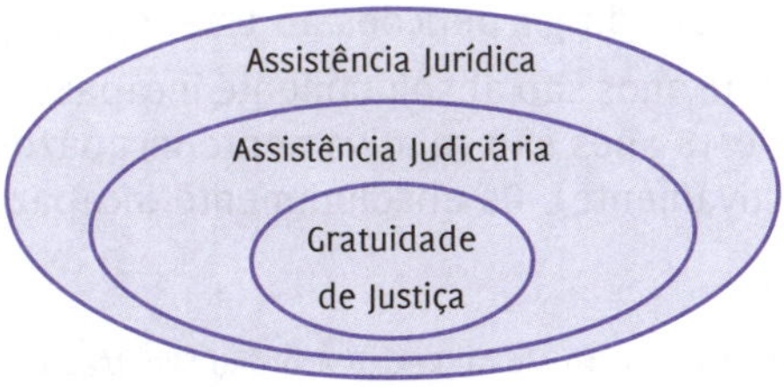

Assim, através de uma interpretação sistemática do direito positivo, é possível concluir que crianças e adolescentes têm direito a assistência jurídica gratuita, a ser prestada pela Defensoria Pública.

2.3. Gratuidade nos procedimentos da Justiça da Infância e da Juventude

O § 2º do artigo 141 prevê, de forma ampla, a isenção de custas e emolumentos para as ações judiciais em trâmite na Justiça da Infância e da Juventude, ressalvada a hipótese de litigância de má-fé. Os honorários advocatícios não foram isentados pelo dispositivo, pelo que seguem sendo aplicáveis aos procedimentos do Estatuto.

Embora a regra seja clara e de grande amplitude, a jurisprudência do Superior Tribunal de Justiça deu interpretação mais restritiva ao dispositivo. No entender da Corte, a gratuidade se restringe aos atos processuais em que figuram crianças e adolescentes - pelo que não alcança, por exemplo, os processos de expedição de alvarás para shows.[2]

2.4. Capacidade civil, capacidade processual e curadoria especial

O artigo 142 disciplina a capacidade da criança e do adolescente para acessar o Judiciário. O dispositivo tem a seguinte redação: *"Os menores de dezesseis anos serão representados e os maiores de dezesseis e menores de vinte e um anos assistidos por seus pais, tutores ou curadores, na forma da legislação civil ou processual. Parágrafo único. A autoridade judiciária dará curador especial à criança ou adolescente, sempre que os interesses destes colidirem com os de seus pais ou responsável, ou quando carecer de representação ou assistência legal ainda que eventual."*

No direito civil, a capacidade se divide em (i) capacidade de direito, inerente a todas as pessoas, conceituada como a *"faculdade abstrata de gozar de direitos"*; e (ii) capacidade de fato, caracterizada como a *"aptidão para utilizar os direitos na vida civil, exercendo-os por si mesmo, sem necessidade de assistência ou representação"*.[3]

Na esfera do direito processual, a capacidade se divide em três planos: (i) capacidade de ser parte, que decorre da capacidade de direito, "todo aquele que tiver aptidão para ser sujeito de direitos e obrigação terá capacidade de ser parte"; (ii) capacidade de estar em juízo, que é "reflexo processual da capacidade de fato ou de exercício, regida pelo Direito Civil" e pode ser suprida mediante representação ou assistência; e (iii) capacidade postulatória, que significa a "aptidão para dirigir petições ao Estado-juiz".[4]

Os menores de 16 anos são absolutamente incapazes, enquanto os maiores de 16 e menores de 18 anos são relativamente incapazes (Código Civil, artigos 3º, I e 4º, I, respectivamente). Os absolutamente incapazes são representados

2. REsp 1097824/RJ, Rel. Min. Castro Meira, Rel. p/ Acórdão Min. Mauro Campbell Marques, 2ª Turma, DJe 27/03/2009.
3. Tudo conforme: TEPEDINO, Gustavo. BARBOZA, Heloisa Helena. MORAES, Maria Celina Bodin de. *Código Civil interpretado conforme a Constituição da República, vol. I.* Rio de Janeiro: Renovar, 2007, p. 5.
4. Tudo conforme: CÂMARA, Alexandre Freitas. Lições de *Direito Processual Civil, vol. I.* Rio de Janeiro: Lumen Juris, 2001, p. 204-205.

em Juízo por seus pais ou responsável; os relativamente incapazes, assistidos. A referência do dispositivo do Estatuto à legislação processual remete aos artigos 70 e 71 do novo Código de Processo Civil, que tratam da capacidade processual.

O dispositivo do Estatuto deve ser interpretado em harmonia com a regra do Código Civil atual, que fixa a maioridade em 18 anos (art. 5º). Com isso, tem-se a revogação parcial do artigo 142, na parte que se refere à assistência de menores até 21 anos de idade.

Por fim, o Estatuto prevê, no parágrafo único do artigo 142, a figura do curador especial nos casos em que os interesses da criança ou adolescente forem conflitantes com os de seus pais ou responsável. O exercício da curadoria especial compete à Defensoria Pública, conforme determina sua Lei Orgânica - Lei Complementar 80/94, art. 4º, inciso XVI.

Aprofundando o estudo a partir da jurisprudência, percebe-se que o STJ dá especial atenção à existência de interesses conflitantes para estabelecer a necessidade da curadoria especial. Se não há interesses conflitantes entre o menor e o responsável pela sua defesa, a nomeação de curador especial da Defensoria Pública se torna desnecessária.[5]

Como se vê, se pais estão representando ou assistindo o direito de seus filhos de forma harmônica com o melhor interesse, fica dispensada a nomeação da Defensoria Pública para curador especial.

2.5. Divulgação de atos referentes a crianças e adolescentes

O artigo 143 prevê a proibição de divulgação de atos judiciais, policiais e administrativos que se refiram a atos infracionais praticados por criança ou adolescente. Na mesma linha, a notícia dos veículos de comunicação sobre o ato infracional não pode identificar o adolescente de forma alguma. A sanção para o descumprimento dessa vedação é a infração administrativa prevista no artigo 247. Por fim, o artigo 144 prevê que cópias e certidões de processos relativos a atos infracionais somente serão expedidos após deferimento pela autoridade judiciária e desde que demonstrado o adequado interesse.

Essa normativa do Estatuto está consonância com diversos princípios reitores do sistema de tutelas do direito infantojuvenil, como a condição peculiar de pessoa em desenvolvimento. O adolescente que é flagrado praticando ato infracional precisa ter a oportunidade de se ressocializar e se reintegrar à sociedade. Se os fatos que praticou e sua imagem forem amplamente divulgados, esse processo é mais difícil e doloroso. O adolescente exposto acaba se tornando um pária em sua comunidade.

A regra do Estatuto está ligada à necessidade de **perdão, esquecimento** e renovação das esperanças de melhor formação de seu caráter. O adolescente

5. REsp 1357364/MG, Rel. Min. Ricardo Villas Bôas Cueva, 3ª Turma, DJe 23/11/2015.

tem o direito ao esquecimento, no sentido de poder corrigir-se e ser novamente aceito em sua comunidade sem que seu passado seja venha à tona.

No conflito entre os princípios constitucionais da liberdade de imprensa e da proteção integral da criança e do adolescente, o Estatuto fez uma opção clara pela prevalência do direito do adolescente. Inclusive, o STJ já se manifestou no sentido de que a **divulgação da imagem de adolescente** em reportagem **gera dano** moral, que é ***in re ipsa***.[6]

Por outro lado, é importante destacar que essa vedação à divulgação de informações do artigo 143 não é absoluta e pode ceder diante da demonstração de interesse e justificativa da necessidade, conforme prevê o artigo 144.

Em 2021, o STJ analisou caso que tratou do tema, ratificando esse entendimento.[7]

Acesso à Justiça – Características gerais (arts. 141 a 144)
– crianças e adolescentes têm direito de acesso a Defensoria Pública, Ministério Público e Judiciário;
– assistência jurídica (não apenas judiciária) gratuita;
– representação e assistência de pais e responsáveis em juízo, bem como a concessão de curador especial quando os interesses forem conflitantes;
– é vedada a divulgação de atos judiciais, policiais e administrativos que digam respeito a crianças e adolescentes a que se atribua autoria de ato infracional;
– qualquer notícia a respeito do fato não poderá identificar a criança ou adolescente, vedando-se fotografia, referência a nome, apelido, filiação, parentesco, residência e, inclusive, iniciais do nome e sobrenome;
– a expedição de certidões e cópias ligadas à prática de atos infracionais com a demonstração da necessidade e do interesse.

3. JUSTIÇA DA INFÂNCIA E DA JUVENTUDE

O artigo 145 prevê o seguinte: *"Os estados e o Distrito Federal poderão criar varas especializadas e exclusivas da infância e da juventude, cabendo ao Poder Judiciário estabelecer sua proporcionalidade por número de habitantes, dotá-las de infraestrutura e dispor sobre o atendimento, inclusive em plantões."*

O Estatuto traça uma diretriz, uma possibilidade de os estados criarem varas especializadas. De fato, a lei federal não poderia criar tais varas compulsoriamente, pois a competência constitucional legislativa para organização judiciária é dos próprios estados e do distrito federal (CR, art. 125, *caput* e § 1º).

6. AgInt no AREsp 1085507/RJ, Rel. Min. Ricardo Villas Bôas Cueva, 3ª Turma, julgado em 09/03/2020.
7. RMS 65.046/MS, Rel. Min. Laurita Vaz, 6ª Turma, julgado em 01/06/2021.

4. COMPETÊNCIA

A doutrina clássica conceitua a competência como a medida da jurisdição.

O professor Fredie Didier Jr. explica:

> A competência é exatamente o resultado de critério para distribuir entre vários órgãos as atribuições relativas ao desempenho da jurisdição. A competência é o poder de exercer a jurisdição nos limites estabelecidos por lei. É o âmbito dentro do qual o juiz pode exercer jurisdição. É a medida da jurisdição.[8]

O Estatuto disciplina suas regras de competência nos artigos 147 a 149, a serem a seguir examinados.

4.1. Competência territorial

Os critérios de fixação de competência territorial estão previstos no artigo 147.

No *caput*, a competência se refere a demandas de **natureza cível** (não infracional). Em ações que envolvem guarda, tutela e adoção, por exemplo, a competência é fixada pelo **domicílio dos pais ou responsável** (inc. I) **ou**, na falta desses, pelo lugar **onde se encontre a criança** ou o adolescente (inc. II).

O Superior Tribunal de Justiça tem, inclusive, súmula sobre o tema:

> **Súmula 383.** A competência para processar e julgar as ações conexas de interesse de menor é, em princípio, do foro do domicílio do detentor de sua guarda.

A súmula é reiteradamente citada em julgamentos posteriores.[9] Em 2019, a Corte examinou um conflito aparente de normas entre o artigo 147 do Estatuto e o artigo 87 do CPC. O caso envolvia uma ação de alienação parental cumulada com pedido de guarda e regulamentação de visitas. Como a criança mudou de domicílio, surgiu a dúvida sobre a perpetuação da jurisdição ou a aplicação do princípio do juízo imediato.

O STJ deu **prevalência à regra do Estatuto**, pelo que **pode haver modificação da competência** do juízo em razão da mudança de domicílio dos pais ou responsável ou do lugar onde se encontre a criança (art. 147, incisos I e II).[10]

No que tange à **prática de atos infracionais**, a competência é determinada pelo **local da ação ou da omissão** (art. 147, § 1º).

O objetivo da previsão é aproximar o juízo do local onde, provavelmente, as provas para solução do litígio serão colhidas. Esse é um entendimento

---

8. DIDIER JR., Fredie. op. cit., p. 101-102.
9. CC 149.886/RN, Rel. Min. Marco Aurélio Bellizze, 2ª Seção, julgado em 25/04/2018, DJe 02/05/2018.
10. AgInt nos EDcl no CC 160.102/SC, Rel. Min. Nancy Andrighi, 2ª Seção, julgado em 14/05/2019.

universal de regras de fixação de competência – o juízo mais próximo do local dos fatos, das pessoas e dos bens é o que tem as melhores condições de analisar a matéria, compreender nuanças, observar as peculiaridades.

Por fim, em caso de **transmissão de rádio ou televisão** com amplitude em mais de uma comarca, a competência é fixada pela **sede da emissora ou da rede** (§ 3º).

Confira-se o quadro:

Critério	Base legal
– domicílio dos pais ou responsável	Art. 147, inc. I
– lugar onde se encontre a criança ou o adolescente, na falta dos pais ou responsável	Art. 147, inc. II
– local da ação ou omissão em caso de ato infracional	Art. 147, § 1º
– sede estadual da emissora ou rede, em caso de transmissão simultânea de rádio ou televisão que atinja mais de uma comarca	Art. 147, § 3º

As regras do artigo 147 prevalecem sobre as do CPC, conforme esclareceu o STJ:

> 1. A existência de conexão entre as demandas enseja a reunião dos feitos para julgamento conjunto.
>
> 2. O princípio do juízo imediato, previsto no art. 147, I e II, do ECA, desde que firmemente atrelado ao princípio do melhor interesse da criança e do adolescente, sobrepõe-se às regras gerais de competência do CPC. (CC 111.130/SC, SEGUNDA SEÇÃO, DJe 01/02/2011) 3. Agravo Interno não provido.
>
> (AgInt no CC n. 201.362/SP, relatora Ministra Nancy Andrighi, Segunda Seção, julgado em 18/6/2024, DJe de 20/6/2024.)

▸ Como esse assunto foi cobrado em concurso?

VUNESP – 2024 – MP/RJ – Promotor

Trata-se de conflito negativo de competência suscitado pelo juízo de domicílio da mãe biológica, autora da ação cautelar incidental, que se mudou do Município de Rio de Janeiro para o de Cabo Frio, durante o trâmite da ação principal. O Juízo suscitante indica como competente o Juízo suscitado, da Comarca do Município de Niterói, domicílio da avó materna, onde exercida a guarda de fato da criança. Qual a solução para o conflito de competência, de acordo com entendimento dos tribunais superiores e do Estatuto da Criança e do Adolescente?

A – O juízo competente é o da Comarca de Niterói, de domicílio da avó da criança, nos termos do art. 147, II, do ECA, que encerra regra de competência territorial, mas de natureza absoluta, conforme enunciado da Súmula 383 do STJ e de acordo com os melhores interesses da criança.

B - Declarada, preliminarmente, a perpetuatio jurisdictionis (perpetuação da jurisdição), nos termos do artigo 87 do Código de Processo Civil, aplicável, de forma subsidiária, ao Estatuto da Criança e do Adolescente, na medida em que as normas trazidas pelo artigo 147, incisos I e II, do Estatuto da Criança e do Adolescente, são de competência absoluta e, portanto, competente o juízo da Comarca do Rio de Janeiro.

C - O juízo competente é o do domicílio da Comarca de Cabo Frio, da mãe biológica, nos termos do art. 147, I, do ECA, que encerra regra de competência territorial, mas de natureza geral e absoluta.

D - Não deve ser conhecido o conflito pelo Tribunal de Justiça, porque se trata de regra de competência relativa, e, assim, deveria ter sido oposta a exceção de competência pelo interessado, não cabendo ao juiz agir ex officio.

E - Declarada, preliminarmente, pelo Tribunal de Justiça, a perpetuatio jurisdictionis (perpetuação da jurisdição), nos termos do artigo 87 do Código de Processo Civil, aplicável, de forma subsidiária, ao Estatuto da Criança e do Adolescente, na medida em que as normas trazidas pelo artigo 147, incisos I e II, do Estatuto da Criança e do Adolescente, são de competência relativa, e, portanto, competente o juízo da Comarca do Rio de Janeiro.

Gabarito: letra A.

4.2. Competência material

O artigo 148 elenca, exemplificativamente, uma série ações cuja competência é da Justiça da Infância e Juventude. Trata-se de **competência em razão da matéria**. Há uma distinção muito importante entre os elencos do *caput* e do parágrafo único, que é a caracterização da situação de risco da criança ou adolescente.

As hipóteses dos incisos do *caput* do art. 148 **não dependem** da caracterização da **situação de risco**. Em outras palavras, a competência da Justiça da Infância e Juventude é determinada para aquelas hipóteses independentemente da situação em que se encontrar a criança ou adolescente.

Por sua vez, o elenco dos incisos do parágrafo único do artigo 148 apresenta situações que, em sua maioria, competiriam às varas de família, como, por exemplo, suprimento de capacidade ou consentimento para casamento e ação de alimentos. Entretanto, pela **caracterização da situação de risco**, a competência recai sobre o Juízo da Infância e Juventude.

Veja-se a previsão legal:

Competência material (art. 148, *caput*)
I - conhecer de representações promovidas pelo Ministério Público, para apuração de ato infracional atribuído a adolescente, aplicando as medidas cabíveis; II - conceder a remissão, como forma de suspensão ou extinção do processo;

Competência material (art. 148, *caput*)
III - conhecer de pedidos de adoção e seus incidentes; IV - conhecer de ações civis fundadas em interesses individuais, difusos ou coletivos afetos à criança e ao adolescente, observado o disposto no art. 209; V - conhecer de ações decorrentes de irregularidades em entidades de atendimento, aplicando as medidas cabíveis; VI - aplicar penalidades administrativas nos casos de infrações contra norma de proteção à criança ou adolescente; VII - conhecer de casos encaminhados pelo Conselho Tutelar, aplicando as medidas cabíveis.

Competência material em caso de situação de risco (art. 148, p.ú.)
a) conhecer de pedidos de guarda e tutela; b) conhecer de ações de destituição do poder familiar, perda ou modificação da tutela ou guarda; c) suprir a capacidade ou o consentimento para o casamento; d) conhecer de pedidos baseados em discordância paterna ou materna, em relação ao exercício do poder familiar; e) conceder a emancipação, nos termos da lei civil, quando faltarem os pais; f) designar curador especial em casos de apresentação de queixa ou representação, ou de outros procedimentos judiciais ou extrajudiciais em que haja interesses de criança ou adolescente; g) conhecer de ações de alimentos; h) determinar o cancelamento, a retificação e o suprimento dos registros de nascimento e óbito.

Em 2021, o STJ destacou que a Justiça da Infância e da Juventude possui competência absoluta para processar e julgar causas envolvendo matrícula de menores em creches ou escolas. Essa matéria foi decidida por ocasião do julgamento do **tema 1058**.

4.3. Competência para regular da presença de crianças e adolescentes em eventos

O artigo 149 determina que compete à autoridade judiciária disciplinar a entrada e permanência de jovens em determinados locais, desacompanhados de pais ou responsável, bem como sua participação em espetáculos públicos e concursos de beleza.

Confira-se a previsão do artigo 149:

> **Art. 149.** Compete à autoridade judiciária disciplinar, através de portaria, ou autorizar, mediante alvará:
>
> I - a entrada e permanência de criança ou adolescente, desacompanhado dos pais ou responsável, em:

a) estádio, ginásio e campo desportivo;

b) bailes ou promoções dançantes;

c) boate ou congêneres;

d) casa que explore comercialmente diversões eletrônicas;

e) estúdios cinematográficos, de teatro, rádio e televisão.

II – a participação de criança e adolescente em:

a) espetáculos públicos e seus ensaios;

b) certames de beleza.

Há uma distinção entre os incisos I e II do art. 149. É necessária a obtenção de alvará para entrada e permanência de crianças e adolescentes nas hipóteses das alíneas do inciso I, quando desacompanhadas de pais ou responsável. Já se a criança está acompanhada de pais ou responsável, sua entrada e permanência não dependem de autorização através de alvará.

Para a **participação** da criança ou adolescente em espetáculo público ou ensaio e concursos de beleza, a **obtenção de alvará** é necessária, ainda que os pais ou responsável estejam presentes ao local (art. 149, inciso II). O STJ já consolidou o entendimento de que os programas de televisão se enquadram no conceito do Estatuto de espetáculos públicos, de modo que demandam alvará judicial para participação de crianças e adolescentes (AgRg no Ag 553.774/RJ, Rel. Min. Paulo Furtado, 3ª Turma, julgado em 28/04/2009).

A **inobservância** dessa norma caracteriza a **infração administrativa** prevista no art. 258.

Contra as decisões referentes ao artigo 149, **cabe** recurso de **apelação** (art. 199).

Em doutrina, Rossato, Lépore e Cunha diferenciam portaria e alvará nos seguintes termos:

> As portarias judiciais são atos que disciplinam situações concretas, em particular as diversões públicas da criança e do adolescente. Geralmente estabelecem condições para que crianças e adolescentes possam usufruir de determinados locais. Exemplo: condições para a entrada de adolescentes desacompanhados de seus pais em determinado estádio de futebol.
>
> Diferem-se dos alvarás judiciais, que são dirigidos a determinada pessoa física ou jurídica, como ocorre, por exemplo, para a participação de determinada criança em certame de beleza.[11]

Os critérios que devem pautar o magistrado nessa regulação são os seguintes (art. 149, § 1º):

- princípios do Estatuto;
- peculiaridades do local;

11. ROSSATO, Luciano Alves; LÉPORE, Paulo Eduardo; CUNHA, Rogério Sanches. op. cit., p. 410.

- existência de instalações adequadas;
- tipo de frequência habitual ao local;
- adequação do ambiente; e
- natureza do espetáculo.

Por fim, o Estatuto prevê expressamente que não podem ser editadas portarias de caráter genérico (§ 2º), ou seja, o magistrado não pode editar restrições gerais e abstratas, aplicáveis a todo território de sua competência. A previsão do Estatuto tem o objetivo de identificar corretamente o campo de aplicação das portarias, pois, se fossem permitidas portarias genéricas, a função judicante se confundiria com a atuação de um legislador.

Em 2021, o STJ analisou situação interessante acerca da correta interpretação do § 2º do artigo 149. Como dito acima, o dispositivo proíbe a edição de restrições genéricas e abstratas. No caso concreto, a discussão era como autorizar o trabalho de adolescente como DJ – se o juízo da comarca de seu domicílio poderia autorizar sua participação em espetáculos ou se em cada local de apresentação deveria ser obtida nova autorização. O entendimento da Corte foi o de que o juízo do domicílio pode estabelecer as premissas para o trabalho do adolescente, sem necessidade de novas autorizações a cada novo local.[12]

4.4. Delegação do cumprimento de medidas

O cumprimento de medidas socioeducativas e de proteção pode ser realizado em local diverso daquele em que foi praticado o ato infracional (art. 147, § 2°).

A possibilidade de o cumprimento da medida socioeducativa ser feito em local diverso tem por objetivo atender também ao **fortalecimento dos vínculos familiares e comunitários** (art. 100). Comumente o adolescente pratica ato infracional em **local diverso de seu domicílio** e o cumprimento da medida nessa localidade acabaria por afastá-lo de sua família. Exatamente para evitar o afastamento e o esfacelamento da família é que o Estatuto prevê a possibilidade de delegação do cumprimento de medidas, o que se dá através da expedição de cartas precatórias. Em última análise, o que se espera é sempre obter a ressocialização do adolescente.

Em 2018, o STJ analisou situação interessante em que o juízo sentenciante concedeu remissão imprópria com aplicação de medida socioeducativa; em seguida, delegou o cumprimento ao juízo onde estavam os pais do adolescente. Como o adolescente não foi localizado, o juízo delegatário revogou a remissão. Ao analisar a matéria, o STJ considerou a postura incorreta e ressaltou que **o juízo da execução tem competência tão somente para fazer cumprir a medida**

12. REsp 1947740/PR, Rel. Min. Nancy Andrighi, 3ª Turma, julgado em 05/10/2021.

socioeducativa. Não localizado o adolescente para cumprimento, compete ao juízo delegatório devolver os autos ao juízo sentenciante.[13]

4.5. Justiça da Infância e da Juventude X Justiça Federal

O processo de apuração de ato infracional atribuído a adolescente é sempre de competência de Justiça da Infância e Juventude, independentemente da vítima ou do patrimônio lesado. Portanto, ainda que o adolescente pratique um ato infracional em detrimento do patrimônio da União, entidade autárquica ou empresa pública federal, a competência é da Justiça da Infância e Juventude, e não da Justiça Federal. Essa é a posição já consolidada no Superior Tribunal de Justiça.[14]

4.6. Justiça da Infância e da Juventude X Justiça do Trabalho

Outra questão interessante a respeito de possível conflito de competências se dá em relação a causas ligadas à relação de trabalho de adolescentes. Com o advento Emenda Constitucional nº 45/2004, ampliou-se a competência da Justiça do Trabalho para processar e julgar quaisquer demandas referentes à relação de trabalho.

A discussão é se aí estariam incluídas também aquelas ações envolvendo crianças e adolescentes envolvidas em algum tipo de relação de trabalho – ainda que ilegal. Exemplo patente desse conflito surge na concessão de autorização para trabalho em espetáculos, televisão e shows. Sempre foi muito clara para a comunidade jurídica a competência da Justiça da Infância e da Juventude. Atualmente, porém, a questão muda de foco, pois a competência da Justiça do Trabalho decorre diretamente da Constituição da República.

Nesse contexto, a aplicação de normas de competência do Estatuto da Criança e do Adolescente ficaria afastada.

Confiram-se as ponderações de Rossato, Lépore e Cunha a esse respeito:

> Porém, em razão da nova regra insculpida no art. 114 da CF, não há como afastar-se a competência da Justiça Laboral inclusive para casos como o narrado [participação de criança em telenovela], pois se está diante de típica relação de trabalho. Assim, a autorização para o exercício de atividades artísticas, como contracenar em novela televisiva, antes de competência privativa do Juízo da Infância e da Juventude, nos termos do Estatuto, passou a ser de competência da Justiça do Trabalho, sendo que o Ministério Público do Trabalho já encaminhou recomendação em relação a esse assunto.
>
> Imagine-se outro exemplo: de quem é a competência para a emissão de autorização de trabalho como aprendiz? De acordo com a nova sistemática,

---

13. CC 160.215/GO, Rel. Min. Laurita Vaz, 3ª Seção, julgado em 26/09/2018, DJe 09/10/2018.
14. CC 86.408/MA, Rel. Min. Maria Thereza de Assis Moura, 3ª Seção, DJ 17/09/2007.

> é da Justiça do Trabalho. O tema, contudo, não deixa de ser controvertido, sendo prática comum que esse pedido seja processado perante a Vara da Infância e da Juventude.[15]

A despeito da norma constitucional, o que se verifica na prática é que essa matéria continua a ser examinada pelo Juizado da Infância e da Juventude.

4.7. Aplicação de infrações administrativas

O inciso VI do artigo 148 do Estatuto prevê a competência da Justiça da Infância e da Juventude para aplicação de penalidades administrativas. Nesse ponto, é necessário diferenciar (i) apuração de crimes cometidos contra crianças e adolescentes; (ii) atos infracionais praticados por crianças e adolescentes; e (iii) infrações administrativas. Em relação aos crimes, seus agentes são pessoas maiores, de modo que a competência para processar e julgar seus atos é das varas criminais. A Justiça da Infância e da Juventude é competente, a princípio, apenas para as hipóteses (ii) e (iii).

4.8. Ampliação da competência por lei estadual

O artigo 145 do Estatuto estabelece que "*os estados e o Distrito Federal poderão criar varas especializadas e exclusivas da infância e da juventude, cabendo ao Poder Judiciário estabelecer sua proporcionalidade por número de habitantes, dotá-las de infraestrutura e dispor sobre o atendimento, inclusive em plantões*".

A previsão do Estatuto, de certa forma, estimula a criação de varas especializadas, mas não obriga - e nem o poderia fazer, pois a competência legislativa para determinar a organização judiciária é do Estado-membro. Uma vez criado o juízo com competência infantojuvenil, os artigos 148 e 149 do Estatuto elencam as hipóteses de fixação de sua competência.

Surge, então, a seguinte questão: esse rol é exaustivo? Em outras palavras, a lei de organização judiciária estadual que cria um Juizado da Infância e da Juventude pode estabelecer outras competências além das fixadas no Estatuto?

O Supremo Tribunal Federal analisou essa questão em um caso do Estado do Rio Grande do Sul. A lei estadual de organização judiciária previu a competência do juizado infantojuvenil para processar e julgar crimes praticados contra crianças e adolescentes. No entender do STF, a lei estadual é constitucional, de modo que a Justiça da Infância e da Juventude pode receber competência para julgar também crimes praticados contra os direitos infantojuvenis.[16]

---

15. ROSSATO, Luciano Alves; LÉPORE, Paulo Eduardo; CUNHA, Rogério Sanches. op. cit., p. 399.
16. HC 113102, Rel. Min. Marco Aurélio, 1ª Turma, DJe 15.02.2013.

Em 2023, o STJ analisou a temática em diferentes oportunidades. A Lei n. 13.341/2017 autoriza a criação de varas especializadas para crimes praticados contra crianças e adolescentes.

O primeiro julgado a destacar é do Informativo 773/2023, com o seguinte destaque: "Tratando-se de estupro de vulnerável (art. 217-A do CP) e não havendo na localidade Vara especializada em delitos contra a criança e o adolescente, as ações penais distribuídas até 30/11/2022 tramitarão nas Varas às quais foram distribuídas originalmente ou após determinação definitiva do Tribunal local ou superior."

Em outro julgado de 2023, o STJ destacou a possibilidade de aproveitamento de atos já praticados em juízo posteriormente declarado incompetente. O julgado tratava da existência de vara especializada para crimes praticados contra crianças e adolescente.[17]

Por fim, outro julgado que tratou do tema competência foi noticiado no Informativo 765/2023, com o seguinte destaque: "A partir da entrada em vigor da Lei n. 13.431/2017, nas comarcas em que não houver vara especializada em crimes contra a criança e o adolescente, compete à vara especializada em violência doméstica julgar as ações penais que apurem crimes envolvendo violência contra crianças e adolescentes, independentemente de considerações acerca do sexo da vítima ou da motivação da violência, ressalvada a modulação de efeitos realizada no julgamento do EAREsp 2.099.532/RJ."

5. SERVIÇOS AUXILIARES

Para o bom desempenho de suas funções, a Justiça da Infância e Juventude conta com uma equipe interprofissional, responsável por apresentar relatórios e dados sobre os jovens e suas famílias. Esse serviço está previsto no artigo 151 do Estatuto, cuja redação é a seguinte: *"Compete à equipe interprofissional dentre outras atribuições que lhe forem reservadas pela legislação local, fornecer subsídios por escrito, mediante laudos, ou verbalmente, na audiência, e bem assim desenvolver trabalhos de aconselhamento, orientação, encaminhamento, prevenção e outros, tudo sob a imediata subordinação à autoridade judiciária, assegurada a livre manifestação do ponto de vista técnico."*

Lamentavelmente, a realidade brasileira ainda é a de estados sem equipes interprofissionais montadas e bem estruturadas, o que prejudica o desenvolvimento das atividades da Justiça infantojuvenil. Para contornar essa situação, a Lei n. 13.509/2017 inseriu o parágrafo único do artigo 151, que prevê a possibilidade de o juízo nomear perito, quando não houver equipe interprofissional para elaboração dos estudos psicossociais.

17. HC n. 807.617/BA, relator Ministro Ribeiro Dantas, Quinta Turma, julgado em 11/4/2023, DJe de 18/4/2023.

Capítulo XVI

Procedimentos

1. INTRODUÇÃO

Nos artigos 152 a 197-F, o Estatuto disciplina procedimentos referentes aos direitos das crianças e dos adolescentes.

O assunto está tratado dentro do título do acesso à Justiça. Esse é o ponto em que o Estatuto disciplina os procedimentos de perda e suspensão do poder familiar, destituição de tutela, colocação em família substituta, apuração de ato infracional atribuído a adolescente, apuração de irregularidades em entidade de atendimento, apuração de infração administrativa às normas de proteção à criança e adolescente e habilitação dos pretendentes à adoção.

Muito se discute acerca do caráter jurisdicional ou não jurisdicional de alguns procedimentos. Em doutrina clássica de direito processual (dentre muitos, Moacir Amaral Santos e José Frederico Marques), costumava-se afirmar que os procedimentos de jurisdição voluntária não seriam processos por não haver lide; seriam tão somente atividade administrativa judicializada ou administração judicial de interesses privados.

Modernamente, a doutrina (também dentre muitos, Cândido Rangel Dinamarco, Leonardo Greco, Alexandre Freitas Câmara, Fredie Didier Jr.) não caracteriza o processo pela existência de lide. A prestação da função jurisdicional é feita através do processo, que pode ser conceituado como a relação jurídica processual animada pelo contraditório, que se desenvolve a partir de uma sequência coordenada de atos processuais, o procedimento. Dentro do processo, participam, em regra, três atores processuais (partes e juiz) que estabelecem um diálogo ativo e constante, através do qual as partes procuram influenciar a formação da convicção do julgador, que proferirá decisões cujas consequências serão sentidas no mundo dos fatos.

Este não é o espaço adequado para maiores aprofundamentos acerca dessa discussão. O que queremos deixar claro é que os procedimentos previstos no Estatuto da Criança e do Adolescente são verdadeiro exercício da função jurisdicional e devem atender aos princípios constitucionais processuais. Portanto, há que se respeitar sempre os princípios da inafastabilidade do controle jurisdicional, da ampla defesa, do contraditório, do devido processo legal, da assistência jurídica gratuita, da duração razoável do processo, da fundamentação das decisões judiciais etc.

Além disso, a previsão de procedimentos específicos no Estatuto está afinada com a doutrina de vanguarda, que preconiza a importância de o procedimento se amoldar ao direito material que se pretende tutelar.

Trata-se da técnica da tutela jurisdicional diferenciada, conforme nos explicam Rossato, Lépore e Cunha:

> Considerando-se o direito material em questão, justifica-se a previsão de normas procedimentais específicas, com particularidades que lhes são próprias. Esse proceder ocorre em várias situações, previstas nos Código de Processo, ou então em leis esparsas e liga-se à ideia de tutela jurisdicional diferenciada.
>
> Essa técnica foi adotada pelo Estatuto da Criança e do Adolescente, no qual há previsão de normas processuais e procedimentais específicas para os feitos que tramitam perante as Varas da Justiça da Infância e da Juventude.[1]

Confira-se o quadro:

Procedimentos
- perda e suspensão do poder familiar (arts. 155 a 163)
- destituição de tutela (art. 164)
- colocação em família substituta (arts. 165 a 170)
- apuração de ato infracional atribuído à adolescente (arts. 171 a 190)
- apuração de irregularidades em entidade de atendimento (arts. 191 a 193)
- apuração de infração administrativa às normas de proteção à criança e ao adolescente (arts. 194 a 197)
- habilitação de pretendentes à adoção (arts. 197-A a 197-F)

Por uma questão didática, não vamos analisar os procedimentos de acordo com a sistemática do Estatuto. Analisaremos primeiro os procedimentos ligados à colocação de criança e adolescente em família substituta - inclusive a habilitação dos pretendes à adoção. Em seguida, examinaremos a apuração de irregularidades em entidades de atendimento e de infrações administrativas. Por fim, o procedimento de apuração de ato infracional atribuído a adolescente será objeto de exame em capítulo próprio, devido à sua importância.

2. CARACTERÍSTICAS GERAIS

2.1. Aplicação subsidiária da legislação processual

Conforme prevê o artigo 152, os procedimentos regulados pelo Estatuto recebem aplicação subsidiária da legislação processual - notadamente dos Códigos de Processo Civil e de Processo Penal.

2.2. Prioridade na tramitação de processos

Os processos regulados pelo Estatuto têm tramitação prioritária, de acordo com a regra do parágrafo primeiro do artigo 152: *"É assegurada, sob pena*

1. ROSSATO, Luciano Alves. LÉPORE, Paulo Eduardo. CUNHA, Rogério Sanches. op. cit., p. 413.

de responsabilidade, prioridade absoluta na tramitação dos processos e procedimentos previstos nesta Lei, assim como na execução dos atos e diligências judiciais a eles referentes."

Essa diretriz do Estatuto está em consonância com o primado da absoluta prioridade, previsto no artigo 227 da Constituição da República.

> **IMPORTANTE**
> Os procedimentos previstos no Estatuto possuem tramitação prioritária, o que inclui também a prioridade na realização de atos e diligências (art. 152, § 1º).

2.3. Contagem de prazos

Uma das novidades do CPC-2015 foi o estabelecimento de contagem de prazo em dias úteis e contagem em dobro de prazos para a Fazenda Pública (o MP já dispunha dessa prerrogativa). A Lei n. 13.509/2017 inseriu o § 2º ao artigo 152 para se afastar dessa sistemática. Nos procedimentos previstos no Estatuto, a contagem de prazo se faz em dias corridos e sem contagem de prazo em dobro para Ministério Público e Fazenda Pública.

O STJ inclusive já sedimentou o entendimento de **prevalência do Estatuto**, com base no **princípio da especialidade.**[2]

Curioso observar que a regra não faz menção à Defensoria Pública. A lógica é a mesma, dar prioridade e agilidade na tramitação desses processos. Por esse raciocínio, seria possível concluir que a Defensoria Pública tampouco teria direito à contagem em dobro de prazos. No entanto, a questão é mais complexa, pois não é possível aplicar por analogia a regra à Defensoria Pública, já que estamos diante de uma prerrogativa institucional. Não se pode admitir interpretação extensiva que reduza prerrogativas da carreira. Assim, ainda que de forma assistemática, consideramos que a prerrogativa de prazo em dobro para a Defensoria Pública está intacta.

Apesar de nosso entendimento pessoal, acreditamos que vai prevalecer na jurisprudência o entendimento diverso, ou seja, a de aplicação da regra do Estatuto também à Defensoria Pública.

> **IMPORTANTE**
> Os prazos nos procedimentos do Estatuto são contados em dias corridos e não há prazo em dobro para Fazenda Pública e Ministério Público.

2. HC 475.610/DF, Rel. Min. Rogério Schietti Cruz, 6ª Turma, julgado em 26/03/2019.

2.4. Flexibilidade procedimental

O artigo 153 do Estatuto traz previsão bastante importante. Confira-se sua redação:

> **Art. 153.** Se a medida judicial a ser adotada não corresponder a procedimento previsto nesta ou em outra lei, a autoridade judiciária poderá investigar os fatos e ordenar de ofício as providências necessárias, ouvido o Ministério Público.
>
> **Parágrafo único.** O disposto neste artigo não se aplica para o fim de afastamento da criança ou do adolescente de sua família de origem e em outros procedimentos necessariamente contenciosos.

Trata-se de norma de abertura procedimental que está devidamente afinada aos modernos entendimentos doutrinários acerca da efetividade da tutela jurisdicional.

Ultrapassada a etapa de consolidação do direito processual com sua fase científica, vivemos hoje a fase da instrumentalidade do processo. O processo não deve ser visto como um fim em si mesmo, mas sim como um instrumento de realização do direito material. Nesse sentido, é preciso amoldar o processo de forma a proporcionar ao direito material a sua melhor forma de prestação.

Se não houver disciplina específica para tutelar o direito material, deve-se buscar a forma mais adequada.

Naturalmente, a regra do artigo 153 não é de aplicação indiscriminada e, bem por isso, sofre a devida limitação do seu parágrafo único.

3. PERDA OU SUSPENSÃO DO PODER FAMILIAR

Esse procedimento está regulado pelos artigos 155 a 163.

3.1. Legitimidade ativa

O artigo 155 prevê que a demanda poderá ser proposta pelo **Ministério Público** ou por **quem tenha legítimo interesse**.

O pleito de perda ou suspensão do poder familiar pode ser feito pelo Ministério Público, por exemplo, em situações em que a criança está abrigada em entidade por ter sofrido abusos dos pais. Decretada a perda do poder familiar, a criança pode ser posteriormente adotada.

Além do Ministério Público, a ação pode ser proposta por quem tenha legítimo interesse. É o caso de um particular que vai pleitear a tutela ou a adoção. Se ainda não foi decretada a perda ou suspensão em processo anterior, então há a necessidade de cumular expressamente os pedidos de suspensão ou perda com os de tutela ou adoção.

Também é legítimo interessado um parente que, zeloso pela criança ou adolescente, entenda inadequada a conduta dos pais ou responsável. Mas não só o parente. O STJ já concluiu não ser necessário haver laços consanguíneos para ser considerado legitimado.[3] Quando proposta por particular, o Ministério Público atua obrigatoriamente como *custos legis*.

> ▸ **Como esse assunto foi cobrado em concurso?**
>
> **(Promotor de Justiça – MP-SC – 2021 – Cespe)** Acerca da atuação do Ministério Público nos procedimentos que envolvam a proteção de criança e adolescente, julgue os itens seguintes.
>
> A legitimidade ativa para proposição de ação de destituição do poder familiar é exclusiva do Ministério Público.
>
> *Gabarito: o item está errado.*

3.2. Petição inicial

A petição inicial é o instrumento da demanda, é através dela que o Judiciário toma conhecimento das partes e dos direitos materiais envolvidos.

O artigo 156 elenca os dados que devem constar da petição inicial. A este dispositivo devem-se somar as regras dos artigos 106, inc. I, 319 e 320 do Novo Código de Processo, que também tratam da petição inicial e dos documentos indispensáveis à propositura da demanda. Portanto, quando a perda ou suspensão do poder familiar for pleiteada por particular, patrocinado por advogado ou defensor público, é preciso indicar o endereço para intimações (art. 106, I).

O Estatuto estabelece ainda a necessidade de indicação, já petição inicial, do rol de testemunhas (art. 156, inc. IV).

3.3. Concessão de liminar

Em caso de motivo grave, a **suspensão do poder familiar** pode ser concedida liminarmente (ou incidentalmente) até o julgamento definitivo da pretensão (art. 157). Durante esse período, a criança ou o adolescente pode ser encaminhado às entidades de acolhimento institucional ou familiar.

Nesse ponto, a Lei n. 14.340/2022 – que trata de alienação parental – inseriu dois novos parágrafos ao artigo 157.

O § 3º prevê que a concessão da liminar deve ser precedida, preferencialmente, da entrevista da criança ou adolescente com a equipe multidisciplinar, bem como da oitiva da parte contra quem o pedido é realizado. É possível olhar para esse dispositivo sob a óptica do contraditório e da ampla defesa,

---

3. REsp 1203968/MG, Rel. Min. Marco Buzzi, 4ª Turma, julgado em 10/10/2019, DJe 23/10/2019.

pois se busca evitar a concessão de liminares sem oportunidade de ouvir o suposto agressor. Infelizmente, há casos em que a genitora vai a juízo com pedido de perda do poder familiar com base em provas falsas, que atestam supostos fatos graves. Daí se segue a concessão de liminar sem contraditório prévio e pronto, o dano está feito – a criança é afastada do suposto agressor, traumas, cicatrizes são formadas.

Por certo, há casos em que a gravidade dos fatos narrados há de justificar a concessão de liminar *inaudita altera parte*, mas claramente o § 3º do artigo 157 procura tornar essas situações extremas as exceções a um sistema processual mais republicano, ancorado no devido processo legal.

Além disso, o § 4º também inserido pela Lei n. 14.340/2022 prevê que o juiz comunicará ao Ministério Público indícios de atos de violação de direitos infantojuvenis. Modestamente, a inclusão não altera a prática jurídica de que temos conhecimento, pois juízas e juízes em atuação nos Juizados da Infância e da Juventude já oficiam ao MP com enorme frequência acerca de tais questões.

▸ **Como o assunto foi cobrado em concurso?**

(Vunesp – Promotor de Justiça – MPE – SP/2023) Em relação à perda do poder familiar, prevista nos artigos 155 e seguintes do Estatuto da Criança e do Adolescente, é INCORRETO afirmar:

(A) Recebida a petição inicial, a autoridade judiciária determinará, concomitantemente ao despacho de citação e independentemente de requerimento do interessado, a realização do estudo social ou perícia, por equipe interprofissional ou multidisciplinar, para comprovar a presença de uma das causas de suspensão ou destituição do poder familiar.

(B) Havendo motivo grave, poderá a autoridade jurídica, ouvido o Ministério Público, decretar a suspensão do poder familiar, liminar ou incidentalmente, até o julgamento definitivo da causa, ficando a criança ou adolescente confiado a pessoa idônea, mediante termo de responsabilidade.

(C) A concessão da liminar será, obrigatoriamente, precedida de entrevista da criança ou do adolescente perante equipe multidisciplinar e de oitiva da outra parte.

(D) Em sendo os pais oriundos de comunidades indígenas, é obrigatória a intervenção, junto à equipe interprofissional ou multidisciplinar, de representantes do órgão federal responsável pela política indigenista.

(E) Se houver indícios de ato de violação de direitos de criança ou de adolescente, o juiz comunicará o fato ao Ministério Público e encaminhará os documentos pertinentes.

Gabarito: letra C.

3.4. Citação e defesa

A citação deve ser feita pessoalmente ao requerido, salvo se esgotados todos os meios para sua realização. Se o requerido estiver preso, a citação deve ser obrigatoriamente pessoal (art. 158, § 2º). A regra da citação pessoal é flexibilizada em duas hipóteses. A primeira é quando o oficial de justiça percebe que o citando está se ocultando para não ser citado. Nesse caso, autoriza-se a citação por hora certa (§ 3º). A segunda é a possibilidade de citação por edital quando os citandos estejam em local incerto (§ 4º). A Lei n. 13.509/2017 reduziu as exigências da citação por edital ao estabelecer a publicação em uma única veiculação e ao dispensar a busca da localização de endereço certo.

O **prazo** para apresentação de **defesa** pelos réus é de **10 dias** (art. 158), contados da juntada aos autos do mandado de citação cumprido, sendo que a contestação já deve indicar o rol de testemunhas e as demais provas.

O artigo 159 traz previsão interessante: "*Se o requerido não tiver possibilidade de constituir advogado, sem prejuízo do próprio sustento e de sua família, poderá requerer, em cartório, que lhe seja nomeado dativo, ao qual incumbirá a apresentação de resposta, contando-se o prazo a partir da intimação do despacho de nomeação.*" Esse advogado dativo de que trata o dispositivo é o defensor público, a quem compete constitucionalmente o dever de prestar assistência jurídica do hipossuficiente (CR, art. 134).

O artigo 159 foi acrescido de parágrafo único pela Lei n. 12.962/2014, para determinar que o oficial de justiça questione expressamente ao requerido privado de liberdade se deseja que lhe seja nomeado defensor.

3.5. Instrução processual

Para instrução processual, deve ser realizado estudo social pela equipe interprofissional do Juizado da Infância e da Juventude (art. 161, § 1º). A Lei n. 13.509/2017 modificou diversos dispositivos do Estatuto com o objetivo de acelerar os processos de adoção. Nesse contexto, foi introduzido o § 1º ao artigo 157 para determinar a imediata realização de estudo social pela equipe interprofissional. De fato, a modificação tende a acelerar o trâmite processual, porque essa medida costumava ser deferida na fase de instrução probatória, após a abertura de prazo para a defesa. A partir dessa modificação, concomitantemente à fase postulatória (citação e prazo de defesa), já se realiza atividade tipicamente instrutória (elaboração de laudo).

Além disso, os pais, réus do processo, devem ser ouvidos em audiência de instrução e julgamento (art. 161, § 4º), bem como a criança ou o adolescente, respeitado seu grau de desenvolvimento (§ 3º). A produção de provas é obrigatória e não está dispensada ainda que os pais não sejam encontrados ou concordem com o pedido. É obrigatória a oitiva dos pais sempre que esses forem identificados e estiverem em local conhecido. Se o pai ou a mãe estiverem privados de liberdade, a autoridade judicial requisitará sua apresentação para a oitiva (§ 5º). A oitiva dos pais é dispensável apenas se eles forem citados e deixarem de comparecer à audiência.

Conforme explicam em doutrina Rossato, Lépore e Cunha, não se aplica o efeito material da revelia a esses processos:

> O efeito material da revelia consiste na presunção de veracidade dos fatos alegados pelo autor. De outro lado, o efeito processual consiste na desnecessidade de intimação do réu para os demais atos processuais.
>
> Porém, dentre outras hipóteses, tratando-se de direito indisponível, não haverá incidência do efeito material da revelia. Direito indisponível "é aquele que não se pode renunciar ou alienar. Os direitos da personalidade (art. 11, CC), e aqueles ligados ao estado da pessoa são indisponíveis". O poder familiar pode ser assim qualificado.
>
> Em razão disso, não incide o efeito material da revelia, devendo haver necessariamente, a comprovação dos fatos aduzidos na petição inicial, com designação de audiência de instrução e julgamento, na qual serão ouvidos os pais ou responsável, ainda que não tenha contestado o pedido e desde que identificados e estejam em local conhecido (art. 161, § 4º), com realização de estudo social ou perícia por equipe interprofissional ou multidisciplinar.[4]

Quando não apresentado por escrito o laudo da equipe interprofissional, o profissional que visitou a família para conhecer a situação das partes poderá ser ouvido diretamente na audiência (art. 162, § 2º).

Em se tratando de criança ou adolescente de **origem indígena**, deve ocorrer a **intervenção da Funai** logo após o recebimento da petição inicial.[5]

Por fim, inseriu o § 4º ao artigo 162 estabelece a desnecessidade de nomeação do curador especial para criança e adolescente quando a ação for proposta pelo Ministério Público. A curadoria normalmente é tarefa desempenhada pela Defensoria Pública.

3.6. Sentença

Proferida sentença de perda ou suspensão do poder familiar, deve-se averbá-la à margem do registro de nascimento da criança ou adolescente (art. 163, p.ú.).

---

4. ROSSATO, Luciano Alves. LÉPORE, Paulo Eduardo. CUNHA, Rogério Sanches. op. cit., p. 418-419.
5 REsp 1698635/MS, Rel. Min. Nancy Andrighi, 3ª Turma, julgado em 01/09/2020.

3.7. Prazo de conclusão do procedimento

O artigo 163 fixa o **prazo de 120 dias** para encerramento do processo de perda ou suspensão do poder familiar. Não há dúvidas de que a previsão está afinada com o princípio constitucional da duração razoável do processo (CR, art. 5º, LXXVIII). Naturalmente, é preciso encarar a regra com parcimônia, pois em muitos casos os percalços procedimentais ou instrumentais não permitirão o encerramento da demanda no prazo de 120 dias. Não se devem deixar de lado outros valores mais caros, como os princípios do contraditório e da ampla defesa - que consubstanciam o princípio maior do devido processo legal. Como destacado acima, a produção de provas é obrigatória (art. 161, § 1º), e não pode ser suprimida para se alcançar o prazo legal.

Por fim, ressalte-se que a prolação de sentença fora do limite fixado pelo legislador não fica maculada por qualquer vício, não é ilegal, nem ineficaz.

4. DESTITUIÇÃO DE TUTELA

Em relação a este procedimento, o Estatuto se limitou a fazer remissão ao procedimento de remoção do tutor previsto na lei processual (art. 164). O procedimento está previsto nos artigos 761 a 763 do Código de Processo Civil:

> **Art. 761.** Incumbe ao Ministério Público ou a quem tenha legítimo interesse requerer, nos casos previstos em lei, a remoção do tutor ou do curador.
>
> **Parágrafo único.** O tutor ou o curador será citado para contestar a arguição no prazo de 5 (cinco) dias, findo o qual observar-se-á o procedimento comum.
>
> **Art. 762.** Em caso de extrema gravidade, o juiz poderá suspender o tutor ou o curador do exercício de suas funções, nomeando substituto interino.
>
> **Art. 763.** Cessando as funções do tutor ou do curador pelo decurso do prazo em que era obrigado a servir, ser-lhe-á lícito requerer a exoneração do encargo.
>
> § 1º Caso o tutor ou o curador não requeira a exoneração do encargo dentro dos 10 (dez) dias seguintes à expiração do termo, entender-se-á reconduzido, salvo se o juiz o dispensar.
>
> § 2º Cessada a tutela ou a curatela, é indispensável a prestação de contas pelo tutor ou pelo curador, na forma da lei civil.

5. COLOCAÇÃO EM FAMÍLIA SUBSTITUTA

Esse procedimento está disciplinado nos artigos 165 a 170 do Estatuto e abrange as hipóteses de guarda, tutela e adoção. É possível verificar a existência de dois procedimentos distintos, um mais simplificado, quando as partes estão de acordo com a colocação da criança ou adolescente em família substituta, e outro notadamente litigioso.

5.1. Procedimento simplificado de colocação em família substituta

O artigo 166 do Estatuto disciplina o procedimento simplificado de colocação em família substituta.

É aplicável nas seguintes hipóteses:

(i) pais **falecidos**;

(ii) pais **destituídos ou suspensos** do poder familiar;

(iii) pais que **aderirem expressamente** ao pedido de colocação em família substituta.

Nessas hipóteses, basta que as partes apresentem diretamente no cartório o pedido, em petição assinada pelos próprios requerentes, dispensada a assistência de advogado ou defensor público.

No que se refere a pais falecidos ou destituídos (ou suspensos) do poder familiar, investiga-se no processo tão somente a aptidão da família substituta para receber a criança ou o adolescente, com os devidos estudos da equipe técnica do Juizado. Não é preciso maiores investigações acerca da vontade dos pais.

Já quando estes aderem ao pedido de colocação em família substituta, ainda assim será necessário examinar mais a fundo essa manifestação de vontade. Há requisitos específicos para a validade do consentimento dos pais biológicos no artigo 166, a saber:

(i) deve ser precedido de orientações e esclarecimentos prestados pela equipe interprofissional da Justiça da Infância e da Juventude, especialmente no que tange à irrevogabilidade da adoção (§ 2º);

(ii) somente pode ser dado após o nascimento do bebê (§ 6º);

(iii) são garantidos a livre manifestação de vontade dos detentores do poder familiar e o direito ao sigilo das informações (§ 3º);

(iv) ainda que dado por escrito, o consentimento precisa ser ratificado em audiência (§ 4º);

(v) a concordância dos pais ou titulares do poder familiar deve ser colhida em audiência, na presença do Ministério Público (§ 1º, inc. I);

(vi) o consentimento é retratável até a data da realização da audiência especificada no § 1º deste artigo, e os pais podem exercer o arrependimento no prazo de 10 (dez) dias, contado da data de prolação da sentença de extinção do poder familiar (§ 5º).

▸ **Como o assunto foi cobrado em concurso?**

(FGV – Analista – Área Jurídica – DPE – RS/2023) Adriana dá à luz criança do sexo masculino, informando à equipe técnica do hospital que deseja entregar o filho em adoção e que gostaria que o nascimento da criança fosse mantido em sigilo. A genitora é encaminhada à Vara da Infância e Juventude para atendimento. Considerando o disposto na Lei nº 8.069/1990 (ECA), é correto afirmar que:

A) é vedado pelo ECA o sigilo quanto ao nascimento nas hipóteses de entrega voluntária em adoção;

B) a atitude de Adriana pode tipificar crime de abandono de incapaz, que deverá ser devidamente apurado;

C) é assegurado aos genitores o direito de arrependimento em relação à entrega voluntária para adoção;

D) o consentimento com a adoção dado por escrito sempre terá validade, independentemente da realização da audiência de ratificação;

E) na audiência de ratificação da entrega voluntária, é desnecessária a assistência à genitora por advogado ou defensor público.

Gabarito: letra C.

Atendidos esses requisitos, o consentimento expresso dos pais é válido. Ainda assim, é imprescindível a verificação da adequação da família substituta, sendo certo que esta deverá receber a devida orientação da equipe interprofissional acerca de sua importante missão de bem acolher a criança ou adolescente (§ 7º).

Além disso, deve-se seguir a disciplina do artigo 28 do Estatuto acerca do consentimento de crianças e adolescentes. Vale relembrar:

Criança ou adolescente	Será previamente ouvido por equipe interprofissional, sempre que possível.	Art. 28, § 1º
Adolescente	Ouvido obrigatoriamente em audiência, sendo determinante seu consentimento.	Art. 28, § 2º

5.2. Procedimento litigioso de colocação em família substituta

Nas hipóteses em que os pais ou responsáveis se opõem à colocação, há interesses opostos em jogos, de modo que é indispensável a atuação de advogados e defensores públicos.

Os requisitos da petição inicial estão previstos no artigo 165 do Estatuto – que deve ser cumulado com as previsões do novo CPC (arts. 106, I, 319 e 320).

Recebida a petição inicial, o juízo determina a realização de estudo social pela equipe interprofissional, decide sobre a guarda provisória e, em caso de adoção, sobre o estágio de convivência (art. 167).

A instrução processual comporta tanto os estudos sociais, quanto os depoimentos colhidos em audiência dos membros da família substituta, dos pais biológicos e, é claro, da criança e do adolescente, na forma do art. 28.

Após a instrução, o juiz profere a sentença.

Situação interessante foi analisada pelo STJ em 2020. A questão jurídica estava em saber se era possível o ajuizamento de **ação para reaver a guarda** e posteriormente pleitear a adoção por quem anteriormente teve contra si proposta ação com pedido de afastamento do convívio familiar. Em outras palavras, a pessoa foi demandada em ação judicial para retirar criança de seu convívio, por se tratar de situação irregular. O STJ examinou se essa pessoa poderia posteriormente, diante das mudanças das circunstâncias fáticas, pleitear novamente a guarda, agora com o devido respaldo jurídico. A resposta da Corte foi positiva.[6]

5.3. Cumulação do pedido expresso de destituição do poder familiar para adoção

O pedido de suspensão ou perda do poder familiar normalmente é feito pelo Ministério Público, mas pode surgir também como pedido em ação de adoção ou de tutela movida por particulares (art. 155), patrocinada pela Defensoria Pública ou por advogado particular. O Superior Tribunal de Justiça enfrentou em algumas oportunidades a situação em que foi proposta ação de adoção sem se cumular o pedido com a destituição do poder familiar dos pais biológicos. A questão central consistia em saber se o pedido de adoção continha implicitamente, como decorrência lógica, o pedido de destituição.

Historicamente, a posição pacífica do Superior Tribunal de Justiça é a de que o pedido de destituição deve ser expresso.[7]

Excepcionalmente, porém, a Corte flexibiliza seu entendimento sobre a matéria, quando desponta a necessidade de atender ao princípio do melhor interesse da criança ou adolescente.[8]

6. HABILITAÇÃO DOS PRETENDENTES À ADOÇÃO

A seção VIII (art. 197-A a 197-F) disciplina a habilitação dos pretendentes à adoção. Os dispositivos enumeram documentos e diligências referentes ao procedimento de habilitação dos postulantes à adoção.

O artigo 197-A prevê os elementos que devem constar da petição inicial dos postulantes. Chama-se a atenção para a juntada de certidões de antecedentes criminais e cíveis (incisos VII e VIII). O objetivo aqui é, desde já, descartar pessoas que não tenham mínimas condições de postular a adoção de crianças e

---

6. REsp 1878043/SP, Rel. Min. Nancy Andrighi, 3ª Turma, julgado em 08/09/2020.
7. AgRg no Ag 1269899/MG, Rel. Min. Massami Uyeda, 3ª Turma, DJe 17/02/2011.
8. REsp 1.207.185/MG, Rel. Min. Luis Felipe Salomão, 4ª Turma, DJe 22/11/2011.

adolescentes. Há de se interpretar a exigência em seus devidos termos, pois há situações bastante diferentes em relação à eventual prática de um crime.

Confira-se o que comentam Rossato, Lépore e Cunha a esse respeito:

> O inciso VIII refere-se à necessidade de juntada de certidão de antecedentes criminais.
>
> Por óbvio, que a questão da existência de antecedentes criminais deve ser analisada caso a caso pelo juiz. Não se entende viável que alguém, já tendo sido condenado pela prática de crime de estupro ou atentado violento ao pudor, seja habilitado à adoção. No mesmo sentido, aquele condenado pela prática de algum dos delitos previstos no Estatuto.
>
> De outro lado, soa como exagerada eventual negativa porque o pretendente tenha praticado algum delito ambiental de pequena monta ou mesmo um delito de menor gravidade, praticado há um tempo razoável.
>
> No mesmo sentido, o inciso VIII, que exige a negativa geral de distribuição cível.
>
> Ora, para o caso das certidões criminais, não foi feita alusão à necessidade de certidão negativa, o que ocorreu com relação às certidões cíveis. Trata-se mais de uma falha terminológica, de modo que, seguindo-se o mesmo raciocínio antes exposto, a verificação ocorrerá caso a caso.
>
> Veja-se, por exemplo, uma pessoa que, eventualmente, foi demandada para ressarcimentos de danos decorrentes de um pequeno acidente de veículo. Não há qualquer impeditivo que essa pessoa possa adotar. De outro lado, se esta pessoa tiver contra si ações de destituição de poder familiar, de curatela etc., comprova-se que de fato, não reúne condições para adotar.[9]

Como se vê, não se deve apontar terminantemente que o pretende que tiver antecedentes cíveis e criminais não terá seu pedido deferido. A exigência legal deve ser examinada com parcimônia.

Apresentada a documentação, os autos serão encaminhados ao Ministério Público para manifestação, no prazo de cinco dias (art. 197-B). O órgão ministerial poderá apresentar quesitos para serem respondidos pela equipe técnica, requerer designação de audiência, juntada de documentos ou quaisquer outras diligências.

Além do Ministério Público, a **equipe interprofissional** presta importante papel nesses procedimentos, uma vez que é a responsável pelo contato mais direto e próximo com os postulantes à adoção (art. 197-C). À equipe compete elaborar **estudos psicossociais** que vão orientar a decisão final do juiz para deferir a habilitação.

No curso do procedimento, os postulantes devem frequentar programas de orientação oferecidos pela Justiça da Infância e da Juventude, com estímulo

9. ROSSATO, Luciano Alves. LÉPORE, Paulo Eduardo. CUNHA, Rogério Sanches. op. cit., p. 457.

à adoção inter-racial, de crianças maiores ou adolescentes, com necessidades específicas de saúde ou deficiência ou grupos de irmãos (§ 1º).

A doutrina explica a razão de tal previsão legal:

> Sabe-se que a preferência pela adoção é de crianças recém-nascidas, de pele clara e que não tenham problemas de saúde. Tal fato constitui histórico impeditivo à adoção de milhares de crianças que não tem essas características, mantendo-as em abrigos (agora, programas de acolhimento institucional) até que completem os seus dezoito anos.
>
> De fato, é necessário criar uma cultura pela adoção. Não é possível que milhares de pessoas, desprovidas de recursos ou de maior sorte de terem famílias estruturadas, permaneçam aguardando por uma família.[10]

Ainda dentro da preparação dos postulantes, deve-se incluir no curso da preparação o seu contato com crianças e adolescentes em regime de acolhimento familiar ou institucional em condições de serem adotados (§ 2º).

Superadas as etapas de preparação dos postulantes e análise da equipe interprofissional e do Ministério Público, o juízo defere o pedido de habilitação, de modo que o postulante passa a fazer parte do cadastro daquela comarca.

A habilitação tem prazo de **validade de 3 anos** e deve ser renovada mediante nova avaliação da equipe interprofissional (art. 197-E, § 2º). Se o adotante candidatar-se a nova adoção, não há necessidade de formular novo procedimento de habilitação; basta nova avaliação da equipe interprofissional (art. 197-E, § 3º).

A convocação para a adoção é feita em ordem cronológica, ressalvadas as hipóteses do § 13 do artigo 50. Vale lembrar:

Hipóteses de adoção fora do cadastro	
Adoção unilateral	É a situação em que a pessoa adota a criança ou adolescente que já é filha de seu cônjuge ou companheiro (inciso I).
Parente	Se a criança ou adolescente já convive com membros de sua família natural, que a criam e educam, a adoção também pode ser deferida fora do contexto dos cadastros de postulantes – ressalvadas, é claro, as vedações à adoção por ascendentes e irmãos (inciso II).
Guarda legal ou tutela deferida anteriormente	A terceira hipótese em que o cadastro de postulantes à adoção não é obedecido se refere à situação em que a criança maior de 3 anos ou o adolescente já está sob guarda legal ou tutela. O guardião ou o tutor pode pleitear a adoção imediata sem passar pelo cadastro de postulantes (inciso III).

10. ROSSATO, Luciano Alves. LÉPORE, Paulo Eduardo. CUNHA, Rogério Sanches. op. cit., p. 458.

▸ **Como o assunto foi cobrado em concurso?**

(FGV – Analista Judiciário – Área Judiciária – TJ – RN/2023) Carola, alemã, descobre, aos 29 anos, que tem uma irmã no Brasil, Maria, de 15 anos, fruto do relacionamento de seu pai com uma potiguar.

Muda-se, então, para Mossoró, onde estabelece seu novo domicílio. Consegue a guarda de sua irmã, com quem convive por três anos e meio até que, tamanha a ligação fraternal e o benefício recíproco da relação, ajuíza o pedido de adoção, o que muito alegra Maria. Nesse caso, a adoção:

A) será considerada internacional, diante da nacionalidade da adotante;

B) não será possível, porque a adotante não é dezesseis anos mais velha do que a adotada, obstáculo intransponível;

C) não será possível, porque as partes são irmãs, obstáculo intransponível;

D) poderá ser levada a termo, mesmo que Carola não esteja inscrita no Cadastro Nacional de Adoção;

E) não será possível, porque Maria já conta mais de 18 anos na data do pedido, obstáculo instransponível.

Gabarito: letra D.

(FGV – Juiz de Direito – TJ – MS/2023) Jennifer, por intermédio de seu advogado, protocoliza petição perante a Vara da Infância e da Juventude, comunicando ao juízo que deseja realizar a entrega de seu filho em adoção à Andréa, tia materna da criança, que não é habilitada à adoção. A criança e a tia possuem fortes vínculos de afinidade e afetividade, além de convivência quase diária. O Ministério Público requer a realização de estudo social e psicológico. Considerando o disposto na Lei n° 8.069/1990 (ECA), é correto afirmar que a hipótese narrada:

A) consiste na entrega voluntária da criança em adoção para a sua tia materna, na forma prevista pelo Art. 19-A do ECA;

B) exige a prévia habilitação à adoção por parte da tia materna, caso haja interesse em perfilhar o seu sobrinho;

C) configura modalidade de adoção que encontra fundamento no Art. 50, §13, II, do ECA;

D) não encontra fundamento legal, na medida em que a entrega voluntária se destina à adoção por pessoa ou casal habilitado perante o Sistema Nacional de Adoção e Acolhimento (SNA);

E) torna obrigatório o encaminhamento da genitora à rede pública de saúde e de assistência social para atendimento especializado, independentemente da sua vontade.

Gabarito: letra C.

Ao ser convocada para adoção, a pessoa ou casal habilitado pode recusar a adoção, mas a recusa injustificada por 3 vezes de criança ou adolescente dentro do perfil pretendido leva à reavaliação da habilitação concedida (art. 197-E, § 4º).

Há duas hipóteses que autorizam a exclusão do cadastro de adotantes: (i) a desistência de quem já possui guarda para fins de adoção; (ii) a devolução do adotado depois de sentença transitada em julgado que concede a adoção. Nesses casos, o adotante é excluído do cadastro e se lhe veda a possibilidade de renovação da habilitação – ressalvada decisão judicial em contrário (art. 197-E, § 5º).

Por outro lado, em 2023, a desistência durante o estágio de convivência levou o STJ a concluir que não seria cabível sanção, diante das circunstâncias do caso: "Embora o fato de a criança ter recebido diagnóstico de doença grave e incurável possa ter contribuído para a desistência da adoção, haja vista que os candidatos a pais eram pessoas extremamente simples e sem condições financeiras, o fato de a genitora biológica ter contestado o processo de adoção e ter requerido, sucessivamente, que a criança lhe fosse devolvida ou que lhe fosse deferido o direito de visitação, não pode ser desprezado nesse processo decisório."[11]

O artigo 197-F estabelece que os procedimentos de habilitação de pretendentes à adoção devem ser concluídos **no prazo máximo de 120 dias, prorrogável** por igual período.

> **Como o assunto foi cobrado em concurso?**
>
> **(FGV – Juiz de Direito – TJ – ES/2023)** Mauro e Roberta são habilitados à adoção para o perfil de criança de até 7 anos. Decorrido um ano da prolação da decisão de habilitação, a equipe técnica da Vara da Infância e Juventude contata o casal para conhecer a criança em acolhimento, Gabriel, de 7 anos, cujos genitores estão destituídos do poder familiar por sentença transitada em julgado. Após período de aproximação com a criança, o casal propõe ação de adoção, obtendo a guarda provisória para fins de adoção de Gabriel. Decorridos seis meses do início do estágio de convivência, Mauro e Roberta entregam Gabriel na sala da equipe técnica da Vara da Infância e Juventude, manifestando a desistência em relação ao pedido de adoção, por entenderem que Gabriel é indisciplinado e agressivo com os parentes de Mauro. Mauro e Roberta afirmam que a sua decisão é definitiva e não têm interesse em serem atendidos pela equipe técnica da Vara da Infância e juventude.
>
> Considerando o disposto na Lei nº 8.069/1990 (ECA), a desistência da guarda provisória para fins de adoção de Gabriel importará na:
>
> A) necessidade de renovação da habilitação à adoção, com avaliação por psicólogo e assistente social da Vara da Infância e juventude;

11. REsp n. 1.842.749/MG, relatora Ministra Maria Isabel Gallotti, Quarta Turma, julgado em 24/10/2023, DJe de 3/11/2023.

B) mudança de posição do casal no Sistema Nacional de Adoção (SNA), passando ao último lugar do cadastro para o perfil escolhido;

C) exclusão dos cadastros de adoção e na vedação de renovação da habilitação, salvo decisão judicial fundamentada, sem prejuízo das demais sanções;

D) participação obrigatória dos postulantes nas reuniões de grupo de apoio à adoção habilitado pelo juízo, dispensada a realização de nova avaliação por equipe técnica;

E) perda da possibilidade de redefinição de perfil da criança a ser adotada, mantendo-se a posição no SNA e a habilitação válida.

Gabarito: letra: C.

7. APURAÇÃO DE IRREGULARIDADES EM ENTIDADE DE ATENDIMENTO

Os artigos 191 a 193 disciplinam o procedimento para apuração de irregularidades em entidades de atendimento governamentais e não governamentais.

A competência é da Justiça da Infância e da Juventude.

De acordo com o artigo 191 do Estatuto, a legitimidade para deflagração do procedimento de apuração é da própria autoridade judiciária, do Ministério Público ou do Conselho Tutelar (art. 191).

▸ **Como o assunto foi cobrado em concurso?**

(Cespe - Analista Judiciário - Comissário de Justiça da Infância e Juventude - TJ - ES/2023) Acerca da apuração de irregularidade em Entidade de Atendimento prevista no ECA, julgue o seguinte item.

O procedimento de apuração de irregularidades em entidade governamental e não governamental pode iniciar de ofício pelo juiz ou por representação do Ministério Público ou do Conselho Tutelar.

Gabarito: o item está certo.

Como estamos no âmbito de um processo, é preciso atender às garantias processuais constitucionais. E, nesse ponto, temos como plenamente aplicável o princípio da inércia do Poder Jurisdicional. Para manter sua imparcialidade, não pode o juízo iniciar um procedimento de apuração de irregularidades por meio de portaria, o qual posteriormente será objeto de julgamento pelo próprio juízo.

Portanto, entendemos que o artigo 191 é inconstitucional no ponto a que se refere ao início do procedimento por portaria da autoridade judiciária.[12] Se no curso de seus trabalhos, em análise de processos, o juízo toma conhecimento de

12. Em sentido semelhante, embora não se referindo especificamente à inconstitucionalidade: ISHIDA, Valter Kenji. op. cit., p. 431.

possível prática de crimes ou infrações, cabe-lhe remeter cópias ao Ministério Público, e não instaurar portarias. É o que prevê, por exemplo, o art. 40 do Código de Processo Penal: "*Quando, em autos ou papéis de que conhecerem, os juízes ou tribunais verificarem a existência de crime de ação pública, remeterão ao Ministério Público as cópias e os documentos necessários ao oferecimento da denúncia*".

Há posição doutrinária em sentido contrário. Para Rossato, Lépore e Cunha, é possível a instauração do procedimento por portaria da autoridade judiciária: "*Esse procedimento constitui exceção à regra de que a função jurisdicional deve ser necessariamente provocada. Nesse sentido, ele pode ser iniciado por ato da própria autoridade judiciária, que instaura portaria para apuração dos fatos.*"[13]

Realizada a citação na pessoa do dirigente da entidade, abre-se-lhe o prazo de 10 dias para sua manifestação (art. 192). Majoritariamente, entende-se em doutrina que a entidade pode apresentar sua defesa sem o patrocínio de advogado.[14] Ainda que se admita tal possibilidade, parece-nos que a presença do advogado é fundamental para o pleno exercício do direito à ampla defesa e ao contraditório.

Se houver motivo grave, o Judiciário pode determinar liminarmente o afastamento provisório do dirigente da entidade (art. 191, p.ú.).

Além disso, se a entidade passa por dificuldades financeiras, pode contar com o patrocínio da Defensoria Pública, cujas atribuições alcançam tanto pessoas físicas quanto jurídicas (LC 80/94, art. 4º, inc. V).

Se necessário, o juízo designa audiência de instrução e julgamento. Acerca da decisão final do processo, é importante notar que a autoridade judiciária pode fixar prazo para correção das irregularidades verificadas na entidade de atendimento, de modo que, satisfeitas as exigências, o processo é extinto sem resolução de mérito (art. 193, § 3º).

Como formas de penalidades, a **multa** e a **advertência** são aplicadas ao **dirigente da entidade** ou do programa de atendimento (art. 193, § 4º), e **não à entidade em si**.

> **▸ Como o assunto foi cobrado em concurso?**
>
> **(Cespe - Analista Judiciário - Comissário de Justiça da Infância e Juventude - TJ - ES/2023)** Acerca da apuração de irregularidade em Entidade de Atendimento prevista no ECA, julgue o seguinte item.
>
> A advertência é a única sanção que pode ser imposta a dirigentes de entidades de atendimento.
>
> *Gabarito: o item está errado.*

13. ROSSATO, Luciano Alves. LÉPORE, Paulo Eduardo. CUNHA, Rogério Sanches. op. cit., p. 449.
14. ROSSATO, Luciano Alves. LÉPORE, Paulo Eduardo. CUNHA, Rogério Sanches. op. cit., p.450.

8. APURAÇÃO DE INFRAÇÃO ADMINISTRATIVA ÀS NORMAS DE PROTEÇÃO À CRIANÇA E AO ADOLESCENTE

Esse procedimento está previsto nos arts. 194 a 197 do Estatuto.

Trata-se de processo voltado à verificação da ocorrência de infrações administrativas, previstas nos artigos 245 a 258-B.

A competência é da Justiça da Infância e da Juventude.

A legitimidade para deflagrar o procedimento é do Ministério Público, do Conselho Tutelar, através de representação, ou de servidor efetivo ou voluntário, mediante lavratura de auto de infração. Nesse caso, acertadamente não há previsão para que o magistrado inicie o procedimento. Se houvesse, a nosso ver seria inconstitucional.

A representação ou o auto de infração que dá início ao processo deve indicar especificamente a conduta praticada pelo requerido e a infração administrativa em que incorreu.

Os princípios da ampla defesa e do contraditório estão consagrados nos artigos 195 a 197. Naturalmente, se o suposto infrator não tiver condições de constituir advogado, poderá contar com o patrocínio da Defensoria Pública. Importante ter em mente que a aplicação da multa compete exclusivamente à autoridade judiciária.

9. INFILTRAÇÃO DE AGENTES DE POLÍCIA PARA INVESTIGAÇÃO DE CRIMES

A Lei n. 13.441/2017 inseriu uma nova seção no capítulo dos procedimentos regulados pelo Estatuto, cujo objetivo é disciplinar a atividade policial na persecução de crimes sexuais no ambiente virtual.

O artigo 190-A menciona a infiltração de agente da polícia na "internet", mas temos preferido a expressão ambiente virtual, para deixar claro que abrange não apenas a internet comumente conhecida (surface), mas também – e principalmente – a "deep web", que é o espaço virtual mais utilizado para prática de ilícitos. A utilização do agente infiltrado significa, em termos práticos, que o policial passa a acessar o ambiente virtual como um usuário, um potencial consumidor, um interessado em sites e fóruns sobre pornografia infantil, pedofilia, prostituição infantil etc.

O procedimento do Estatuto prevê a necessidade de autorização judicial. De fato, a autorização é absolutamente necessária como forma de tornar legal a conduta do agente policial infiltrado, pois algumas de suas condutas caracterizariam tipos penais que protegem a dignidade sexual de criança e adolescente. Vejam-se, por exemplo, algumas das condutas dos artigos 241-A e 241-B, que tratam de vídeos e fotos de crianças e adolescente em cenas de sexo explícito. Na condução da investigação, o agente possivelmente vai acessar o material pornográfico, receber imagens e vídeos, bem como armazená-las, como meio de prova posterior. Toda essa atividade pseudo-criminosa do agente policial deve estar amparada pela autorização judicial prévia, como se vê do artigo 190-A, inciso I.

Como forma de reforçar essa lógica, o artigo 190-C afirma que o policial que oculta sua identidade não pratica crime, mas pode vir a responder por eventuais excessos na investigação (parágrafo único). O dispositivo é de redação deficiente. A ausência de crime não está apenas na ocultação da identidade, mas também nas demais condutas que o policial pratica durante a investigação, como frisado acima.

Esse meio de investigação deve ser visto como a última fronteira da investigação. Como se vê do § 3º do artigo 190-A, não se defere a infiltração se a prova puder ser obtida por outros meios.

A **investigação** pode durar um total de **720 dias**, pouco menos de dois anos, mas as autorizações para a infiltração devem ser renovadas a cada 90 dias.

O § 1º do artigo 190-A possui um erro de redação. Há indicação de que a autoridade judicial e o MP podem requisitar relatórios parciais "antes do término do prazo de que trata o inciso II do § 1º deste artigo". Na verdade, a referência é ao inciso III do *caput*.

Como forma de garantir a efetividade da investigação - e também preservar a identidade de possíveis suspeitos que depois sejam considerados inocentes -, o procedimento que permite a infiltração deve ser autuado e tramitar de forma sigilosa (arts. 190-B e 190-D). Ao longo de seu prazo de duração, somente o juiz, o MP e o delegado responsável pela operação podem ter acesso aos autos (art. 190-B, p.ú.).

Ao fim da investigação, todos os atos praticados pela autoridade policial devem ser armazenados e encaminhados ao juiz e ao MP (art. 190-E) para posterior juntada ao inquérito e ao processo criminal. Entretanto, devem ser tomadas providências para que não seja revelada a identidade de policial infiltrado, bem como para preservar a intimidade das crianças e adolescentes envolvidos (art. 190-E, p.ú.).

Capítulo

XVII

Apuração de ato infracional

1. INTRODUÇÃO

Os artigos 171 a 190 estabelecem o procedimento a ser seguido quando um adolescente pratica ato infracional. São plenamente **aplicáveis** os princípios processuais constitucionais, como contraditório, ampla defesa, devido processo legal e duração razoável do processo. Inclusive, o próprio Estatuto elenca um rol de direitos individuais (arts. 106 a 109) e garantias processuais dos adolescentes que praticam atos infracionais (art. 110 e 111). É importante fazer a conjugação daqueles dispositivos com os desta seção.

2. APREENSÃO E ENCAMINHAMENTO

A apreensão de um adolescente pode ocorrer em duas situações: a ordem judicial e o flagrante de ato infracional (art. 106). É importante fazer a distinção entre ambas quanto ao encaminhamento a ser dado ao adolescente.

Quando a apreensão ocorre em virtude de **ordem judicial**, o adolescente deve ser apresentado à **autoridade judiciária** (art. 171). Na hipótese de **flagrante** de ato infracional, o encaminhamento do adolescente é à **autoridade policial** (art. 172).

Há divergência doutrinária acerca do encaminhamento que deve ser dado quando o ato infracional é praticado por criança. Para Rossato, Lépore e Cunha, a providência adequada é o seu encaminhamento ao Conselho Tutelar, pois não lhe são aplicáveis medidas socioeducativas, senão apenas medidas de proteção.[1]

Em sentido contrário, Ishida entende que o cometimento de ato infracional *"grave por criança deve ser acompanhado pela autoridade policial, já que os Conselhos Tutelares não são dotados de instrumentos nem são equipados visando fornecer segurança aos membros do Conselho. O Conselho Tutelar teria atribuição na hipóteses de delitos (sic) de menor gravidade."*[2]

Tipo de apreensão	Encaminhamento do adolescente
Cumprimento de ordem judicial	Autoridade judiciária (art. 171)
Flagrante de ato infracional	Autoridade policial (art. 172)

1. ROSSATO, Luciano Alves. LÉPORE, Paulo Eduardo. CUNHA, Rogério Sanches. op. cit., p.437.
2. ISHIDA, Valter Kenji. op. cit. p. 390.

3. PROVIDÊNCIAS NA AUTORIDADE POLICIAL EM CASO DE FLAGRANTE DE ATO INFRACIONAL

Como visto acima, quando o adolescente é apreendido em razão de flagrante de ato infracional, seu encaminhado é à autoridade policial. O passo seguinte depende do tipo de ato infracional cometido.

Em caso de ato infracional praticado mediante **violência ou grave ameaça** à pessoa, as providências são: lavratura de **auto de apreensão**, oitiva de testemunhas e do adolescente, apreensão dos produtos e instrumentos da infração e requisição de exames e perícias (art. 173, incisos I, II e III).

Se o ato infracional é praticado **sem violência ou grave ameaça**, pode-se optar pela simples elaboração de **boletim de ocorrência circunstanciado** (art. 173, p.ú.).

Ato infracional praticado	Providências
com violência ou grave ameaça à pessoa	lavratura de auto de apreensão, oitiva de testemunhas e do adolescente, apreensão dos produtos e instrumentos da infração e requisição de exames e perícias (art. 173, incisos I, II e III)
sem violência ou grave ameaça	boletim circunstanciado (art. 173, p.ú.)

4. MINISTÉRIO PÚBLICO

Na qualidade de titular da ação infracional, o Ministério Público tem função importantíssima e diversas atribuições no curso da apuração do ato infracional.

4.1. Encaminhamento

Após o flagrante e as providências tomadas pela autoridade policial, o adolescente precisa ser encaminhado ao Ministério Público, o que pode ser feito **(i)** por seus pais (ou responsável); **(ii)** pela própria autoridade policial; ou **(iii)** pela entidade de atendimento.

O encaminhamento do adolescente ao Ministério Público pelos pais é possível na forma do artigo 174:

> **Art. 174.** Comparecendo qualquer dos pais ou responsável, o adolescente será prontamente liberado pela autoridade policial, sob termo de compromisso e responsabilidade de sua apresentação ao representante do Ministério Público, no mesmo dia ou, sendo impossível, no primeiro dia útil imediato, exceto quando, pela gravidade do ato infracional e sua repercussão social, deva o adolescente permanecer sob internação para garantia de sua segurança pessoal ou manutenção da ordem pública.

A redação não é das mais claras. Para que o adolescente seja liberado pela autoridade policial para retornar ao seu lar e posteriormente comparecer ao Ministério Público com seus pais, é preciso que:

(i) o ato infracional não seja grave, nem gere grande repercussão social; e

(ii) sua liberação não seja risco para sua própria segurança ou para manutenção da ordem pública.

Portanto, se o ato infracional for grave ou de grande repercussão social ou, ainda, se a segurança do adolescente ou a manutenção da ordem pública estiverem em risco, a internação provisória pode ser mantida – o adolescente não retornará para casa com seus pais ou responsável. Nesse caso, é a própria autoridade policial que o encaminha imediatamente para o Ministério Público (art. 175).

Por fim, se não for possível a apresentação imediata do adolescente ao Ministério Público, a autoridade policial deve encaminhá-lo à entidade de atendimento que, por sua vez, será a responsável pela apresentação do adolescente ao *parquet*, no prazo de 24 horas (art. 175, § 1º).

É **direito** do adolescente **não ser conduzido** ou transportado **em compartimento fechado de veículo** policial (art. 178), pois se trata de pessoa ainda em formação, cuja integridade física e mental deve ser preservada, sendo-lhe destinado tratamento diferente do dado ao maior preso.

4.2. Formação da convicção do Ministério Público

O adolescente é sempre apresentado ao representante do Ministério Público, seja através de seus pais ou responsável, seja pela autoridade policial ou, ainda, pela entidade de atendimento. O promotor de justiça deve ouvir informalmente o adolescente, bem como, se possível, seus pais ou responsável, vítima e testemunhas (art. 179). O objetivo dessas entrevistas é dar elementos ao Ministério Público para formar sua convicção acerca do ato infracional, suas circunstâncias e desdobramentos.

Confira-se o ensinamento de Rossato, Lépore e Cunha a esse respeito:

> A oitiva informal, determinada pelo artigo 179, consiste em oportunidade em que o promotor de justiça ouvirá o adolescente e, sendo possível, de seus pais ou responsável, bem como vítimas e testemunhas.
>
> Trata-se de importante oportunidade em que o Ministério Público poderá colher elementos que embasarão a tomada de uma das providências indicadas pelo art. 180, do Estatuto.
>
> Em certas ocasiões, a oitiva das vítimas e testemunhas pelo Ministério Público é importantíssima, notadamente em atos infracionais equiparados

> a delitos sexuais, para ter-se conhecimento das circunstâncias em que ele foi praticado, bem como de eventual dolo.[3]
>
> Além disso, o membro do Ministério Público se vale também dos dados apresentados pela autoridade policial, como o boletim de ocorrência e o relatório policial.

Embora importante para formação da convicção do órgão ministerial, a oitiva informal do adolescente não é imprescindível para o oferecimento da representação. Isso significa que a falta dessa audiência não gera nulidade do processo, conforme já consolidou o Superior Tribunal de Justiça.[4]

Outra questão importante diz respeito à presença do advogado ou defensor público na **oitiva informal do adolescente**. O questionamento que chegou aos tribunais foi se a **ausência de defesa técnica** nessa oportunidade geraria nulidade do processo posteriormente ajuizado. A resposta da jurisprudência do STJ é negativa, ou seja, **não há nulidade**.[5] Confira-se:

Diversa é a situação quando o Ministério Público pretende a aplicação de remissão cumulada com medida socioeducativa. Nesse caso, a defesa técnica é imprescindível.

4.3. Possíveis medidas do Ministério Público

De posse dos dados enviados pela autoridade policial e das entrevistas realizadas, o Ministério Público formará sua convicção acerca do ato infracional e poderá adotar **três posturas** (art. 180): **(i)** promover o **arquivamento** dos autos, **(ii)** conceder **remissão** e **(iii)** oferecer **representação** à autoridade judiciária para aplicação de medida socioeducativa.

Possíveis medidas do Ministério Público
– Arquivamento – Remissão – Representação

4.3.1. Arquivamento X Remissão

É importante diferenciar as situações que possibilitam o arquivamento daquelas que levam à concessão de remissão.

O Ministério Público promove o **arquivamento** do inquérito policial (ou boletim circunstanciado) quando concluir que:

3. ROSSATO, Luciano Alves. LÉPORE, Paulo Eduardo. CUNHA, Rogério Sanches. op. cit., p. 437.
4. AgRg no HC 244.399/SP, Rel. Min. Marco Aurélio Bellizze, 5ª Turma, 2012, DJe 04/12/2012.
5. HC 349.147/RJ, Rel. Min. Reynaldo Soares da Fonseca, 5ª Turma, julgado em 01/06/2017, DJe 08/06/2017.

(i) não ocorreu ato infracional;

(ii) o fato não caracteriza ato infracional; ou

(iii) o adolescente não praticou o ato infracional.

Alguns exemplos podem elucidar a matéria. Digamos que a polícia receba uma notícia-crime de prática de furto em uma residência com participação de um adolescente. Instaurado o inquérito e realizadas diligências sobre o caso, a autoridade policial faz suas apurações. A partir disso, podem ser verificados os seguintes desdobramentos:

1. a conclusão é de que a denúncia era falsa, não houve furto na residência

   ⟶ o MP promove o arquivamento, porque não ocorreu ato infracional/crime;

2. a conclusão é de que a pessoa vista deixando a casa com diversos objetos era um morador que estava de mudança

   ⟶ o MP promove o arquivamento, porque o fato não caracteriza ato infracional/crime; e

3. a conclusão é que houve furto, mas o menor contra quem foi instaurado o boletim de ocorrência não teve participação no ato e estava apenas passando pelo local na hora do crime (como se diz: *estava no local errado na hora errada*)

   ⟶ o MP promove o arquivamento em relação ao adolescente.

Hipóteses de arquivamento
- Não ocorrência de ato infracional - Não caracterização da conduta como ato infracional - Ausência de participação do adolescente no ato infracional

A **remissão** já segue uma lógica distinta, pois o passo inicial é a efetiva constatação de que foi praticado um ato infracional por adolescente, mas, diante das circunstâncias, o MP **opta por não instaurar um processo**. Os elementos que influenciam a formação do juízo do Ministério Público nesse caso são: as circunstâncias do fato, a personalidade do adolescente, seu contexto sociofamiliar e sua participação no ato.

A distinção entre arquivamento e remissão está fundamentalmente na convicção pessoal do representante do Ministério Público sobre o ato. No **arquivamento**, a conclusão do promotor é a de que **não há elementos para instaurar processo** de apuração de ato infracional em face do adolescente – seja por não ter ocorrido o fato, seja pelo fato não caracterizar conduta infracional, seja não ter havido participação alguma do adolescente. Já na **remissão**, o Ministério Público conclui que **houve a prática de ato infracional** praticado pelo adolescente e pode propor ação para aplicação de medida socioeducativa, **mas opta pelo perdão**.

Em ambos os casos – arquivamento e remissão –, o Ministério Público deve fundamentar seu pedido e encaminhá-lo à autoridade judiciária para homologação. Se o Juízo não se convencer das razões do Ministério Público, deve remeter os autos ao Procurador-Geral de Justiça para sua análise. O PGJ pode oferecer representação, designar outro membro do Ministério Público para apresentá-la ou insistir no arquivamento ou na remissão – no último caso, a autoridade judiciária é obrigada a homologar (art. 181, § 2º).

> **Como o assunto foi cobrado em concurso?**
>
> **(Magistratura – TJ-PR – 2022 – FGV)** Jefferson, adolescente de 16 anos, é apreendido em flagrante pela prática de ato infracional análogo aos crimes de furto e de dano. A Polícia Militar conduz o adolescente até a delegacia, para a lavratura do registro de ocorrência. Ato contínuo, Jefferson é apresentado ao Ministério Público, que realiza a oitiva informal do adolescente e de seus responsáveis legais, com a participação de advogado. O membro do Ministério Público promove o arquivamento dos autos, submetendo-os à autoridade judicial para a homologação. O magistrado não concorda com a promoção de arquivamento e remete os autos ao procurador-geral de justiça (PGJ). Considerando o disposto na Lei nº 8.069/1990, é correto afirmar que o PGJ:
>
> A) poderá homologar diretamente o arquivamento, pois o Ministério Público é o órgão titular da ação para a imposição de medida socioeducativa;
>
> B) não possui atribuição para a análise da promoção de arquivamento, devendo o magistrado designar outro promotor de justiça para oferecimento de representação;
>
> C) poderá ratificar a promoção de arquivamento, hipótese em que se tornará obrigatória a homologação pela autoridade judiciária;
>
> D) não possui atribuição para a análise da promoção de arquivamento, que deverá ser submetida, em reexame necessário, ao Tribunal de Justiça;
>
> E) poderá conceder, no exercício da atribuição originária, a remissão ao adolescente, como forma de suspensão do processo.
>
> *Gabarito: letra C.*

4.3.2. Representação para aplicação de medida socioeducativa

Superadas as hipóteses de arquivamento e remissão, resta ao representante do Ministério Público a propositura da representação para aplicação de medida socioeducativa.

A representação é a peça inicial para instauração de processo judicial em face do adolescente. Equivale à denúncia no processo criminal, razão por que deve conter o resumo dos fatos, a classificação do ato infracional e rol de testemunhas, se necessário (art. 182, § 1º). Se o adolescente tiver sido apreendido em flagrante, o Ministério Público pode pedir que sua internação seja mantida; se estiver solto, é possível pedir a decretação de sua apreensão provisória.

Somente o Ministério Público possui legitimidade para a propositura da ação socioeducativa contra o adolescente - não há hipótese de ação privada nesse caso.

4.3.3. Prova pré-constituída

O parágrafo segundo do artigo 182 do Estatuto prevê que a representação independe de prova pré-constituída da autoria e materialidade. **Não é bem assim**. O dispositivo deve ser interpretado com atenção. Já afirmamos anteriormente que a autoridade policial encaminha elementos de prova para possibilitar ao representante do Ministério Público a formação de sua convicção acerca do ato infracional (tal qual a *opinio delicti* no processo criminal). Diante dos dados apresentados, o promotor forma sua opinião pessoal e adota a postura adequada: arquivamento, remissão ou oferecimento de representação.

Se oferece a representação, é porque chegou à conclusão de que houve a prática de ato infracional por adolescente e não é possível a concessão de remissão. Portanto, a representação vem embasada nos elementos de convicção de que dispôs o Ministério Público. Logicamente, ao longo do processo, serão colhidas provas (testemunhais, periciais e documentais) necessárias para que o Juízo possa impor medida socioeducativa ao adolescente. Afirmar, porém, que "*a representação independe de prova pré-constituída de autoria e materialidade*" (redação do art. 182, § 2º) é equivocado.

Além disso, a interpretação meramente literal se choca com outros dispositivos do próprio Estatuto da Criança e do Adolescente, como o art. 184, onde se prevê que a autoridade judiciária, tão logo oferecida a representação, deve decidir sobre a decretação ou manutenção da internação. Para tomar essa decisão, o Estatuto estabelece também que a autoridade judiciária deve se fundar em indícios suficientes de autoria e materialidade (art. 108, p.ú.).

Ao analisar a questão pelo ponto de vista das garantias processuais constitucionais, a conclusão também é a de que o art. 182, § 2º deve ser visto com ressalvas. Estabelecer pura e simplesmente que a representação pode ser oferecida independentemente de prova pré-constituída de autoria e materialidade viola o princípio do devido processo legal (CRFB, art. 5º, LIV; Estatuto, art. 110), na medida em que o adolescente tem contra si instaurado um processo, que pode inclusive levar à privação de sua liberdade, sem o mínimo suporte probatório, de forma absolutamente temerária. O princípio constitucional da ampla defesa (art. 5º, LV) também fica arranhado, pois o adolescente e seu defensor não têm como montar uma estratégia de defesa sem saber, minimamente, que elementos probatórios dão suporte à convicção do representante do Ministério Público. Trata-se, portanto, a nosso ver, de regra **inconstitucional**.

A Constituição garante, através do princípio da inafastabilidade do controle jurisdicional (art. 5º, XXXV), que o Judiciário aprecie qualquer lesão ou ameaça de lesão a direito. Uma representação ofertada de forma temerária, sem o mínimo suporte probatório, viola o devido processo legal e a ampla defesa, bem como ameaça o direito de liberdade do adolescente, razão por que é possível se valer do *Habeas Corpus* para trancar a ação.

Portanto, a partir da uma visão sistemática e teleológica, é possível dar uma interpretação mais adequada ao art. 182, § 2º do Estatuto da Criança e do Adolescente. A representação oferecida pelo Ministério Público não precisa conter, desde pronto, todos os elementos de prova que servirão para embasar a imposição de uma medida socioeducativa pela autoridade judiciária. Ao longo do processo, sob o crivo do contraditório, serão produzidas provas bastantes para possibilitar a procedência do pedido da representação. No entanto, para oferecer a representação, é preciso ter minimamente indícios de autoria e materialidade.

Esse entendimento encontra amparo em posições doutrinárias que defendem a necessidade de mínimos elementos probatórios, como se verifica em Valter Kenji Ishida:

> No procedimento de apuração de ato infracional, a petição inicial representada pela representação não exige prova pré-constituída (art. 182, § 2º). Essa regra se aproxima do processo civil. Neste, não é necessário que haja indícios de autoria (não é preciso de prova pré-constituída), mas no processo penal há necessidade para atingir o *status libertatis* da chamada fumaça do bom direito, daí a justificativa do próprio inquérito policial.
>
> Daí que se pode afirmar que a falta de "justa causa" passível de retificação pelo *habeas corpus* (art. 648, I, CPP) não encontra amparo no que concerne ao recebimento da representação na ação socioeducativa. Nota-se contudo que o procedimento menorista, que sempre se caracterizou por ser mais ágil que o processual penal, vem ganhando gradativamente maiores contornos garantistas, visando à apuração regular do ato infracional. Dessa forma, é indispensável que o Promotor de Justiça tenha minimamente prova da autoria e da materialidade, sob pena de se admitir a responsabilidade objetiva.[6]

Por fim, vale o alerta de que o presente raciocínio vai contra a previsão legal do Estatuto. Em provas objetivas, que se atêm à letra da lei, o candidato deve considerar válida a regra escrita.

4.3.4. *Representação da vítima para propositura da demanda – desnecessidade*

Na esfera criminal, um requisito importante de procedibilidade da ação penal é a representação da vítima, ou seja, é sua manifestação de que deseja

6. ISHIDA, Valter Kenji. op. cit., p. 406.

ver aquela conduta apurada, processada e punida. O requisito da representação é exigido em alguns crimes.

No âmbito da **apuração de atos infracionais**, a representação da vítima **não é exigida**. Esse é o entendimento consolidado do Superior Tribunal de Justiça a respeito da matéria.[7]

5. PRAZO DE CONCLUSÃO DO PROCEDIMENTO

O artigo 183 estabelece o **prazo máximo de 45 dias** para conclusão do procedimento de apuração do ato infracional quando o adolescente estiver internado provisoriamente. Esse dispositivo está em consonância com o artigo 108. Esgotado tal prazo, o adolescente deve ser posto imediatamente em liberdade.

A violação desse prazo dá ensejo à impetração de *habeas corpus* em favor do adolescente.

6. CITAÇÃO E DESIGNAÇÃO DE AUDIÊNCIA DE APRESENTAÇÃO

Oferecida a representação, o juízo profere o despacho liminar positivo. Mais do um simples "cite-se", esta fase processual demanda uma decisão, pois o magistrado verifica se a petição inicial da ação socioeducativa está em seus devidos termos, designa audiência de apresentação e, importantíssimo, delibera sobre a manutenção ou a decretação da internação provisória do adolescente (art. 184).

O adolescente deve ser citado para compor o polo passivo da relação jurídica processual e intimado da data da audiência, bem como seus pais ou responsável (art. 184, § 1º). Para realizar a defesa, o adolescente e seus pais devem contratar um advogado ou buscar auxílio na Defensoria Pública – no mais das vezes, esta é a via adotada, já que as famílias são de baixa renda.

É importante destacar que a citação do adolescente deve ser prévia à realização da audiência de apresentação, ou seja, o adolescente não pode ser citado apenas por ocasião de seu comparecimento à audiência. A cientificação prévia é direito inapelável do adolescente, sob pena de violação do devido processo legal e do direito à ampla defesa. Há posição expressa do STJ a esse respeito.[8]

6.1. Providências para realização da audiência de apresentação

O adolescente e seus pais ou responsáveis devem comparecer à audiência de apresentação, oportunidade em que serão ouvidos.

---

7. HC 160.292/MG, Rel. Min. Jorge Mussi, 5ª Turma, DJe 02/06/2011.
8. HC 147.069/MG, Rel. Min. Jorge Mussi, 5ª Turma, DJe 16/11/2010.

O Estatuto estipula nos parágrafos do artigo 184 como se dá a apresentação do adolescente à audiência. Se o adolescente em liberdade **não é encontrado** para ser citado, o juízo expede **mandado de busca e apreensão** e determina o sobrestamento do processo até sua efetiva apresentação (art. 184, § 3º). O mandado de busca e apreensão tem validade de 6 meses, mas pode ser renovado, desde que devidamente fundamentado por decisão da autoridade judicial (Lei do Sinase, art. 47).

A citação por edital e por hora certa não estão previstas no Estatuto e, diante do regramento específico existente, não são aplicáveis.

Quando o **adolescente** está **internado**, sua apresentação é **requisitada à entidade de atendimento**, que o transporta ao fórum, e seus pais são intimados da data da audiência (art. 184, § 4º). Vale destacar que o adolescente não pode ser transportado em compartimento fechado de veículo policial (art. 178).

Quando o adolescente em liberdade é **citado** e intimado, mas **não comparece** à audiência injustificadamente, a autoridade judiciária deve determinar sua **condução coercitiva** (art. 187). Não são cabíveis nesse caso a expedição de mandado de busca e apreensão, nem o sobrestamento do feito.

Por fim, **presente o adolescente** (por ter sido conduzido pelo Estado ou por ter comparecido sozinho) e **ausentes os pais ou responsável**, a audiência é realizada, sendo **designado curador** especial ao adolescente (art. 184, § 2º).

A respeito do comparecimento dos pais à audiência, o Superior Tribunal de Justiça tem entendido que não há nulidade processual se a notificação não for enviada aos pais ou responsável, mas houver a nomeação de curador especial.[9]

O quadro abaixo resume o tópico:

Situação	Consequência
Adolescente em liberdade não é encontrado para citação	Expedição de **mandado de busca e apreensão** e sobrestamento do feito
Adolescente internado	Sua **apresentação** é **requisitada** à entidade de atendimento
Adolescente é citado, mas não comparece	Condução coercitiva
Pais ou responsável não encontrados ou não comparecem	Designação de curador especial para acompanhar o adolescente na audiência

9. HC 260.793/MG, Rel. Min. Sebastião Reis Júnior, 6ª Turma, DJe 14/11/2013.

▸ **Como o assunto foi cobrado em concurso?**

(Magistratura – TJ-GP – 2021 – FCC – adaptada) A autoridade judiciária tem expressa permissão legal para determinar a busca e apreensão

(A) de adolescente que se ausenta da audiência de apresentação no procedimento de apuração de ato infracional por não ter sido localizado e notificado para fins de comparecimento.

Gabarito: o item está certo.

6.2. Audiência de apresentação

A audiência de apresentação consagra o início da fase instrutória do processo. É a oportunidade em que o adolescente é ouvido pelo magistrado sobre os fatos narrados na representação. Mais do que um meio de prova, a audiência de apresentação do adolescente tem natureza jurídica de defesa. **Ao ser ouvido** pela autoridade judiciária, **o adolescente exerce sua autodefesa**.

Como o Estatuto não disciplina a forma para realização da oitiva do adolescente, é necessário buscar guarida no Código de Processo Penal, que disciplina o interrogatório do acusado nos artigos 185 a 196. Assim, tem-se que a autoridade judiciária perguntará sobre a pessoa do adolescente, sua residência, meio de vida, relacionamento sociofamiliar, bem como sobre a atribuição infracional contida na representação, as provas já produzidas etc. (CPP, art. 187, §§ 1º e 2º).

Antes da audiência, é direito do adolescente **reunir-se reservadamente** com seu advogado ou defensor público (CPP, 185, § 2º) e, diante das perguntas, o adolescente tem o **direito de permanecer calado**, sem que isso signifique confissão ou possa ser interpretado em prejuízo de sua defesa (CPP, art. 186, *caput* e parágrafo único). O direito de permanecer em silêncio, inclusive, é garantido constitucionalmente (CRFB, art. 5º, inciso LXIII).

Após as perguntas do juízo, o promotor de justiça e o defensor público (ou advogado particular) podem fazer perguntas também (CPP, art. 188).

Todos esses dispositivos do Código de Processo Penal que tratam da dinâmica do interrogatório são aplicáveis à audiência de apresentação do adolescente a quem se atribui a prática de ato infracional. Havia uma dúvida quanto ao momento em que se dá a oitiva do adolescente. Pelo Estatuto, o adolescente é ouvido no início do procedimento; no processo penal, o réu é ouvido após a oitiva das testemunhas. No entender o STJ, a sistemática do CPP não se aplica do Estatuto.[10]

---

10. AgRg no AREsp 1689954/GO, Rel. Min. Joel Ilan Paciornik, 5ª Turma, julgado em 04/08/2020.

No entanto, em 2022, o STF concedeu a ordem em *habeas corpus* para determinar que a oitiva do adolescente deve ser realizada ao final, como último ato da instrução.[11] Por essa razão, o STJ modificou seu entendimento.

Em 2024, vê-se que essa prática está assentada no STJ:

> 1. O Supremo Tribunal Federal tem aplicado ao procedimento especial de apuração de ato infracional a orientação firmada no HC 127.900/AM, sob o fundamento de que o art. 400 do Código de Processo Penal possibilita ao representado exercer de modo mais eficaz a sua defesa e, por essa razão, em uma aplicação sistemática do direito, tal dispositivo legal deve suplantar o estatuído no art. 184 da Lei n. 8.069/1990 (AgRg no HC n. 772.228/SC, relatora Ministra Laurita Vaz, Sexta Turma, julgado em 28/2/2023, DJe de 9/3/2023).
>
> 2. Diante disso, a Terceira Seção desta Corte novamente debruçou-se sobre o tema e firmou entendimento no sentido de que como não é possível se defender de algo que não se sabe, o interrogatório deve ser realizado nos moldes do art. 400 do CPP, como último ato instrutório, de forma que o menor de 18 anos deve ser ouvido após a instrução probatória, pois não pode receber tratamento mais gravoso do que aquele conferido ao adulto. Tal entendimento, porém, não afasta o dever da defesa de apontar, em momento processual oportuno, quando o prejuízo à parte é indentificável por mero raciocínio jurídico, por inobservância do direito à autodefesa. Como enfatizado no referido precedente, a alegação de cerceamento do direito, como mera estratégia de invalidação da sentença, muito tempo depois de finalizada a relação processual, revela comportamento contraditório (HC n. 769.197/RJ, relator Ministro Rogerio Schietti Cruz, Terceira Seção, julgado em 14/6/2023, DJe de 21/6/2023).
>
> 3. No caso concreto, já na sentença ficou consignado que a parte suscitou a apontada nulidade, sob o argumento de que houve a inversão dos atos instrutórios, já que o adolescente foi ouvido antes da instrução processual. Assim, a tese não foi alcançada pela preclusão e o prejuízo à autodefesa está caracterizado.
>
> 4. Agravo regimental a que se nega provimento.
>
> (AgRg no HC n. 871.221/SC, relator Ministro Reynaldo Soares da Fonseca, Quinta Turma, julgado em 6/2/2024, DJe de 14/2/2024.)

Além da oitiva do adolescente, a audiência de apresentação é também a oportunidade para a **oitiva dos pais** ou responsável (Estatuto, art. 186), cujo objetivo é compreender o contexto sociofamiliar do adolescente. É possível, ainda, a determinação de elaboração de estudos e pareceres sociais ou psicológicos por profissionais especializados.

Através da verificação ampla e profunda da situação do adolescente, a autoridade judiciária pode avaliar a possibilidade de concessão da remissão como forma de suspensão ou extinção do processo (art. 186, § 1º).

---

11. HC n. 212.693/PR, rel. Min. Ricardo Lewandowski, decisão monocrática de 05/04/2022.

Por fim, o STJ entende que a presença do adolescente é obrigatória na audiência de apresentação (embora possa ficar em silêncio), mas não o é nas demais audiências. Assim, não há que se falar em condução coercitiva do adolescente que não deseja participar do ato processual.[12]

Em 2024, o STJ examinou um caso em que o magistrado teve conversa informal com o adolescente sem a presença de advogado no corredor do fórum. A Corte considerou que a hipótese gera nulidade absoluta por quebra da imparcialidade. Confira-se:

INFORMATIVO 830/2024
Destaque Verificada a atuação extra autos do magistrado que influencia no depoimento do acusado, não se pode cogitar da validade do ato, nem sequer a pretexto de ausência de prejuízo, visto que a quebra de imparcialidade do juiz gera nulidade absoluta. **Informações do Inteiro Teor** O Superior Tribunal de Justiça tem se manifestado acerca da relevância e do caráter fundamental das garantias inerentes ao devido processo legal, cuja envergadura vem impressa, de maneira indelével, no art. 5º, LIV, da Constituição Federal, que assegura que "ninguém será privado da liberdade ou de seus bens sem o devido processo legal". Dentro do conjunto de garantias conferido aos litigantes, "o processo penal, além de instrumento de legitimação do poder punitivo estatal e de proteção dos bens jurídicos mais caros à sociedade, ao fixar arquétipos normativos rígidos, constitui significativo meio de limitação do arbítrio estatal e de salvaguarda dos direitos fundamentais dos investigados, acusados e réus." (STF, RE 1.301.250-RJ, relatora Ministra Rosa Weber). No caso, o Tribunal de origem entendeu não ter havido nulidade pelo motivo de o magistrado responsável pela instrução realizar oitivas informais dos acusados acerca dos fatos antes da audiência em continuação. Contudo, tal entendimento vai de encontro ao que vem sendo decidido por esta Corte Superior. Acerca da confissão informal, mutatis mutandis, vale lembrar que recentemente a Terceira Seção do STJ firmou a seguinte tese: "11.1: A confissão extrajudicial somente será admissível no processo judicial se feita formalmente e de maneira documentada, dentro de um estabelecimento estatal público e oficial. Tais garantias não podem ser renunciadas pelo interrogado e, se alguma delas não for cumprida, a prova será inadmissível. A inadmissibilidade permanece mesmo que a acusação tente introduzir a confissão extrajudicial no processo por outros meios de prova (como, por exemplo, o testemunho do policial que a colheu)..." (AREsp 2.123.334-MG, Ministro Ribeiro Dantas, Terceira Seção, DJe 2/7/2024).

12. AgRg no REsp 1886148/MG, Rel. Min. Reynaldo Soares da Fonseca, 5ª Turma, julgado em 15/09/2020.

> Ou seja, se a confissão informal já merece profundo escrutínio quando suscitada em fase extrajudicial e para acusado maior de idade, com maior razão há de se acautelar em garantia do devido processo legal quando tais diálogos informais são travados pelo magistrado que preside o ato e com menor acusado de ato infracional.
>
> Na situação em análise, apurado que o magistrado responsável por presidir a audiência em continuação, onde as provas judiciais orais seriam colhidas sob contraditório, atuou de maneira direta e fora da solenidade, "no corredor" das dependências do fórum, tendo mencionado tal fato a pretexto de influenciar no depoimento da parte já durante a audiência, observa-se flagrante descumprimento dos deveres de prudência, imparcialidade e transparência, a indicar a nulidade do ato.
>
> Portanto, verificada a atuação extra autos do magistrado que influenciou no depoimento do adolescente infrator, não se pode cogitar da validade do ato, nem sequer a pretexto de ausência de prejuízo, uma vez que o entendimento pacífico do STJ é no sentido de que quebra de imparcialidade do magistrado é causa de nulidade absoluta.

6.3. Defesa prévia

Após a realização da audiência de apresentação, abre-se prazo de 3 dias para a Defesa apresentar defesa prévia e seu rol de testemunhas (art. 186, § 3º).

6.4. Audiência em continuação

É a segunda audiência realizada no processo de apuração do ato infracional (art. 186, §4º), oportunidade em que são ouvidas as testemunhas do Ministério Público e da Defesa, apresenta-se **relatório da equipe interprofissional** do Juizado e cumprem-se diligências imprescindíveis.

A produção de provas na audiência em continuação – ou através de laudo pericial ou outras provas documentais – é imprescindível para permitir a aplicação de qualquer medida socioeducativa. A **falta de provas** importa na prolação de **sentença de improcedência** do pedido contido na representação do Ministério Público.

A esse respeito, há súmula do Superior Tribunal de Justiça:

> **Súmula 342.** No procedimento para aplicação de medida socioeducativa, é nula a desistência de outras provas em face da confissão do adolescente.

Após as partes se manifestarem oralmente, a autoridade judiciária profere sentença. É possível a substituição da manifestação oral por razões escritas.

Questão discutida nos tribunais diz a respeito da ausência de elaboração do laudo técnico. De acordo com o § 4º do artigo 186, o laudo da equipe interprofissional deve ser juntado por ocasião da audiência em continuação.

A dúvida é se o laudo é elemento probatório essencial e indispensável ao processo de apuração do ato infracional. O Supremo Tribunal Federal se manifestou sobre a questão e entendeu que a ausência do laudo não gera nulidade da sentença proferida.[13] De igual modo, o juiz não está vinculado ao contido no laudo, que lhe serve como mais um elemento probatório, ao lado dos demais.[14]

Esse entendimento foi reiterado em 2024:

> 1. A jurisprudência do Superior Tribunal de Justiça está pacificada no sentido de que o magistrado, "em razão do princípio do livre convencimento motivado, não está adstrito aos laudos elaborados pelas equipes de avaliação psicossocial, mesmo aqueles que sugerem a extinção da medida ou a progressão para medida socioeducativa mais branda, considerando que os aludidos relatórios consubstanciam apenas um dos elementos de convicção, sem caráter vinculante" (HC n. 351.942/SP, relator Ministro Jorge Mussi, Quinta Turma, julgado em 14/2/2017, DJe 21/2/2017).
>
> 2. Agravo regimental desprovido.
>
> (AgRg no HC n. 839.890/AL, relator Ministro Antonio Saldanha Palheiro, Sexta Turma, julgado em 4/3/2024, DJe de 7/3/2024.)

> **IMPORTANTE**
>
> No procedimento para aplicação de medida socioeducativa, é nula a desistência de outras provas em face da confissão do adolescente (súm. 342 STJ).

7. SENTENÇA

A sentença é o momento chave do processo de conhecimento, é o ato através do qual o magistrado julga a pretensão deduzida na inicial. É na sentença que o juiz determina se o fato narrado constitui ato infracional, se foi praticado pelo adolescente e quais medidas (de proteção e socioeducativas) lhe devem ser impostas.

O artigo 189 descreve as hipóteses em que o pedido do Ministério Público para aplicação de medida socioeducativa será julgado **improcedente**, a saber:

(i) inexistência do fato;

(ii) falta de prova da existência do fato;

(iii) não caracterização de que o fato constitui ato infracional; e

(iv) falta de prova da participação do adolescente no ato infracional.

13. HC 107473, Relatora Min. Rosa Weber, 1ª Turma, DJe 13.03.2013.
14. HC 111045, Relatora Min. Cármen Lúcia, 2ª Turma, DJe 27.02.2013.

Vale notar a aplicação do brocardo *in dubio pro reo* nos incisos II e IV do artigo 189. Diante da falta de provas, o pedido de imposição de medida socioeducativa deve ser julgado improcedente, o adolescente é absolvido.

Naturalmente, se o adolescente estiver internado provisoriamente, deve ser posto em liberdade (art. 189, p.ú.).

Hipóteses de improcedência (art. 189)
– inexistência do fato – falta de prova da existência do fato – não caracterização do fato como ato infracional – falta de prova de o adolescente ter cometido o ato infracional

Além das hipóteses previstas no Estatuto, a jurisprudência do Superior Tribunal de Justiça chancelou a aplicação da escusa absolutória do artigo 181, II do Código Penal para os processos de apuração de ato infracional. O dispositivo da lei penal prevê que é isento de pena quem comete o crime patrimonial contra cônjuge, ascendentes ou descendentes.[15]

Proferida a sentença, é necessário intimar as partes de seu conteúdo. A matéria está regulada pelo artigo 190, cuja redação é a seguinte:

> **Art. 190.** A intimação da sentença que aplicar medida de internação ou regime de semiliberdade será feita:
>
> I – ao adolescente e ao seu defensor;
>
> II – quando não for encontrado o adolescente, a seus pais ou responsável, sem prejuízo do defensor.
>
> § 1º Sendo outra a medida aplicada, a intimação far-se-á unicamente na pessoa do defensor.
>
> § 2º Recaindo a intimação na pessoa do adolescente, deverá este manifestar se deseja ou não recorrer da sentença.

É importante notar a diferença de tratamento dado pelo Estatuto em relação ao tipo de medida imposta. Em caso de **medidas mais graves**, como internação e semiliberdade, a **intimação** é feita tanto **ao adolescente**, quanto **ao seu defensor** – não encontrado o adolescente, intimam-se os pais ou responsável.

Para as **demais medidas** socioeducativas, o Estatuto entende suficiente a **intimação do defensor**.

Por fim, quando intimado, o adolescente deverá manifestar-se sobre seu eventual desejo de recorrer da sentença. Se o adolescente manifestar desejo de recorrer, é dever do defensor apresentar o recurso.

15. HC 251.681/PR, Rel. Min. Sebastião Reis Júnior, 6ª Turma, DJe 24/10/2013.

E quando o defensor já recorreu, mas o adolescente manifesta resignação e prefere não interpor recurso, prevalece sua vontade, desde que seja proferida com a assistência de seu defensor. Há súmula do Supremo Tribunal Federal sobre o tema:

> **Súmula 705.** A renúncia do réu ao direito de apelação, manifestada sem a assistência do defensor, não impede o conhecimento da apelação por este interposta.

O raciocínio constante da súmula tem plena aplicação aos procedimentos de apuração de ato infracional. O que se busca garantir é a tomada de decisão consciente acerca da renúncia ao direito de apelação.

7.1. Vedação de internação é diferente de absolvição

A Lei do Sinase (Lei n. 12.594/2012) possui dispositivo que trata da cumulação de ações e de medidas socioeducativas (art. 45). Especificamente o § 2º prevê o seguinte: "*É vedado à autoridade judiciária aplicar nova medida de internação, por atos infracionais praticados anteriormente, a adolescente que já tenha concluído cumprimento de medida socioeducativa dessa natureza, ou que tenha sido transferido para cumprimento de medida menos rigorosa, sendo tais atos absorvidos por aqueles aos quais se impôs a medida socioeducativa extrema.*"

O STJ identificou situações em que o juízo de primeiro grau estava extinguindo ações socioeducativas quando o adolescente já havia cumprido internação anterior. No entender do STJ, a conduta está errada, pois o § 2º do art. 45 não é causa de absolvição, como no art. 189 do Estatuto; tampouco é causa de extinção do processo sem resolução de mérito. O processo deve seguir regularmente até o fim, sem prejuízo da vedação a internação.[16]

8. TERMOS JURÍDICOS PRÓPRIOS DO ESTATUTO

Leis penais	Estatuto da Criança e do Adolescente
Crime e contravenção	**Ato infracional**
Flagrante delito	Flagrante de ato infracional
Mandado de prisão	Mandado de busca e apreensão
Maior preso	Adolescente apreendido
Prisão provisória	**Internação provisória**
Imputação de crime	Atribuição de ato infracional
Pena	**Medida socioeducativa**
Denúncia	Representação

16. AgRg no AREsp 1271240/ES, Rel. Min. Maria Thereza de Assis Moura, 6ª Turma, julgado em 08/05/2018, DJe 16/05/2018.

Leis penais	Estatuto da Criança e do Adolescente
Réu	**Representado**
Interrogatório	**Audiência de apresentação**
Sumário de acusação e de defesa	Audiência em continuação

Capítulo

XVIII

Recursos

1. INTRODUÇÃO

O Capítulo IV, do Título VI, do Estatuto é dedicado à sistemática recursal. A disciplina do Estatuto sobre o assunto é bastante curta, apenas dois artigos, prevendo-se expressamente a **aplicação do Código de Processo Civil** (art. 198).

Nas palavras de José Carlos Barbosa Moreira, o conceito de recurso é o seguinte: "[...] *pode-se conceituar recurso, no direito processual civil brasileiro, como o remédio voluntário idôneo a ensejar, dentro do mesmo processo, a reforma, a invalidação, o esclarecimento ou a integração de decisão judicial que se impugna.*"[1]

No âmbito recursal, ainda que se trate de processo de apuração de ato infracional, não é aplicável o Código de Processo Penal.

2. PREPARO

O preparo é o pagamento de custas para processamento do recurso. No novo Código de Processo Civil (art. 1.007), o preparo deve ser comprovado no ato de interposição do recurso, bem como o porte de remessa e retorno quando necessário, sob pena de deserção. O preparo é dispensado, quando o recurso for interposto por Ministério Público, União, Distrito Federal, Estados, Municípios, e suas respectivas autarquias (art. 1.007, § 1º). Embora não mencionado nesse dispositivo, a Defensoria Pública também está dispensada de preparo para interposição de seus recursos. Por fim, os embargos de declaração são expressamente dispensados do recolhimento do preparo (art. 1.023).

Já no Estatuto, há disposição que **dispensa o recolhimento de preparo** para interposição de quaisquer recursos (art. 198, I). Essa previsão está em consonância com a diretriz do Estatuto da Criança e do Adolescente, que prevê a gratuidade de custas e emolumentos em todas as ações judiciais da competência da Justiça da Infância e Juventude, ressalvada a hipótese de litigância de má-fé (art. 141, § 2º).

É preciso destacar, porém, hipótese de procedimento regulado pelo Estatuto que não recebe o benefício da gratuidade. Trata-se dos procedimentos de obtenção de alvará e de lavratura de auto de infração, conforme entendimento do Superior Tribunal de Justiça.[2]

1. BARBOSA MOREIRA, José Carlos. *Comentários ao Código de Processo Civil*, Vol. V. 12ª Edição. Rio de Janeiro: Forense, 2005, p. 233.
2. REsp 701969/ES, Rel. Min. Eliana Calmon, 2ª Turma, DJ 22/03/2006.

▸ **Como esse assunto foi cobrado em concurso?**

(Magistratura – TJ-SP – 2021 – Vunesp – adaptada) Tratando-se de recursos apresentados contra decisões proferidas em processos que digam respeito à proteção dos direitos das crianças e dos adolescentes, é correto afirmar que

A) é dispensado o preparo.

Gabarito: o item está certo.

3. PRAZOS

O artigo 198, inciso II determina que o **prazo** de interposição de todos os recursos é de **10 (dez) dias**, exceto os embargos de declaração.

Nesse ponto, o Estatuto traz uma regra específica que se diferencia do **novo CPC**, que unificou os prazos em **15 dias** (art. 1.003, § 5º).

Quanto aos **embargos de declaração**, o prazo é de **5 (cinco) dias**, segundo determina o art. 1.003, § 5º do novo Código de Processo Civil.

Esse **prazo recursal de 10 dias do Estatuto** é aplicável para os procedimentos previstos no Estatuto, notadamente nos artigos 152 a 197. Esse entendimento está consolidado no STJ.[3]

Em outras ações, ainda que se tutelem direitos infantojuvenis, aplicam-se os prazos que lhe forem próprios – como, por exemplo, ação civil pública proposta pelo Ministério Público para tutelar direitos previstos no Estatuto. O prazo de apelação é de 15 dias, conforme regramento ordinário do CPC.

Confira-se julgado de 2024 em que o STJ trata do tema:

> 1. É intempestivo o recurso especial interposto após o prazo de 10 dias, nos termos do art. 198, II, c/c o art. 152, § 2º, do Estatuto da Criança e do Adolescente.
>
> 2. Nos procedimentos regulados pelo Estatuto da Criança e do Adolescente, adotar-se-á o sistema recursal do Código de Processo Civil, com as adaptações da lei especial (art. 198 do ECA). Consoante o texto expresso da lei especial, em todos os recursos, salvo os embargos de declaração, o prazo será decenal (art. 198, II, do ECA) e a sua contagem ocorrerá de forma corrida (art. 152, § 2º, do ECA).
>
> 3. Agravo regimental não provido.
>
> (AgRg no AREsp n. 2.220.684/PR, relator Ministro Otávio de Almeida Toledo (Desembargador Convocado do Tjsp), Sexta Turma, julgado em 2/9/2024, DJe de 4/9/2024.)

3 AgInt no AREsp 1420909/MS, Rel. Min. Antonio Carlos Ferreira, 4ª Turma, julgado em 29/06/2020.

Vale destacar que o regramento atual estabeleceu para MP, Defensoria Pública e advocacia pública o tratamento uniforme de intimação pessoal e contagem em dobro de prazos, conforme artigos 179 e 180, 183, *caput* e § 1º, e 186, *caput* e § 1º, do CPC.

Por fim, o CPC estabelece a contagem dos prazos processuais tão somente os **dias úteis** (art. 219).

Entretanto, conforme prevê o § 2º do artigo 152, os prazos no Estatuto são contados em dias corridos e não há contagem de prazo em dobro para Fazenda Pública e Ministério Público. Como dito anteriormente, o dispositivo não exclui a prerrogativa da Defensoria Pública, de modo que não se pode fazer interpretação extensiva que reduza prerrogativas da carreira.

Esse entendimento foi acolhido pelo STJ em 2024:

> 1- Ação proposta em 17/04/2023. Recurso especial interposto em 08/01/2024 e atribuído à Relatora em 08/05/2024.
>
> 2- Os propósitos recursais consistem em definir se se aplica o prazo em dobro a que faz jus a Defensoria Pública aos procedimentos especiais regidos pelo Estatuto da Criança e do Adolescente ? ECA ?
>
> e se, na hipótese sob julgamento, houve indução da parte em erro pelo cômputo de prazo distinto no sistema processual eletrônico.
>
> 3- Dado que, aos procedimentos especiais regidos pelo ECA, o Código de Processo Civil apenas pode ser aplicado subsidiariamente, poder-se-ia supor que a Defensoria Pública não possuiria prazo em dobro para recorrer, uma vez que, nessa hipótese, seria aplicável a lei especial no lugar da lei geral.
>
> 4- A vedação ao cômputo do prazo em dobro prevista no art. 152, § 2º, do ECA, que fora incluída pela Lei nº 13.509/2017, diz respeito expressamente apenas à Fazenda Pública e ao Ministério Público, mas não à Defensoria Pública, tratando-se de consciente escolha do legislador em manter a prerrogativa da contagem do prazo em dobro à Defensoria Pública.
>
> 5- A diferença de tratamento da Defensoria Pública em relação à Fazenda Pública e ao Ministério Público, quanto ao ponto, está assentada em, pelo menos, três razões: (i) o grande volume de trabalho da Defensoria Pública; (ii) a histórica deficiência estrutural do serviço jurídico-assistencial público; e (iii) o princípio da indeclinabilidade das causas.
>
> 6- Não se conhece do recurso especial, quanto à alegada indução em erro originada do sistema eletrônico processual do Tribunal, em virtude da ausência de pré-questionamento. Aplicabilidade da Súmula 211/STJ.
>
> 7- Recurso especial parcialmente conhecido e, nessa extensão, provido, para afastar a intempestividade da apelação interposta pelo recorrente e determinar a devolução do processo para o Tribunal de Justiça do Paraná para que prossiga em seu julgamento como entender de direito.
>
> (REsp n. 2.138.845/PR, relatora Ministra Nancy Andrighi, Terceira Turma, julgado em 27/8/2024, DJe de 29/8/2024.)

> **IMPORTANTE**
>
> Nos procedimentos regrados pelo Estatuto, os prazos são contados em dias corridos e não há prazo em dobro para Ministério Público e Fazenda Pública.

> **Como esse assunto foi cobrado em concurso?**
>
> **(Magistratura – TJ-SP – 2021 – Vunesp – adaptada)** Tratando-se de recursos apresentados contra decisões proferidas em processos que digam respeito à proteção dos direitos das crianças e dos adolescentes, é correto afirmar que
>
> C) o prazo recursal será contado em dias úteis.
>
> D) o prazo recursal será de 15 dias, exceto para embargos de declaração
>
> *Gabarito: os dois itens estão errados.*

Por fim, vale observar que o prazo de 10 dias vale também para os recursos especial e extraordinário.[4]

4. TRAMITAÇÃO PRIORITÁRIA DOS RECURSOS

Em razão da relevância das causas tratadas pelo Estatuto da Criança e do Adolescente, o artigo 199-C determina o **processamento prioritário**, com **imediata distribuição, sem** a necessidade de **revisor** (art. 198, III) e com a colocação do processo para **julgamento em mesa** no **prazo máximo** de **60 dias** (art. 199-D).

Além disso, o Ministério Público não recebe os autos para elaboração de parecer escrito, sendo apenas intimado da data do julgamento, oportunidade em que poderá apresentar parecer oral (art. 199-D, p.ú.).

No novo Código de Processo Civil, **já não existe a figura do revisor**, pelo que cabe ao relator elaborar voto e restituir os autos à secretaria (art. 931) para que o presidente possa designar dia para julgamento (art. 934). Nesse contexto, a regra do artigo 198, III do Estatuto deixa de ser um procedimento diferenciado.

Em relação ao julgamento em mesa, há um regramento distinto no novo CPC, que manteve a sistemática ordinária de que os processos devem ser pautados para julgamento com sua publicação no órgão oficial (art. 934). Diante da existência de regras distintas, parece-nos que a solução da antinomia passa pela aplicação do **princípio da especialidade**, a indicar a aplicação da regra do Estatuto.

---

4. AgInt no AREsp 1120686/MG, Rel. Min. Lázaro Guimarães (Des. Convocado do TRF-5), 4ª Turma, julgado em 07/08/2018.

Essa também nos parece a interpretação a ser dada quanto à dispensa do encaminhamento dos autos ao Ministério Público. O CPC **não inovou** na matéria, pois continua a prever a necessidade de intimação pessoal e vista dos autos (art. 179 e 180). Trata-se de um regime jurídico existente desde o CPC-1973 e contido também na legislação de regência da carreira (Lei n. 8.625/1993, art. 41, IV). Em outras palavras, a prerrogativa de vista dos autos ao MP é afastada pelo Estatuto (art. 199-D, p.ú.), seja à luz do novo CPC ou do direito positivo anterior.

Por fim, mantemos a crítica que já fazíamos sobre essa disciplina do Estatuto para o processamento dos recursos. A celeridade é uma imposição legal e importante, pois a morosidade do Judiciário pode prejudicar a tutela dos direitos infantojuvenis. Não se pode, porém, a título de buscar incessantemente a celeridade, tornar o procedimento recursal uma *correria desenfreada*. Assim, a nosso ver, não é adequada a previsão de que o recurso possa ser levado para julgamento em mesa, nem que o Ministério Público possa apresentar seu parecer oralmente. As partes envolvidas têm o direito de ser devidamente intimadas da data de julgamento do recurso, para que possam apresentar memoriais e preparar sustentação oral. A inclusão em pauta e a elaboração de parecer escrito do Ministério Público são medidas adequadas a um processo justo, pois, conquanto levem a um prolongamento da marcha recursal, oferecem aos julgadores mais elementos de convicção para seus debates e formação de seu convencimento.

> **▸ Como esse assunto foi cobrado em concurso?**
>
> **(Magistratura – TJ-SP – 2021 – Vunesp – adaptada)** Tratando-se de recursos apresentados contra decisões proferidas em processos que digam respeito à proteção dos direitos das crianças e dos adolescentes, é correto afirmar que
>
> B) deverá ser observada a ordem cronológica de conclusão para julgamento, prevista no Código de Processo Civil.
>
> *Gabarito: o item está errado.*

5. APELAÇÃO

A apelação é regida pelo Código de Processo Civil nos artigos 1.009 a 1.014, mas há particularidades a destacar em relação à sistemática do Estatuto.

5.1. Juízo de retratação

O Estatuto traz previsão específica sobre a possibilidade de **juízo de retratação** pelo magistrado de primeiro grau, no momento da interposição da apelação. Prevê o inciso VII do artigo 198 que a autoridade judiciária, **diante da interposição da apelação**, pode reformar sua própria decisão ao invés de determinar a remessa dos autos ao Tribunal de Justiça.

Se houver a retratação e a outra parte não concordar, não há necessidade de interposição de novo recurso; basta que a parte interessada ou o Ministério Público requeira a remessa dos autos ao Tribunal de Justiça (art. 198, VIII).

Vale destacar que o juízo de retratação pode ser aplicado inclusive para o agravamento da medida socioeducativa imposta ao adolescente. O STJ analisou a matéria em 2023, tendo concluído não haver violação do princípio da não surpresa.[5]

5.2. Efeitos

No que tange aos **efeitos** em que a apelação é recebida, é preciso examinar a questão com atenção. Em sua redação original, o Estatuto previa o recebimento do recurso apenas no efeito devolutivo, sendo o recebimento no efeito suspensivo somente em caso de adoção estrangeira ou a juízo do magistrado em caso de perigo de dano irreparável ou de difícil reparação (art. 198, inciso VI).

Esse dispositivo foi revogado pela Lei nº 12.010/2009, sendo inseridos os artigos 199-A e 199-B para regular especificamente a adoção e a destituição do poder familiar, cuja redação é a seguinte:

> **Art. 199-A.** A sentença que deferir a adoção produz efeito desde logo, embora sujeita a apelação, que será recebida exclusivamente no efeito devolutivo, salvo se se tratar de adoção internacional ou se houver perigo de dano irreparável ou de difícil reparação ao adotando.
>
> **Art. 199-B.** A sentença que destituir ambos ou qualquer dos genitores do poder familiar fica sujeita a apelação, que deverá ser recebida apenas no efeito devolutivo.

Em caso de **adoção**, a sentença produz **efeitos desde logo**. Vale destacar que, em razão do advento do artigo 199-A, foi revogada tacitamente a primeira parte do § 7º do artigo 47: "*A adoção produz seus efeitos a partir do trânsito em julgado da sentença constitutiva, exceto na hipótese prevista no § 6º do art. 42 desta Lei, caso em que terá força retroativa à data do óbito.*"

A sentença tem **efeitos retroativos** em relação à **adoção póstuma**, e efeitos *ex nunc* em relação aos demais casos. Na **adoção internacional** e em caso de dano irreparável ou de difícil reparação, a apelação é recebida com **efeito suspensivo**.

Por sua vez, em caso de **destituição do poder familiar**, a apelação será recebida **apenas no efeito devolutivo**.

---

5. AgRg no HC n. 844.154/ES, relatora Ministra Laurita Vaz, Sexta Turma, julgado em 9/10/2023, DJe de 16/10/2023.

O Estatuto não conta com dispositivo para regrar as demais hipóteses. Logo, por previsão expressa do próprio Estatuto (art. 198), deve-se buscar a aplicação do Código de Processo Civil, cujo artigo 1.012 prevê o recebimento dos recursos no **efeito suspensivo como regra geral**. Assim, atualmente vigora o recebimento da apelação nos efeitos suspensivo e devolutivo.

A questão é mais sensível no que tange à prática de **ato infracional**, pois envolve o direito de liberdade do adolescente.

Em 2016, a matéria foi analisada pela 3ª Seção do STJ, com o objetivo de pacificar a discussão acerca dos efeitos da apelação contra sentença que impõe a medida de internação, "tendo-se decidido que **condicionar, de forma peremptória, o cumprimento da medida socioeducativa ao trânsito em julgado da sentença que acolhe a representação – apenas porque não se encontrava o adolescente já segregado anteriormente à sentença – constitui verdadeiro obstáculo ao escopo ressocializador da intervenção estatal, além de permitir que o adolescente permaneça em situação de risco, exposto aos mesmos fatores que o levaram à prática infracional**".[6]

É importante reparar que o julgado da 3ª Seção, que objetiva consolidar o entendimento do STJ a respeito da matéria, utilizou uma linha argumentativa diversa da que vinha sendo aplicada para manutenção da internação. Aqui, expressamente se rechaçou a ideia de antecipação dos efeitos da tutela – instituto tipicamente processual – para observar a matéria a partir do **princípio da intervenção precoce**, tema afeto especificamente ao direito infantojuvenil.

Como se vê, a Corte dá um **tratamento mais rigoroso** à sentença de internação de adolescente, a partir de uma interpretação sistemática do Estatuto. A nosso sentir, porém, tal interpretação não é consentânea com o regime de aplicação dos recursos a partir do Código de Processo Civil, que incide no caso.

Em relação às demais medidas, havia julgados que exigiam trânsito em julgado para medidas socioeducativas menos gravosas. Essa posição, porém, parece ter sido alterada. Atualmente, é possível identificar acórdãos que impõem o cumprimento da medida antes mesmo do trânsito.[7]

Esse entendimento foi reiterado em 2024:

> 1. "A partir do julgamento do HC n. 346.380/SP, a Terceira Seção do Superior Tribunal de Justiça passou a adotar o entendimento de que a não concessão de efeito suspensivo à apelação interposta contra sentença que aplica medida socioeducativa não viola o direito fundamental de presunção de não culpabilidade" (AgRg no HC n. 722.607/SC, relator Ministro Olindo

6. HC 346.380/SP, Rel. Min. Maria Thereza de Assis Moura, Rel. p/ Acórdão Min. Rogério Schietti Cruz, 3ª Seção, julgado em 13/04/2016.
7. HC 456.664/SC, Rel. Min. Nefi Cordeiro, 6ª Turma, julgado em 23/10/2018.

> Menezes (Desembargador Convocado do TRF 1ª Região), Sexta Turma, julgado em 5/4/2022, DJe de 8/4/2022).
>
> 2. Agravo regimental desprovido.
>
> (AgRg no HC n. 813.977/PE, relator Ministro Antonio Saldanha Palheiro, Sexta Turma, julgado em 4/3/2024, DJe de 7/3/2024.)

O entendimento deve ser criticado. Primeiro, porque não encontra respaldo no direito positivo. Como demonstrado acima, o legislador definiu que o sistema recursal do Estatuto tem o CPC como base, de modo que a apelação é dotada de efeito suspensivo. Além disso, na prática, a demora no julgamento de apelações levará com muita frequência ao cumprimento integral da medida socioeducativa em casos que posteriormente se pode obter a absolvição do adolescente. Haverá, assim, possivelmente adolescentes absolvidos em grau recursal cuja medida já tenha sido cumprida em sua integralidade.

▸ Como o assunto foi cobrado em concurso?

(Defensor Público – DP-MT – 2022 – FCC) Jaime, hoje com 18 anos, responde em liberdade a um procedimento para apuração de ato infracional equiparado a roubo, supostamente praticado quando tinha 17 anos. Não tem antecedentes infracionais. Ao final, o juiz aplica-lhe medida socioeducativa de internação. É correto afirmar que,

A) se Jaime for preso por crime praticado após o alcance da maioridade, deverá a autoridade judiciária, conforme previsão legal, decidir pela extinção da execução da medida de internação.

B) segundo entendimento do STJ, por inexistir previsão expressa em lei, a Jaime não era possível impor medida socioeducativa em meio aberto.

C) tendo em vista o alcance da maioridade penal e a inexistência de antecedentes, não há previsão legal que autorize a aplicação de medida socioeducativa de internação a Jaime.

D) de acordo com entendimento hoje predominante do STJ, mesmo que Jaime, que não ficou internado provisoriamente, recorra da decisão, é adequado o cumprimento imediato da medida socioeducativa de internação.

E) segundo expressa previsão legal, a intimação da sentença deverá ser feita a Jaime, ao seu defensor e a seus pais, sendo o primeiro consultado sobre seu interesse em dela recorrer.

Gabarito: letra D.

5.3. Cabimento contra portarias e alvarás

O Estatuto prevê expressamente que a apelação é o recurso cabível contra as decisões proferidas em procedimentos de concessão de portarias e alvarás para disciplinar a entrada, permanência e participação de crianças e adolescentes em eventos (art. 199).

5.4. Ampliação do colegiado (CPC, art. 942) e vedação da *reformatio in pejus*

O CPC dá tratamento específico aos julgamentos de apelação por maioria de votos. Por força do art. 942 do CPC, há ampliação do quórum de julgamento para tomada de novos votos. A redação é a seguinte:

> **Art. 942.** Quando o resultado da apelação for não unânime, o julgamento terá prosseguimento em sessão a ser designada com a presença de outros julgadores, que serão convocados nos termos previamente definidos no regimento interno, em número suficiente para garantir a possibilidade de inversão do resultado inicial, assegurado às partes e a eventuais terceiros o direito de sustentar oralmente suas razões perante os novos julgadores.

Esse procedimento é aplicável também às apelações oriundas do Estatuto, conforme entendimento do STJ.[8]

Vale destacar, porém, que o entendimento da 6ª Turma é ligeiramente diferente. Este órgão fracionário considera inaplicável o art. 942 do CPC quando a maioria de votos já é favorável ao adolescente. Nesse caso, a Corte entendeu que a ampliação do colegiado poderia gerar *reformatio in pejus*.[9]

8. AgRg no REsp 1673215/RJ, Rel. Min. Reynaldo Soares da Fonseca, 5ª Turma, julgado em 17/05/2018.
9. REsp 1694248/RJ, Rel. Min. Maria Thereza de Assis Moura, 6ª Turma, julgado em 03/05/2018.

Capítulo XIX

Ministério Público, Advocacia e Tutela de Direitos

1. MINISTÉRIO PÚBLICO

1.1. Introdução

O Ministério Público teve seus contornos bem definidos na Constituição da República de 1988. A Instituição está disciplinada nos artigos 127 a 130-A da Carta Maior.

A atuação no âmbito da Justiça da Infância e da Juventude está regulada pelos artigos 200 a 205 do Estatuto. Além disso, o Ministério Público está regulado por sua Lei Orgânica, Lei nº 8.625/1993.

1.2. Rol de atribuições

O artigo 201 apresenta um elenco de atribuições do Ministério Público. O rol, embora extenso, **não é exaustivo**.

Confira-se o quadro abaixo:

Rol de atribuições do Ministério Público (art. 201)
I – conceder a remissão como forma de exclusão do processo; II – promover e acompanhar os procedimentos relativos às infrações atribuídas a adolescentes; III – promover e acompanhar as ações de alimentos e os procedimentos de suspensão e destituição do poder familiar, nomeação e remoção de tutores, curadores e guardiães, bem como oficiar em todos os demais procedimentos da competência da Justiça da Infância e da Juventude; IV – promover, de ofício ou por solicitação dos interessados, a especialização e a inscrição de hipoteca legal e a prestação de contas dos tutores, curadores e quaisquer administradores de bens de crianças e adolescentes nas hipóteses do art. 98; V – promover o inquérito civil e a ação civil pública para a proteção dos interesses individuais, difusos ou coletivos relativos à infância e à adolescência, inclusive os definidos no art. 220, § 3º inciso II, da Constituição Federal; VI – instaurar procedimentos administrativos e, para instruí-los: a) expedir notificações para colher depoimentos ou esclarecimentos e, em caso de não comparecimento injustificado, requisitar condução coercitiva, inclusive pela polícia civil ou militar;

Rol de atribuições do Ministério Público (art. 201)
b) requisitar informações, exames, perícias e documentos de autoridades municipais, estaduais e federais, da administração direta ou indireta, bem como promover inspeções e diligências investigatórias; c) requisitar informações e documentos a particulares e instituições privadas; VII – instaurar sindicâncias, requisitar diligências investigatórias e determinar a instauração de inquérito policial, para apuração de ilícitos ou infrações às normas de proteção à infância e à juventude; VIII – zelar pelo efetivo respeito aos direitos e garantias legais assegurados às crianças e adolescentes, promovendo as medidas judiciais e extrajudiciais cabíveis; IX – impetrar mandado de segurança, de injunção e habeas corpus, em qualquer juízo, instância ou tribunal, na defesa dos interesses sociais e individuais indisponíveis afetos à criança e ao adolescente; X – representar ao juízo visando à aplicação de penalidade por infrações cometidas contra as normas de proteção à infância e à juventude, sem prejuízo da promoção da responsabilidade civil e penal do infrator, quando cabível; XI – inspecionar as entidades públicas e particulares de atendimento e os programas de que trata esta Lei, adotando de pronto as medidas administrativas ou judiciais necessárias à remoção de irregularidades porventura verificadas; XII – requisitar força policial, bem como a colaboração dos serviços médicos, hospitalares, educacionais e de assistência social, públicos ou privados, para o desempenho de suas atribuições. XIII – intervir, quando não for parte, nas causas cíveis e criminais decorrentes de violência doméstica e familiar contra a criança e o adolescente.

▸ Como o assunto foi cobrado em concurso?

(Promotor de Justiça – MP-SC – 2021 – Cespe) Acerca da atuação do Ministério Público nos procedimentos que envolvam a proteção de criança e adolescente, julgue os itens seguintes.

O membro do Ministério Público com competência em matéria de infância e juventude de natureza não infracional detém a atribuição de inspeção pessoal dos serviços de acolhimento institucional e dos programas de acolhimento familiar sob sua alçada.

Gabarito: o item está certo.

Uma importante atribuição do Ministério Público é a concessão de remissão extraprocessual, prevista no inciso I do artigo 201. Nesse caso, a concessão da remissão tem como objetivo impedir a instauração da ação socioeducativa – a **remissão** é forma de **exclusão do processo**. Vale lembrar que, após a instauração do processo, cabe à autoridade judiciária conceder a remissão, como forma de suspensão ou extinção.

Em doutrina, Rossato, Lépore e Cunha explicam a distinção:

> [...] existem dois tipos de remissão: a *pré-processual* ou *ministerial*; e a *processual* ou *judicial*. A remissão *pré-processual* ou *ministerial* é aquela ofertada pelo Ministério Público antes do início da atividade jurisdicional e que importa na exclusão do processo de conhecimento, devendo somente ser homologada judicialmente. Já a *remissão processual* é aquele que se dá na hipótese em que o procedimento já foi iniciado, com oferecimento de representação, e que poderá extinguir ou suspender o processo, independe do consentimento do Ministério Público, muito embora deva o *parquet* ser ouvido antes de sua concessão, sob pena de nulidade. Portanto, se vê que o Ministério Público tem participação em ambas as espécies de remissão, em uma como proponente, e em outra como fiscal (*custos legis*).[1]

Além disso, o Ministério Público é o responsável pela instauração de inquérito civil e pela propositura de ação civil pública para tutela de direitos infantojuvenis (art. 201, inc. V), sejam interesses individuais, difusos ou coletivos. O Ministério Público é reconhecido como guardião dos direitos indisponíveis. Por isso, embora mais comumente a defesa do direito individual esteja mais ligada à Defensoria Pública, o Estatuto prevê expressamente a atuação do MP; por sua vez, a jurisprudência do STJ chancela plenamente a atuação do órgão ministerial.[2]

A Corte Superior tem se manifestado recorrentemente sobre a tutela de direitos individuais de crianças e adolescentes pelo Ministério Público. A partir da premissa de que esses são indisponíveis, a Corte Superior tem chancelado a atuação do órgão ministerial. Hoje a matéria está sumulada:

> **Súmula n. 594.** O Ministério Público tem legitimidade ativa para ajuizar ação de alimentos em proveito de criança ou adolescente independentemente do exercício do poder familiar dos pais, ou do fato de o menor se encontrar nas situações de risco descritas no art. 98 do Estatuto da Criança e do Adolescente, ou de quaisquer outros questionamentos acerca da existência ou eficiência da Defensoria Pública na comarca.

O Superior Tribunal de Justiça apresenta aqui um entendimento bastante elástico sobre o papel do Ministério Público, sobrepondo competências inclusive em relação à Defensoria Pública.

1.3. Atuação do Ministério Público na Justiça da Infância e Juventude

Os processos que tramitam na Justiça da Infância e da Juventude têm **participação obrigatória** do Ministério Público. Sua atuação pode-se dar de duas formas, como parte ou como *custos legis*.

A atuação como parte se verifica, por exemplo, na propositura da ação socioeducativa e, também, na ação de destituição do poder familiar. Quando não figurar no polo ativo da demanda, o Ministério Público tem atuação como

---

1. ROSSATO, Luciano Alves. LÉPORE, Paulo Eduardo. CUNHA, Rogério Sanches. op. cit., p. 472.
2. REsp 440502/SP, Rel. Min. Herman Benjamin, 2ª Turma, DJe 24/09/2010.

fiscal da lei (art. 202). Nesse caso, o MP terá vista dos autos e pode juntar documentos para promover melhor produção probatórias, bem como requerer diligências e interpor recursos.

A falta de participação do órgão ministerial acarreta **nulidade absoluta** do processo, declarável de ofício (art. 204).

1.4. Prerrogativa

Como forma de bem desempenhar suas atribuições, goza da prerrogativa da **intimação pessoal**, prevista no artigo 203 do Estatuto (e no CPC, art. 179, I).

Já a contagem em dobro de prazos processuais foi afastada dos procedimentos infantojuvenis (art. 152, § 2º).

2. ADVOCACIA

O advogado é considerado, pela Constituição da República, como *"indispensável à administração da justiça"* (art. 133). O advogado é o instrumento de garantia de nosso regime democrático e republicano. Trata-se do profissional que detém o conhecimento técnico apto a garantir e fazer valer os direitos dos cidadãos. No Estatuto da Criança e do Adolescente, está previsto nos artigos 206 e 207, nos seguintes termos:

> **Art. 206.** A criança ou o adolescente, seus pais ou responsável, e qualquer pessoa que tenha legítimo interesse na solução da lide poderão intervir nos procedimentos de que trata esta Lei, através de advogado, o qual será intimado para todos os atos, pessoalmente ou por publicação oficial, respeitado o segredo de justiça.
>
> Parágrafo único. Será prestada assistência judiciária integral e gratuita àqueles que dela necessitarem.
>
> **Art. 207.** Nenhum adolescente a quem se atribua a prática de ato infracional, ainda que ausente ou foragido, será processado sem defensor.
>
> § 1º Se o adolescente não tiver defensor, ser-lhe-á nomeado pelo juiz, ressalvado o direito de, a todo tempo, constituir outro de sua preferência.
>
> § 2º A ausência do defensor não determinará o adiamento de nenhum ato do processo, devendo o juiz nomear substituto, ainda que provisoriamente, ou para o só efeito do ato.
>
> § 3º Será dispensada a outorga de mandato, quando se tratar de defensor nomeado ou, sido constituído, tiver sido indicado por ocasião de ato formal com a presença da autoridade judiciária.

Esses dispositivos trazem importantes características da atuação do advogado na Justiça da Infância e da Juventude e representam profundo avanço nas conquistas dos direitos infantojuvenis. É que o regramento anterior deixava muito a desejar no ponto que tratava da defesa técnica por advogado.

É o que nos ensina Galdino Augusto Coelho Bordallo:

> O Estatuto da Criança e do Adolescente quebrou com o terrível sistema existente no revogado Código de Menores, adequando-se aos regramentos internacionais, tratando a criança e o adolescente como sujeitos de direitos e obrigações e não como pessoas inferiores, como era a visão da legislação anterior.
>
> Como não nos cansamos de enfatizar, o Código de Menores de 1977 era uma lei autoritária que não garantia plenamente os direitos das crianças e adolescentes que encontravam-se sob sua égide. Não previa as garantias processuais formais, pois, apesar de fazer menção ao contraditório e ampla defesa em seu texto, não garantia a defesa técnica para estas pessoas em formação. A única menção que fazia a Lei nº 6.697/79 à figura do advogado se dava no art. 93, quando afirmava que os pais ou responsáveis pelo menor poderiam constituir um procurador, não havendo regra sobre a indicação de um profissional habilitado quando não existissem pais ou responsáveis. A defesa técnica era meramente figurativa naquele momento, um verdadeiro desrespeito aos direitos das crianças e adolescentes.
>
> [...]
>
> O Estatuto da Criança e do Adolescente segue as determinações constantes dos Tratados Convenções Internacionais, que recomendam a existência de defesa técnica por advogado e assistência jurídica para as crianças e adolescentes.[3]

No parágrafo único do artigo 206, prevê-se a assistência jurídica integral e gratulta ao hipossuficiente. Esse dispositivo está em consonância com a previsão do art. 5º, inciso LXXIV da Constituição da República. A amplitude da previsão supera o patrocínio por advogado particular para abranger também a atuação da Defensoria Pública, a quem compete prestar assistência jurídica ao hipossuficiente (CR, art. 134).

O Estatuto prevê a possibilidade de nomeação de defensor pelo juiz para acompanhar todos os atos processuais (art. 207, § 2º). Busca-se garantir, aqui, o contraditório e a ampla defesa.

Por fim, peculiaridade importante do Estatuto diz respeito à possibilidade **dispensa** de outorga de **mandato por escrito**. O advogado pode ser constituído como mandatário da parte oralmente na presença da autoridade judiciária (art. 207, § 3º).

3. TUTELA DE DIREITOS INDIVIDUAIS E COLETIVOS

3.1. Introdução

Os artigos 208 a 224 dispõem acerca da proteção de direitos individuais e coletivos (*lato sensu*) das crianças e adolescentes. Ao longo do Estatuto, foram

3. BORDALLO, Galdino Augusto Coelho. *In*: MACIEL, Kátia Regina Ferreira Lobo Andrade (coord.). op. cit., p. 429.

elencados diversos direitos infantojuvenis (art. 53 e outros) e impostos vários deveres a particulares e ao Estado (art. 54 e outros). Em caso de lesão ou ameaça de lesão aos direitos das crianças e adolescente, cabe às instituições a atuação para contornar a situação.

O artigo 208 atrai para o regramento do Estatuto as ações de responsabilidade por violações de direitos infantojuvenis:

ARTIGO 208: Regem-se pelas disposições desta Lei as ações de responsabilidade por ofensa aos direitos assegurados à criança e ao adolescente, referentes ao não oferecimento ou oferta irregular:

I - do ensino obrigatório;
II - de atendimento educacional especializado aos portadores de deficiência;
III - de atendimento em creche e pré-escola às crianças de zero a cinco anos de idade;
IV - de ensino noturno regular, adequado às condições do educando;
V - de programas suplementares de oferta de material didático-escolar, transporte e assistência à saúde do educando do ensino fundamental;
VI - de serviço de assistência social visando à proteção à família, à maternidade, à infância e à adolescência, bem como ao amparo às crianças e adolescentes que dele necessitem;
VII - de acesso às ações e serviços de saúde;
VIII - de escolarização e profissionalização dos adolescentes privados de liberdade.
IX - de ações, serviços e programas de orientação, apoio e promoção social de famílias e destinados ao pleno exercício do direito à convivência familiar por crianças e adolescentes.
X - de programas de atendimento para a execução das medidas socioeducativas e aplicação de medidas de proteção.
XI - de políticas e programas integrados de atendimento à criança e ao adolescente vítima ou testemunha de violência.

Os parágrafos do artigo 208 trazem diretrizes sobre a forma mais efetiva de tutela. O § 2º determina que a investigação de desaparecimento de crianças e adolescentes se inicie imediatamente após a notificação aos órgãos competentes. A atuação pronta e rápida pode gerar melhores resultados na busca. Além disso, o § 3º prevê que seja feita comunicação ao Cadastro Nacional de Pessoas Desaparecidas e ao Cadastro Nacional de Crianças e Adolescentes Desaparecidos.

3.2. Legitimidade

A **tutela** dos direitos de crianças e adolescentes pode ser feita de forma **individual** - através de uma demanda movida pelo próprio adolescente, devidamente assistido ou representado - **ou coletiva**, através principalmente da

ação civil pública, movida por quaisquer de seus legitimados, com destaque para o Ministério Público e a Defensoria Pública.

Em relação à Defensoria Pública, o Estatuto não prevê expressamente sua legitimação para tutela de direitos coletivos (art. 210), tendo em vista que a Lei foi promulgada em 1990. No entanto, há a previsão de aplicação subsidiária da Lei de Ação Civil Pública (Lei nº 7.347/85), que teve seu artigo 5º alterado pela Lei nº 11.448/2007 para incluir essa Instituição no rol de legitimados. Portanto, a defesa de direitos metaindividuais de crianças e adolescentes pode ser feita também pela Defensoria Pública.

Quanto à **legitimidade de associações** (art. 210, III), é preciso atentar para seus requisitos:

(i) constituição há pelo menos um ano;

(ii) previsão de defesa de direitos das crianças e adolescentes entre seus fins institucionais; e

(iii) autorização estatutária para propositura de demandas coletivas ou autorização assemblear.

▸ Como o assunto foi cobrado em concurso?

(Promotor de Justiça - MP-AP - 2021 - Cespe) São concorrentemente legitimados para a propositura de ações cíveis fundadas em interesses coletivos ou difusos das crianças e dos adolescentes, nos termos do ECA, o Ministério Público, a União, os estados, os municípios, o Distrito Federal, os territórios e

A) as associações legalmente constituídas há pelo menos um ano e que incluam entre seus fins institucionais a defesa dos interesses e direitos protegidos pelo ECA, sendo dispensada a autorização da assembleia, se houver prévia autorização estatutária.

B) as associações legalmente constituídas há pelo menos um ano, independentemente de incluírem, entre seus fins institucionais, a defesa dos interesses e direitos protegidos pelo ECA.

C) as associações legalmente constituídas há pelo menos dois anos e que incluam entre seus fins institucionais a defesa dos interesses e direitos protegidos pelo ECA, desde que autorizado pela assembleia, ainda que exista prévia previsão estatutária.

D) as associações legalmente constituídas há pelo menos um ano e que incluam entre seus fins institucionais a defesa dos interesses e direitos protegidos pelo ECA, desde que autorizado pela assembleia, ainda que exista prévia previsão estatuária.

E) as associações legalmente constituídas há pelo menos dois anos, independentemente de incluírem, entre seus fins institucionais, a defesa dos interesses e direitos protegidos pelo ECA.

Gabarito: letra A.

3.3. Competência

De acordo com o art. 209, é competente o foro do local onde ocorreu ou deva ocorrer a ação ou omissão. Em outras palavras, a competência é fixada no local onde surgir a lesão ou a ameaça de lesão ao direito da criança ou do adolescente. Trata-se de **competência territorial absoluta**, ressalvadas apenas a competência da Justiça Federal e a originária dos Tribunais Superiores.

3.4. Litisconsórcio de Ministérios Públicos

Está previsto no art. 210, § 1º. É sempre **facultativo**, nunca obrigatório.

3.5. Amplitude de instrumentos processuais

Dentro do espírito de proteção integral da criança e do adolescente, o Estatuto traz previsões para tutela ampla e total dos direitos dos jovens. É **cabível** a propositura de **qualquer tipo de ação** que seja apta a solucionar a lesão ou a ameaça de lesão (art. 212). Contra atos ilegais e abusivos do Estado, cabe ação mandamental (art. 212, § 2º). Privilegia-se a **tutela específica** das obrigações (art. 213), em detrimento das indenizatórias, sendo possível a concessão de liminar e a fixação de astreinte, multa diária (art. 213, §§ 1º e 2º). Especificamente em relação à multa, sua exigibilidade surge após o trânsito em julgado da sentença favorável ao autor, mas será devida desde o dia em que se houver configurado o descumprimento (art. 213, § 3º).

Capítulo

XX

Crimes e infrações administrativas

1. INTRODUÇÃO

O Título VII é o último do Estatuto e disciplina os crimes e infrações administrativas. Os crimes previstos no Estatuto são das mais diversas naturezas, há crimes comissivos e omissivos, dolosos e culposos, cujas penas podem variar entre reclusão e detenção, bem como ser cumuladas com multa.

2. LEIS PENAIS E PROCESSUAIS PENAIS

O Estatuto apresenta tipos penais nos artigos 228 a 244-A, cujos bens jurídicos tutelados são os direitos das crianças e adolescentes. Esse **rol não é exaustivo**, ou seja, há outros tipos penais previstos em diversos diplomas legislativos que também tutelam crianças e adolescentes e são plenamente aplicáveis. O próprio Estatuto destaca a aplicação de outras disposições da legislação penal na proteção de crianças e adolescentes (art. 225). No Código Penal, por exemplo, temos tipos específicos, como o abandono de incapaz (art. 133), a exposição ou abandono de recém-nascido (art. 134) e os maus-tratos (art. 136).

Outro ponto a destacar é que o Estatuto apenas apresenta a tipificação de delitos, sendo plenamente aplicável a disciplina da parte geral do Código Penal (art. 226).

Por fim, as previsões do Estatuto acerca de processo são referentes à apuração de atos infracionais praticados por adolescentes. Os crimes tipificados pelo Estatuto são aqueles praticados por maiores, de modo que seu processamento e julgamento são regidos pelo Código de Processo Penal (art. 226).

3. AÇÃO PÚBLICA INCONDICIONADA

Todos os crimes previstos no Estatuto da Criança e do Adolescente são de **ação pública incondicionada**, conforme prevê expressamente o art. 227. Portanto, não dependem de representação da vítima, nem são propostos pelo particular. Cabe ao Ministério Público a propositura da ação penal quanto à prática dos crimes tipificados pelo Estatuto.

4. PRESCRIÇÃO DE CRIMES PRATICADOS CONTRA CRIANÇAS E ADOLESCENTES

A contagem de prescrição de crimes está regulada pelos artigos 111 e seguintes do Código Penal. É importante observar previsão específica acerca da prática de crimes contra a dignidade sexual ou que envolvam violência contra crianças e adolescentes. De acordo com o inciso V do artigo 111, a prescrição tem início na data em que a vítima completar 18 anos - salvo se a ação penal já tiver sido ajuizada.

A redação é a seguinte:

> Termo inicial da prescrição antes de transitar em julgado a sentença final
>
> **Art. 111** - A prescrição, antes de transitar em julgado a sentença final, começa a correr:
>
> V - nos crimes contra a dignidade sexual ou que envolvam violência contra a criança e o adolescente, previstos neste Código ou em legislação especial, da data em que a vítima completar 18 (dezoito) anos, salvo se a esse tempo já houver sido proposta a ação penal.

5. INAPLICABILIDADE DE REGRAS MAIS BENÉFICAS AO AUTOR DE CRIMES CONTRA CRIANÇAS E ADOLESCENTES

O § 1º do artigo 226 do Estatuto estabelece que não são aplicáveis as regras da Lei n. 9.099/1995. Isso significa, por exemplo, que não cabe transação penal (art. 76), nem suspensão condicional do processo (art. 89).

Além disso, o § 2º do artigo 226 estabelece a vedação à aplicação de penas de cesta básica ou outra prestação pecuniária - tampouco é possível a substituição de pena que imponha apenas o pagamento da multa. É possível entender o espírito da norma, que procura combater e punir com efetividade a prática de crimes por pessoas ricas. Para essas, a imposição de punição pecuniária não gera suficiente temor para adequar seu comportamento social e não cometer crimes.

Embora seja possível entender o objetivo da regra, não há dúvidas de que o encarceramento tampouco é medida adequada de reintegração social - ainda mais nas condições em que se encontram nossos estabelecimentos penitenciários.

6. REINCIDÊNCIA PARA CRIMES DE ABUSO DE AUTORIDADE

A Lei n. 13.869/2019 modificou o regime jurídico do abuso de autoridade - a lei anterior ainda era do período militar, Lei n. 4.898/1965. No Estatuto, foi inserido o artigo 227-A. A menção ao inciso I do artigo 92 do Código Penal se refere à perda do cargo, função pública ou mandato eletivo. O que o artigo

227-A estabelece é que, para crimes do Estatuto praticados com abuso de autoridade, a perda do cargo depende de reincidência. Se anteriormente o agente foi punido por crime praticado com abuso de autoridade, no crime seguinte será possível a perda do cargo, função ou mandato eletivo.

7. CRIMES EM ESPÉCIE

A partir de agora, passamos a analisar os crimes em espécie previstos no Estatuto da Criança e do Adolescente.

> **Art. 228.** *Deixar o encarregado de serviço ou o dirigente de estabelecimento de atenção à saúde de gestante de manter registro das atividades desenvolvidas, na forma e prazo referidos no art. 10 desta Lei, bem como de fornecer à parturiente ou a seu responsável, por ocasião da alta médica, declaração de nascimento, onde constem as intercorrências do parto e do desenvolvimento do neonato:*
>
> *Pena - detenção de seis meses a dois anos.*
>
> ***Parágrafo único.*** *Se o crime é culposo:*
>
> Pena - detenção de dois a seis meses, ou multa.

Comentários: o dispositivo descreve dois núcleos distintos, duas condutas criminosas, (i) deixar de manter registro das atividades desenvolvidas no estabelecimento de saúde a gestante, e (ii) deixar de fornecer declaração de nascimento, com as intercorrências do parto e o desenvolvimento do neonato.

O dispositivo está ligado às previsões dos incisos I e IV do artigo 10. Os bens jurídicos protegidos são o direito à vida e à saúde da criança e também da gestante.

Importante notar que a previsão não se limita ao estabelecimento onde a criança nasce, sendo abrangente a qualquer estabelecimento voltado à saúde da gestante, o que inclui também a casa de saúde que recebe a mulher e lhe presta assistência médica durante a gestação.

O crime não é comum, pois não pode ser praticado por qualquer cidadão, mas tão somente pelo encarregado de serviço ou o dirigente do estabelecimento. Trata-se, pois, de crime próprio. Além disso, o crime é omissivo próprio, consuma-se em razão da ausência de ação - não é delito comissivo. Via de consequência, não se admite a modalidade tentada.

O tipo penal não prevê consequências danosas em virtude da omissão do agente, ou seja, basta que haja a omissão para a consumação do crime. É, pois, crime de mera conduta. Tampouco se exige a produção de um dano efetivo, como nos crimes materiais, o artigo 228 traz a previsão de crimes de perigo.

Admite tanto a forma dolosa quanto a culposa, sendo menor a pena prevista para a segunda.

Como a pena máxima é de até dois anos, o crime está sujeito ao rito da Lei dos Juizados Especiais (Lei nº 9.099/95, art. 61). Classificação: próprio, omissivo próprio, de mera conduta, de perigo, doloso ou culposo, de menor potencial ofensivo.

> **Art. 229.** *Deixar o médico, enfermeiro ou dirigente de estabelecimento de atenção à saúde de gestante de identificar corretamente o neonato e a parturiente, por ocasião do parto, bem como deixar de proceder aos exames referidos no art. 10 desta Lei:*
>
> *Pena – detenção de seis meses a dois anos.*
>
> **Parágrafo único.** *Se o crime é culposo:*
>
> *Pena – detenção de dois a seis meses, ou multa.*

Comentários: o delito está ligado às condutas dos incisos II e III do artigo 10. A conduta é punível a título de culpa também. Em regra, na grande maioria dos crimes previstos pelo Estatuto, sua consumação ocorre apenas na forma dolosa. Entretanto, os tipos dos artigos 228 e 229 são punidos tanto a título de dolo, quanto de culpa, conforme previsão de seus respectivos parágrafos únicos. Classificação: próprio, omissivo próprio, de mera conduta, de perigo, doloso ou culposo, de menor potencial ofensivo.

> **Art. 230.** *Privar a criança ou o adolescente de sua liberdade, procedendo à sua apreensão sem estar em flagrante de ato infracional ou inexistindo ordem escrita da autoridade judiciária competente:*
>
> *Pena – detenção de seis meses a dois anos.*
>
> **Parágrafo único.** *Incide na mesma pena aquele que procede à apreensão sem observância das formalidades legais.*

Comentários: as hipóteses de apreensão de criança ou adolescente são ordem escrita de autoridade judiciária ou flagrante de ato infracional. A desobediência a esses parâmetros acarreta a prática do crime previsto no artigo 230. Por se tratar de tipo penal específico para a tutela de direitos da criança e do adolescente, o dispositivo prevalece sobre a Lei de abuso de autoridade.

O bem jurídico protegido é o direito de liberdade da criança e do adolescente. Afinal, a liberdade é a regra, a exceção é justamente a privação da liberdade.

A doutrina diverge sobre o crime ser comum ou próprio. De um lado, defende-se ser crime comum diante da possibilidade de que qualquer um pode apreender indevidamente a criança ou o adolescente. Em contrapartida, outros argumentam que só é possível a prática do crime de apreensão ilegal por aquele que pode praticar legalmente a apreensão, ou seja, o agente da autoridade pública.

Parece-nos mais adequado entender o crime como comum, apto a ser praticado por qualquer um, uma vez que qualquer pessoa pode legalmente prender alguém em flagrante (CPP, art. 301). Na seara do Estatuto, pode-se dizer que qualquer do povo pode apreender adolescente que se encontra em flagrante de ato infracional. Logo, aquele que o fizer de modo ilegal comete o crime do artigo 230.

Importante notar que o caput descreve conduta comissiva, ao passo em que o parágrafo único descreve crime omissivo próprio. Classificação (*caput*): comum (há posição em contrário no sentido de que é crime próprio), comissivo, doloso, permanente, cabe tentativa, de mera conduta, de menor potencial ofensivo.

> **Art. 231.** *Deixar a autoridade policial responsável pela apreensão de criança ou adolescente de fazer imediata comunicação à autoridade judiciária competente e à família do apreendido ou à pessoa por ele indicada:*
>
> *Pena – detenção de seis meses a dois anos.*

Comentários: o crime somente é praticável pela autoridade policial responsável pela apreensão, ninguém mais. O bem jurídico tutelado é a liberdade e também a dignidade do apreendido. O direito de comunicar a família tem assento na Constituição da República (art. 5º, inc. LXII) Classificação: próprio, omissivo próprio, de mera conduta, de perigo, doloso, de menor potencial ofensivo.

> **Art. 232.** *Submeter criança ou adolescente sob sua autoridade, guarda ou vigilância a vexame ou a constrangimento:*
>
> *Pena – detenção de seis meses a dois anos.*
>
> **Art. 233.** *(Revogado pela Lei nº 9.455, de 7.4.1997)*

Comentários: o crime do artigo 232 somente pode ser praticado por aquele que tem a criança ou o adolescente sob sua autoridade, guarda ou vigilância. O tipo penal engloba também a conduta da professora, que constrange o aluno em sala de aula. O bem jurídico tutelado é a honra objetiva da criança ou adolescente.

É crime material (ou de resultado), que exige a ocorrência de um dano à criança ou adolescente, precisamente o vexame ou o constrangimento. É crime de consumação, a priori, instantânea, não se prolonga no tempo, e plurissubsistente, a admitir a forma tentada.

O STJ destacou que a prática de atos lascivos diversos da conjunção carnal acarreta tipificação do delito do art. 217-A do Código Penal. É errada a decisão do juízo de origem que classifica tal conduta como art. 232 do Estatuto.[1]

1. AgRg no REsp 1474992/GO, Rel. Min. Jorge Mussi, Rel. p/ Acórdão Min. Ribeiro Dantas, 5ª Turma, julgado em 14/08/2018.

Classificação: próprio, comissivo, material, doloso, instantâneo, admite tentativa, de menor potencial ofensivo.

> **Art. 234.** *Deixar a autoridade competente, sem justa causa, de ordenar a imediata liberação de criança ou adolescente, tão logo tenha conhecimento da ilegalidade da apreensão:*
>
> *Pena – detenção de seis meses a dois anos.*

Comentários: o bem jurídico tutelado é o direito à liberdade da criança ou adolescente. Se a apreensão do adolescente houver sido ilegal, é dever da autoridade competente efetuar sua imediata liberação, sob pena de se caracterizar o crime do artigo 234 do Estatuto. Inclusive, essa previsão, em razão de sua especialidade, prevalece sobre a Lei de abuso de autoridade (Lei nº 4.898/65, art. 4º, al. "d"). Classificação: próprio, omissivo próprio, de mera conduta, de perigo, doloso, não admite tentativa, de menor potencial ofensivo.

> **Art. 235.** *Descumprir, injustificadamente, prazo fixado nesta Lei em benefício de adolescente privado de liberdade:*
>
> *Pena – detenção de seis meses a dois anos.*

Comentários: o Estatuto prevê diversos prazos a serem observados no trato dos assuntos relativos aos direitos da criança e do adolescente. Em relação à prática de ato infracional, por exemplo, há prazo para sua internação provisória (45 dias) e também definitiva (3 anos ou 3 meses, caso de regressão).

O que o dispositivo protege é, mais uma vez, o direito de liberdade. Não se pode admitir a negligência quanto à observância dos prazos do Estatuto. Seu descumprimento caracteriza crime Classificação: próprio, omissivo próprio, de mera conduta, doloso, não admite tentativa, de menor potencial ofensivo.

> **Art. 236.** *Impedir ou embaraçar a ação de autoridade judiciária, membro do Conselho Tutelar ou representante do Ministério Público no exercício de função prevista nesta Lei:*
>
> *Pena – detenção de seis meses a dois anos.*

Comentários: a regra em exame apresenta dois núcleos verbais, "impedir" e "embaraçar". Aqui, o bem jurídico tutelado no presente dispositivo não são os direitos da criança e do adolescente, mas sim a administração da justiça. Basta observar que os sujeitos passivos aqui são as entidades públicas.

Em relação ao núcleo verbal "impedir", tem-se crime material, de resultado concreto, ao passo em que a conduta "embaraçar" se caracteriza como delito formal, sendo dispensável a ocorrência do resultado. A pena, em ambos os casos, é a mesma. Classificação: comum, material (impedir) ou formal (embaraçar), doloso, de menor potencial ofensivo.

Art. 237. *Subtrair criança ou adolescente ao poder de quem o tem sob sua guarda em virtude de lei ou ordem judicial, com o fim de colocação em lar substituto:*

Pena – reclusão de dois a seis anos, e multa.

Comentários: o dispositivo objetiva proteger o direito infantojuvenil à convivência familiar e comunitária, regrada no Estatuto nos artigos 19 e seguintes.

Trata-se de crime comum, possível de ser cometido por qualquer pessoa. Consuma-se apenas com a ocorrência do resultado. Há um especial fim de agir, consistente na intenção de colocar a criança ou adolescente em lar substituto.

Não se trata de crime de menor potencial ofensivo, pois a pena máxima supera os dois anos. Além disso, por ter a pena mínima de dois anos, não admite sequer a suspensão condicional do processo, prevista no artigo 89 da Lei nº 9.099/95.

Há entendimento doutrinário que entende aplicável ao artigo 237 a previsão do § 2º do artigo 249 do Código Penal: "*No caso de restituição do menor ou do interdito, se este não sofreu maus-tratos ou privações, o juiz pode deixar de aplicar pena.*" Trata-se de hipótese de perdão judicial. Como os tipos penais são muito semelhantes e o artigo 226 do Estatuto prevê a aplicação subsidiária do Código Penal, parcela da doutrina defende essa possibilidade. Classificação: comum, material, comissivo, doloso, instantâneo, plurissubsistente, admite tentativa.

Art. 238. *Prometer ou efetivar a entrega de filho ou pupilo a terceiro, mediante paga ou recompensa:*

Pena – reclusão de um a quatro anos, e multa.

Parágrafo único. *Incide nas mesmas penas quem oferece ou efetiva a paga ou recompensa.*

Comentários: o bem jurídico protegido neste dispositivo é o direito da criança e do adolescente à convivência familiar (art. 19 e seguintes).

No *caput*, o sujeito ativo só pode ser o pai, o tutor ou o guardião. Trata-se, pois, de crime próprio. Já no parágrafo único, temos crime comum, praticável por qualquer um.

Há três condutas distintas descritas no tipo penal: "prometer", "oferecer" e "efetivar". Nas duas primeiras, o crime é formal; na última, é material.

Classificação: próprio (*caput*) e comum (par. único), comissivo, doloso, instantâneo, formal ("prometer" e "oferecer") e material ("efetivar"), cabe suspensão condicional do processo.

Art. 239. *Promover ou auxiliar a efetivação de ato destinado ao envio de criança ou adolescente para o exterior com inobservância das formalidades legais ou com o fito de obter lucro:*

Pena – reclusão de quatro a seis anos, e multa.

Parágrafo único. *Se há emprego de violência, grave ameaça ou fraude:*

Pena – reclusão, de 6 (seis) a 8 (oito) anos, além da pena correspondente à violência.

Comentários: o presente dispositivo visa a combater o tráfico internacional de crianças e adolescentes. Há entendimento doutrinário de que o § 2º do artigo 245 do Código Penal teria sido revogado com o advento do presente artigo 239 do Estatuto. A redação da regra do Código Penal é a seguinte: *"Art. 245 – Entregar filho menor de 18 (dezoito) anos a pessoa em cuja companhia saiba ou deva saber que o menor fica moral ou materialmente em perigo: [...] § 2º – Incorre, também, na pena do parágrafo anterior quem, embora excluído o perigo moral ou material, auxilia a efetivação de ato destinado ao envio de menor para o exterior, com o fito de obter lucro."*

Importante notar que a hipótese do parágrafo único do artigo 239 apresenta não só a pena maior, mas também a expressa previsão de que a ela se soma a pena da violência. A hipótese é de crime único, mas com a cumulação material das penas.

Em relação à hipótese de inobservância das formalidades legais, vale destacar que a colocação de criança ou adolescente em família substituta estrangeira somente é possível na modalidade adoção (art. 31).

O Superior Tribunal de Justiça analisou se o crime é de resultado formal e, por conseguinte, se admitia a forma tentada. O entendimento é de que se trata de crime formal.[2]

Classificação: comum, de mera conduta, doloso, instantâneo.

Art. 240. *Produzir, reproduzir, dirigir, fotografar, filmar ou registrar, por qualquer meio, cena de sexo explícito ou pornográfica, envolvendo criança ou adolescente:*

Pena – reclusão, de 4 (quatro) a 8 (oito) anos, e multa.

§ 1º Incorre nas mesmas penas quem:

I – agencia, facilita, recruta, coage ou de qualquer modo intermedeia a participação de criança ou adolescente nas cenas referidas no caput deste artigo, ou ainda quem com esses contracena;

II – exibe, transmite, auxilia ou facilita a exibição ou transmissão, em tempo real, pela internet, por aplicativos, por meio de dispositivo informático ou qualquer meio ou ambiente digital, de cena de sexo explícito ou pornográfica com a participação de criança ou adolescente.

§ 2º Aumenta-se a pena de 1/3 (um terço) se o agente comete o crime:

I – no exercício de cargo ou função pública ou a pretexto de exercê-la;

2. AgRg no AREsp 160.951/RJ, Rel. Min. Regina Helena Costa, 5ª Turma, DJe 23/09/2013.

II – prevalecendo-se de relações domésticas, de coabitação ou de hospitalidade; ou

III – prevalecendo-se de relações de parentesco consanguíneo ou afim até o terceiro grau, ou por adoção, de tutor, curador, preceptor, empregador da vítima ou de quem, a qualquer outro título, tenha autoridade sobre ela, ou com seu consentimento.

Comentários: o crime fica caracterizado ainda que não haja conjunção carnal com a criança ou adolescente, pois o dispositivo abrange também a prática de cena pornográfica de qualquer espécie. Classificação: comum, de mera conduta, doloso, comissivo, instantâneo.

Em 2024, a Lei n. 14.811 modificou a redação do § 1º do artigo 240 para dividir o texto normativo em dois incisos. O inciso II dá ênfase às condutas de divulgação e transmissão online. Além disso, a conduta do § 1º do artigo 240 foi incluída no rol do parágrafo único do artigo 1º da Lei de Crimes Hediondos, o que aumenta o rigor punitivo da conduta.

O § 2º estabelece o aumento da pena em 1/3 para três situações. A esse respeito, o STJ decidiu em 2024 o seguinte:

> 1. O entendimento do Tribunal de origem está em harmonia com a jurisprudência desta Corte Superior, assente no sentido de que a autonomia do delito de produção de material pornográfico se estabelece pela maior gravidade da conduta do tipo penal do art. 240, § 2º, III, do ECA, em relação aos demais tipos (arts. 241 e 241-A do ECA), pela amplitude do bem jurídico tutelado pela norma, e, especialmente, pelos múltiplos desígnios da agravante (ut, AgRg no R Esp n. 2.053.138/RN, relator Ministro Messod Azulay Neto, Quinta Turma, D Je de 25/10/2023).
>
> 2. Agravo regimental desprovido.
>
> (AgRg nos EDcl no AREsp n. 2.692.032/SC, relator Ministro Reynaldo Soares da Fonseca, Quinta Turma, julgado em 8/10/2024, DJe de 14/10/2024.)

Além disso, vale observar que a proteção aos direitos de crianças e adolescentes não se esgota no Estatuto. Em matéria de crimes sexuais, destaca-se o artigo 217-A do Código Penal, que trata do estupro de vulnerável: "*Ter conjunção carnal ou praticar outro ato libidinoso com menor de 14 (catorze) anos.*"

Desde o advento desse dispositivo, muito se discutiu sobre aspectos ligados à vítima, à sua experiência sexual prévia etc. A matéria chegou ao STJ, que proferiu a seguinte decisão em matéria de recursos repetitivos – **tema n. 918**:

> **Tema 918.** Para a caracterização do crime de estupro de vulnerável previsto no art. 217-A, caput, do Código Penal, basta que o agente tenha conjunção carnal ou pratique qualquer ato libidinoso com pessoa menor de 14 anos. O consentimento da vítima, sua eventual experiência sexual anterior ou a existência de relacionamento amoroso entre o agente e a vítima não afastam a ocorrência do crime.

O inteiro teor do julgado é bastante rico em lições doutrinárias e jurisprudenciais sobre a evolução do tratamento da matéria, pelo que se recomenda a leitura. A lição derradeira da Corte é a de que o crime do art. 217-A **deve ser examinado segundo a conduta do agente, e não pelo ponto de vista da vítima**. Trata-se de entendimento extremamente afinado com a efetiva proteção dos direitos infantojuvenis.

Em 2023, o STJ afastou a aplicação do precedente em razão das circunstâncias do caso – a vítima e o acusado mantinham relação de união estável conhecida pela família e tiveram um filho juntos[3].

Em 2024, a Corte se manifestou em algumas ocasiões a esse respeito – uma seguindo essa linha de raciocínio, mas em outra destacando que a constituição de família não exclui per se a punibilidade do crime. Confiram-se:

> 1. A Terceira Seção do Superior Tribunal de Justiça, sob o rito dos recursos repetitivos, no julgamento do REsp 1.480.881/PI, firmou entendimento no sentido de que, "para a caracterização do crime de estupro de vulnerável previsto no art. 217-A, caput, do Código Penal, basta que o agente tenha conjunção carnal ou pratique qualquer ato libidinoso com pessoa menor de 14 anos. O consentimento da vítima, sua eventual experiência sexual anterior ou a existência de relacionamento amoroso entre o agente e a vítima não afastam a ocorrência do crime". Tal orientação, inclusive, foi sedimentada por meio da edição do verbete n. 593/STJ.
>
> – Na presente hipótese, o Tribunal local, com base no acervo fático-probatório constante dos autos, consistente no depoimento da vítima, na prova testemunhal e no interrogatório do acusado, concluiu que "não se verificou, in casu, o conhecimento sobre a ilicitude da conduta". Consta, ainda, do acórdão recorrido que "a pouca escolaridade do acusado e sua boa-fé de que estaria em um relacionamento lícito, aferida a partir da prova produzida em juízo, permitem a conclusão de que o apelante agiu em erro de proibição invencível".
>
> – Nesse contexto, a desconstituição das conclusões da Corte de origem, fundadas em exame exauriente do conjunto de fatos e provas constante dos autos, para restabelecer a condenação do réu, mediante afastamento do erro de proibição invencível, demandaria necessariamente aprofundado revolvimento de matéria fático-probatória, providência vedada em sede de recurso especial, conforme o enunciado n. 7/STJ. Precedentes.
>
> 2. Reafirmação pela Relatoria da defesa intransigente dos direitos da criança e da adolescente, no sentido de que a menor de 14 anos deve, na verdade, estudar, brincar e participar de atividades próprias para sua idade. Não deve namorar, pois está ainda em formação biológica e emocionalmente. De igual sorte, deve-se ratificar incansavelmente a principiologia

---

3. REsp n. 1.977.165/MS, relator Ministro Olindo Menezes (Desembargador Convocado do TRF 1ª Região), relator para acórdão Ministro Sebastião Reis Júnior, Sexta Turma, julgado em 16/5/2023, DJe de 25/5/2023.

trazida na jurisprudência firmada pela Terceira Seção desta Corte Superior sobre a matéria e sedimentada por meio do enunciado n. 593/STJ.

- No entanto, não se deve deixar de levar em consideração que a vida é maior que o direito. Logo, a indesejável antecipação da adolescência ou mesmo da fase adulta não pode acarretar um prejuízo maior para aqueles que estão envolvidos, em especial para a criança que adveio do relacionamento do casal (que durou mais ou menos 1 ano - e-STJ fl. 199) e é a prioridade absoluta do sistema brasileiro, por meio do estatuto da primeira infância.

- Descendo aos fatos, registro que, embora o casal não esteja mais junto, consta que o pai continua dando assistência à criança.

Ademais, o Tribunal de origem destacou se tratar de um trabalhador rural, com 20 anos de idade à época dos fatos, que incidiu em erro de proibição invencível. Nesse contexto, está-se diante de situação excepcionalíssima, na qual se deve priorizar a nova vida, em atenção ao estatuto da primeira infância, que, como já afirmado, tem prioridade absoluta.

3. Relevante registrar, dando às coisas o exato nome que elas têm, que a hipótese dos autos não trata de atipicidade da conduta em virtude de eventual consentimento da vítima ou pelo fato de o réu "ser matuto", nem de excludente de ilicitude por paixão. De igual sorte, não se está diante de erro de tipo, mas sim de excludente de culpabilidade, por erro de proibição invencível. Não é possível retirar das instâncias ordinárias, no ponto, a soberania a respeito do exame do conjunto fático e probatório dos autos, uma vez que o STJ não pode ser considerado uma terceira instância recursal bem como o recurso especial não pode ser tratado como nova apelação.

4. Não se mostra adequada, de outra parte, a suscitada ponderação entre os verbetes 7/STJ e 593/STJ, principalmente porque os enunciados sumulares não são princípios mas sim o resumo de entendimentos consolidados. Ainda que assim não fosse, o enunciado n. 7/STJ reflete a norma constante do art. 105, III, da CF, que trata da missão constitucional do STJ. Já o verbete n. 593/STJ diz respeito ao art. 217-A do CP. São enunciados que tratam, portanto, de normas de hierarquias distintas, cujo eventual conflito deve se resolver em benefício da norma de maior hierarquia, em atenção à teoria de Hans Kelsen.

5. Ainda que se considere que o enunciado n. 593/STJ reflete, em verdade, o art. 227 da CF, não se pode descurar que o caput do mencionado dispositivo, com redação dada pela EC 65/2010, dispõe que "é dever da família, da sociedade e do Estado assegurar à criança, ao adolescente e ao jovem, com absoluta prioridade, o direito à vida, à saúde, à alimentação, à educação, ao lazer, à profissionalização, à cultura, à dignidade, ao respeito, à liberdade e à convivência familiar e comunitária, além de colocá-los a salvo de toda forma de negligência, discriminação, exploração, violência, crueldade e opressão".

- Mais uma vez, dando às coisas o nome que elas têm, registro que o legislador infraconstitucional estabeleceu que se considera "criança, para os efeitos desta Lei, a pessoa até doze anos de idade incompletos, e adolescente aquela entre doze e dezoito anos de idade" (art. 2º da Lei

n. 8.069/1990). Ademais, "são consideradas jovens as pessoas com idade entre 15 (quinze) e 29 (vinte e nove) anos de idade" (art. 1º, § 1º, da Lei n. 12.852/2013). Tem-se, portanto, norma constitucional que protege igualmente a criança nascida da relação tida entre a adolescente de 12 anos e o jovem de 20 anos, à época dos fatos.

- Dessa forma, necessário, de fato, realizar uma ponderação de princípios, mas não no formato em que sugerido. Com efeito, o legislador ordinário, por meio da Lei n. 13.257/2016, estabeleceu a necessidade de se atentar para a especificidade e a relevância dos primeiros anos de vida, denominada primeira infância, no desenvolvimento infantil e no desenvolvimento do ser humano. Assim, a prioridade absoluta, na hipótese, deve ser a proteção integral da criança que nasceu desta relação.

6. Um exame acurado das nuances do caso concreto revela que a conduta imputada, embora formalmente típica, não constitui infração penal, haja vista a ausência de culpabilidade, em virtude do reconhecimento do erro de proibição. Ademais, deve se levar igualmente em consideração a ausência de relevância social e de efetiva vulneração ao bem jurídico tutelado, uma vez que se trata do relacionamento de dois jovens, que havia sido, em um primeiro momento, aceito pela família da adolescente, sobrevindo uma filha e a efetiva constituição de núcleo familiar, apesar de não estarem mais juntos como casal.

- Não se está a infirmar a orientação sedimentada no enunciado sumular n. 593/STJ. Com efeito, não obstante a necessidade de uniformização da jurisprudência pátria, por meio da fixação de teses em recursos repetitivos, em incidentes de assunção de competência bem como por meio da edição de súmulas, não se pode descurar do caso concreto, com as suas particularidades próprias, sob pena de a almejada uniformização acarretar injustiças irreparáveis.

- Da mesma forma que o legislador não consegue prever todas as variáveis possíveis da conduta incriminada, igualmente as teses firmadas em repetitivos nem sempre albergam as peculiaridades do caso concreto. Assim, cabe ao aplicador da lei, aferir se a conduta merece a mesma resposta penal dada, por exemplo, ao padrasto que se aproveita de sua enteada ou àquele que se utiliza de violência ou grave ameaça para manter conjunção carnal. É nesse ponto, inclusive, que reside o instituto da distinguishing ou distinção.

7. A condenação de um jovem de 20 anos, que não oferece nenhum risco à sociedade, ao cumprimento de uma pena de mais de 11 anos de reclusão, revela uma completa subversão do direito penal, em afronta aos princípios fundamentais mais basilares, em rota de colisão direta com o princípio da dignidade humana. Dessa forma, estando a aplicação literal da lei na contramão da justiça, imperativa a prevalência do que é justo, utilizando-se as outras técnicas e formas legítimas de interpretação (hermenêutica constitucional).

- O Supremo Tribunal Federal, por mais de uma vez, já deixou de aplicar um tipo penal ao caso concreto, nos denominados hard cases, se valendo da teoria da derrotabilidade do enunciado normativo, a qual trata da possibilidade de se afastar a aplicação de uma norma, de forma excepcional e pontual, em hipóteses de relevância do caso concreto. Nesse sentido: HC 124306, Relator(a) p/ Acórdão: ROBERTO BARROSO, Primeira Turma, julgado em 09/08/2016, DJe 16/3/2017 PUBLIC 17/3/2017 e e ADI 3689, Relator(a): EROS GRAU, Tribunal Pleno, julgado em 10-05-2007, DJe-047 DIVULG 28-06-2007 PUBLIC 29-06-2007).

STJ: REsp n. 1.953.607/SC, Relator Ministro RIBEIRO DANTAS, Terceira Seção, julgado em 14/9/2022, DJe de 20/9/2022 (Tema Repetitivo 1.120) e CC n. 199.079/RN, Relatora para acórdão Ministra NANCY ANDRIGHI, Segunda Seção, julgado em 13/12/2023, DJe de 18/12/2023.

– Doutrina sobre a Teoria da derrotabilidade do enunciado normativo no Direito Penal.

8. Não se mostra coerente impor à vítima uma vitimização secundária pelo aparato estatal sancionador, ao deixar de considerar "seus anseios e sua dignidade enquanto pessoa humana". A manutenção da pena privativa de liberdade do recorrido acabaria por deixar a adolescente e a filha de ambos desamparadas não apenas materialmente mas também emocionalmente, desestruturando entidade familiar constitucionalmente protegida. "Está em julgamento a vida de três pessoas que, mesmo chegando a este Tribunal disfarçadas de autos processuais, são as mais diretamente interessadas na resolução do conflito decorrente do crime". (AREsp 1555030/GO e REsp 1524494/RN, Rel. Ministro Ribeiro Dantas, Quinta Turma, julgado em 18/5/2021).

No mesmo sentido: AgRg no REsp n. 2.015.310/MG, relator Ministro Jesuíno Rissato (Desembargador Convocado do TJDFT), Sexta Turma, julgado em 12/9/2023, e REsp n. 1.977.165/MS, relator para acórdão Ministro Sebastião Reis Júnior, Sexta Turma, julgado em 16/5/2023.

9. Se por um lado a CF consagra a proteção da criança e do adolescente quanto à sua dignidade e respeito (art. 227), não fez diferente quando também estabeleceu que a família é a base da sociedade, e que deve ter a proteção do Estado, reconhecendo a união estável como entidade familiar (art. 226, §3°). Antes, ainda proclamou a dignidade da pessoa humana como um dos fundamentos do Estado Democrático de Direito (1º, III) e o caminho da sociedade livre, justa e fraterna como objetivo central da República (preâmbulo e art. 3º, III).

– Proclamar uma censura penal no cenário fático esquadrejado nestes autos é intervir, inadvertidamente, no novo vínculo familiar (que existiu e que ainda permanece- pai e filha; mãe e filha – onze anos depois – 2013/2024), de forma muito mais prejudicial do que se pensa sobre a relevância do relacionamento e da relação sexual prematura entre a vítima e o recorrido, haja vista o nascimento da filha do casal. E a partir disso, um novo bem jurídico também merece atenção: a absoluta proteção da criança em sua primeira infância (no caso um bebê, hoje uma criança quase adolescente). No jogo de pesos e contrapesos jurídicos não há, neste caso, outra medida a ser tomada: a manutenção da opção absolutória quer na perspectiva da ausência de culpabilidade quer na de atipicidade material.

> – "(....) essa particular forma de parametrar a interpretação das normas jurídicas (internas ou internacionais) é a que mais se aproxima da Constituição Federal, que faz da cidadania e da dignidade da pessoa humana dois de seus fundamentos, bem como tem por objetivos fundamentais erradicar a marginalização e construir uma sociedade livre, justa e solidária (incisos I, II e III do art. 3º). Tudo na perspectiva da construção do tipo ideal de sociedade que o preâmbulo da respectiva Carta Magna caracteriza como "fraterna" (HC n. 94163, Relator Min. CARLOS BRITTO, Primeira Turma do STF, julgado em 2/12/2008, DJe 22/10/2009". (AgRg no RHC 136.961/RJ, Rel. Ministro REYNALDO SOARES DA FONSECA, QUINTA TURMA, julgado em 15/06/2021, DJe 21/06/2021) 10. Agravo regimental não provido.
>
> (AgRg no AREsp n. 2.389.611/MG, relator Ministro Reynaldo Soares da Fonseca, Quinta Turma, julgado em 12/3/2024, DJe de 10/4/2024.)

INFORMATIVO 803/2024

Destaque

A constituição de família não exclui, per se, a punibilidade do crime de estupro de vulnerável.

Informações do Inteiro Teor

Para a caracterização do delito de estupro de vulnerável é irrelevante eventual consentimento da vítima para a prática do ato, sua experiência sexual anterior ou existência de relacionamento amoroso com o réu, haja vista a presunção absoluta da violência em casos da prática de conjunção carnal ou ato libidinoso diverso com pessoa menor de 14 anos, conforme a Súmula n. 593 do STJ.

Na espécie, a ofendida, à época com 13 anos de idade, foi submetida à prática de conjunção carnal. O réu, naquele tempo, contava 20 anos de idade.

A gravidez da vítima, em decorrência do conúbio sexual e o nascimento de uma criança dessa relação não diminuem a responsabilidade penal; ao contrário, por força de lei, incrementa a reprovabilidade da ação, atraindo mesmo uma causa de aumento de pena (art. 234-A, III, do CP).

A constituição de família não exclui, per se, a punibilidade da conduta, pois, no caso, além de o réu não haver registrado a criança, o seu relacionamento com a vítima não subsiste.

Da leitura das notícias, o que parece ter diferenciado ambos os casos foi justamente o réu não ter registrado a criança na notícia do Informativo 803.

Em 2019, o STJ enfrentou um caso em que se discutiu o enquadramento do crime do artigo 240 como concurso material ou formal. Na situação, o agente havia tirado fotos e feito vídeos de cenas de sexto com adolescentes.

Na ocasião, a Corte entendeu que: **"como as condutas de filmar e fotografar foram executadas durante o mesmo contexto fático, relativo ao ato sexual conjunto de dois corréus com as duas adolescentes, há duas condutas de subsunção típica única, motivo pelo qual se conclui pela existência de crime único"**.[4]

4. PExt no HC 438.080/MG, Rel. Min. Ribeiro Dantes, 5ª Turma, julgado em 27/08/2019.

Art. 241. *Vender ou expor à venda fotografia, vídeo ou outro registro que contenha cena de sexo explícito ou pornográfica envolvendo criança ou adolescente:*

Pena – reclusão, de 4 (quatro) a 8 (oito) anos, e multa.

Comentários: o artigo 240 trata das condutas referentes à elaboração do material pornográfico, ao passo em que as condutas de distribuição desse material constam do artigo 241. Em ambos os tipos, a pena é a mesma, de 4 a 8 anos de reclusão. Como já referido, sendo aplicada no patamar mínimo, é possível a substituição da pena privativa de liberdade pela restritiva de direitos. Entretanto, aplicada em montante superior, impede-se a substituição da pena (CP, art. 44). A consumação do delito ocorre com o ato de publicação das imagens. Para fixação da competência, o critério adotado pelo Superior Tribunal de Justiça é o do local onde o material é disponibilizado, independentemente dos locais em que terceiros o acessam.

Quando não é possível apurar tal origem, a Corte Superior fixou como critério o juízo que primeiro deu início às investigações.[5]

Classificação: comum, de mera conduta, doloso, comissivo.

Art. 241-A. *Oferecer, trocar, disponibilizar, transmitir, distribuir, publicar ou divulgar por qualquer meio, inclusive por meio de sistema de informática ou telemático, fotografia, vídeo ou outro registro que contenha cena de sexo explícito ou pornográfica envolvendo criança ou adolescente:*

Pena – reclusão, de 3 (três) a 6 (seis) anos, e multa.

§ 1º Nas mesmas penas incorre quem:

I – assegura os meios ou serviços para o armazenamento das fotografias, cenas ou imagens de que trata o caput deste artigo;

II – assegura, por qualquer meio, o acesso por rede de computadores às fotografias, cenas ou imagens de que trata o caput deste artigo.

§ 2º As condutas tipificadas nos incisos I e II do § 1º deste artigo são puníveis quando o responsável legal pela prestação do serviço, oficialmente notificado, deixa de desabilitar o acesso ao conteúdo ilícito de que trata o caput deste artigo.

Comentários: o objetivo do dispositivo é tipificar condutas referentes ao uso da computação e da internet. Vale atentar para a pena mínima, que é de 3 anos. Tendo em vista que o crime é praticado sem violência ou grave ameaça a pessoa, em tese, é possível a substituição da pena privativa de liberdade pela restritiva de direitos (art. 44 do Código Penal).

O parágrafo 1º disciplina a conduta daquele que armazena ou garante o acesso ao conteúdo pornográfico. É importante notar aqui que esse dispositivo

5. CC 130.134/TO, Rel. Min. Marilza Maynard (Des. Convocada TJ/SE), 3ª Seção, DJe 21/11/2013.

deve ser conjugado com o parágrafo 2º, ou seja, o crime só se tipifica se, devidamente notificado, o agente não desabilita o acesso ao conteúdo ilícito.

A previsão faz todo sentido. Afinal, não seria possível efetuar um controle prévio de todo o conteúdo da internet, seja pela impossibilidade material diante do volume de informações, seja pela vedação à censura. Através do parágrafo 2º, compatibilizam-se os direitos de liberdade de expressão e os direitos da personalidade de crianças e adolescentes. Classificação: comum, doloso, de mera conduta, comissivo.

O Supremo Tribunal Federal considerou haver repercussão geral no exame da competência para processar esse crime (**tema 393**), e julgou a matéria nos seguintes termos:

> **"Compete à Justiça Federal processar e julgar os crimes consistentes em disponibilizar ou adquirir material pornográfico envolvendo criança ou adolescente (arts. 241, 241-A e 241-B da Lei nº 8.069/1990) quando praticados por meio da rede mundial de computadores".**[6]

O STJ discutiu sobre a aplicação do artigo 241-A em 2024:

> 1. O agravante foi condenado pela prática dos delitos tipificados nos arts. 241-A e 241-B, ambos da Lei n. 8.069/1990 (disponibilização e armazenamento de material de pornografia infantojuvenil). De ofício, foi reconhecida a ocorrência da prescrição da pretensão punitiva estatal relativamente ao delito do art. 241-B da Lei n. 8.069/1990 (armazenamento de pornografia infantojuvenil).
>
> 2. A defesa apontou violação aos arts. 158 e 386, II, ambos do Código de Processo Penal – CPP, porque o Tribunal Regional Federal da 3ª Região – TRF-3 manteve a condenação pela prática do delito do art.
>
> 241-A da Lei n. 8.069/1990 (disponibilização de material pornográfico), a despeito de não ter sido atestada a materialidade delitiva. Entretanto, o TRF-3 reconheceu demonstrada a materialidade do delito de disponibilização de material com conteúdo de pornografia infantojuvenil pela Informação Técnica do Núcleo Técnico de Combate aos Crimes Cibernéticos do Ministério Público Federal – MPF e pelas mensagens eletrônicas enviadas ao grupo aberto do Yahoo, contendo as 36 imagens pornográficas com adolescentes. Ainda, a sentença registrou que foram descobertos o IP e os logs do remetente do e-mail enviado ao Procurador da República, vinculando à pessoa do acusado; também foi verificado o link de acesso às imagens ilícitas, constantes do e-mail enviado, confirmando-se a disponibilidade/compartilhamento das imagens no grupo aberto HDNWB da plataforma Yahoo. Nessas condições, reitera-se que a materialidade do delito tipificado no art. 241-A da Lei n. 8.069/1990 (disponibilização de material com conteúdo de pornografia infantojuvenil) mostrou-se devidamente comprovada.

6. RE 628624, Relator Min. Marco Aurélio, Relator p/ Acórdão Min. Edson Fachin, Tribunal Pleno, julgado em 29/10/2015.

3. Não se pode conhecer do regimental quanto às seguintes teses defensivas: (i) nulidade da prova da materialidade do delito por ausência de demonstração da cadeia de custódia que a tenha zelado; e (ii) incompetência da Justiça Federal para processar e julgar a ação penal por ausência da descrição do método por meio do qual teria sido constatado que o grupo de mensagens, da plataforma Yahoo, seria aberto. Isso porque tais teses representam verdadeira inovação recursal, porquanto buscam dar contornos e vieses diversos e inéditos às alegações antes contidas no apelo nobre.

4. Agravo conhecido em parte e, nesta parte, desprovido.

(AgRg no AREsp n. 2.356.299/SP, relator Ministro Joel Ilan Paciornik, Quinta Turma, julgado em 17/9/2024, DJe de 19/9/2024.)

Art. 241-B. *Adquirir, possuir ou armazenar, por qualquer meio, fotografia, vídeo ou outra forma de registro que contenha cena de sexo explícito ou pornográfica envolvendo criança ou adolescente:*

Pena – reclusão, de 1 (um) a 4 (quatro) anos, e multa.

§ 1º A pena é diminuída de 1 (um) a 2/3 (dois terços) se de pequena quantidade o material a que se refere o caput deste artigo.

§ 2º Não há crime se a posse ou o armazenamento tem a finalidade de comunicar às autoridades competentes a ocorrência das condutas descritas nos arts. 240, 241, 241-A e 241-C desta Lei, quando a comunicação for feita por:

I – agente público no exercício de suas funções;

II – membro de entidade, legalmente constituída, que inclua, entre suas finalidades institucionais, o recebimento, o processamento e o encaminhamento de notícia dos crimes referidos neste parágrafo;

III – representante legal e funcionários responsáveis de provedor de acesso ou serviço prestado por meio de rede de computadores, até o recebimento do material relativo à notícia feita à autoridade policial, ao Ministério Público ou ao Poder Judiciário.

§ 3º As pessoas referidas no § 2º deste artigo deverão manter sob sigilo o material ilícito referido.

Comentários: o dispositivo não se limita à conduta praticada através de computadores ou internet, pois abarca qualquer material impresso, videocassete etc. Sendo a pena mínima de 1 ano, autoriza-se a suspensão condicional do processo, com base no art. 89 da Lei 9.099/95.

O STJ analisou a situação em que foi imputada ao agente a prática dos crimes dos artigos 241 e 241-B. A tese da defesa era que deveria ser aplicado o princípio da consunção. No entanto, a Corte entendeu que há autonomia entre os tipos penais.[7]

7. AgRg no AREsp 1714855/RJ, Rel. Min. Reynaldo Soares da Fonseca, 5ª Turma, julgado em 27/10/2020; AgRg no REsp 1831910/SP, Rel. Min. Joel Ilan Paciornik, 5ª Turma, julgado em 15/09/2020.

Além disso, a Lei n. 14.811/2024 modificou a Lei de Crimes Hediondos para incluir no rol do parágrafo único do artigo 1º a conduta do artigo 241-B. Com isso, aumenta-se o rigor punitivo da conduta.

Inclusive, em 2023, o STJ julgou essa matéria em sede de recursos repetitivos – tema 1168:

> **Tema 1168.** Os tipos penais trazidos nos arts. 241-A e 241-B do Estatuto da Criança e do Adolescente são autônomos, com verbos e condutas distintas, sendo que o crime do art. 241-B não configura fase normal, tampouco meio de execução para o crime do art. 241-A, o que possibilita o reconhecimento de concurso material de crimes.

▸ Como esse assunto foi cobrado em concurso?

Instituto Consulplan – 2024 – MP/SC – Promotor

Sobre o Estatuto da Criança e do Adolescente, Lei nº 8.069/1990, julgue o item a seguir.

João enviou duas fotografias com cenas de sexo explícito envolvendo Maria e Catarina, crianças contando com seis e oito anos de idade, respectivamente, por meio de um e-mail, para Vitório. No momento do cumprimento do mandado de busca e apreensão na residência de João, foram encontradas e apreendidas outras dez fotos de pornografia infantil em seu computador, além de um álbum contendo mais cem fotografias de adolescentes em cenas de nudez. De acordo com o disposto no Estatuto da Criança e do Adolescente, pode-se concluir que João será responsabilizado, exclusivamente, pelo crime preceituado no Art. 241-A do ECA. O crime elencado no Art. 241-B, da Lei nº 8.069/1990, será absorvido, princípio da consunção, pelo tipo previsto no Art. 241-A, porque constitui meio de execução desse crime, conforme entendimento consolidado do STJ e do STF. Cumpre destacar que a conduta elencada no Art. 241-A do ECA é hedionda.

Gabarito: o item está errado.

O STJ discutiu a aplicação dessa tese em 2024 nos seguintes termos:

> I – Está assentado nesta Corte que as premissas fáticas firmadas nas instâncias ordinárias não podem ser modificadas no âmbito do apelo extremo, nos termos da Súmula n. 7/STJ, segundo a qual "a pretensão de simples reexame de prova não enseja recurso especial".
>
> II – Na hipótese, de fato, entender de modo contrário ao estabelecido pelas instâncias ordinárias, como pretende a parte recorrente, e aplicar o erro de proibição demandaria, necessariamente, o revolvimento do acervo fático-probatório delineado nos autos, providência inviável nesta instância.
>
> III – A partir da conclusão firmada pela Tese n. 1.168, entendo que o acórdão recorrido está em consonância com a lógica delineada por esta Corte

Superior, de modo que a conduta do art. 240 do ECA, expressa, consoante revaloração do vasto contexto fático-probatório destacado pelo Tribunal Regional, autonomia em relação aos crimes do art. 241 e, especialmente, do art. 241-A do ECA.

IV – Isso porque, do quadro fático disposto no acórdão recorrido, o recorrente "filmou com o seu celular os adolescentes, ... mantendo relações sexuais. O vídeo teria sido transmitido por ... a outros colegas via bluetooth ..., que se encontravam na escola com uso ele um notebook e em comunhão de desígnios teriam publicado o vídeo na página do Facebook pertencente a ..., o que possibilitou o acesso indiscriminado das cenas de sexo explícito." (fl. 42). Da sentença, fora extraído trechos que bem representam a inserção do crime do art. 240 do ECA no trajeto delitivo do crime do art. 241-A do ECA.

V – A Corte Regional ainda revigorou essa independência ao dispor que "Colhe-se que ... agiu com plena consciência da Ilicitude de suas Condutas concernentes ao ato de filmar a relação sexual entre os Adolescentes, cuja condição sabia, e ao repasse do vídeo para ...., colega da Escola na qual ambos estudavam".

VI – Ressalto, outrossim, que o princípio da consunção tem aplicabilidade nas situações fáticas nas quais a conduta anterior for realizada com um único objetivo de praticar o crime-fim. Nesse aspecto: AgRg no AREsp n. 2.090.018/SP, Sexta Turma, Rel. Min. Rogerio Schietti Cruz, DJe de 29/11/2022; o que não foi o caso dos autos.

VII – Nessa toada, ainda, esclareço que a absorção do delito de produção de material pornográfico não é possível diante da existência de bens jurídicos diversos a reclamar a tutela jurisdicional, de modo que, na esteira da pacífica jurisprudência desta Corte Superior, "A consunção é aplicada quando um dos delitos constitui meio necessário à preparação ou execução de outro crime.

Evidenciada a autonomia de desígnios e a distinção de bens jurídicos tutelados [...] não há falar em absorção de um delito pelo outro" (AgRg no HC n. 703.115/SC, Sexta Turma, Rel. Min. Olindo Menezes (Desembargador Convocado do TRF 1ª Região), DJe de 15/8/2022).

Agravo regimental desprovido.

(AgRg no REsp n. 1.993.384/PE, relator Ministro Messod Azulay Neto, Quinta Turma, julgado em 15/4/2024, DJe de 18/4/2024.)

Classificação: comum, doloso, comissivo, plurissubsistentes, cabe tentativa.

Art. 241-C. *Simular a participação de criança ou adolescente em cena de sexo explícito ou pornográfica por meio de adulteração, montagem ou modificação de fotografia, vídeo ou qualquer outra forma de representação visual:*

Pena – reclusão, de 1 (um) a 3 (três) anos, e multa.

> **Parágrafo único.** *Incorre nas mesmas penas quem vende, expõe à venda, disponibiliza, distribui, publica ou divulga por qualquer meio, adquire, possui ou armazena o material produzido na forma do caput deste artigo.*

Comentários: nesse tipo penal, não há utilização da criança ou do adolescente na cena pornográfica, mas sim a edição do material de modo a inserir sua imagem na situação vexatória. O tipo alcança aquele que elabora o material (*caput*) e também aquele que pratica qualquer forma de distribuição (parágrafo único). Classificação: comum, doloso, comissivo, cabe tentativa.

> **▸ Como esse assunto foi cobrado em concurso?**
>
> **Instituto Consulplan – 2024 – MP/SC – Promotor**
>
> Sobre o Estatuto da Criança e do Adolescente, Lei nº 8.069/1990, julgue o item a seguir.
>
> O Estatuto da Criança e do Adolescente estabelece expressamente como crime a conduta específica de simular a participação de criança ou adolescente em cena de sexo explícito ou pornográfica por meio de adulteração, montagem ou modificação de fotografia, vídeo ou qualquer outra forma de representação visual.
>
> *Gabarito: o item está certo.*

> **Art. 241-D.** *Aliciar, assediar, instigar ou constranger, por qualquer meio de comunicação, criança, com o fim de com ela praticar ato libidinoso:*
>
> *Pena – reclusão, de 1 (um) a 3 (três) anos, e multa.*
>
> **Parágrafo único.** *Nas mesmas penas incorre quem:*
>
> *I – facilita ou induz o acesso à criança de material contendo cena de sexo explícito ou pornográfica com o fim de com ela praticar ato libidinoso;*
>
> *II – pratica as condutas descritas no caput deste artigo com o fim de induzir criança a se exibir de forma pornográfica ou sexualmente explícita.*

Comentários: dispõe sobre a conduta daquele que, embora não produza o material pornográfico, é responsável pelo *recrutamento* da criança. Observe-se que aqui o tipo não inclui a conduta referente ao adolescente. Houve claramente uma falha do legislador, na medida em que todos os demais tipos penais têm como objeto de tutela a criança e o adolescente. A pena é de reclusão e varia de 1 a 3 anos, de modo que é possível a suspensão condicional do processo, mas não a transação penal. Contém um especial fim de agir, o "fim de com ela praticar ato libidinoso". Classificação: comum, doloso, comissivo.

> **Art. 241-E.** *Para efeito dos crimes previstos nesta Lei, a expressão "cena de sexo explícito ou pornográfica" compreende qualquer situação que envolva criança ou adolescente em atividades sexuais explícitas, reais ou simuladas, ou exibição dos órgãos genitais de uma criança ou adolescente para fins primordialmente sexuais.*

Comentários: norma interpretativa, que delimita o conteúdo da expressão "cena de sexo explícito ou pornografia". A parte final contém uma finalidade especial no caso de exibição de órgãos genitais de criança ou adolescente. A conduta é criminosa se contiver fins sexuais. Naturalmente, a utilização com finalidade educativa (aulas sobre educação sexual na escola ou de medicina em universidades) ou científica não é criminosa.

Em 2022, o STJ julgou caso que discutia o alcance do dispositivo. O entendimento da Corte foi no seguinte sentido: *"O art. 241-E do Estatuto da Criança e do Adolescente, ao explicitar o sentido da expressão "cena de sexo explícito ou pornográfica" não restringe tal conceito apenas às imagens em que a genitália de crianças e adolescentes esteja desnuda."* O caso tramitou em segredo de justiça, pelo que não temos acesso ao teor do acórdão. O entendimento do STJ foi registrado no Informativo n. 729, de 21 de março de 2022.

> **Art. 242.** *Vender, fornecer ainda que gratuitamente ou entregar, de qualquer forma, a criança ou adolescente arma, munição ou explosivo:*
>
> *Pena – reclusão, de 3 (três) a 6 (seis) anos.*

Comentários: o bem jurídico protegido por esse dispositivo é a integridade física da criança ou do adolescente. A conduta descrita nesse tipo penal está tipificada também no Estatuto do Desarmamento, Lei nº 10.826/2003, artigo 16, parágrafo único, inciso V. Parte da doutrina entende que deve prevalecer o Estatuto do Desarmamento pelo critério da especialização, além do fato de que o dispositivo do Estatuto da Criança e do Adolescente estaria tacitamente revogado pelo critério temporal. Há, porém, entendimento em sentido contrário no sentido de que subsiste a previsão do artigo 242 em relação às armas brancas. Classificação: comum, doloso, de perigo abstrato, cabe tentativa.

> **Art. 243.** *Vender, fornecer, servir, ministrar ou entregar, ainda que gratuitamente, de qualquer forma, a criança ou a adolescente, bebida alcoólica ou, sem justa causa, outros produtos cujos componentes possam causar dependência física ou psíquica:*
>
> *Pena – detenção de 2 (dois) a 4 (quatro) anos, e multa, se o fato não constitui crime mais grave.*

Comentários: o Estatuto foi modificado pela Lei n. 13.106/2015 para dar mais coerência ao sistema de proteção dos direitos infantojuvenis. A redação original dava brecha para um tratamento muito brando no caso da venda de bebida alcoólica, que não estava incluído expressamente no dispositivo legal, a despeito de causar dependência física e psíquica. O STJ reiteradamente afirmava que a venda de bebida alcoólica não caracterizava crime, mas sim contravenção penal (RHC 28.689-RJ, Rel. Min. Celso Limongi (Desembargador convocado do TJ-SP), julgado em 5/5/2011). Com a modificação legal, fica consolidada a prática de crime.

A venda de cola de sapateiro não caracteriza infração administrativa, mas sim crime do art. 243. O uso inadequado do produto causa dependência, o que se amolda à parte final desse dispositivo.

A venda de cigarros a crianças e adolescentes caracteriza o crime do artigo 243 do Estatuto.[8]

A questão hoje está sumulada pelo STJ:

> **Súmula 669.** O fornecimento de bebida alcóolica a criança ou adolescente, após o advento da Lei n. 13.106, de 17 de março de 2015, configura o crime previsto no art. 243 do ECA.

Classificação: comum, doloso, comissivo, formal, de perigo concreto, cabe tentativa.

> **Art. 244.** *Vender, fornecer ainda que gratuitamente ou entregar, de qualquer forma, a criança ou adolescente fogos de estampido ou de artifício, exceto aqueles que, pelo seu reduzido potencial, sejam incapazes de provocar qualquer dano físico em caso de utilização indevida:*
>
> Pena – detenção de seis meses a dois anos, e multa.

Comentários: o artigo tipifica a conduta daquele que vende ou fornece fogos de estampido ou artifício a criança ou adolescente. Esse dispositivo guarda relação com o art. 81, inciso IV. Há ressalva de que não caracteriza crime a venda de fogos que sejam incapazes de provocar dano físico em caso de utilização indevida, por conta de seu reduzido potencial, como o estalinho.

Classificação: comum, comissivo, doloso, formal, de perigo concreto, de menor potencial ofensivo.

> **Art. 244-A.** *Submeter criança ou adolescente, como tais definidos no caput do art. 2º desta Lei, à prostituição ou à exploração sexual:*
>
> *Pena – reclusão de quatro a dez anos e multa, além da perda de bens e valores utilizados na prática criminosa em favor do Fundo dos Direitos da Criança e do Adolescente da unidade da Federação (Estado ou Distrito Federal) em que foi cometido o crime, ressalvado o direito de terceiro de boa-fé. (redação dada pela Lei n. 13.440, de 2017)*
>
> *§ 1º Incorrem nas mesmas penas o proprietário, o gerente ou o responsável pelo local em que se verifique a submissão de criança ou adolescente às práticas referidas no caput deste artigo.*
>
> § 2º Constitui efeito obrigatório da condenação a cassação da licença de localização e de funcionamento do estabelecimento.

8. REsp 1359455/MT, Rel. Ministra Laurita Vaz, 5ª Turma, DJe 22/08/2014.

Comentários: esse dispositivo tipifica a conduta de quem submete criança ou adolescente à prostituição ou exploração sexual. Em 2017, a pena foi aumentada pela Lei n. 13.440. Além da modificação no *quantum* da pena, há a previsão de perda de bens e valores em favor do Fundo de Direitos infantojuvenil da unidade federada em que o crime foi cometido.

É importante lembrar que seu parágrafo segundo determina, como efeito obrigatório da condenação, a cassação da licença de localização e funcionamento do local. Há entendimento doutrinário de que o presente dispositivo foi revogado tacitamente pelo artigo 218-B do Código Penal, introduzido pela Lei nº 12.015/2009, cuja redação é a seguinte:

> **Art. 218-B.** Submeter, induzir ou atrair à prostituição ou outra forma de exploração sexual alguém menor de 18 (dezoito) anos ou que, por enfermidade ou deficiência mental, não tem o necessário discernimento para a prática do ato, facilitá-la, impedir ou dificultar que a abandone:
>
> Pena – reclusão, de 4 (quatro) a 10 (dez) anos.
>
> § 1º Se o crime é praticado com o fim de obter vantagem econômica, aplica-se também multa.
>
> § 2º Incorre nas mesmas penas:
>
> I – quem pratica conjunção carnal ou outro ato libidinoso com alguém menor de 18 (dezoito) e maior de 14 (catorze) anos na situação descrita no caput deste artigo;
>
> II – o proprietário, o gerente ou o responsável pelo local em que se verifiquem as práticas referidas no caput deste artigo.
>
> § 3º Na hipótese do inciso II do § 2º, constitui efeito obrigatório da condenação a cassação da licença de localização e de funcionamento do estabelecimento.

A despeito desse entendimento doutrinário, não se identificam no STJ julgados nesse sentido.

O Superior Tribunal de Justiça tem o entendimento de que esse dispositivo **não se aplica ao cliente ocasional.**[9]

A pena do artigo 244-A possibilita o perdimento dos bens e valores utilizados na prática criminosa. O objetivo – para além do caráter punitivo – é ampliar os recursos do Fundo estadual (ou distrital) dos Direitos da Criança e do Adolescente. O Fundo a ser beneficiado é o da unidade federativa em que o crime foi cometido.

Classificação: comum, doloso, comissivo, material, cabe tentativa.

---

9. RHC 37.606/MT, Rel. Min. Felix Fischer, 5ª Turma, julgado em 30/06/2015, DJe 05/08/2015.

> **Art. 244-B.** *Corromper ou facilitar a corrupção de menor de 18 (dezoito) anos, com ele praticando infração penal ou induzindo-o a praticá-la:*
>
> *Pena - reclusão, de 1 (um) a 4 (quatro) anos.*
>
> *§ 1º Incorre nas penas previstas no caput deste artigo quem pratica as condutas ali tipificadas utilizando-se de quaisquer meios eletrônicos, inclusive salas de bate-papo da internet.*
>
> *§ 2º As penas previstas no caput deste artigo são aumentadas de um terço no caso de a infração cometida ou induzida estar incluída no rol do art. 1º da Lei nº 8.072, de 25 de julho de 1990.*

Comentários: o dispositivo foi introduzido pela Lei nº 12.015/2009, que deu novo tratamento aos crimes contra a dignidade sexual. O dispositivo alcança inclusive a prática do crime por meios virtuais, quando a corrupção é praticada pela internet (§ 1º).

Embora parte da doutrina entenda que o crime é material, ou seja, que deve ficar demonstrada a corrupção da criança ou adolescente, o Superior Tribunal de Justiça caracteriza o artigo 244-B como crime formal, tema consolidado inicialmente em recurso repetitivo[10] e hoje sumulado:

> **Súmula 500.** A configuração do crime do art. 244-B do ECA independe da prova da efetiva corrupção do menor, por se tratar de delito formal.

O STJ examinou *Habeas Corpus* em que o paciente alegou ocorrência de bis in idem na aplicação da pena. O argumento é o de que seria inviável a incidência da causa de aumento de pena no roubo pelo concurso de agentes e, cumulativamente, a condenação por corrupção de menores. A Corte não acolheu a argumentação, pois entendeu possível a cumulação.[11]

A conclusão do STJ é diversa quando o próprio tipo penal prevê como majorante a participação de criança ou adolescente. É o que ocorre no caso do artigo 40, inc. VI da Lei n. 11.343/2005. Nesse caso, a condenação também por corrupção de menores caracteriza bis in idem, o que não é aceito pelo STJ.[12]

A jurisprudência do STJ se consolidou no sentido de que não é necessária a apresentação da certidão de nascimento do adolescente para condenação do maior pelo crime de corrupção de menor. Confira-se:

> **Tema 1052. Para ensejar a aplicação de causa de aumento de pena prevista no art. 40, VI, da Lei n. 11.343/2006 ou a condenação pela prática do crime previsto no art. 244-B da Lei n. 8.069/1990, a qualificação do menor,**

10. REsp 1127954 DF, Rel. Min. Marco Aurélio Bellizze, 3ª Seção, DJe 01/02/2012.
11. AgRg no REsp 1756399/SP, Rel. Min. Ribeiro Dantas, 5ª Turma, julgado em 27/11/2018.
12. AgRg nos EDcl no REsp 1716826/PR, Rel. Min. Joel Ilan Paciornik, 5ª Turma, julgado em 10/04/2018.

constante do boletim de ocorrência, deve trazer dados indicativos de consulta a documento hábil – como o número do documento de identidade, do CPF ou de outro registro formal, tal como a certidão de nascimento.

Classificação: comum, doloso, formal, cabe tentativa, cabe suspensão condicional do processo.

> **Art. 244-C.** Deixar o pai, a mãe ou o responsável legal, de forma dolosa, de comunicar à autoridade pública o desaparecimento de criança ou adolescente:
>
> Pena – reclusão, de 2 (dois) a 4 (quatro) anos, e multa.

Comentários: o dispositivo acima foi inserido no Estatuto pela Lei n. 14.811/2024. Trata-se da criação de um novo tipo penal, cuja conduta é a de não comunicar às autoridades o desaparecimento de criança ou adolescente. O sujeito ativo é limitado a pai, mãe e responsável legal (guardião, tutor).

8. INFRAÇÕES ADMINISTRATIVAS

As infrações administrativas não são instituto novo no direito da criança e do adolescente. Os Códigos de Menores de 1927 e de 1979 já as previam. Sua existência decorre do poder de polícia do Estado, responsável pela guarda dos direitos infantojuvenis.

As infrações administrativas fazem parte de um sistema de proteção e efetivação dos direitos infantojuvenis, como nos explicam Rossato, Lépore e Cunha:

> [...] a família, a sociedade, a comunidade e o Estado têm o dever fundamental de promover a observância dos direitos fundamentais de crianças e adolescentes, bem como de colocá-las a salvo de qualquer forma de abuso e negligência.
>
> De nada adiantaria esse dever fundamental sem que existissem instrumentos capazes de responsabilizar aqueles que não o observassem. Dessa maneira, o Estatuto fez previsão de um *complexo sistema de responsabilização*, pelo qual é possível a aplicação de medidas jurídicas e de penas, com finalidades educativa e punitiva.
>
> Nesse passo, da inobservância do dever fundamental indicado pode decorrer:
>
> a) a tipificação de crimes;
>
> b) a tipificação de infrações administrativas;
>
> c) a aplicação de medidas pertinentes aos pais e responsáveis;
>
> d) a aplicação de penalidades às entidades de atendimento responsáveis pela execução de programas socioeducativos e de proteção.[13]

13. ROSSATO, Luciano Alves. LÉPORE, Paulo Eduardo. CUNHA, Rogério Sanches. op. cit., p. 570.

No Estatuto da Criança e do Adolescente de 1990, as infrações administrativas estão previstas nos artigos 245 a 258-C. Naturalmente, por não se tratar de condutas criminosas, a punição prevista não é privativa de liberdade, mas sim multa.

O valor arrecadado com as multas é revertido em benefício dos fundos municipais dos direitos da criança e do adolescente, conforme prevê o artigo 214.

8.1. Prescrição de infrações administrativas

Em relação a crimes e medidas socioeducativas, não há dúvidas de que é aplicável a prescrição, conforme estabelece o Código Penal e o entendimento já sumulado pelo Superior Tribunal de Justiça (súmula 338).

No que toca às infrações administrativas, previstas no Estatuto da Criança e do Adolescente, a Corte entendeu que também é plenamente aplicável o instituto da prescrição. Entretanto, é preciso observar a fixação de um importante entendimento do Superior Tribunal de Justiça acerca do prazo prescricional. A multa para a prática de infrações administrativas previstas no Estatuto tem **natureza administrativa**, e não penal. Portanto, não se lhes aplica o prazo prescricional de 2 anos, fixado pelo art. 114 do Código Penal, mas sim o **prazo de 5 anos**. Essa é a posição tranquila do Superior Tribunal de Justiça sobre a matéria.[14]

Além disso, é preciso observar a forma de contagem do prazo prescricional. O § 1º do artigo 214 prevê que as multas não pagas voluntariamente no prazo de 30 dias do trânsito em julgado da decisão que as impôs deverão ser cobradas pelo Ministério Público ou outro legitimado. O STJ analisou caso em que o prazo prescricional havia sido estabelecido pela data do fato, e não 30 dias após o trânsito. A decisão foi modificada para se adequar ao entendimento da Corte.[15]

8.2. Infrações administrativas em espécie

> **Art. 245.** *Deixar o médico, professor ou responsável por estabelecimento de atenção à saúde e de ensino fundamental, pré-escola ou creche, de comunicar à autoridade competente os casos de que tenha conhecimento, envolvendo suspeita ou confirmação de maus-tratos contra criança ou adolescente:*
>
> *Pena – multa de três a vinte salários de referência, aplicando-se o dobro em caso de reincidência.*

Comentários: o sujeito ativo pode ser apenas o médico, o professor ou o responsável de estabelecimento acima referido. A conduta combatida é a omissão, é a não comunicação. Em caso de maus-tratos, a comunicação deve ser feita ao Conselho Tutelar, conforme determina o artigo 13 do Estatuto.

---

14. REsp 894.528/RN, Rel. Min. Eliana Calmon, 2ª Turma, DJe 08/05/2009.
15 REsp 1655163/SC, Rel. Min. Napoleão Nunes Maia Filho, 1ª Turma, julgado em 25/08/2020.

▸ **Como esse assunto foi cobrado em concurso?**

(Promotor de Justiça - MP-SC - 2021 - Cespe) Quanto às infrações administrativas praticadas contra criança e adolescente, julgue os próximos itens.

Comete infração administrativa sujeita a multa o médico responsável por estabelecimento de saúde que, tendo conhecimento do fato, deixar de comunicar à autoridade competente casos suspeitos ou confirmados de maus tratos contra criança e adolescente.

Gabarito: o item está certo.

> **Art. 246.** *Impedir o responsável ou funcionário de entidade de atendimento o exercício dos direitos constantes nos incisos II, III, VII, VIII e XI do art. 124 desta Lei:*
>
> *Pena - multa de três a vinte salários de referência, aplicando-se o dobro em caso de reincidência.*

Comentários: o sujeito ativo é próprio, alcança apenas o responsável ou o funcionário da entidade de atendimento. Os direitos dos adolescentes protegidos neste dispositivo são os seguintes: "*Art. 124. [...] II - peticionar diretamente a qualquer autoridade; III - avistar-se reservadamente com seu defensor; VII - receber visitas, ao menos, semanalmente; VIII - corresponder-se com seus familiares e amigos; XI - receber escolarização e profissionalização;*".

> **Art. 247.** *Divulgar, total ou parcialmente, sem autorização devida, por qualquer meio de comunicação, nome, ato ou documento de procedimento policial, administrativo ou judicial relativo a criança ou adolescente a que se atribua ato infracional:*
>
> *Pena - multa de três a vinte salários de referência, aplicando-se o dobro em caso de reincidência.*
>
> § 1º Incorre na mesma pena quem exibe ou transmite imagem, vídeo ou corrente de vídeo de criança ou adolescente envolvido em ato infracional ou em outro ato ilícito que lhe seja atribuído, de forma a permitir sua identificação.
>
> *§ 2º Se o fato for praticado por órgão de imprensa ou emissora de rádio ou televisão, além da pena prevista neste artigo, a autoridade judiciária poderá determinar a apreensão da publicação ou a suspensão da programação da emissora até por dois dias, bem como da publicação do periódico até por dois números. (Expressão declarada inconstitucional pela ADIN 869-2).*

Comentários: qualquer indivíduo pode ser o sujeito ativo desta infração administrativa, que guarda relação com o direito de preservação de sua imagem e identidade, previsto nos artigos 17 e 143, parágrafo único do Estatuto.

O § 1º foi alterado pela Lei n. 14.811/2024 para acrescentar à descrição normativa a conduta de transmissão de imagem ou vídeo. O objetivo é combater aqueles envios massivos pelas redes sociais de situações em que seja possível identificar a criança ou adolescente envolvido em ato infracional.

A parte final do parágrafo segundo foi declarada inconstitucional pelo STF (ADI n. 869-2).

Art. 248. *REVOGADO*

Comentários: o artigo 248 do Estatuto foi revogado pela Lei n. 13.431/2017, o que significou grande conquista para os defensores dos direitos infantojuvenis. O dispositivo em questão previa o seguinte: "*Deixar de apresentar à autoridade judiciária de seu domicílio, no prazo de cinco dias, com o fim de regularizar a guarda, adolescente trazido de outra comarca para a prestação de serviço doméstico, mesmo que autorizado pelos pais ou responsável: Pena – multa de três a vinte salários de referência, aplicando-se o dobro em caso de reincidência, independentemente das despesas de retorno do adolescente, se for o caso*".

A revogação tem o objetivo de deixar ainda mais clara a proibição do trabalho infantojuvenil, inclusive o doméstico.

Art. 249. *Descumprir, dolosa ou culposamente, os deveres inerentes ao poder familiar ou decorrente de tutela ou guarda, bem assim determinação da autoridade judiciária ou Conselho Tutelar:*

Pena – multa de três a vinte salários de referência, aplicando-se o dobro em caso de reincidência.

Comentários: o STJ já se manifestou expressamente sobre esse dispositivo e entendeu que sua parte final (que trata da determinação de autoridade judiciária ou de Conselho Tutelar) se limita àquelas pessoas referidas em sua primeira parte, pais, tutores e guardiões, não sendo aplicável ao agente público.[16]

Outra manifestação jurisprudencial importante do STJ foi no sentido de que a falta de amparo estatal e as dificuldades para seu desempenho não eximem os pais de vir a ser processados em caso de descumprimento de seus deveres inerentes ao poder familiar.[17]

A Corte discutiu se era possível deixar de aplicar a multa do artigo 249 em razão da situação econômica dos pais hipossuficientes. No entender do STJ,

16. REsp 779.055-SC, Rel. Min. Francisco Falcão, julgado em 26/9/2006.
17. REsp 768.572-RS, Rel. Min. Carlos Alberto Menezes Direito, julgado em 8/8/2006.

a frágil **situação financeira não é causa de exclusão da multa**, embora possa justificar a aplicação em valor inferior ao patamar mínimo.[18] Esse entendimento segue sendo aceito em 2022, conforme destacou a Corte em julgado protegido por segredo de justiça – cujo conteúdo foi divulgado no Informativo n. 746, de 29 de agosto de 2022.

Por fim, o STJ destacou que a pena de multa não se extingue pelo advento da maioridade da vítima.[19]

Em 2024, o STJ se manifestou sobre a aplicação do artigo 249 do Estatuto, para destacar que sua aplicação é abrangente, não limitada à esfera familiar e de família substituta. Confira-se:

> I. Caso em exame
>
> 1. Empresa promotora de eventos autuada por permitir a entrada e o consumo de bebida alcóolica por menores. Condenação à multa por infração ao art. 249 do ECA.
>
> II. Questão em discussão
>
> 2. Consiste em determinar os sujeitos ativos da infração prevista no art. 249 do ECA.
>
> III. Razões de decidir
>
> 3. O art. 249 do ECA abrange duas partes: a primeira trata do descumprimento de deveres familiares; a segunda, do descumprimento de determinações judiciais ou do Conselho Tutelar.
>
> 4. Em relação à segunda parte, a interpretação deve ser ampla, aplicando-se a qualquer pessoa que descumpra ordens judiciais ou do Conselho Tutelar. Isso porque, no exame de demandas envolvendo interesses de crianças e adolescentes, deve ser eleita solução da qual resulte maior conformação aos princípios norteadores do Direito Infantojuvenil, notadamente à proteção integral e ao melhor interesse, derivados da prioridade absoluta apregoada pelo art. 227, caput, da CF.
>
> IV. Dispositivo e tese
>
> 5. Recurso desprovido.
>
> Tese de julgamento: 1. A sanção prevista no art. 249 do ECA aplica-se a qualquer pessoa física ou jurídica que descumpra determinações judiciais ou do Conselho Tutelar.
>
> Dispositivos relevantes citados: ECA, art. 249; CF, art. 227.
>
> Jurisprudência relevante citada: REsp n. 847.588/SC, Min. Eliana Calmon, Segunda Turma, julgado em 18/9/2008; REsp n. 823.813/SC, Min. Teori Albino Zavascki, Primeira Turma, julgado em 17/2/2009.
>
> (REsp n. 1.944.020/MG, relator Ministro Antonio Carlos Ferreira, Quarta Turma, julgado em 22/10/2024, DJe de 30/10/2024.)

---

18. REsp 1658508/RJ, Rel. Min. Nancy Andrighi, 3ª Turma, julgado em 23/10/2018, DJe 26/10/2018.
19. REsp 1653405/RJ, Rel. Min. Maria Isabel Gallotti, 4ª Turma, julgado em 02/03/2021, DJe 10/03/2021.

▸ Como esse assunto foi cobrado em concurso?

Instituto Consulplan - 2024 - MP/SC - Promotor

Nos termos da Lei nº 8.069/1990 e da jurisprudência do STJ, julgue o item a seguir.

Descumprir, dolosa ou culposamente, os deveres inerentes ao poder familiar configura infração administrativa sujeita à pena de multa de três a vinte salários mínimos, sendo vedada a redução a valor aquém do mínimo legal. Contudo, a vulnerabilidade econômica da entidade familiar impede a aplicação da referida multa, ainda que os requisitos de sua incidência estejam presentes, em proteção ao escasso patrimônio da família, para evitar o desfalque de recursos necessários ao bem-estar da criança ou do adolescente.

Gabarito: o item está errado.

Art. 250. *Hospedar criança ou adolescente desacompanhado dos pais ou responsável, ou sem autorização escrita desses ou da autoridade judiciária, em hotel, pensão, motel ou congênere:*

Pena - multa.

§ 1º Em caso de reincidência, sem prejuízo da pena de multa, a autoridade judiciária poderá determinar o fechamento do estabelecimento por até 15 (quinze) dias.

§ 2º Se comprovada a reincidência em período inferior a 30 (trinta) dias, o estabelecimento será definitivamente fechado e terá sua licença cassada.

Comentários: o dispositivo está em consonância com a previsão do artigo 82 do Estatuto, que proíbe a hospedagem de criança ou adolescente desacompanhada de pais ou responsável. O STJ entende que o dispositivo se aplica também à pessoa jurídica (REsp 622.707-SC, Rel. Min. Eliana Calmon, julgado em 2/2/2010).

▸ Como o assunto foi cobrado em concurso?

(Defensor Público - DPE-SC - 2021 - FCC) Visando facilitar o acesso a seus serviços, a Defensoria Pública Estadual instalou um posto de atendimento em área degradada do centro urbano onde circulam pessoas em situação de extrema vulnerabilidade. Sabrina, 16 anos, buscou o posto e pediu orientação jurídica. Contou que, no dia anterior, foi surpreendida, em operação da polícia e do Conselho Tutelar, em um quarto de motel da região, na companhia de Jorge, 30 anos, o qual a contratara, mediante pagamento, para prática de atos sexuais. Sabrina retornou no dia seguinte à região, mas está temorosa e com muitas dúvidas. Mostra-se correta, de acordo com previsão legal e/ou entendimento predominante dos tribunais superiores, a orientação do Defensor Público no sentido de que

A) o valor pago por Jorge pelos serviços sexuais prestados por Sabrina será apreendido pelo Conselho Tutelar e perdido em favor do Fundo Municipal dos Direitos da Criança e do Adolescente.

B) Jorge, enquanto usuário, mas não intermediário, dos serviços sexuais oferecidos por Sabrina, não incorre no delito de exploração sexual.

C) tendo Sabrina e seus pais recebido advertência pelo Conselho Tutelar no dia anterior, caso seja ela flagrada novamente na mesma situação, todos serão encaminhados à presença da autoridade judiciária.

D) se Sabrina for novamente surpreendida hospedada naquele dia no mesmo motel, o estabelecimento deverá ser definitivamente fechado e ter sua licença cassada.

E) o proprietário, o gerente ou o responsável pelo motel responderão por crime de hospedagem de criança ou adolescente sem a presença ou autorização dos pais.

Gabarito: letra D.

Art. 251. *Transportar criança ou adolescente, por qualquer meio, com inobservância do disposto nos arts. 83, 84 e 85 desta Lei:*

Pena – multa de três a vinte salários de referência, aplicando-se o dobro em caso de reincidência.

Comentários: a referência aos artigos 83 a 85 tocam à autorização de viagem. Vale destacar que o CNJ também regulou a matéria através da Resolução nº 131/2011. A previsão alcança tanto o responsável pelo transporte (o próprio motorista e a pessoa jurídica), quanto os pais ou responsável que deixe de observar a normativa do Estatuto.

▸ Como o assunto foi cobrado em concurso?

(Promotor de Justiça – MP-SC – 2021 – Cespe) Quanto às infrações administrativas praticadas contra criança e adolescente, julgue os próximos itens.

O transporte terrestre de criança, para outro estado da Federação, sem acompanhante da família e sem autorização judicial representa infração administrativa sujeita a multa.

Gabarito: o item está certo.

Art. 252. *Deixar o responsável por diversão ou espetáculo público de afixar, em lugar visível e de fácil acesso, à entrada do local de exibição, informação destacada sobre a natureza da diversão ou espetáculo e a faixa etária especificada no certificado de classificação:*

Pena – multa de três a vinte salários de referência, aplicando-se o dobro em caso de reincidência.

Comentários: a infração é dirigida especificamente ao responsável pela diversão ou espetáculo. Essa matéria diz respeito à prevenção especial, disciplinada nos artigos 74 a 80 do Estatuto. O artigo em análise está ligado diretamente à exigência do parágrafo único do artigo 74.

> **Art. 253.** *Anunciar peças teatrais, filmes ou quaisquer representações ou espetáculos, sem indicar os limites de idade a que não se recomendem:*
>
> *Pena – multa de três a vinte salários de referência, duplicada em caso de reincidência, aplicável, separadamente, à casa de espetáculo e aos órgãos de divulgação ou publicidade.*

Comentários: a infração pode ser praticada por qualquer pessoa que faça anúncios de peças teatrais, filmes, representações ou espetáculos em geral. Essa matéria diz respeito à prevenção especial, disciplinada nos artigos 74 a 80 do Estatuto. A infração em análise se liga à exigência feita pelo parágrafo único do artigo 76.

> **▸ Como o assunto foi cobrado em concurso?**
>
> **(Promotor de Justiça – MP-SC – 2021 – Cespe))** Quanto às infrações administrativas praticadas contra criança e adolescente, julgue os próximos itens.
>
> A ausência de indicação de limites de idade em anúncios de peças teatrais e filmes constitui infração administrativa consumada pela mera divulgação, mas somente passível de multa a partir da reincidência.
>
> *Gabarito: o item está errado.*

> **Art. 254.** *Transmitir, através de rádio ou televisão, espetáculo em horário diverso do autorizado ou sem aviso de sua classificação:*
>
> *Pena – multa de vinte a cem salários de referência; duplicada em caso de reincidência a autoridade judiciária poderá determinar a suspensão da programação da emissora por até dois dias.*

Comentários: essa matéria diz respeito à prevenção especial, disciplinada nos artigos 74 a 80 do Estatuto. A infração em análise se liga à exigência feita pelo Estatuto no parágrafo único do artigo 76. Conforme indicamos anteriormente, o STF considerou inconstitucional a expressão "em horário diverso do autorizado" (ADI 2404, rel. Min. Toffoli).

Em 2019, o STJ examinou a possibilidade de condenação de emissora de televisão em danos morais coletivos por descumprir a regra do artigo 254. A Corte entendeu possível a condenação.[20]

---

20. REsp 1840463/SP, Rel. Min. Marco Aurélio Belizze, 3ª Turma, julgado em 19/11/2019.

Embora o STF tenha declarado a inconstitucionalidade da expressão "em horário diverso do autorizado", isso não significa que as emissoras tenham total liberdade para montar sua grade de programação. A classificação indicativa ainda é uma baliza importante, pelo que eventuais situações extremas podem gerar danos morais coletivos, quando afrontar valores e interesses coletivos fundamentais.

Portanto, é preciso diferenciar com clareza. A declaração de inconstitucionalidade do dispositivo pelo STF afasta a possibilidade de incidência de multa por uma transmissão fora do horário autorizado, justamente porque não cabe ao Poder Público autorizar exibição de programação. Por outro lado, a liberdade das emissoras de televisão não as exime de um dever de responsabilidade quanto ao que veiculam, pelo que pode haver eventual condenação por danos morais, como no caso analisado pelo STJ.

> **Art. 255.** *Exibir filme, trailer, peça, amostra ou congênere classificado pelo órgão competente como inadequado às crianças ou adolescentes admitidos ao espetáculo:*
>
> *Pena – multa de vinte a cem salários de referência; na reincidência, a autoridade poderá determinar a suspensão do espetáculo ou o fechamento do estabelecimento por até quinze dias.*

Comentários: incorre em infração administrativa aquele que exibe a criança ou adolescente filme, peça ou afim em desacordo com sua classificação. É dever dos responsáveis pelo estabelecimento exigir, se necessário, a comprovação da idade da criança ou do adolescente para assistir à exibição.

O Superior Tribunal de Justiça analisou questão acerca da conduta de determinada sociedade empresária que retirou da sala de cinema um adolescente e seu pai, por se tratar de filme não indicado para sua idade. Na falta de legislação regulamentar específica sobre a possibilidade de ingresso de criança ou adolescente em companhia de seu responsável em exibições de filmes inadequados para sua idade, a Corte Especial considerou prudente e adequada a atitude tomada pela sociedade empresária: REsp 1.072.035-RJ, Rel. Min. Nancy Andrighi, julgado em 28/4/2009.

> **Art. 256.** *Vender ou locar a criança ou adolescente fita de programação em vídeo, em desacordo com a classificação atribuída pelo órgão competente:*
>
> *Pena – multa de três a vinte salários de referência; em caso de reincidência, a autoridade judiciária poderá determinar o fechamento do estabelecimento por até quinze dias.*

Comentários: essa matéria diz respeito à prevenção especial, disciplinada nos artigos 74 a 80 do Estatuto. A infração em análise se liga à exigência feita pelo Estatuto no artigo 77.

> **Art. 257.** *Descumprir obrigação constante dos arts. 78 e 79 desta Lei:*
>
> *Pena - multa de três a vinte salários de referência, duplicando-se a pena em caso de reincidência, sem prejuízo de apreensão da revista ou publicação.*

Comentários: a referência que o dispositivo faz aos artigos 78 e 79 está relacionada à imposição de que revistas e publicações com material impróprio sejam comercializadas lacradas (art. 78) e de que não haja ilustrações, crônicas ou anúncios de bebida alcoólica, tabaco, armas e munições (art. 79). Desrespeitados esses dispositivos, o agente pratica a infração administrativa do artigo 257.

O STJ examinou se esse dispositivo seria aplicado também às transportadoras de revistas. A Corte afastou a interpretação literal dos dispositivos para priorizar a mais ampla proteção infantojuvenil.[21]

> ▸ **Como esse assunto foi cobrado em concurso?**
>
> **Instituto Consulplan - 2024 - MP/SC - Promotor**
>
> Tendo como base a Lei Estadual nº 11.435/2000, hipoteticamente, se José, dono de banca de revistas da grande Florianópolis, quiser expor e vender revistas e publicações pornográficas, elas deverão estar lacradas e protegidas com embalagem opaca, não podendo, em qualquer caso, ser vendido referido produto a criança ou adolescente sob pena de multa de três a vinte salários de referência, duplicando-se a pena em caso de reincidência, sem prejuízo de apreensão da revista ou publicação.
>
> Gabarito: o item está certo.

> **Art. 258.** *Deixar o responsável pelo estabelecimento ou o empresário de observar o que dispõe esta Lei sobre o acesso de criança ou adolescente aos locais de diversão, ou sobre sua participação no espetáculo:*
>
> *Pena - multa de três a vinte salários de referência; em caso de reincidência, a autoridade judiciária poderá determinar o fechamento do estabelecimento por até quinze dias.*

Comentários: a infração alcança tanto a pessoa física quanto a jurídica e se consuma com a omissão em impedir o acesso. A jurisprudência do STJ já afirmou a solidariedade da responsabilidade inclusive quando o imóvel é locado pelo proprietário a um empresário.[22]

21. REsp 1584134/RJ, Rel. Min. Napoleão Nunes Maia Filho, 1ª Turma, julgado em 20/02/2020.
22. AgRg no REsp 1384707/RJ, Rel. Min. Mauro Campbell Marques, 2ª Turma, DJe 04/12/2013.

Mais recentemente, o STJ confirmou condenação de empresário que montou camarote em evento festivo e não fiscalizou adequadamente o ingresso e a permanência dos convidados, dentre os quais estavam adolescentes.[23]

> **Art. 258-A.** *Deixar a autoridade competente de providenciar a instalação e operacionalização dos cadastros previstos no art. 50 e no § 11 do art. 101 desta Lei:*
>
> *Pena – multa de R$ 1.000,00 (mil reais) a R$ 3.000,00 (três mil reais).*
>
> ***Parágrafo único.*** *Incorre nas mesmas penas a autoridade que deixa de efetuar o cadastramento de crianças e de adolescentes em condições de serem adotadas, de pessoas ou casais habilitados à adoção e de crianças e adolescentes em regime de acolhimento institucional ou familiar.*

Comentários: os cadastros a que se refere esse dispositivo são **(i)** o cadastro de crianças e adolescentes em condições de serem adotados e de pretendentes à adoção; e **(ii)** cadastro de crianças e adolescentes inseridas em regime de acolhimento institucional e familiar.

> **Art. 258-B.** *Deixar o médico, enfermeiro ou dirigente de estabelecimento de atenção à saúde de gestante de efetuar imediato encaminhamento à autoridade judiciária de caso de que tenha conhecimento de mãe ou gestante interessada em entregar seu filho para adoção:*
>
> *Pena – multa de R$ 1.000,00 (mil reais) a R$ 3.000,00 (três mil reais).*

Comentários: o dispositivo visa a dar efetividade à previsão do parágrafo único do artigo 13 do Estatuto. A infração é própria, pois somente pode ser praticada por médico, enfermeiro ou dirigente de estabelecimento de saúde, pois são esses profissionais que têm o dever de encaminhar a mãe ou gestante à autoridade judiciária.

> **Art. 258-C.** *Descumprir a proibição estabelecida no inciso II do art. 81:*
>
> *Pena – multa de R$ 3.000,00 (três mil reais) a R$ 10.000,00 (dez mil reais);*
>
> *Medida Administrativa – interdição do estabelecimento comercial até o recolhimento da multa aplicada.*

Comentários: o dispositivo foi inserido pela Lei n. 13.106/2015, com o objetivo de enrijecer o tratamento dado para a venda de bebidas alcoólicas para crianças e adolescentes. Além de modificar a redação do artigo 243 para tipificar a conduta como crime, o artigo 258-C traz a possibilidade de interdição do estabelecimento enquanto não for paga a multa administrativa. Assim, vê-se que a venda de bebidas alcoólicas a crianças e adolescentes dá ensejo a punição tanto na esfera penal, quanto na administrativa.

---

23. REsp 1727270/MG, Rel. Min. Herman Benjamin, 2ª Turma, julgado em 24/04/2018, DJe 21/11/2018.

Capítulo

XXI

Sinase

1. INTRODUÇÃO

Em 18 de janeiro de 2012, foi promulgada a Lei nº 12.594, que instituiu o Sistema Nacional de Atendimento Socioeducativo – Sinase, cujo objetivo é regulamentar o cumprimento de medidas socioeducativas de adolescentes.

A Lei do Sinase é bastante conceitual, ou seja, apresenta e define conceitos de institutos. Invariavelmente, tais conceitos são cobrados em concursos públicos, razão por que é preciso indicá-los ao longo deste capítulo.

Tome-se como exemplo o próprio significado de Sinase, que está expresso no parágrafo 1º do artigo 1º da Lei: "*Entende-se por Sinase o conjunto ordenado de princípios, regras e critérios que envolvem a execução de medidas socioeducativas, incluindo-se nele, por adesão, os sistemas estaduais, distrital e municipais, bem como todos os planos, políticas e programas específicos de atendimento a adolescente em conflito com a lei.*"

O diploma legal é de grande importância para reforçar os direitos e garantias dos adolescentes submetidos a medidas socioeducativas, pois traça diretrizes de atuação do Poder Público, individualiza responsabilidades e uniformiza procedimentos.

Espera-se que essa lei sirva de pontapé inicial para uma requalificação no tratamento das medidas socioeducativas no país, pois a realidade atual é que as entidades que mantêm programas de acompanhamento de adolescentes não têm conseguido – salvo raras exceções – reinserir socialmente o infrator. Pior ainda é observar que há entidades de cumprimento de medidas de internação que pouco se diferem dos presídios e das cadeias públicas. Há um longo caminho a percorrer.

Em complemento à Lei do Sinase, o Conselho Nacional de Justiça editou a Resolução nº 165/2012, para uniformizar procedimentos e atuações administrativas e judiciais a respeito da internação dos adolescentes.

Por fim, um esclarecimento. Em mais de uma ocasião, um mesmo assunto é tratado de forma esparsa ao longo da Lei. Assim, para melhor didática, o exame dos institutos jurídicos não segue precisamente a ordem legal dos dispositivos.

2. OBJETIVOS DAS MEDIDAS SOCIOEDUCATIVAS

As medidas socioeducativas estão previstas no artigo 112 do Estatuto. A Lei do Sinase, por sua vez, elencou os objetivos a serem alcançados pela imposição de tais medidas, a saber.

Objetivos da aplicação de medidas socioeducativas (art. 1º, § 2º)	
I.	a responsabilização do adolescente quanto às consequências lesivas do ato infracional, sempre que possível incentivando a sua reparação;
II.	a integração social do adolescente e a garantia de seus direitos individuais e sociais, por meio do cumprimento de seu plano individual de atendimento; e
III.	a desaprovação da conduta infracional, efetivando as disposições da sentença como parâmetro máximo de privação de liberdade ou restrição de direitos, observados os limites previstos em lei.

A partir desse rol, fica claro que as medidas socioeducativas não guardam relação direta com a simples punição do adolescente. Pelo contrário, o que se espera é que o período de privação de liberdade sirva de reflexão, aprendizado, amadurecimento. Superada a internação, espera-se que o adolescente - posteriormente o adulto - regresse ao seio da sociedade para se integrar plenamente, trabalhar, formar sua família, alcançar seus sonhos.

Nesse contexto, é interessante observar a interpretação que o STJ adotou a respeito da participação de pessoas maiores em concursos públicos que, quando adolescentes, haviam praticado ato infracional. Alguns certames preveem uma fase de investigação de conduta social, em que são analisados possíveis crimes e atos infracionais, o que levaria à eliminação do candidato. A Corte entendeu que o lapso temporal extenso entre o ato infracional e o concurso afasta a sua eliminação.[1] A busca desse homem por uma aprovação no concurso público bem demonstra que, para ele, a turbulenta fase da adolescência ficou efetivamente no passado. Já adulto, buscou seus objetivos e estudou para ser aprovado em um concurso público - como provavelmente muitos dos que têm este livro agora em mãos. Diante de tantas mazelas no sistema carcerário - e inegavelmente também no sistema de cumprimento de medidas socioeducativas -, uma sociedade acuada pela violência urbana só pode ansiar pela recuperação de pessoas que praticaram atos contrários ao direito (ilícitos ou infracionais). Se isso é alcançado, com estudo, esforço e aprovação nos exames técnicos, então o que pode fazer o Poder Público é receber essa pessoa de braços abertos, e não lhe fechar a porta de um futuro melhor. Assim, a decisão do STJ é digna de elogios, não porque dá atendimento à lógica do sistema de

1. RMS 48.568/RJ, Rel. Min. Humberto Martins, 2ª Turma, julgado em 17/11/2015, DJe 24/11/2015.

proteção infantojuvenil, senão que realiza o fim maior da Constituição da República na busca de uma sociedade mais solidária, justa e igualitária.

3. CONCEITOS BÁSICOS

A Lei do Sinase descreve textualmente nos parágrafos 3º a 5º do artigo 1º os significados de alguns elementos afetos à aplicação de medidas socioeducativas, a saber:

Programa de atendimento	Organização e funcionamento, por unidade, das condições necessárias para o cumprimento das medidas socioeducativas (§3º)
Unidade	Base física necessária para organização e funcionamento de programa de atendimento (§ 4º)
Entidade de atendimento	Pessoa jurídica direito público ou privado que instala e mantém a unidade e os recursos humanos e materiais necessários ao desenvolvimento de programas de atendimento (§ 5º)

Como se pode notar, tais elementos estão conectados entre si. As **entidades de atendimento** são as responsáveis pela **montagem e execução** de programas de atendimento a adolescentes. As atividades são realizadas dentro de suas unidades, ou seja, seus estabelecimentos físicos.

4. REPARTIÇÃO DE COMPETÊNCIAS E ATRIBUIÇÕES

O artigo 2º da Lei elenca a forma como deve ser organizado e gerido o Sinase. A coordenação é da União, sendo composta pelos sistemas das esferas menores de governo – estados, DF e municípios. Estes são os responsáveis pela implementação dos programas de atendimento.

4.1. União

A leitura do artigo 3º da Lei não deixa dúvidas acerca do **papel** que cabe à **União**. Sua função é eminentemente de **coordenação**, é o responsável por traçar diretrizes e indicar caminhos, mas a realização prática não lhe compete. É, inclusive, expressamente vedado que ofereça diretamente programas próprios de atendimento (§ 1º).

Dentro da complexa estrutura administrativa do Poder Público federal, as atribuições referentes à materialização do Sinase passam pelo Conselho Nacional dos Direitos da Criança e do Adolescente (Conanda) e pela Secretaria

Nacional dos Direitos da Criança e do Adolescente do Ministério da Mulher, da Família e dos Direitos Humanos.

O Conanda é o responsável pelas funções normativa, deliberativa, de avaliação e de fiscalização do Sinase (§ 2º). Dentre suas atribuições, está a de deliberar sobre o Plano Nacional de Atendimento Socioeducativo. A Secretaria, por sua vez, é responsável pela gestão e execução do Sinase.

Confira-se o quadro esquemático abaixo:

União	
Competências	I – formular e coordenar a execução da política nacional de atendimento socioeducativo; II – elaborar o Plano Nacional de Atendimento Socioeducativo, em parceria com os Estados, o Distrito Federal e os Municípios; III – prestar assistência técnica e suplementação financeira aos Estados, ao Distrito Federal e aos Municípios para o desenvolvimento de seus sistemas; IV – instituir e manter o Sistema Nacional de Informações sobre o Atendimento Socioeducativo, seu funcionamento, entidades, programas, incluindo dados relativos a financiamento e população atendida; V – contribuir para a qualificação e ação em rede dos Sistemas de Atendimento Socioeducativo; VI – estabelecer diretrizes sobre a organização e funcionamento das unidades e programas de atendimento e as normas de referência destinadas ao cumprimento das medidas socioeducativas de internação e semiliberdade; VII – instituir e manter processo de avaliação dos Sistemas de Atendimento Socioeducativo, seus planos, entidades e programas; VIII – financiar, com os demais entes federados, a execução de programas e serviços do Sinase; e IX – garantir a publicidade de informações sobre repasses de recursos aos gestores estaduais, distrital e municipais, para financiamento de programas de atendimento socioeducativo.
Características	– A União não pode desenvolver e ofertar por conta própria programas de atendimento. – O Conanda deve deliberar sobre o Plano Nacional de Atendimento Socioeducativo, bem como fiscalizar o Sistema – A Secretaria de Direitos Humanos da Presidência da República é responsável pelas funções executiva e de gestão do Sinase.

▸ **Como esse assunto foi cobrado em concurso?**

(Promotor de Justiça – MP-AP – 2021 – Cespe) O Sistema Nacional de Atendimento Socioeducativo (SINASE) compreende o conjunto ordenado de princípios, regras e critérios que envolvem a execução de medidas socioeducativas, sendo coordenado pela União e integrado pelos sistemas estaduais, distrital e municipais responsáveis pela implementação de seus respectivos programas de atendimento ao adolescente. No âmbito do SINASE, de acordo com a Lei n.° 12.594/2012, as competências da União incluem

A) criar, desenvolver e manter programas para a execução das medidas socioeducativas de semiliberdade e internação.

B) garantir defesa técnica do adolescente a quem se atribua prática de ato infracional.

C) criar e manter programas de atendimento para a execução das medidas socioeducativas em meio aberto.

D) contribuir para a qualificação e ação em rede dos sistemas de atendimento socioeducativo.

E) garantir o pleno funcionamento do plantão interinstitucional, nos termos previstos no ECA.

Gabarito: letra D.

4.2. Estados

O rol de competências dos Estados está no artigo 4º da Lei do Sinase.

Ao contrário da União, os **Estados** possuem **atribuições materiais** na implantação do Sistema de Atendimento Socioeducativo. A partir das diretrizes traçadas em âmbito nacional, cada estado deve elaborar seu próprio Plano Estadual de Atendimento Socioeducativo.

Além disso, os estados ficaram responsáveis pela implementação dos **programas de semiliberdade e internação**. Aqui, a atuação é própria. Em relação aos programas de meio aberto, cuja competência é dos municípios, o dever do Estado é de colaboração, assessoramento e suplementação financeira.

Nos moldes do Conanda, também em âmbito estadual deve funcionar um Conselho de Direitos da Criança e do Adolescente, com as funções deliberativas e de controle do Sistema Estadual – além de lhe ser submetido o Plano Estadual de Atendimento Socioeducativo.

Em respeito ao princípio federativo, a Lei do Sinase não poderia determinar que órgão deve ser o responsável pela execução e gestão do sistema em âmbito estadual. Por isso, a Lei se limita a determinar que o Plano Estadual designe um órgão específico para tais funções (art. 4º, § 3º).

Confira-se abaixo o quadro de atribuições:

Estados	
Competências	I - formular, instituir, coordenar e manter Sistema Estadual de Atendimento Socioeducativo, respeitadas as diretrizes fixadas pela União; II - elaborar o Plano Estadual de Atendimento Socioeducativo em conformidade com o Plano Nacional; III - criar, desenvolver e manter programas para a execução das medidas socioeducativas de semiliberdade e internação; IV - editar normas complementares para a organização e funcionamento do seu sistema de atendimento e dos sistemas municipais; V - estabelecer com os Municípios formas de colaboração para o atendimento socioeducativo em meio aberto; VI - prestar assessoria técnica e suplementação financeira aos Municípios para a oferta regular de programas de meio aberto; VII - garantir o pleno funcionamento do plantão interinstitucional, nos termos previstos no inciso V do art. 88 da Lei nº 8.069, de 13 de julho de 1990 (Estatuto da Criança e do Adolescente); VIII - garantir defesa técnica do adolescente a quem se atribua prática de ato infracional; IX - cadastrar-se no Sistema Nacional de Informações sobre o Atendimento Socioeducativo e fornecer regularmente os dados necessários ao povoamento e à atualização do Sistema; e X - cofinanciar, com os demais entes federados, a execução de programas e ações destinados ao atendimento inicial de adolescente apreendido para apuração de ato infracional, bem como aqueles destinados a adolescente a quem foi aplicada medida socioeducativa privativa de liberdade.
Características	- Os Conselhos Estaduais têm as funções deliberativa e de controle do Sistema Estadual de Atendimento Socioeducativo – inclusive no que tange à deliberação sobre o Plano Estadual de Atendimento.

4.3. Municípios

O modelo municipal de competências é semelhante ao estadual. Compete-lhe elaborar um Plano Municipal de Atendimento Socioeducativo, que deve ser submetido ao Conselho Municipal de Direitos da Criança e do Adolescente.

A principal **atribuição** do município diz respeito ao desenvolvimento dos programas de atendimento de **medidas em meio aberto**. Para cumprimento dessa obrigação, o município conta com o auxílio da União e do respectivo estado, tanto com auxílio financeiro quanto técnico especializado.

Além disso, o § 1º do art. 5º autoriza a **formação de consórcio** de municípios para implementação desses programas. Trata-se de possibilidade interessante na medida em que o consórcio possibilita a repartição das despesas e o incremento da prestação do serviço, gerando maior eficiência administrativa.

Municípios	
Competências	I – formular, instituir, coordenar e manter o Sistema Municipal de Atendimento Socioeducativo, respeitadas as diretrizes fixadas pela União e pelo respectivo Estado; II – elaborar o Plano Municipal de Atendimento Socioeducativo, em conformidade com o Plano Nacional e o respectivo Plano Estadual; III – criar e manter programas de atendimento para a execução das medidas socioeducativas em meio aberto; IV – editar normas complementares para a organização e funcionamento dos programas do seu Sistema de Atendimento Socioeducativo; V – cadastrar-se no Sistema Nacional de Informações sobre o Atendimento Socioeducativo e fornecer regularmente os dados necessários ao povoamento e à atualização do Sistema; e VI – cofinanciar, conjuntamente com os demais entes federados, a execução de programas e ações destinados ao atendimento inicial de adolescente apreendido para apuração de ato infracional, bem como aqueles destinados a adolescente a quem foi aplicada medida socioeducativa em meio aberto.
Características	– Os municípios podem formar consórcios para a prestação dos programas de atendimento.

▸ **Como esse assunto foi cobrado em concurso?**

Instituto Consulplan – 2024 – MP/SC – Promotor

A Lei nº 12.594, de 18 de janeiro de 2012, institui o Sistema Nacional de Atendimento Socioeducativo (Sinase). Para garantir a oferta de programa de atendimento socioeducativo de meio aberto, os Municípios podem instituir consórcios públicos ou qualquer outro instrumento jurídico adequado, como forma de compartilhar responsabilidades.

Gabarito: o item está certo.

4.4. Distrito Federal

O Distrito Federal cumula tanto as competências estaduais quanto as municipais (art. 6º).

5. PLANO DE ATENDIMENTO SOCIOEDUCATIVO

Ao analisar as competências dos entes políticos acerca do Sinase, verifica-se que **todos** devem elaborar **Planos de Atendimento Socioeducativo**. Os artigos 7º e 8º destacam as características desses planos.

O Plano Nacional deve conter um diagnóstico da situação do Sinase, as diretrizes, objetivos, metas, prioridades e formas de financiamento e gestão das ações de atendimento (art. 7º). Além disso, o Plano deve contemplar ações nas áreas de educação, saúde, assistência social, cultura e capacitação para o trabalho e o esporte (art. 8º). O horizonte de análise do plano é de 10 anos para frente, ou seja, a análise deve alcançar projeções do presente até a década seguinte. Trata-se, pois, de um **planejamento decenal**.

Aprovado o Plano Nacional, os demais entes – Estados, Distrito Federal e Municípios – têm prazo de 360 dias para elaborar seus respectivos planos (art. 7º, § 2º). Naturalmente, tais planos devem estar em **consonância** com a **diretriz nacional**.

A fiscalização quanto à execução dos planos de atendimento ficou a cargo dos poderes legislativos das respectivas unidades federativas.

Confira-se o quadro abaixo:

Elementos do plano de atendimento socioeducativo
– diagnóstico do Sinase; – diretrizes – metas – prioridades – formas de financiamento – formas de gestão das ações de atendimento – ações articuladas nas áreas de educação, saúde, assistência social, cultura, capacitação para o trabalho e o esporte – anexo de normas nacionais de referência.

Características do plano de atendimento
– plano decenal; – o Plano Nacional é elaborado primeiro; a partir de sua aprovação, Estados, Distrito Federal e Municípios têm prazo de 360 dias para elaborar seus respectivos planos; – fiscalização da execução dos Planos de Atendimento pelos Poderes Legislativos respectivos.

5.1. Avaliação do Plano de Atendimento

Elaborados os Planos de Atendimento pelos diversos entes políticos, há naturalmente a necessidade de acompanhar sua execução e avaliar seus resultados em cotejo com as metas traçadas. A Lei do Sinase determina que a União, em articulação com os demais entes, deve realizar **avaliação** em período **não superior a 3 anos** (art. 18). O processo de avaliação deverá contar com a participação de representantes do Poder Judiciário, do Ministério Público, da Defensoria Pública e dos Conselhos Tutelares.

A avaliação dos Planos é feita através do Sistema Nacional de Avaliação e Acompanhamento do Atendimento Socioeducativo, cujos objetivos são:

(i) contribuir para a organização da rede de atendimento socioeducativo;

(ii) assegurar o conhecimento sobre ações e resultados dos atendimentos;

(iii) promover a melhora da qualidade de gestão; e

(iv) disponibilizar informações sobre o atendimento socioeducativo.

O Sistema Nacional de Avaliação deve emitir um relatório com histórico, diagnóstico da situação, recomendação e prazos, a ser encaminhado aos Conselhos de Direitos da Criança e do Adolescente, aos Conselhos Tutelares e ao Ministério Público (art. 19, §§ 2º e 3º).

Os trabalhos de avaliação são desempenhados por uma comissão permanente e por comissões temporárias para avaliações temáticas (art. 21).

A avaliação dos resultados da execução da medida socioeducativa deve contemplar, no mínimo, a verificação da: (i) situação do adolescente após o cumprimento da medida socioeducativa; (ii) a reincidência na prática do ato infracional.

A partir dos resultados obtidos pelo Sistema Nacional de Avaliação, podem ser feitos os ajustes necessários para aprimoramento de todo o Sistema de Atendimento Socioeducativo (art. 26).

6. PROGRAMAS DE ATENDIMENTO

Os programas de atendimento são executados pelas entidades de atendimento. No Estatuto, tais entidades estão reguladas pelos artigos 90 a 97. A Lei do Sinase se ocupou mais da disciplina dos programas desenvolvidos por tais entidades.

6.1. Inscrição dos programas

Os programas devem ser inscritos nos Conselhos de Direitos da Criança e do Adolescente das respectivas unidades federativas (arts. 9º e 10). Assim, os programas de atendimento estaduais serão inscritos no Conselho Estadual, ao passo em que os programas municipais serão inscritos no Conselho Municipal.

Para inscrição do programa de atendimento no Conselho, a Lei do Sinase lista uma série de **requisitos**, tanto em relação ao programa em si, quanto à entidade que o executará (art. 11).

Confira-se:

Requisitos para inscrição de programas de atendimento
I – a exposição das linhas gerais dos métodos e técnicas pedagógicas, com a especificação das atividades de natureza coletiva; II – a indicação da estrutura material, dos recursos humanos e das estratégias de segurança compatíveis com as necessidades da respectiva unidade; III – regimento interno que regule o funcionamento da entidade, no qual deverá constar, no mínimo: a) o detalhamento das atribuições e responsabilidades do dirigente, de seus prepostos, dos membros da equipe técnica e dos demais educadores; b) a previsão das condições do exercício da disciplina e concessão de benefícios e o respectivo procedimento de aplicação; e c) a previsão da concessão de benefícios extraordinários e enaltecimento, tendo em vista tornar público o reconhecimento ao adolescente pelo esforço realizado na consecução dos objetivos do plano individual; IV – a política de formação dos recursos humanos; V – a previsão das ações de acompanhamento do adolescente após o cumprimento de medida socioeducativa; VI – a indicação da equipe técnica, cuja quantidade e formação devem estar em conformidade com as normas de referência do sistema e dos conselhos profissionais e com o atendimento socioeducativo a ser realizado; e VII – a adesão ao Sistema de Informações sobre o Atendimento Socioeducativo, bem como sua operação efetiva.

Em caso de programas voltados às medidas de **semiliberdade e internação**, há **requisitos específicos** a cumprir, indicados à frente (item 6.3).

No que tange à equipe técnica do programa de atendimento, a Lei do Sinase também elenca requisitos mínimos: deve ser interdisciplinar, com profissionais das áreas de saúde, educação e assistência social, cujas atribuições devem constar do regimento interno da entidade, sendo expressamente proibida a sobreposição de atribuições (art. 12).

6.2. Programas de meio aberto

Os programas de meio aberto são realizados em **âmbito municipal** (art. 5º, III).

Diante da imposição de medida socioeducativa em meio aberto – liberdade assistida e prestação de serviços à comunidade –, o adolescente é encaminhado a uma entidade de atendimento.

A direção do programa inicialmente recebe o adolescente e seus pais para orientá-los sobre a medida socioeducativa e o funcionamento da entidade. Além disso, designa para cada adolescente um **orientador específico**, responsável pelo acompanhamento e avaliação do cumprimento da medida pelo adolescente. O rol de orientadores deve ser informado, semestralmente, ao Ministério Público e à autoridade judiciária.

A direção é responsável, ainda, por propor eventual substituição, suspensão ou extinção da medida socioeducativa.

No caso de programas de prestação de serviços à comunidade, a direção do programa deve credenciar entidades assistenciais, hospitais, escolas e outros estabelecimentos para cumprimento da medida socioeducativa (art. 14). Embora a Lei não diga de forma expressa, a listagem de entidades credenciadas também deve ser encaminhada ao MP e ao juízo da Infância e da Juventude para controle (art. 14, p.ú.).

6.3. Programas de privação de liberdade

As medidas socioeducativas em meio fechado são a semiliberdade e a internação. A **competência** para o desenvolvimento de programas voltados a essas medidas é **estadual** (art. 4º, III).

Além dos requisitos para inscrição de programas já indicados em tópico anterior, a Lei do Sinase lista outras exigências para criação dos programas nos artigos 15 a 17.

A esse respeito, confira-se o quadro abaixo:

Requisitos específicos para programas de privação de liberdade
- comprovação da existência de estabelecimento educacional com instalações adequadas e em conformidade com as normas de referência; - previsão do processo e dos requisitos para a escolha do dirigente; - apresentação das atividades de natureza coletiva; - definição das estratégias para a gestão de conflitos, vedada a previsão de isolamento cautelar, exceto em caso de garantia da segurança dos demais internos e do próprio adolescente (art. 48, § 2º); - previsão de regime disciplinar (art. 71); - estrutura física da unidade compatível com as normas de referência do Sinase; - proibição de edificação de unidades em espaços contíguos, anexos, ou integrados a estabelecimentos penais; - adoção pela direção da unidade, em caráter excepcional, de medidas para proteção do interno em casos de risco à sua integridade física, à sua vida, ou à de outrem, comunicando, de imediato, seu defensor e o Ministério Público; - o exercício da função de dirigente do programa demanda, ainda, (i) formação de nível superior afim à natureza da função; (ii) comprovada experiência mínima de 2 anos no trabalho com adolescentes; e (iii) reputação ilibada.

6.4. Responsabilização

O descumprimento das exigências legais sobre as entidades de atendimento e seus programas pode acarretar as penalidades previstas no artigo 97 do Estatuto. Soma-se essa sistemática às previsões dos artigos 28 e 29 da Lei do Sinase.

Confira-se:

Entidades governamentais, seus gestores, operadores e prepostos	Entidades não governamentais, seus gestores, operadores e prepostos
Advertência, afastamento provisório ou definitivo de seus dirigentes e fechamento ou interdição da unidade ou do programa. Em caso de reiteradas infrações, pode haver a dissolução da entidade.	Advertência, suspensão total ou parcial do repasse de verbas públicas, interdição de unidades ou suspensão de programa e cassação do registro. Em caso de reiteradas infrações, pode haver a dissolução da entidade.

Como se vê, as penalidades vão desde a simples **advertência** até, em caso de reiteradas infrações, a **suspensão** das atividades e a **dissolução** da entidade (art. 97, § 1º).

A apuração de irregularidades em entidades de atendimento possui procedimento próprio previsto no Estatuto, artigos 191 a 193. A disciplina de responsabilização por violação dos direitos das crianças e dos adolescentes não se esgota nas previsões sobre tais entidades – afinal, quaisquer outras pessoas físicas ou jurídicas podem praticar crimes e infrações administrativas.

Nesse contexto, o regramento do Estatuto é bem amplo, pois prevê um rol extenso de crimes e infrações administrativas (arts. 225 a 258-B), bem como um procedimento de apuração de prática de infração administrativa às normas de proteção infantojuvenis (arts. 194 a 197).

A prática de crimes contra crianças e adolescentes é apurada com base nas normas do Código de Processo Penal.

7. FINANCIAMENTO

A leitura da Lei do Sinase bem demonstra a quantidade de obrigações e deveres impostos aos entes públicos para implementação de um robusto de sistema de atendimento de medidas socioeducativas. Naturalmente, sua implementação gera um custo igualmente significativo para os cofres públicos.

Bem por isso, a Lei do Sinase tratou nos artigos 30 a 34 do financiamento do sistema. Os recursos para custeio do Sinase serão oriundos dos orçamentos fiscal e da seguridade social e de outras fontes (art. 30).

Como visto na distribuição de competências, a União tem o dever de transferir recursos aos Estados, ao Distrito Federal e aos Municípios para suplementação financeira (art. 3º, III). No mesmo sentido, os Estados devem auxiliar os Municípios de seu território (art. 4º, VI). Disso resulta que todos os entes estão coobrigados entre si no dever de sustentar o sistema.

O Conselho de Direitos da Criança e do Adolescente de cada ente político é responsável por definir anualmente o percentual de recursos dos Fundos dos Direitos a serem aplicados nas ações previstas na Lei do Sinase (art. 31). A prioridade de gastos deve ser para a capacitação de pessoal, sistemas de informação e avaliação.

> ▸ **Como esse assunto foi cobrado em concurso?**
>
> **FGV - 2024 - MP/GO - Promotor**
>
> O Conselho Estadual de Direitos da Criança e do Adolescente realiza assembleias extraordinárias, a fim de deliberar sobre políticas públicas prioritárias para o atual biênio. Em uma das assembleias, o gestor do Sistema Socioeducativo do Estado, que integra o Conselho de Direitos, indaga aos demais Conselheiros qual será o percentual de recursos do fundo estadual de direitos da criança e do adolescente (FIA) a ser aplicado no financiamento das ações previstas na Lei nº 12.594/12 (SINASE), sendo respondido pelo Presidente do Conselho que tal política não é considerada prioritária no atual biênio e que não haverá a destinação de verbas oriundas do FIA para o financiamento de políticas públicas do sistema socioeducativo.
>
> Considerando o disposto na Lei nº 8.069/90 (Estatuto da Criança e do Adolescente) e na Lei nº 12.594/12 (SINASE), assinale a afirmativa correta.
>
> A - O SINASE é cofinanciado apenas com recursos dos orçamentos fiscal e da seguridade social, inexistindo previsão legal de utilização de verbas oriundas do FIA.
>
> B - A utilização de verbas do FIA para o financiamento da política socioeducativa dependerá de ato discricionário do Governador do Estado.
>
> C - O percentual de recursos do FIA a serem aplicados no financiamento das ações previstas na Lei do SINASE será definido, obrigatoriamente, pelos Conselhos de Direitos da Criança e do Adolescente, a cada ano.
>
> D - O FIA tem como únicas destinações obrigatórias o incentivo ao acolhimento e programas de atenção integral à primeira infância em áreas de maior carência socioeconômica e em situações de calamidade, conforme previsto no ECA.
>
> E - Os entes federados beneficiados com recursos do FIA para ações de atendimento socioeducativo prestarão informações sobre o desempenho dessas ações diretamente ao Poder Judiciário, ao final de cada exercício.
>
> *Gabarito: letra C.*

8. EXECUÇÃO DE MEDIDAS SOCIOEDUCATIVAS

O Título II da Lei do Sinase trata especificamente da execução de medidas socioeducativas. Sua disciplina vai do artigo 35 ao artigo 80. Nele estão previstas normas sobre os direitos individuais dos adolescentes, os regimes disciplinares, os procedimentos afetos à execução etc.

8.1. Princípios

A Lei prevê expressamente os princípios que informam a execução das medidas socioeducativas.

Confira-se o quadro:

Princípios da execução de medidas socioeducativas
I – legalidade, não podendo o adolescente receber tratamento mais gravoso do que o conferido ao adulto; II – excepcionalidade da intervenção judicial e da imposição de medidas, favorecendo-se meios de autocomposição de conflitos; III – prioridade a práticas ou medidas que sejam restaurativas e, sempre que possível, atendam às necessidades das vítimas; IV – proporcionalidade em relação à ofensa cometida; V – brevidade da medida em resposta ao ato cometido, em especial o respeito ao que dispõe o art. 122 do Estatuto; VI – individualização, considerando-se a idade, capacidades e circunstâncias pessoais do adolescente; VII – mínima intervenção, restrita ao necessário para a realização dos objetivos da medida; VIII – não discriminação do adolescente, notadamente em razão de etnia, gênero, nacionalidade, classe social, orientação religiosa, política ou sexual, ou associação ou pertencimento a qualquer minoria ou status; e IX – fortalecimento dos vínculos familiares e comunitários no processo socioeducativo.

▸ **Como esse assunto foi cobrado em concurso?**

(Cespe – Analista Judiciário – Comissário de Justiça da Infância e Juventude – TJ – ES/2023) Acerca da execução das medidas socioeducativas previstas no Sistema Nacional de Atendimento Socioeducativo (SINASE), julgue o item subsequente.

Os princípios de execução das medidas socioeducativas incluem a não discriminação do adolescente em razão de etnia, gênero, nacionalidade, classe social, orientação religiosa, política ou sexual ou, ainda, associação ou pertencimento a qualquer minoria.

Gabarito: o item está certo.

8.2. Direitos individuais

O Estatuto traz capítulos específicos para tratar dos direitos individuais e das garantias processuais – artigos 106 a 111. Além desses, a Lei do Sinase apresenta um rol próprio de direitos e garantias, especificamente dirigidos para o adolescente submetido ao cumprimento de medida socioeducativa (arts. 47, 49 e 50).

Confira-se:

Direitos e garantias no cumprimento de medida
- ser acompanhado por seus pais ou responsável e por seu defensor, em qualquer fase do procedimento administrativo ou judicial;
- ser incluído em programa de meio aberto quando inexistir vaga para o cumprimento de medida de privação da liberdade, exceto nos casos de ato infracional cometido mediante grave ameaça ou violência à pessoa, quando o adolescente deverá ser internado em Unidade mais próxima de seu local de residência;
- ser respeitado em sua personalidade, intimidade, liberdade de pensamento e religião e em todos os direitos não expressamente limitados na sentença;
- peticionar, por escrito ou verbalmente, diretamente a qualquer autoridade ou órgão público, devendo, obrigatoriamente, ser respondido em até 15 (quinze) dias;
- ser informado, inclusive por escrito, das normas de organização e funcionamento do programa de atendimento e também das previsões de natureza disciplinar;
- receber, sempre que solicitar, informações sobre a evolução de seu plano individual, participando, obrigatoriamente, de sua elaboração e, se for o caso, reavaliação;
- receber assistência integral à sua saúde;
- ter atendimento garantido em creche e pré-escola aos filhos de 0 (zero) a 5 (cinco) anos;
- não cumprir medida de privação de liberdade – nem nela permanecer – ao argumento de ausência de programa adequado em meio aberto;
- ser autorizado a sair da entidade de internação, devidamente monitorado, para tratamento de saúde, doença grave ou falecimento de pai, mãe, filho, cônjuge, companheiro ou irmão;
- as decisões judiciais referentes ao cumprimento da medida devem sempre ser precedidas da manifestação do defensor e do MP;
- prazo de validade de 6 meses do mandado de busca e apreensão.

O inciso II do artigo 49 garante ao adolescente o direito de ser incluído em meio aberto quando não existe vaga para o cumprimento de medida de privação de liberdade, ressalvada a hipótese de internação, em que o adolescente pode ser mantido na unidade mais próxima de sua residência. Essa garantia se alinha ao que prevê o Estatuto no inciso VI do artigo 124:

"permanecer internado na mesma localidade ou naquela mais próxima ao domicílio de seus pais ou responsável".

O STJ tem enfrentado diversos pedidos de habeas corpus para tratar da questão da internação próxima da residência.

O entendimento que prevalece é o de que a inexistência de unidade de internação na localidade de residência do adolescente leva à sua **inclusão na unidade mais próxima**.[2] É preciso diferenciar corretamente essa hipótese daquilo que estabelece o § 2º do artigo 49, que traz uma garantia muito importante para o adolescente: *"A oferta irregular de programas de atendimento socioeducativo em meio aberto não poderá ser invocada como motivo para aplicação ou manutenção de medida de privação da liberdade."* O adolescente **não pode ser prejudicado** pelo descumprimento de obrigações do Poder Público. Se o adolescente já apresentou comportamento adequado para progressão para um regime de cumprimento de meio aberto, **não se pode negar seu direito** ao argumento de que não há entidades de atendimento para tanto.

A autorização para deixar a entidade de internação é dada pela direção do programa de execução da medida, com sua devida e imediata comunicação ao juízo competente (art. 50). Apesar dessa previsão, em consonância com a previsão do § 1º do art. 121, o juízo da Infância e da Juventude pode decidir pela proibição da autorização de saída do adolescente.

Para evitar apreensões indevidas, a Lei do Sinase estabeleceu um **prazo** limite de **6 meses** de validade para o mandado de busca e apreensão, a contar de sua expedição. Esgotado tal período, a renovação do mandado deve ser fundamentada (art. 47). Trata-se de mais uma garantia do adolescente contra apreensões injustas ou ilegais. É possível que o juízo verifique, no momento de renovar o mandado, que ocorreu a prescrição. A exigência legal, portanto, é adequada.

8.3. Procedimentos

8.3.1. Características

A **competência** para processar e julgar os procedimentos de execução de medidas socioeducativas é do **juízo da Infância e da Juventude**, tal qual a competência já exercida para apuração do ato infracional praticado pelo adolescente (Estatuto, art. 146).

O procedimento se dá com o devido respeito ao **contraditório** e à **ampla defesa**. Bem por isso, a Lei do Sinase expressamente menciona a necessidade de

2. HC 469.356/SP, Rel. Min. Nefi Cordeiro, 6ª Turma, julgado em 27/11/2018.

intervenção obrigatória do Ministério Público e da defesa, sob pena de nulidade (art. 37).

Quanto ao procedimento para execução, a Lei do Sinase faz um corte metodológico a partir da medida aplicada (arts. 38 e 39). Para execução de **medidas** de proteção, advertência e obrigação de reparar o dano, que são mais simples e **menos gravosas**, a execução se dá no **próprio processo** de conhecimento. Já quanto às **medidas mais rígidas** – liberdade assistida, prestação de serviços à comunidade, semiliberdade e internação –, a Lei determina a formação de **processo de execução próprio**, individualizado para cada adolescente. Há pontos importantes a ressaltar.

Se a medida mais simples for aplicada cumulativamente com uma mais gravosa, prevalece a necessidade de formação de processo de execução. Além disso, ainda que o processo de apuração de ato infracional tenha sido movido contra vários adolescentes, no momento do cumprimento da medida socioeducativa é preciso individualizar os processos de execução. Por fim, os processos de execução são formados ainda que a medida socioeducativa seja aplicada em decorrência de remissão como forma de suspensão do processo (art. 39, p.ú.).

Confira-se o quadro a seguir:

Medida imposta	Forma de execução
Medida de proteção, advertência e obrigação de reparar o dano	executada no próprio processo de conhecimento, de apuração de ato infracional
Prestação de serviços à comunidade, liberdade assistida, semiliberdade e internação	processo de execução individual para cada adolescente

▸ **Como esse assunto foi cobrado em concurso?**

(Defensor Público – DP-RR – 2021 – FCC – adaptada) Na regulação das medidas socioeducativas, enquanto a Lei do SINASE (Lei nº 12.594/2012) prevê que

C) as medidas de proteção, quando aplicadas de forma isolada, serão executadas nos próprios autos do processo de conhecimento, o Estatuto da Criança e do Adolescente prevê como atribuição do Conselho Tutelar providenciar a medida de proteção estabelecida pela autoridade judiciária para o adolescente autor de ato infracional.

Gabarito: o item está certo.

Os autos do processo de execução devem ser instruídos, obrigatoriamente, com cópias das seguintes peças do processo de conhecimento (art. 39): documentos pessoais do adolescente, especialmente os que comprovem a idade;

representação, certidão de antecedentes, sentença ou acórdão, estudos técnicos. Além disso, a autoridade judiciária pode indicar outros documentos que entenda necessários.

Uma cópia do processo de execução deve ser encaminhada ao órgão gestor do atendimento socioeducativo para designação do programa ou da unidade de cumprimento da medida.

8.3.2. *Plano individual de atendimento*

No Estatuto da Criança e do Adolescente, há a previsão de elaboração de um plano individual de atendimento para os casos de crianças e adolescentes colocados em regime de acolhimento institucional ou familiar (art. 101, §§ 4º a 6º). O objetivo é individualizar e qualificar o atendimento que será feito ao acolhido.

Dentro dessa mesma lógica, a Lei do Sinase trouxe a previsão do **plano individual de atendimento (PIA)** para os adolescentes submetidos à medida socioeducativa. O instituto está disciplinado nos artigos 52 a 59 e 41. Há diversas características a analisar.

O plano individual é **exigido** para o cumprimento das medidas de **prestação de serviços à comunidade, liberdade assistida, semiliberdade e internação** (art. 52). Conforme visto no item anterior, sempre que houver necessidade de formação de um processo de execução, haverá plano individual de atendimento.

O PIA tem por objetivo a previsão, o registro e a gestão das atividades a serem desenvolvidas pelo adolescente. Sua elaboração compete à equipe técnica do programa para o qual o adolescente é encaminhado (art. 53). A equipe deve ouvir e contar com a participação do adolescente e de sua família na montagem do programa. Além disso, faculta-se à direção do programa e à equipe técnica o acesso aos autos das ações socioeducativas que envolvem o adolescente (art. 57).

O plano deve ser montado, logicamente, no início do cumprimento da medida. A Lei estabelece dois prazos limites, a contar do ingresso do adolescente no programa (art. 55, p.ú. e art. 56): **15 dias** para medidas de prestação de serviços à comunidade e liberdade assistida; **45 dias** para semiliberdade e internação.

Medida imposta	Prazo de elaboração do PIA
Prestação de serviços à comunidade e liberdade assistida	15 dias
Semiliberdade e internação	45 dias

Elaborado o plano individual de atendimento, a direção do programa o encaminha à autoridade judiciária, que abre vista ao defensor e ao Ministério

Público, no prazo sucessivo de 3 dias (art. 41). O PIA pode ser impugnado pelas partes, mas a irresignação não tem o condão de suspender automaticamente a execução da medida socioeducativa - tal suspensão pode ser concedida *ope judicis* (§§ 2º a 5º).

A Lei do Sinase elenca os elementos que devem fazer parte do plano individual. O artigo 54 traz elementos mínimos, referentes a todas as medidas socioeducativas que demandam a elaboração de PIA, ao passo em que o artigo 55 contém requisitos específicos para as medidas de semiliberdade e internação. Confira-se:

Elementos mínimos do PIA (art. 54)	Elementos específicos do PIA de semiliberdade e internação (art. 55)
I - os resultados da avaliação interdisciplinar; II - os objetivos declarados pelo adolescente;	I - a designação do programa de atendimento mais adequado para o cumprimento da medida;
III - a previsão de suas atividades de integração social e/ou capacitação profissional; IV - atividades de integração e apoio à família; V - formas de participação da família para efetivo cumprimento do plano individual; e VI - as medidas específicas de atenção à sua saúde.	II - a definição das atividades internas e externas, individuais ou coletivas, das quais o adolescente poderá participar; e III - a fixação das metas para o alcance de desenvolvimento de atividades externas.

Por se tratar de um documento elaborado com dados pessoais do adolescente, a Lei **restringe o acesso ao plano** individual do adolescente. Além da autoridade judiciária, somente servidores do programa de atendimento, o adolescente, seus pais ou responsável, o Ministério Público e o defensor podem ter acesso ao conteúdo do plano individual (art. 59). O **acesso de terceiros** ao documento depende de **autorização judicial**.

8.3.3. *Reavaliação e substituição da medida ou do plano individual de atendimento*

O Estatuto da Criança e do Adolescente traz a previsão de que a medida de internação deve ser reavaliada, **no máximo**, a **cada 6 meses** (art. 122, § 2º). A Lei do Sinase, coerente em sua proposta de sistematizar a execução de todas as medidas socioeducativas, apresenta regramento mais extenso sobre o assunto.

O artigo 42 determina que as medidas de liberdade assistida, semiliberdade e internação devem ser reavaliadas, no máximo, a cada 6 meses. Para tanto, pode ser designada audiência, com a devida intimação do defensor do adolescente – invariavelmente este papel é exercido pela Defensoria Pública –, o Ministério Público, a direção do programa de atendimento, o próprio adolescente e seus pais ou responsável.

Para **formação de sua convicção**, o juízo da Infância e da Juventude pode-se valer dos **relatórios técnicos** elaborados pela equipe da entidade de atendimento ou de quaisquer outros laudos requeridos pelas partes (art. 42, § 1º). Inclusive, é dever da direção do programa apresentar relatório da equipe técnica sobre a evolução do adolescente durante o cumprimento da medida para subsidiar a decisão sobre a substituição da medida (art. 58).

A Lei traz uma diretriz importante nesse ponto: a **gravidade do ato infracional**, os **antecedentes** e o **tempo de duração da medida não são fatores que justifiquem**, por si só, a não substituição da medida por outra menos gravosa (§ 2º).

Em 2022, o STJ analisou essa questão e trouxe o seguinte destaque: *"A gravidade do ato infracional cometido, dissociada de elementos concretos colhidos no curso da execução da medida socioeducativa, não é fundamento suficiente para, por si, justificar a manutenção de adolescente em internação."* O caso foi julgado em segredo de justiça, tendo seu teor divulgado no Informativo n. 749, de 19 de setembro de 2022.

Independentemente do interregno de 6 meses fixados pela Lei, é possível proceder à reavaliação da medida socioeducativa ou do plano individual de atendimento a qualquer tempo.

Confira-se o quadro de legitimados para requerer tal reavaliação:

Legitimados: reavaliação das medidas socioeducativas e do plano individual de atendimento
– direção do programa de atendimento
– defensor
– Ministério Público
– adolescente
– pais ou responsável

> **▸ Como o assunto foi cobrado em concurso?**
>
> **(Cespe – Analista Judiciário – Comissário de Justiça da Infância e Juventude – TJ – ES/2023)** Acerca da execução das medidas socioeducativas previstas no Sistema Nacional de Atendimento Socioeducativo (SINASE), julgue o item subsequente.
>
> A reavaliação da manutenção, da substituição ou da suspensão das medidas de meio aberto ou de privação da liberdade e do respectivo plano individual pode ser solicitada a qualquer tempo.
>
> *Gabarito: o item está certo.*

A própria Lei elenca alguns dos motivos que podem justificar o pedido de reavaliação (art. 43, § 1º), a saber: desempenho adequado, inadaptação ao programa ou reiterado descumprimento, necessidade de modificação das atividades para impor maior restrição da liberdade.

Confira-se:

Justificativas para o pedido de reavaliação
I – o desempenho adequado do adolescente com base no seu plano de atendimento individual, antes do prazo da reavaliação obrigatória; II – a inadaptação do adolescente ao programa e o reiterado descumprimento das atividades do plano individual; e III – a necessidade de modificação das atividades do plano individual que importem em maior restrição da liberdade do adolescente.

Se o juízo entender que o pedido não está devidamente fundamentado, poderá **indeferi-lo de plano** (art. 43, §2º). Recebendo-o, designará audiência se entender necessário (§3º).

Sempre que o pedido de **reavaliação** objetivar a substituição por **medida mais gravosa**, há necessidade de **(i)** elaboração de **parecer** técnico e **(ii)** realização de **audiência prévia** com o adolescente e seu defensor (art. 43, §4º). Essa exigência legal se aplica, inclusive em caso de regressão (Estatuto, art. 122, III).

Vale lembrar aqui a garantia do § 2º do artigo 49, no sentido de que *"a oferta irregular de programas de atendimento socioeducativo em meio aberto não poderá ser invocada como motivo para aplicação ou manutenção de medida de privação da liberdade."*

Quando a substituição for do plano individual, o juízo da infância deverá encaminhar à direção do programa cópia da decisão e de outras peças relevantes. Se a modificação do plano de atendimento acarretar mudança no programa de atendimento, o plano individual e o histórico de cumprimento da medida deverão acompanhar a transferência (art. 44).

8.3.4. Nova imposição de medida no curso da execução

Questão objeto de grande discussão doutrinária e jurisprudencial diz respeito a como conciliar a execução de medidas socioeducativas aplicadas de forma sucessiva. A Lei do Sinase procurou disciplinar a questão para pôr fim às divergências.

De acordo com o artigo 45, quando o adolescente já estiver cumprindo medida socioeducativa e for condenado novamente, a autoridade deve **unificar a execução**, mediante prévia oitiva do Ministério Público e do defensor no prazo sucessivo de 3 dias.

Para unificação da execução das medidas, o juízo deve **considerar o tempo já cumprido**, e não determinar o reinício de sua contagem. Além disso, os prazos máximos de cumprimento devem ser observados, bem como o prazo de liberação compulsória. A **exceção** é a hipótese de o **novo ato** infracional ter sido praticado **durante a execução**.

Além disso, se o adolescente já cumpriu medida de internação e progrediu para medida menos gravosa, caso seja condenado por **ato praticado anteriormente, não pode** haver a imposição de **nova** medida de **internação**. Essa nova condenação fica absorvida (§ 2º). Essa regra é importante, pois destaca claramente que o regime de cumprimento de medidas socioeducativas não é puramente retributivo como o sistema de execução penal. Se o adolescente progrediu de regime, significa de seu processo de **ressocialização** em curso está tendo **êxito** e não é mais necessária a internação. Disso resulta que seu progresso não pode ser interrompido em virtude de condenação decorrente de prática de ato infracional antigo.

Através de exemplos, fica mais fácil compreender a nova exegese legal.

Exemplo 1: o adolescente pratica dois atos infracionais de furto em período próximo e são propostas duas ações infracionais distintas. Procedente a primeira ação, a imposição é de 6 meses de liberdade assistida. O adolescente inicia o cumprimento e sobrevém a segunda condenação. Nesse caso, o juízo deve unificar o cumprimento das medidas e o adolescente terá de cumprir um ano de liberdade assistida.

Exemplo 2: o adolescente pratica dois atos infracionais de furto em período próximo e são propostas duas ações infracionais distinta. A primeira ação impõe prestação de serviços à comunidade pelo prazo de 4 meses. Durante o cumprimento, vem a imposição da segunda ação, novamente 4 meses de prestação de serviços à comunidade. Nesse caso, no momento da unificação do cumprimento, deverá ser respeitado o prazo limite de 6 meses de prestação de serviços à comunidade previsto no Estatuto (art. 117). Os dois meses excedentes não podem ser cumpridos, em obediência ao § 1º do artigo 45 da Lei do Sinase.

Exemplo 3: o adolescente pratica um ato infracional de furto. A ação socioeducativa é procedente para impor 6 meses de medida socioeducativa. Durante o período de cumprimento, o adolescente pratica novo ato infracional, pelo que lhe é imposta prestação de serviços à comunidade por 6 meses. Nesse caso, como o segundo ato infracional foi praticado no período de execução da medida anterior, os prazos podem ser somados. É o que prevê a parte final do § 1º do art. 45.

Exemplo 4: o adolescente pratica dois atos infracionais de roubo em período próximo. São propostas duas ações distintas. Uma delas tramita mais rapidamente e é procedente para impor a medida de internação. O adolescente inicia o cumprimento e, após um ano, progride para a liberdade assistida. Nesse momento, encerra-se o segundo processo por ato infracional de roubo com a imposição de nova medida de internação. Nesse caso, a nova internação não pode ser imposta, por se tratar de ato anterior, e fica absorvida pela primeira internação. O adolescente não regride, permanece cumprindo a liberdade assistida. É o que prevê o § 2º do artigo 46.

Essa temática tem sido cada vez mais recorrente no STJ.[3]

▸ **Como esse assunto foi cobrado em concurso?**

(Magistratura – TJ-PE – 2022 – FGV) Juliano, adolescente de 16 anos, cumpre medida socioeducativa de prestação de serviços à comunidade pela prática de ato infracional análogo a furto há quatro meses. O juiz competente para a execução da medida tem ciência de que Juliano praticou, no ano anterior, ato infracional análogo a furto qualificado, sendo-lhe aplicada, naquele processo, medida socioeducativa de prestação de serviços à comunidade, a qual se encontra pendente de cumprimento. Diante disso, o representante do Ministério Público requer a unificação das medidas socioeducativas, sendo ouvida a defesa técnica do adolescente. Considerando o disposto na Lei nº 12.594/2012 (Sinase), é correto afirmar que:

A) Juliano deverá cumprir mais dois meses da medida socioeducativa de prestação de serviços à comunidade, observada a unificação das medidas socioeducativas;

B) em razão da reiteração na prática de ato infracional, a execução da medida atual deverá ter reinício, com o cumprimento por seis meses;

C) tendo em vista que o ato infracional foi praticado durante a execução, a autoridade judiciária poderá deixar de considerar o prazo máximo de cumprimento da medida;

3. AgInt no HC 430.747/SC, Rel. Min. Ribeiro Dantas, 5ª Turma, julgado em 23/10/2018.

D) a hipótese narrada não dá ensejo à unificação de medidas socioeducativas, devendo o adolescente cumprir, de forma sucessiva, as duas medidas pelo prazo máximo de um ano;

E) o tempo de medida socioeducativa já cumprido não poderá ser considerado para fins de unificação, devendo o magistrado determinar o reinício de cumprimento da medida.

Gabarito: letra A.

8.3.5. Direito de visita a adolescente em unidade de internação

A Lei do Sinase autoriza a visita do cônjuge, companheiro, pais ou responsáveis, filhos, parentes e amigos, desde que observados os dias e horários definidos pela direção do programa de atendimento. A **visita dos filhos** do adolescente é permitida **independentemente** da **idade** da criança.

A Lei garante, ainda, o direito à **visita íntima** para o adolescente que seja casado ou viva em união estável (art. 68).

▸ Como esse assunto foi cobrado em concurso?

(FGV – Juiz de Direito – TJ – MS/2023) Anderson, de 17 anos, cumpre medida socioeducativa em unidade de internação. O adolescente procura a direção para solicitar autorização para que Sarah, com quem vive, comprovadamente, em união estável, realize visita íntima. Anderson solicita, ainda, que seja autorizada, em outra data, a visita na unidade de internação de seu filho com Sarah, a criança Lucas, de 5 anos. Anselmo, diretor da unidade, indefere ambos os pleitos, razão pela qual o adolescente manifesta o desejo de ser atendido pela Defensoria Pública. Considerando o disposto na Lei nº 12.594/2012 (Sinase), é correto afirmar que:

A) a visita íntima em unidade socioeducativa não encontra previsão legal no Sinase, somente podendo ser deferida nas hipóteses de cumprimento de pena em unidade prisional;

B) a visita íntima a adolescente em cumprimento de medida socioeducativa tem como requisito a autorização dos pais ou responsável legal, em razão da inimputabilidade;

C) a entrada de Lucas na unidade é vedada pelo ECA, em observância ao princípio da proteção integral, por se encontrar a criança na fase da primeira infância;

D) a visita íntima solicitada pelo adolescente na unidade socioeducativa está restrita à comprovação do casamento com Sarah;

E) é garantido aos adolescentes em cumprimento de medida socioeducativa de internação o direito de receber visita dos filhos, independentemente da idade desses.

Gabarito: letra E.

8.3.6. Extinção da medida socioeducativa

A Lei do Sinase apresenta, no artigo 46, as hipóteses em que a medida socioeducativa será declarada extinta. Houve inovações no sistema de cumprimento.

Além das **hipóteses** mais intuitivas de **extinção**, como a **morte** do adolescente ou o exaurimento do **tempo de cumprimento**, a Lei do Sinase permite também a extinção da medida socioeducativa em caso de **doença grave incapacitante**.

A hipótese mais inovadora, porém, se refere à **extinção da medida** socioeducativa em decorrência de **condenação**, já **como maior**, a pena privativa de liberdade em regime fechado ou semiaberto. Veja-se o exemplo: o adolescente pratica ato infracional pelo qual lhe é imposta a medida de semiliberdade. Ao completar a maior idade, ainda com a medida socioeducativa em curso, pratica crime pelo qual é condenado a pena privativa de liberdade em regime fechado. Nesse caso, a Lei manda que seja declarada extinta a medida socioeducativa. Aqui o comando é cogente, obrigatório.

Há, ainda, a **faculdade** do juiz de **extinguir** o cumprimento da **medida** socioeducativa em razão da **propositura de processo criminal** contra o adolescente que completou a maioridade e praticou um crime. Enquanto não há condenação, fica **facultado** ao juízo da Infância e da Juventude **extinguir a execução**, com a devida comunicação ao juízo criminal (art. 46, § 1º).

▸ **Como esse assunto foi cobrado em concurso?**

(Magistratura – TJ-ES – 2023 – FGV) Jefferson cumpre medida socioeducativa de semiliberdade pela prática de ato infracional análogo a roubo. O adolescente evade-se da unidade em que a medida era cumprida e o juiz da Infância e juventude expede mandado de busca e apreensão, ainda pendente de cumprimento, pois o jovem tem paradeiro desconhecido. Decorridos dois meses da data de evasão, Jefferson completa 18 anos de idade e pratica crime de roubo, sendo denunciado pelo Ministério Público. O juiz da Infância e juventude recebe ofício expedido pelo juiz criminal noticiando a prática de crime pelo jovem. Considerando o disposto na Lei nº 12.594/2012 (Sinase), é correto afirmar que:

A) o juiz da Infância e juventude procederá à unificação das penalidades, ouvidos o Ministério Público e o defensor, no prazo de três dias sucessivos, decidindo-se em igual prazo;

B) caso decretada prisão cautelar não convertida em pena privativa de liberdade, é incabível desconto do prazo de cumprimento da medida socioeducativa, por serem sanções com natureza e finalidades distintas;

C) considerando que o jovem responde a processo criminal, caberá ao juiz da Infância e juventude decidir sobre eventual extinção da medida, cientificando o juízo criminal;

D) caso aplicada pena privativa de liberdade pela prática do crime, caberá ao juiz criminal a unificação das penalidades, observado o tempo de cumprimento da medida socioeducativa, para fins de detração penal;

E) tendo em vista a prática de crime por jefferson, a medida socioeducativa está automaticamente extinta por determinação legal, cabendo ao juiz da Infância e juventude proferir, de ofício, sentença.

Gabarito: letra C.

Por fim, o § 2º do artigo 46 determina a **detração do tempo** cumprido de **prisão cautelar** do prazo de **cumprimento da medida** socioeducativa. Assim, se o adolescente completa a maioridade e acaba preso cautelarmente por 5 dias, tal período deve ser descontado de sua medida socioeducativa. A regra, a nosso ver, não está alinhada com o espírito da Lei do Sinase, que é a ressocialização. A prisão cautelar não tem qualquer conotação ressocializante, de modo que não parece fazer sentido tal detração. Para a construção de sua formação ética e social, o ex-adolescente-agora-maior tem muito mais ganhar com o efetivo cumprimento da medida socioeducativa – ao menos em relação à liberdade assistida e à prestação serviços à comunidade. Teria algum sentido a regra se a detração fosse limitada às medidas de internação e semiliberdade.

Em 2023, o STJ destacou que a medida socioeducativa tem finalidade reeducadora, de modo que o adolescente pode ser colocado em liberdade tão logo haja parecer favorável e atingimento do objetivo – ainda que a duração da internação seja curta.[4]

Outro ponto destacado pelo STJ em 2024 se refere ao limite de 3 anos de cumprimento em caso de substituição da medida por tratamento psiquiátrico. Confira-se:

> 1. O adolescente infrator não pode receber tratamento mais gravoso do que aquele conferido ao adulto em situação semelhante.
>
> 2. No curso do cumprimento de medida socioeducativa, quando sobrevier situação de perturbação da saúde mental, o Juiz poderá suspender a execução (art. 64, § 4°, da Lei n. 12.594/2012) e submeter o interno a tratamento psiquiátrico em regime hospitalar.
>
> Entretanto, esta Corte já decidiu que o período de atendimento deve ser contabilizado no limite máximo de duração da internação, a qual, nos termos do art. 121, § 3°, do ECA, é de três anos, a fim de não se admitir a privação de liberdade por tempo indefinido.
>
> 3. Agravo regimental não provido.
>
> (AgRg no REsp n. 1.938.039/PR, relator Ministro Rogerio Schietti Cruz, Sexta Turma, julgado em 11/3/2024, DJe de 15/3/2024.)

4. STJ, Informativo 763/2023.

Confira-se o quadro:

Hipóteses de extinção da medida socioeducativa
- pela morte do adolescente;
- pela realização de sua finalidade;
- pela aplicação de pena privativa de liberdade, a ser cumprida em regime fechado ou semiaberto, em execução provisória ou definitiva;
- pela condição de doença grave, que torne o adolescente incapaz de submeter-se ao cumprimento da medida; e
- nas demais hipóteses previstas em lei.

9. DIREITO À SAÚDE DURANTE O CUMPRIMENTO DA MEDIDA

A Lei do Sinase, no intuito de disciplinar amplamente o cumprimento de medidas socioeducativas pelo adolescente, trata também do aspecto relacionado ao direito à saúde. O assunto consta dos artigos 60 a 65 (o artigo 66 foi vetado).

9.1. Diretrizes

Inicialmente, são elencadas diretrizes da atenção à saúde do adolescente no Sistema de Atendimento Socioeducativo (art. 60).

Confira-se o quadro:

Diretrizes do atendimento à saúde
I - previsão, nos planos de atendimento socioeducativo, em todas as esferas, da implantação de ações de promoção da saúde, com o objetivo de integrar as ações socioeducativas, estimulando a autonomia, a melhoria das relações interpessoais e o fortalecimento de redes de apoio aos adolescentes e suas famílias;
II - inclusão de ações e serviços para a promoção, proteção, prevenção de agravos e doenças e recuperação da saúde;
III - cuidados especiais em saúde mental, incluindo os relacionados ao uso de álcool e outras substâncias psicoativas, e atenção aos adolescentes com deficiências;
IV - disponibilização de ações de atenção à saúde sexual e reprodutiva e à prevenção de doenças sexualmente transmissíveis;
V - garantia de acesso a todos os níveis de atenção à saúde, por meio de referência e contrarreferência, de acordo com as normas do Sistema Único de Saúde (SUS);
VI - capacitação das equipes de saúde e dos profissionais das entidades de atendimento, bem como daqueles que atuam nas unidades de saúde de referência voltadas às especificidades de saúde dessa população e de suas famílias;
VII - inclusão, nos Sistemas de Informação de Saúde do SUS, bem como no Sistema de Informações sobre Atendimento Socioeducativo, de dados e indicadores de saúde da população de adolescentes em atendimento socioeducativo; e
VIII - estruturação das unidades de internação conforme as normas de referência do SUS e do Sinase, visando ao atendimento das necessidades de Atenção Básica.

9.2. Ligação do direito à saúde com o SUS

As entidades de programas de meio aberto devem orientar seus adolescentes sobre o acesso aos serviços do SUS, ao passo em que as entidades de programas de meio fechado devem possuir equipe de profissionais de saúde em conformidade com as normas do SUS (arts. 61 e 62).

9.3. Mãe adolescente e o direito à amamentação

Se uma adolescente tiver **filho** durante seu **período de internação**, tal dado **não** poderá **constar** do **registro de nascimento** de bebê (art. 63, § 1º). E a Lei do Sinase garante a essa gestante o direito a amamentação de seu filho (§ 2º). Vale lembrar que o Estatuto já trazia essa garantia em seu artigo 9º: *"O poder público, as instituições e os empregadores propiciarão condições adequadas ao aleitamento materno, inclusive aos filhos de mães submetidas a medida privativa de liberdade."*

9.4. Adolescente com transtorno mental e dependência química

O Estatuto prevê que os portadores de *"doença ou deficiência mental receberão tratamento individual e especializado, em local adequado às suas condições"* (art. 112, § 3º). Essa singela previsão do Estatuto não é suficiente para dar o devido atendimento às diversas situações de problemas de saúde física e mental dos adolescentes que praticaram atos infracionais. Basta notar que não há qualquer regra sobre como proceder quando a deficiência mental é detectada durante o cumprimento da medida. A Lei do Sinase disciplina a matéria nos artigos 64 e 65.

Se o adolescente apresentar indícios de transtorno ou deficiência mental, ou associadas, a equipe técnica da entidade deve avaliar a situação e emitir parecer, de caráter sigiloso, a fim de que seja designado tratamento adequado. O tratamento deve ser incluído no plano individual de atendimento.

É possível que a **doença** que acometa o adolescente lhe **impossibilite** a continuação da **execução da medida** socioeducativa. Nesse caso, o juiz pode, com a devida oitiva do defensor e do MP, determinar a **suspensão do cumprimento** da medida para que o adolescente seja inserido em programa de atendimento integral à saúde (art. 64, § 4º). O tratamento do adolescente deve seguir os parâmetros da Lei nº 10.216/2001, que *"dispõe sobre a proteção e os direitos das pessoas portadoras de transtornos mentais e redireciona o modelo assistencial em saúde mental."*

A suspensão da execução deve ser reavaliada, no mínimo, a cada 6 meses (§ 6º).

10. REGIME DISCIPLINAR

No curso do cumprimento da medida socioeducativa, os adolescentes invariavelmente praticam faltas e desobedecem certos regramentos da entidade de atendimento. A Lei do Sinase procurou disciplinar a formatação do regimento disciplinar durante a execução das medidas socioeducativas.

A responsabilidade decorrente de tais infrações não se confunde com a responsabilidade civil e penal (art. 72). Se o socioeducando cometer uma falta, de lesão ao patrimônio da instituição por exemplo, pode ser punido **tanto** com **sanção disciplinar, como** responder **civilmente ou penalmente** (se já for maior).

O regime disciplinar deve ser elaborado por cada entidade de atendimento. A Lei do Sinase determina os princípios a serem seguidos no artigo 71.

O primeiro passo para **elaboração do regime disciplinar** das entidades de atendimento é a **tipificação das infrações** em 3 categorias, leves, médias e graves, com a indicação da respectiva sanção para cada uma. São **proibidas sanções de tempo indeterminado e de isolamento. Excepcionalmente**, o **isolamento** pode ser aplicado para garantia da segurança dos demais internos ou do próprio adolescente, hipótese que deve ser comunicada ao defensor, ao Ministério Público e ao juízo no prazo de 24 horas (art. 48, § 2º).

A aplicação de punição disciplinar demanda a instauração de processo próprio, garantido ao adolescente o contraditório e a ampla defesa - inclusive com direito a audiência e recurso.

O julgamento acerca da aplicação da punição disciplinar é feito por um **colegiado** composto de, no **mínimo, 3 integrantes**, dos quais um seja obrigatoriamente da equipe técnica - nenhum socioeducando pode compor a comissão responsável por apurar a falta disciplinar ou aplicar a respectiva punição.

São **causas excludentes de responsabilidade** quanto à prática de falta disciplinar: a coação irresistível, a força maior e a legítima defesa (art. 75).

Confira-se o quadro de princípios:

Princípios do regime disciplinar
I - tipificação explícita das infrações como leves, médias e graves e determinação das correspondentes sanções; II - exigência da instauração formal de processo disciplinar para a aplicação de qualquer sanção, garantidos a ampla defesa e o contraditório; III - obrigatoriedade de audiência do socioeducando nos casos em que seja necessária a instauração de processo disciplinar; IV - sanção de duração determinada; V - enumeração das causas ou circunstâncias que eximam, atenuem ou agravem a sanção a ser imposta ao socioeducando, bem como os requisitos para a extinção dessa; VI - enumeração explícita das garantias de defesa; VII - garantia de solicitação e rito de apreciação dos recursos cabíveis; e VIII - apuração da falta disciplinar por comissão composta por, no mínimo, 3 (três) integrantes, sendo 1 (um), obrigatoriamente, oriundo da equipe técnica.

Embora o regramento e a aplicação da medida disciplinar ocorram no âmbito da entidade de atendimento, é possível o controle jurisdicional dessa atividade. Diante da aplicação de sanção disciplinar, podem apresentar pedido de revisão à autoridade judiciária o defensor, o MP, o próprio adolescente, seus pais ou responsável (art. 48). Dentro de seu poder geral de cautela, o juízo pode suspender a execução da sanção até decisão final do incidente.

Bibliografia

ALVES, Roberto Barbosa. *Direito da infância e juventude: coleção curso e concurso.* 3ª edição. São Paulo: Saraiva, 2008.

AMARAL, Francisco. *Direito Civil: introdução.* 6ª edição. Rio de Janeiro: Renovar, 2006.

BARBOSA MOREIRA, José Carlos. *O novo processo civil brasileiro.* 23ª edição. Rio de Janeiro: Forense, 2005.

________. *Comentários ao Código de Processo Civil*, vol. V. 12ª edição. Rio de Janeiro: Forense, 2005.

BARCELLOS, Ana Paula de. *A eficácia jurídica dos princípios constitucionais: o princípio da dignidade da pessoa humana.* Rio de Janeiro: Renovar, 2002.

BARROS, Guilherme Freire de Melo. *Estatuto da criança e do adolescente: Lei n. 8.069/1990.* Coleção Leis especiais para concursos, vol. 2. 6ª ed. Salvador: Juspodivm, 2012.

________. *Defensoria Pública: LC 80/1994.* Coleção Leis Especiais para Concursos, vol. 9. 4ª ed. Salvador: Juspodivm, 2012.

BARROSO, Luís Roberto. *Interpretação e aplicação da Constituição.* 5ª edição. São Paulo: Saraiva, 2003.

BUENO, Cassio Scarpinella. *Manual de direito processual civil: volume único.* São Paulo: Saraiva, 2015.

BULOS, Uadi Lamêgo. *Curso de direito constitucional.* São Paulo: Saraiva, 2007.

CÂMARA, Alexandre Freitas. *Lições de direito processual civil, vol. I.* 6ª edição. Rio de Janeiro: Lumen Juris, 2001.

CARRIDE, Norberto de Almeida. *Estatuto da criança e do adolescente anotado.* São Paulo: Servanda, 2006.

CARVALHO, Luiz Gustavo Grandinetti Castanho de. *Processo penal e Constituição: princípios constitucionais do processo penal.* 4ª edição. Rio de Janeiro: Lumen Juris, 2006.

CARVALHO, Luiz Paulo Vieira. *Direito civil: questões fundamentais e controvérsias na parte geral, no direito de família e no direito das sucessões.* 2ª edição. Rio de Janeiro: Lumen Juris, 2008.

CURY, Munir (coord.). *Estatuto da criança e do adolescente.* 10ª edição. São Paulo: Malheiros, 2010.

DIDIER JR., Fredie. *Curso de direito processual civil, vol. I.* 9ª edição. Salvador: Juspodivm, 2008.

_______. ZANETI JR., Hermes. *Curso de direito processual civil, vol. IV*. Salvador: Juspodivm, 2007.

ELIAS, Roberto João. *Comentários ao Estatuto da Criança e do Adolescente*. 3ª edição. São Paulo: Saraiva, 2008.

FACHIN, Luiz Edson. *Comentários ao novo Código Civil, vol. XVIII*. Rio de Janeiro: Forense, 2003.

FERNANDES, Antonio Scarance. *Processo penal constitucional*. 4ª edição. São Paulo: Editora Revista dos Tribunais, 2005.

FERREIRA, Ruy Barbosa Marinho. *Adoção: comentários à nova lei de adoção – Lei nº 12.010 de 3 de agosto de 2009*. Leme/SP: CL Edijur, 2009.

FERREIRA FILHO, Roberval Rocha. *Principais julgamentos Superior Tribunal de Justiça: edição 2008*. Salvador: Juspodivm, 2008.

_______. *Principais julgamentos Supremo Tribunal Federal. Edição 2008*. Salvador: Juspodivm, 2008.

GRINOVER, Ada Pellegrini; GOMES FILHO, Antonio Magalhães; FERNANDES, Antonio Scarance. *As nulidades no processo penal*. 8ª edição. São Paulo: Editora Revista dos Tribunais, 2004.

ISHIDA, Válter Kenji. *Estatuto da Criança e do Adolescente: doutrina e jurisprudência*. 13ª ed. atual. São Paulo: Atlas, 2011.

LIBERATI, Wilson Donizeti. *Comentários ao Estatuto da Criança e do Adolescente*. 10ª edição. São Paulo: Malheiros, 2008.

LIMA, Marcellus Polastri. *Curso de processo penal, vol. I*. 2ª edição. Rio de Janeiro: Lumens Juris, 2003.

_______. *Curso de processo penal, vol. II*. 2ª edição. Rio de Janeiro: Lumens Juris, 2003.

LÔBO, Paulo Luiz Netto. *Do poder familiar. In: Direito de família e o novo Código Civil*. DIAS, Maria Berenice. PEREIRA, Rodrigo da Cunha. (coord.). Belo Horizonte: Del Rey, 2005.

MACIEL, Kátia Regina Ferreira Lobo Andrade (coord.). *Curso de direito da criança e do adolescente: aspectos teóricos e práticos*. 4ª edição, rev. e atualizada conforme Lei nº 12.010/2009. Rio de Janeiro: Lumen Juris, 2010.

MARTINS, Sergio Pinto. *Direito do trabalho*. 24ª edição. São Paulo: Atlas, 2008.

MENDES, Gilmar Ferreira; COELHO, Inocêncio Martires; BRANCO, Paulo Gustavo Gonet. *Curso de Direito Constitucional*. 3ª edição. São Paulo: Saraiva, 2008.

MONTENEGRO FILHO, Misael. *Novo Código de Processo Civil: modificações substanciais*. São Paulo: Atlas, 2015.

NEVES, Daniel Amorim Assumpção. *Novo CPC comparado*. São Paulo: Método, 2015.

NUCCI, Guilherme de Souza. *Código Penal comentado*. 7ª edição. São Paulo: Editora Revista dos Tribunais, 2007.

PEREIRA, Caio Mario da Silva. *Instituições de direito civil, vol. V*. 14ª edição. Atualizadora: PEREIRA, Tânia da Silva. Rio de Janeiro: Forense, 2004.

PEREIRA, Tânia da Silva. *Direito da criança e do adolescente: uma proposta interdisciplinar*. 2ª edição. Rio de Janeiro: Renovar, 2008.

________. *Da adoção*. *In: Direito de família e o novo Código Civil*. DIAS, Maria Berenice. PEREIRA, Rodrigo da Cunha. (coord.). Belo Horizonte: Del Rey, 2005.

RAMIDOFF, Mário Luiz. *Sinase – Sistema nacional de atendimento socioeducativo*. São Paulo: Saraiva, 2012.

RANGEL, Paulo. *Direito processual penal*. 8ª edição. Rio de Janeiro: Lumen Juris, 2004.

ROSSATO, Luciano Alves; LÉPORE, Paulo Eduardo. Comentários à lei nacional da adoção – Lei 12.010, de 3 de agosto de 2009 e outras disposições legais: Lei 12.003 e 12.004. São Paulo: RT, 2009.

________; CUNHA, Rogério Sanches. *Estatuto da Criança e do Adolescente comentado*. 2ª ed. rev., atual. e ampl. São Paulo: RT, 2011.

SARAIVA, Renato. *Direito do Trabalho: série concursos públicos*. São Paulo: Método, 2007.

TATAGIBA, Glauber. *Ministério Público: provas e concursos*. Belo Horizonte: Del Rey, 2004.

TEPEDINO, Gustavo; BARBOZA, Heloisa Helena; MORAES, Maria Celina Bodin de. *Código Civil interpretado: conforme a Constituição da República, vol. I*. 2ª edição. Rio de Janeiro: Renovar, 2007.

ANOTAÇÕES

ANOTAÇÕES

ANOTAÇÕES

ANOTAÇÕES

ANOTAÇÕES

ANOTAÇÕES

EDITORA JusPODIVM

www.editorajuspodivm.com.br

COLOR system

JUS4149